JINGGUAN KUA ZHUANYE
ZONGHE SHIXUN JIAOCHENG

经管跨专业
综合实训教程

主编◎杨奇星　陈　泉

UESTCP 电子科技大学出版社

图书在版编目（CIP）数据

经管跨专业综合实训教程 / 杨奇星，陈泉主编.
—成都：电子科技大学出版社，2017. 5

ISBN 978-7-5647-4410-6

Ⅰ. ①经… Ⅱ. ①杨… ②陈… Ⅲ. ①经济管理－高等学校－教材 Ⅳ. ①F2

中国版本图书馆 CIP 数据核字（2017）第 104870 号

经管跨专业综合实训教程
杨奇星 陈 泉 主编

策划编辑 岳 慧
责任编辑 岳 慧

出版发行 电子科技大学出版社
成都市一环路东一段 159 号电子信息产业大厦九楼 邮编 610051
主 页 www.uestcp.com.cn
服务电话 028-83203399
邮购电话 028-83201495

印 刷 成都市火炬印务有限公司
成品尺寸 185 mm×260 mm
印 张 19.75
字 数 480 千字
版 次 2017 年 5 月第一版
印 次 2017 年 5 月第一次印刷
书 号 ISBN 978-7-5647-4410-6
定 价 46.00 元

前　　言

近十年来，关于全面提升高等教育质量，培养适应社会发展，适合用人单位需要的人才的呼声日益高涨。高校的教育改革在重压之下上下求索，一直薄弱的实践教学领域得到了加大投资，获得了一定的发展。特别是在经济与管理类专业领域，仿真实训成为解决现实问题的亮丽风景。其中，跨专业综合实训平台是仿真实训的重要形式，是引领未来的实训实践发展方向。

跨专业校内综合实习平台，简称跨专业平台，是深入分析实践教学发展历程与面临的现实问题、现代行业与企业发展、学科发展与现代信息技术的基础上，面向工业化与信息化融合的大环境，直指现代服务业崛起与政务信息化改革趋势，适应现代企业对人才专业性、复合性、创新性与实操性强的要求，借鉴模拟军事演习的设计思路，以生产制造业务为驱动、以现代服务业为环境的服务业与制造业协同、供应链竞合、生产业务链、流通业务链、资本运作业务链相互交织、高度整合的网络状仿真综合运作内容体系，在仿真、复杂、动态的环境中训练知识应用能力、业务处理能力、交际沟通能力、组织协调能力、创新能力，是模拟与现实接轨最真实化、最低成本的实习训练平台。跨专业平台是一个全方位、立体化、具有广泛受益面的综合实习平台。

中山市现代服务业人才综合实训平台是电子科技大学中山学院结合中山市企业经营的环境与特点开发出来的新型信息化综合实践实训平台。该跨专业综合实训平台打破了专业、学科界限，以整合知识、能力、素质为目标，科学构建跨专业综合实验教学项目内容体系、手段方法体系、组织形式体系、绩效考评体系，实现了专业交叉互动、立体化、网络状的跨专业综合实训，增强了学生的企业运作与复杂环境的认知能力、创新创业能力、协作能力、沟通能力等，提升了学生的综合素质，从而拓展了人才培养空间，提高了人才培养效率。

（一）开阔学生视野，加深学生对于市场的认识和理解

平台揽括现代制造业、现代服务业以及供应链过程中的政务服务、生产性服务、公共服务、外包服务等几大类服务，虚拟了十几个行业，几十家企业与服务机构，上百个工作岗位，几百项训练任务。在信息技术支撑的仿真环境下，平台成为展现于学生面前的微型市场或浓缩的社会环境。学生模拟工作人员在其中工作，要不断地与虚拟环境中的不同机构、不同业务工作人员进行交互作用和影响，产生沉浸于真实环境的感受和体验。这样不仅能够开阔学生视野，而且能够加深学生对于整个市场与环境的认识与理解，为学生进入真实社会打下良好基础。

（二）检验和巩固学生的专业知识，为其做好未来的职业工作提前发力

在仿真综合实习中，学生们在仿真企业及机构进行决策，处理纷繁复杂的业务，经历仿真企业与机构基本业务环节流程、撰写业务文书，编制工作方案，进行工作总结等。每一个学生基本上要完成动态数据下的企业运营训练、任务驱动下的单项技能训练、资

源环境下的运营协同训练、职场环境下的职业素质训练等四个实训内容。在这些实训项目中，学生们需要运用已经掌握的专业知识，或将理论知识转化为实践能力，并学会将两者有机结合。在任务完成的过程中，学生不仅补充了对理论知识的理解和应用，发现自己在理论方面存在的缺陷与不足，而且积累了间接的工作经验。实训结果既能够检验了学生的专业学习成果，又为学生适应未来的职业工作提前发力。此外，由于实训能够进一步加深学生对于行业与职业的感性认识与理解，对于学生进一步确认自己的兴趣职业或擅长职业也能够起到很好的指导作用。

（三）进一步提高学生的综合素质与能力，增强就业竞争力

近年来，企业对经管类人才的能力、素质要求越来越高。然而，传统高校中实践教学培养能力的不足，导致学生走上工作岗位后磨合期长、适应性差。仿真综合实训能够让学生体验到工作要求的专注、认真细致、协助配合以及决策的难度、管理的复杂、市场的变化等。学生们可能会从开始时的忙乱、无序、懵懵懂懂、彼此埋怨，发生矛盾与冲突到最后大家团结合作、合理处理问题、紧张有序地开展各项工作。这过程既能够让他们未出校门就感受到社会环境或职场氛围与在校时的差别，又能够增强他们处理问题的能力、组织协调能力，还培养了他们的竞争意识、团队意识、风险意识、责任意识和诚信意识等。由此培养了学生们的综合素质与能力，提高了人才培养质量，让学生们更受到用人单位欢迎。

（四）推进人才培养制度的评价改革和教师教学方法的改变

教育部的“十二五”规划体制改革提出要改进人才评价及选用制度。强调要建立以岗位职责为基础，以品德、能力和业绩为导向的科学化、社会化人才评价发现机制。强化人才选拔使用中对实践能力的考查，克服社会用人单纯追求学历的倾向。跨专业综合实训平台对于学生的评价是立体的、综合的，能够改变以往由一个卷面分数评价学生的简单做法，对于学生的评价更加客观、真实。这对于推进高校人才培养制度的评价改革具有积极的促进意义。此外，实训教学对于学生知识与能力要求的综合化、立体化与复杂化，也会反过来促进教师教学方法的改变。

本书由杨奇星、陈泉担任主编，姚泽有、覃艳华、曾育新、陈家淳、江娟、杜晓凤、李杭芝、梁爽等老师参与编写，具体分工为：第一章由姚泽有副教授编写；第二章由陈泉副教授编写；第三章由杨奇星老师编写；第四章由曾育新老师编写；第五章由陈家淳老师编写；第六章由李杭芝老师编写；第七章由江娟老师编写；第八章由梁爽老师编写；第九章由杜晓凤老师编写；第十章由覃艳华教授编写；全书最后由杨奇星老师负责统稿。

本书在编写过程中，参考了国内外学术界不好学者和老师的研究成果，特别感谢广东财经大学国家级实验教学示范中心给予的支持与建议，本书出版得到了电子科技大学中山学院教学质量与教学改革工程专项资金项目（项目编号：Z-SCG201404）的资助，在此一并致谢。

由于编者水平以及掌握资料的限制，书中不足之处在所难免，恳请同行专家及读者批评指正。

编　者

2017 年 3 月于广东中山

目　录

第一章　跨专业综合实训期初准备

1.1　平台环境简介

跨专业综合实训是在人为构建一套仿真的商业社会经济环境和市场环境中进行的。实训环境主要划分为生产制造组织和外部组织，组织内部划分多个部门和岗位，外部组织主要是为生产制造企业提供相关服务。通过模拟运营，训练学生在仿真环境中运用已掌握的专业知识。既要求体验环境，又要完成决策，同时还要执行各种管理岗位的任务，达到决策、执行、体验三位一体的实践教学目标。

1.1.1　实训环境构成

1．实训环境简介

在这个虚拟的商业社会中，包含工业制造区、商贸区、现代服务业区、行政综合服务区四大规划区域，这是一个已经实现工业化的现代化城市，城市规划有序，各规划区分布错落有致，通用货币为人民币，如图 1-1 所示。

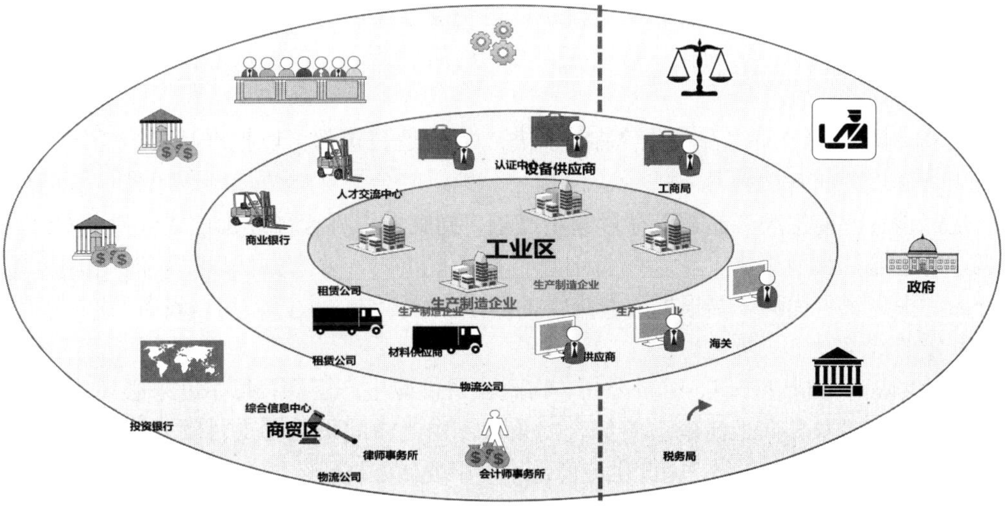

图 1-1　商业社会环境构成

2．各组织之间的相互关系

各组织之间的相互关系如图 1-2 所示：

原来的所有公司已经运行了七年了，各团队将从第八年开始接管组织，因此所有的仿真实习将从第八年第一季度开始。

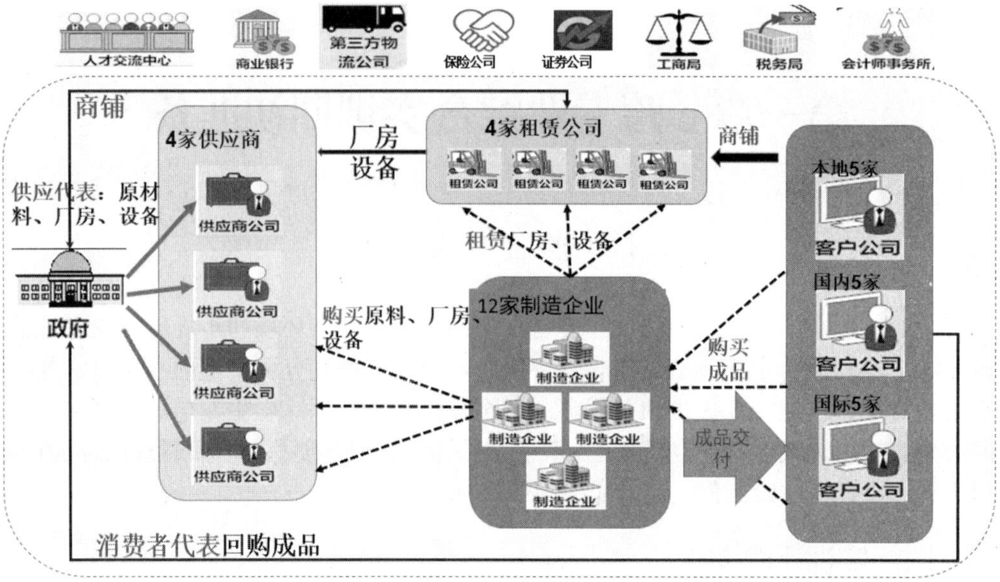

图 1-2　各组织之间的相互关系

在这个虚拟环境中，有 15 家轻资产的销售公司分别处于本地、国内和国际三个市场，我们称之为客户公司，它们将建立自己的手机品牌、设计自己的产品组合、每个季度从制造企业定制产品并通过专卖店销售给消费者，价格、广告费、专卖店的投入将是重要的决策点，每家客户公司需要权衡定价、广告费和专卖店的投入以保持供销平衡并实现盈利目的。此外，还要努力在广告创意大赛、网店设计、微信公众号设计大赛取得好的名次，因为这会影响公司的销售能力。

12 家制造公司负责产品的生产制造，每一家制造公司都可以把产品卖给任何一个区域市场。制造公司有两种基本的经营模式，一种是完全按订单数量制造，另一种是充分利用生产设备产能生产产品，以存货满足需求。到底采用哪一种经营模式取决于 CEO 的决策，对于制造公司来讲，学会精打细算过日子很重要，要想办法以尽可能低的成本生产产品，提高竞争优势。要根据消费市场的需求变化趋势，做好厂房、设备、产品研发、市场开发的战略投资决策。

4 家供应商向制造公司、租赁公司、物流公司供应生产资源，每季度末必须决策下季度的生产资源需求并向上游的政府综合局采购，季度中间采购要支付额外的紧急采购费用，决策的风险也就在于此，因此供应商每季度中要做好调研才能为季度末决策提供依据。

制造公司、物流公司也可以向 4 家租赁公司租赁生产和运输设备、厂房，但租赁公司同样需要向供应商采购这些设备和厂房来转租。4 家租赁公司还扮演商业地产运营商的角色，向客户公司出租商铺，专卖店的建设直接通过线下报政府综合局批准并投入相应资金。

那供应商又跟谁买原料、设备、厂房这些资源呢？客户公司又把最终产品卖给谁呢？我们不可能无限延伸产业链来模拟，也不可能真的找几十万个消费者来购买“产品”，因此设置了“政府综合局”这样一个虚拟机构，里面有供应代表向供应商供应生产资源，有消费者代表向客户公司回购最终产品，并通过制定产业政策、货币政策进行宏观调控。

还有物流公司为产业链条中的企业提供物流服务、商业银行提供资金支持和理财、保险公司提供风险的保障、会计师事务所提供代理记账和审计服务、证券公司提供证券投资的咨询与服务。

工商局负责商事登记、市场秩序维护、产品认证等工作，税务局则负责税收政策的宣传、征税并监督检查企业依法纳税的情况。

所有经营性组织都必须依法依规诚信经营，养成良好的行为习惯。在虚拟仿真过程中，各家公司竞争、合作、博弈，希望同学们能用心体会其中的乐趣，珍惜和团队成员一起工作的时间，学会思考问题、融入团队、与陌生人沟通、包容他人才是我们实训最重要的目的。校内实训或许改变不了你很多，但希望能够给你带来一些启发，作为你即将就业之前对自己知识结构、能力结构不足的检验和反思。

下面是实训运作主要流程之间的关系图，有助于你更好了解实训全貌：

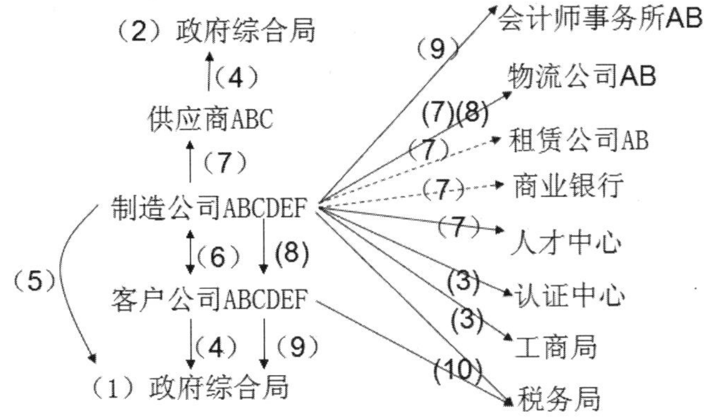

图 1-3 各组织之间主要流程关系图

（1）政府消费者代表每一年年初发布各产品、各市场需求量和零售均价信息；

（2）政府供应代表每一年年初发布各物料、设备基本供应量和基本价格信息；

（3）制造公司每季度初决策产品开发和市场开发决策，并分别向认证中心和工商局提出申请；

（4）每季度末制造公司决策对下一季度各产品的营销费用投入和技改费投入，并提交给认证中心，同时按时足量缴纳，认证中心据此统计各公司的品牌形象指数和质量指数，并发布在公共信息平台；

（5）每季度初客户公司根据认证中心发布的制造公司品牌形象指数和质量指数自由选择制造公司进行谈判签约；

（6）每季度中制造公司向供应商采购材料或委托物流公司运输，或自己运输；向人才中心招聘员工，可能还会向租赁公司租赁设备，向银行贷款；然后内部根据生产排程组织生产；

（7）每季度制造公司将生产出来的产品尽快向客户公司交货；

（8）每季度末各制造公司在线下向会计师事务所提交财务报告以及其他能反映经营状况的报表如资产变动表、人力资源变动表等，具体根据事务所要求提交；每季度末客户公司根据库存量进行广告费用和价格决策，向政府消费者代表提交竞投申请表，消费者代表据此分配份额，结合各客户公司的销售能力，回购产成品。

（9）每季度末，制造公司向税局缴纳个人所得税和五险一金；每年年末，各经营性公司向税务局纳税申报，上图中没有一一标示出来。

每季度，供应商、租赁公司、制造公司、客户公司、物流公司都可能面临一些经营风险事故，可以通过向保险公司购买保险来规避这些风险。每个参加实训的学员都可以获得50万的初始资金通过证券公司购买股票，获得的奖励金可以作为公司收入进入公司账户。

3．仿真区域规划

规划区名称	简介
工业区	包括生产制造企业N家（N是变量，可柔性设定制造企业规模数量而定）
商贸区	1）客户公司N家（其中，本地X家，国内X家，国际X家）； 2）供应商N家（其中，X家原材料供应商，X家设备供应商）； 3）租赁公司N家； 4）物流公司N家 （N、X都是变量，可柔性设定其规模数量）
现代服务区	1）商业银行N家； 2）保险公司N家； 3）证券公司N家； 4）人才交流中心1家； 5）会计师事务所N家 （N都是变量，可柔性设定其规模数量）
行政服务区	1）政府综合局1家； 2）工商局1家； 3）认证中心1家； 4）税务局1家

1.1.2 实习组织部门及岗位构成

在开始仿真综合实习之前，首先需要构建生产制造公司和外部相关部门，搭建一个仿真企业运作的平台。

1．制造企业内部架构和岗位

制造企业团队组织尽量安排多个专业的学生混合组成，一般都由3个专业以上8—12名学生构建成，在内部分工时，要参照实际企业岗位专业要求，特别是财务岗位最好由财务类专业学生担任。

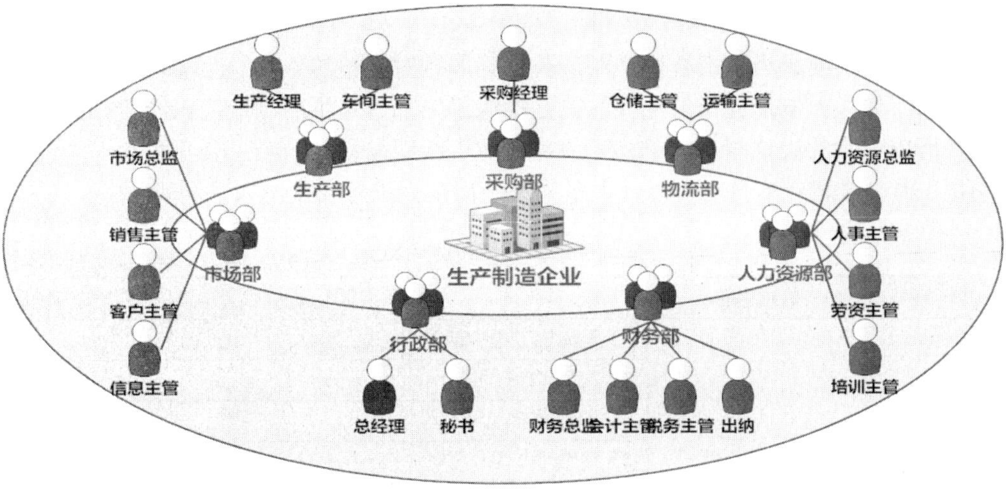

制造业主要部门及主要岗位如下表所示：

企业总经理 CEO 决定部门的各岗位人员，可对岗位角色进行合并，实现一人多岗。

制造业主要部门（岗位）表

部门	职位	职能简介
行政部	总经理	主持公司全面工作，负责公司经营发展等工作
	行政助理	会议记录；收集资料；协调关系；公司设立登记业务
人力资源部	人事经理	管理人力资源部各项工作，制定人力计划与预算；制定人事管理制度、人力管理及员工培训
财务部	财务经理	对公司财务管理负全面责任；拟定筹、投资方案；编制财务预算
	总账会计	记录经济业务，组织会计核算；登记账簿；对账，结账等
	材料会计	主要负责采购时各项业务的财务记录等
	税务会计	主要负责统计纳税申报等
	成本会计	主要负责生产时产生的各项业务财务记录等
	销售会计	主要负责销售时各项业务的财务记录等
	出纳	主要负责现金收付，登记日记账等
市场部	运营经理	负责公司营销规划与管理；决策市场开发、管理客户关系
	销售主管	负责销售业务与管理，销售预算
生产部	生产经理	对公司生产管理负全面责任，制订生产预算及生产需求计划
	计划主管	主要负责主生产计划和物料需求计划运算，产销排程
	车间主管	车间作业，材料领用等
采购部	采购经理	制订材料与设备采购计划，组织采购、签订采购合同、制定采购预算
物流部	物流经理	负责公司物流与仓储工作，制定物流预算，拟订并实施物流方案
	仓储主管	负责公司出入库业务；计算仓储费用

2．外部组织职责和功能

外部组织主要是为了配合生产制造公司开展相对完整的生产经营活动而设置，在仿真实习中不像生产制造公司的业务，只是抽取了一部分与生产制造公司经营相关的直接业务，所以配置的岗位相对简单，一般每个配套组织只设置一个主要负责和一个办事科员岗位，具体学校在安排时可以一人多岗或一岗多人进行安排，如下表所示。

外部组织职责和功能表

序号	单位名称	职责和功能
1	政府综合服务局	1）劳动社会保障证
		2）公章申请
		3）组织代码证申请
		4）调查员培训
		5）宏观经济信息调查和发布
		6）企业基本信息调查和发布
		7）产品信息调查和发布
		8）固定资产信息调查和发布
		9）各公司经营成果信息调查和发布
2	工商局	工商局政策制定
		经常性工商检查
		召开订货会
		评选“市场推广优秀公司”
		评选“诚实守信，合法经营”企业
		企业名称预先核准登记
		企业变更登记
		合同仲裁
		合同调解
		工商年检
		工商投诉
		市场开发业务
		抵押物出质登记
3	认证中心	内审员认证培训
		ISO9000 认证
		ISO14000 认证
		新产品研发认证
4	税务局	税务变更登记
		地税发票检查
		增值税专用发票检查
		纳税检查及税法培训宣传
		税收统计

（续表）

序号	单位名称	职责和功能
4	税务局	税务登记
		首次申领发票
		续购发票
		增值税纳税申报
		消费税纳税申报
		营业税及附加纳税申报
		个人所得税纳税申报
		企业所得税纳税申报
		印花税纳税申报
		出口退税
		办理《出口退税登记证》
		发票缴销
		税款缴纳
5	客户公司	营销体系培训
		制订产成品采购计划
		参加商品洽谈订货会，签订采购合同
		接受制造企业交货
6	供应商公司	采购经理人培训
		制订原材料、设备供货计划
		接洽制造企业订货
		执行销售合同
7	租赁公司	租赁业务培训
		制订租赁公司年度工作计划
		经营性租赁业务
		租赁公司业务统计
8	物流公司	物流师培训
		发布物流业务服务标准和报价
		制订物流业务计划
		接洽物流业务，签订服务合同
		执行物流服务合同
9	商业银行	理财师培训
		开户业务
		资信评估业务
		贷款业务
		商业银行信用证国际结算业务
		银行结算业务

（续表）

序号	单位名称	职责和功能
10	保险公司	1）企业财产保险
		2）货物运输保险
		3）机动车保险
11	证券公司	1）建立客户资源
		2）加强客户联系
12	人才交流中心	人力资源师培训
		人才招聘业务
		人才培训业务
		员工辞退业务
13	会计师事务所	会计资格培训
		出具审计报告
		资产评估
		验资业务

1.1.3 岗位分工建议

1．各组织人数安排

为确保各组织顺利开展业务，并使每一位学员的工作量尽量均衡，建议各组织的人数安排如下表所示：

各组织人数安排表

序号	组织类型	家数	每家人数
1	政府综合局	1	6
2	工商局	1	3
3	税务局	1	3—4
4	认证中心	1	2—3
5	供应商	4	3—4
6	租赁公司	4	4
7	制造公司	12	9—10
8	客户公司	15	5—6
9	人才中心	1	4
10	商业银行	1	6
11	物流公司	6	4
12	会计师事务所	6	4
13	保险公司	4	6
14	证券公司	3	6

2．各组织岗位安排建议

为确保组织中各个岗位之间业务量的均衡，避免过于忙闲不均，建议各组织各岗位安排如下表所示：

各组织岗位安排建议表

组织名称	每家人数	成员 1	成员 2	成员 3	成员 4	成员 5	成员 6	成员 7	成员 8	成员 9
制造公司	9	总经理、行政助理	人事经理	销售主管、运营经理	财务经理，总账会计	材料会计，成本会计	税务会计、制造销售会计	制造出纳	采购经理、物流经理、仓储主管	生产经理、车间主管、计划主管
银行	6	行长	柜台专员	柜台专员	柜台专员	会计	出纳			
政府综合局	6	局长消费者代表	消费者代表	消费者代表	供应代表	会展专员	综合科员			
认证中心	1	专员	会计	出纳						
人才中心	4	人才中心专员	人才中心专员	专员、会计	专员、出纳					
客户公司	5—6	总经理	业务经理	业务经理、会计	业务经理、出纳	业务经理	业务经理			
供应商	4	总经理	业务经理	会计	出纳、业务经理					
租赁公司	4	总经理	业务经理	会计	出纳、业务经理					
物流公司	4	总经理	业务经理	会计	业务经理、出纳					
会计师事务所	4	所长	审计员	会计审计员	出纳审计员					
工商局	3	局长	注册科员	市场科员						
税务局	4	局长	综合科员	登记科员	征收科员					
保险公司	6	总经理	保险经理、会计	保险经理、出纳	保险理赔员	保险经理	保险经理			
证券公司	6	总经理	证券经理、会计	证券经理、出纳	证券经理	证券经理	证券经理			

1.2 跨专业综合实训期初准备

1.2.1 明确实践要求

1．扮好职业角色

学生接任某一个岗位工作后，要以一个真正职业人的角色要求自己，按时出勤，遵守本单位的各项管理制度和规范，做好上级分派的每一项任务，学会与人共事，协同工作，“干一行，爱一行”。

2．学会自主学习

学会学习是新时代对职业人的基本要求，是发展自我、不断超越的必要条件。跨专业综合实践仿真实习提供仿真实习资源环境，实训教程指导手册、视频课件及其他资料，灵活开放的任务引领等。

3．注重分享创新

跨专业综合实践提倡分享和创新。实训每一天都会给不同岗位的同学分派不同的工作，在完成工作的过程中不可避免地会遇到各种问题，可通过自我学习来攻关，也可以同行之间相互交流寻找解决方案，也可以获取外部帮助，通过分享累积自己的成就感，建立自信心。还可以在岗位工作熟悉的基础上提出使企业经营更有效率和有助于提高企业效益的创新方案。

4．记录个人成长

实践期也是每个实训者的快速成长期，每天面对新任务、解决新问题，辛苦而充实，痛并快乐着。实践中可以进行岗位工作日志对每天工作的总结；也可以用实训报告对实训结束时一个全面反映实践收获的总结。这是一段难忘的人生经历，在这里留下一份青春的记忆。

1.2.2 实训期初准备

1．选聘总经理

总经理是一个企业中负责日常经营管理的最高级管理人员，总经理向公司的董事会负责，在公司或组织内部拥有最终的执行经营管理决策的权力。

在跨专业综合实践中，每个管理团队需选聘确定一名总经理，外部机构则是单位领导人。

2．组织基本信息注册

（1）确定公司商号

公司管理团队确定后，总经理或单位领导人召开成立大会，经营性组织需要为本公司注册一个不超过四个字的公司商号，不能与已有公司商号重复。可以到网上登记注册业务系统进行查询商号是否已经被注册，以广东省为例：

（2）登录实训平台

以学生学号作为账号，默认密码为 1，登录系统平台。

（3）组织基本信息注册

第一步，点击“实践模拟器”。

第二步，选择左边菜单栏中“组织基本信息注册”。

第三步，“添加”一条组织基本信息，确定模拟组织名称、所在仿真区、所属市场及经营理念等，如下图所示：

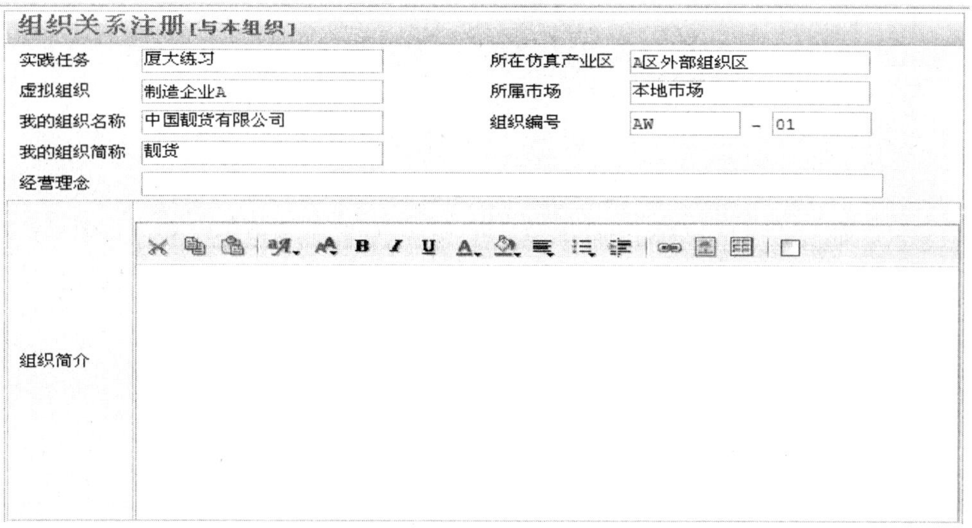

3．确定团队分工

第一步，选择“我的团队分工”。

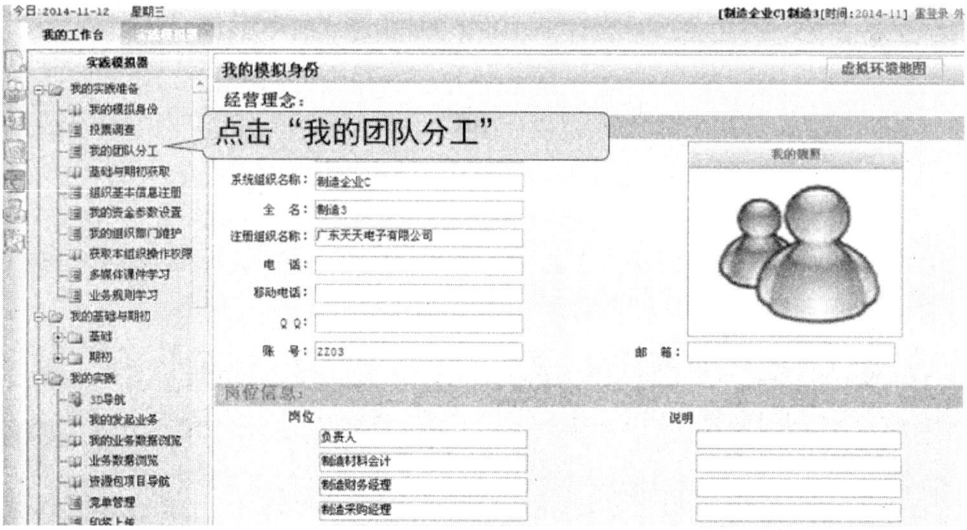

第二步，添加岗位名称。

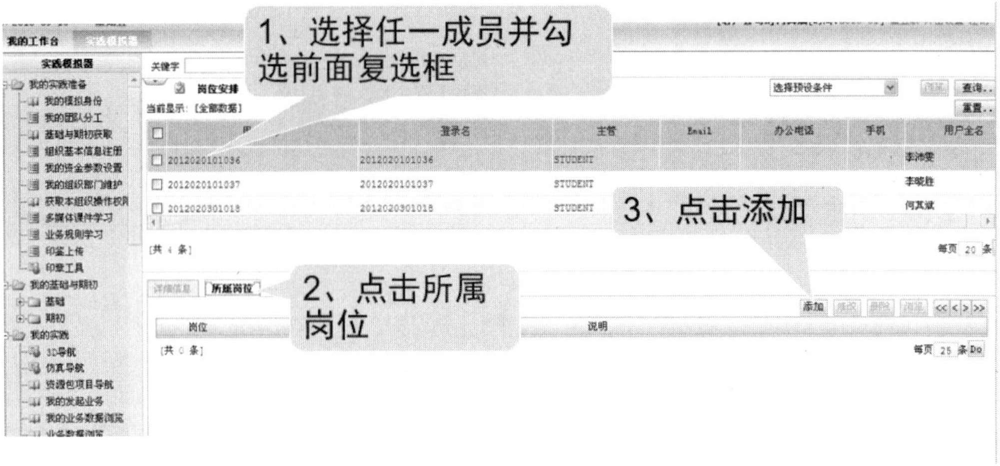

第三步，保存岗位分工。

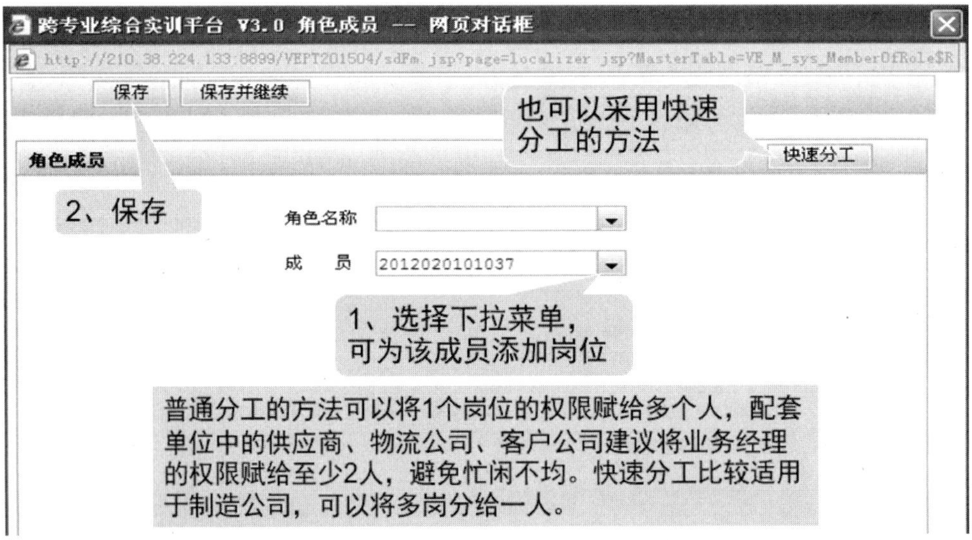

4．获取组织操作权限

在“实践模拟器”菜单中选择“获取本组织操作权限”，为团队中每个成员赋予流程权限，如下图所示：

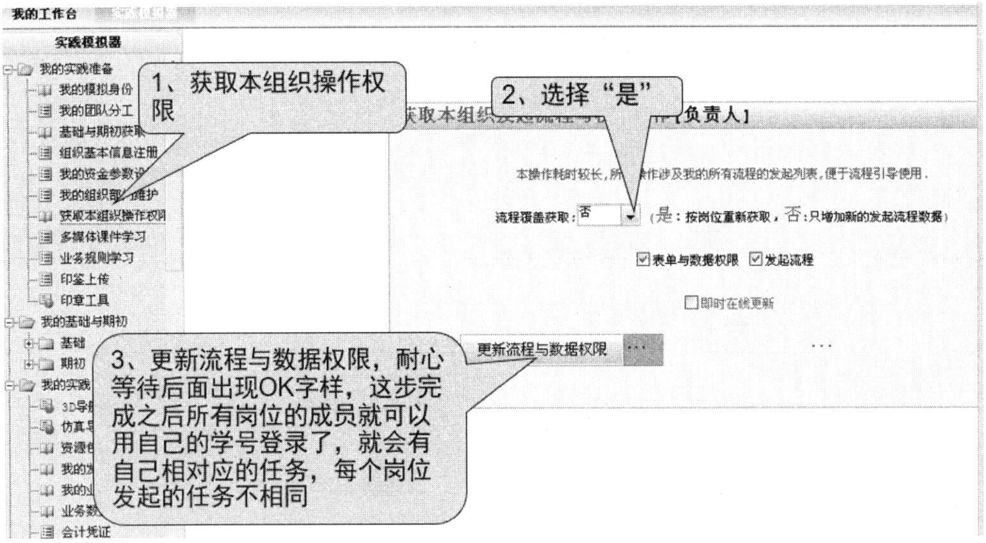

5．熟悉基本操作

（1）我的工作台主页

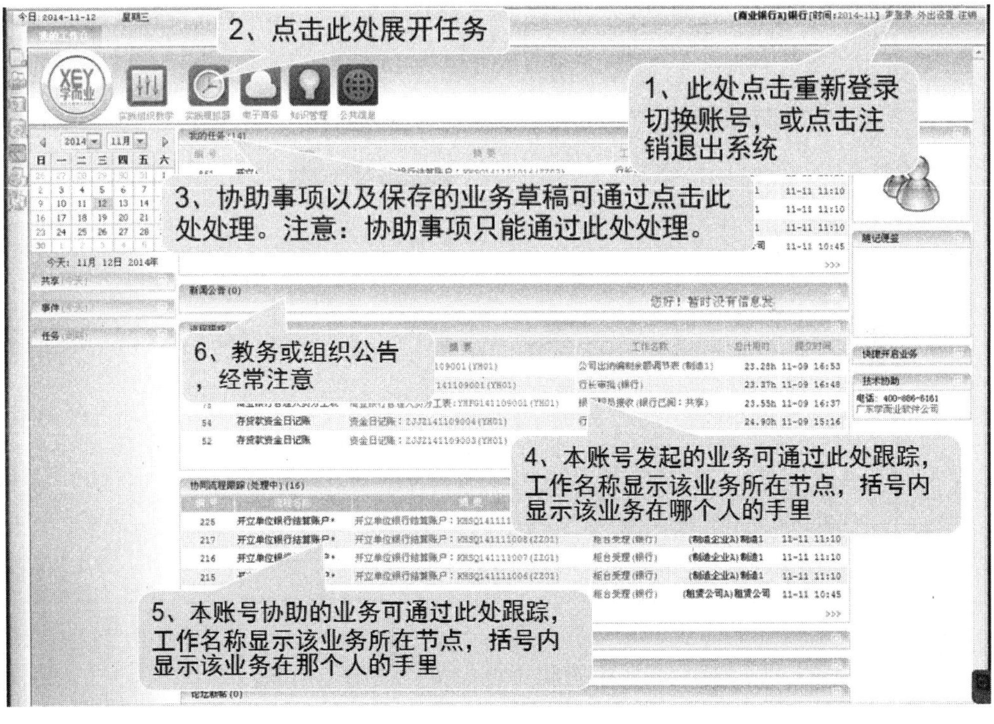

（2）发起业务流程

首先在“实践模拟器”中选择“我的发起业务”，点击“选择”按钮，就会显示本岗位所有的业务流程，如下图所示：

选择任一需要发起的业务，弹出如下对话框，参考如下图所示操作步骤，完成一个业务流程的发起。

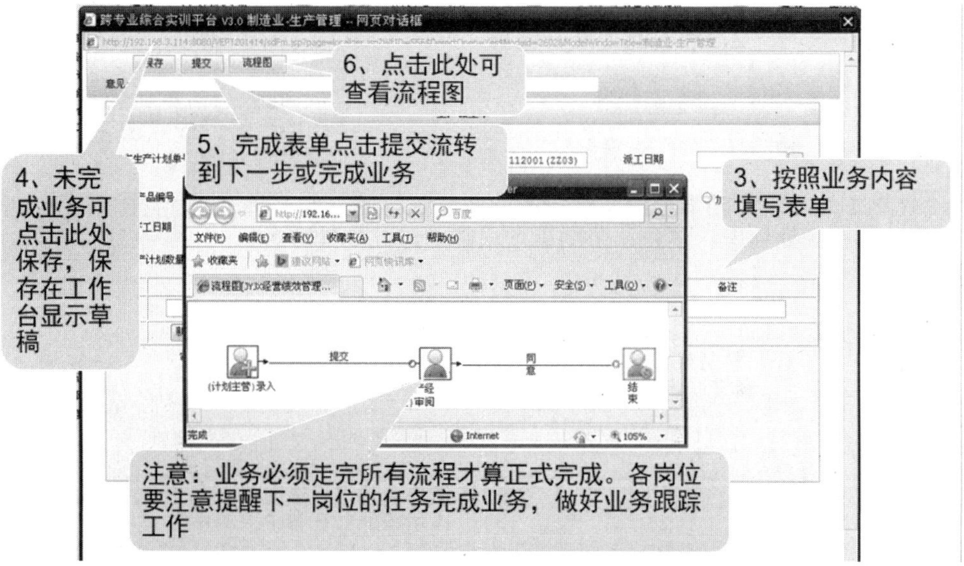

（3）审批一项业务

如果不是作为一项业务的发起人，而是要审批一项业务，就需要回到“实践模拟器”首页，在我的工作台中的我的任务中查找进行审批，如下图所示：

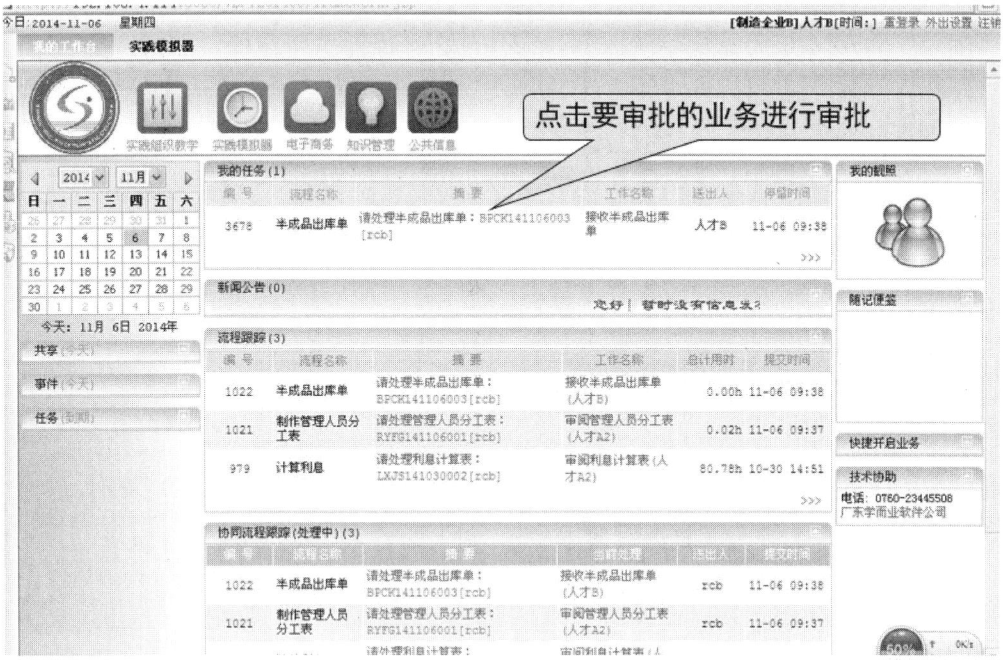

（4）查看业务数据

学员们经常想要查看过往处理过的业务，有两种方法：

方法一：可以通过工作台首页右下角的“随机便签”查看。

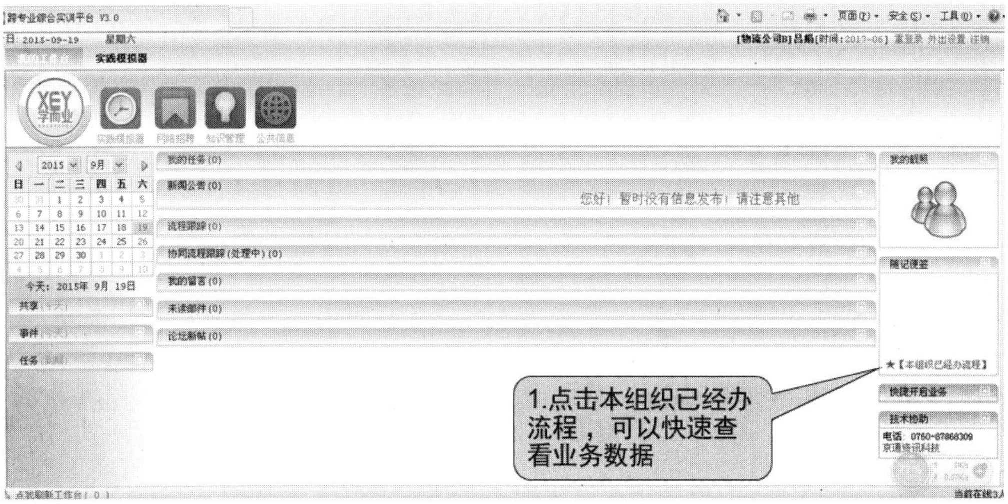

方法二：通过“业务数据浏览”查看。

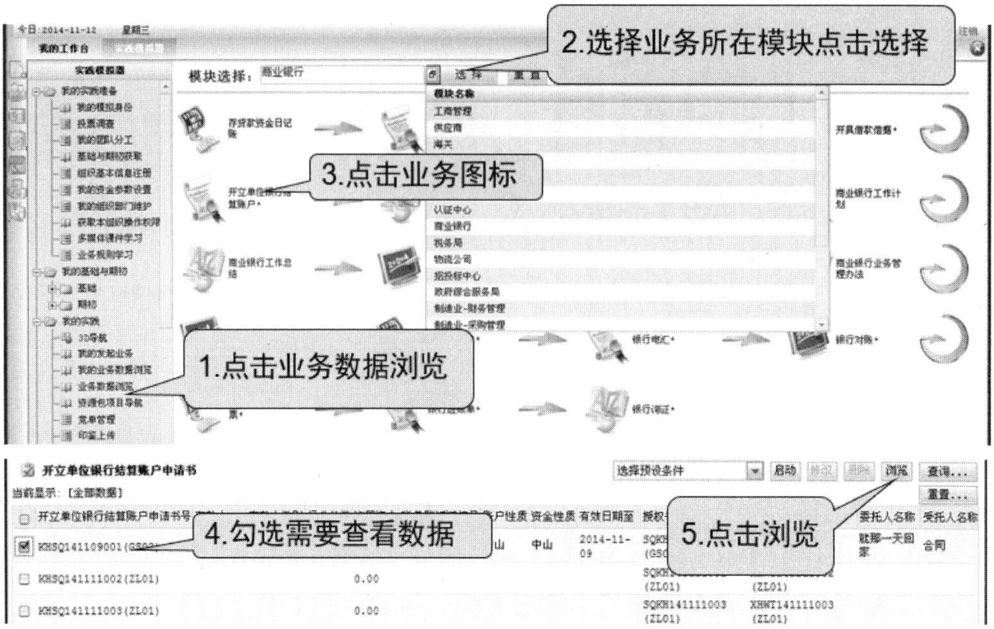

（5）查看公共信息

市场需求信息、宏观环境信息、供应信息、交易信息等均会通过公共信息平台发布，在平台主页点”公共信息”模块，在菜单上点公共信息浏览，公共信息属于政府或有关组织发布的经济运相关信息，需自行查询。

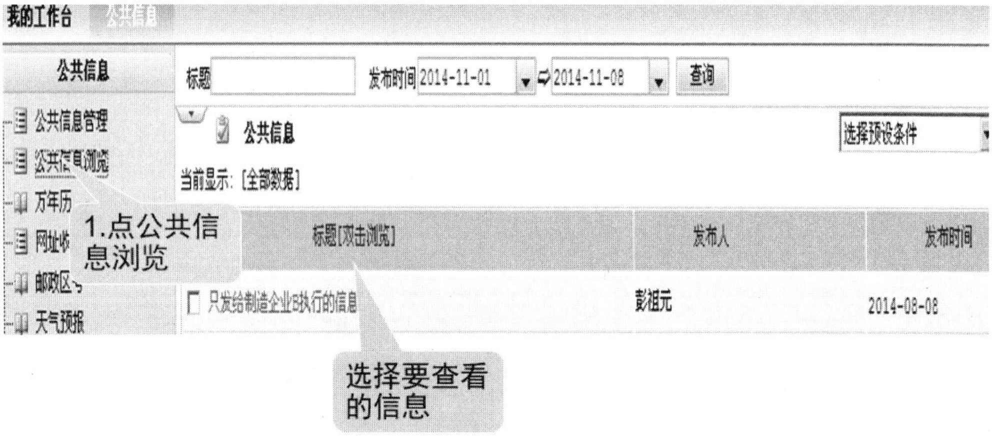

（6）查看企业基础数据

在“实践模拟器”菜单中，学员们可以查看各项基础数据，如：

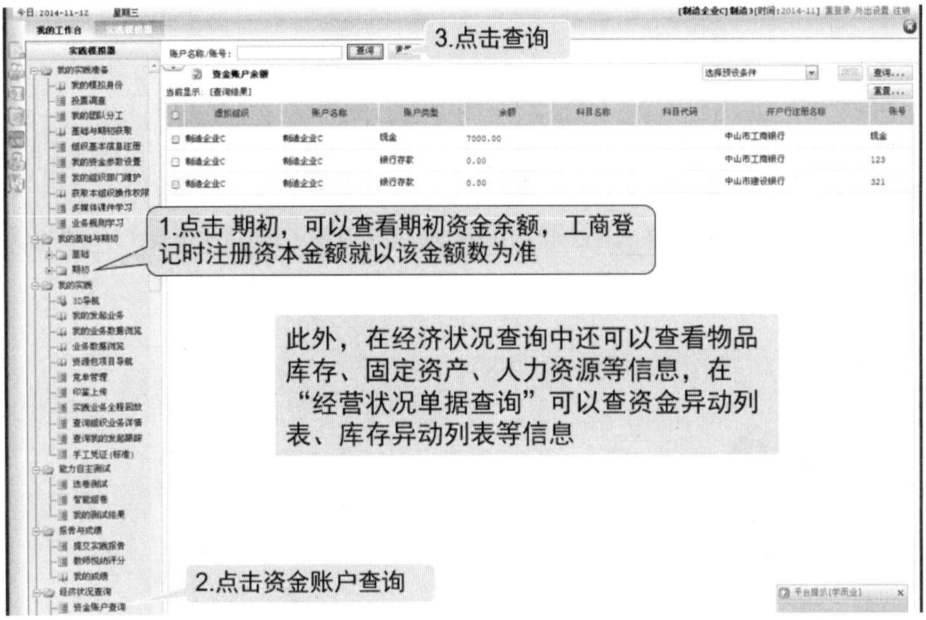

1.2.3 工商登记

实训中，凡是经营性组织均需完成工商登记，线下填写公司设立登记申请书，证券、保险、银行的公司类型选择股份有限公司，其他经营性组织均填写有限责任公司。

公司设立登记申请书

名　　称			
住　　所		邮政编码	
法定代表人姓　名		职　务	
注册资本	（万元）	公司类型	
实收资本	（万元）	出资方式	货币
经营范围	（以上经营范围中属于法律、行政法规和国务院决定规定须经批准的项目，应当依法经过批准后方可经营）		
营业期限	自 2016 年 1 月 1 日　至　　年　　月　　日（不填写表示无限）		
备案事项	无。		

本公司依照《中华人民共和国公司法》《中华人民共和国公司登记管理条例》设立，提交材料真实有效。谨此对真实性承担责任。

法定代表人签字：　　　　指定代表或委托代理人签字：

2016 年 1 月 1 日 2016 年 1 月 1 日

注：①注册资本填写实训系统中的“期初——期初账户余额明细”；实收资本与之一致。

②公司类型：有限责任公司和股份有限公司。其中，国有独资公司应当注明“有限责任公司（国有独资）”；一人有限责任公司应当注明“有限责任公司（自然人独资）”或“有限责任公司（法人独资）”；股份有限公司是上市公司的应当注明“股份有限公司（上市）”。

③经营范围：可以围绕手机行业来写。

④正常的公司设立登记，除了上表以外，后面还应有公司股东（发起人）名录、公司董事、监事、经理情况、公司法定代表人登记表，都要有身份证复印件黏贴。

然后，由工商局颁发纸质版的营业执照。

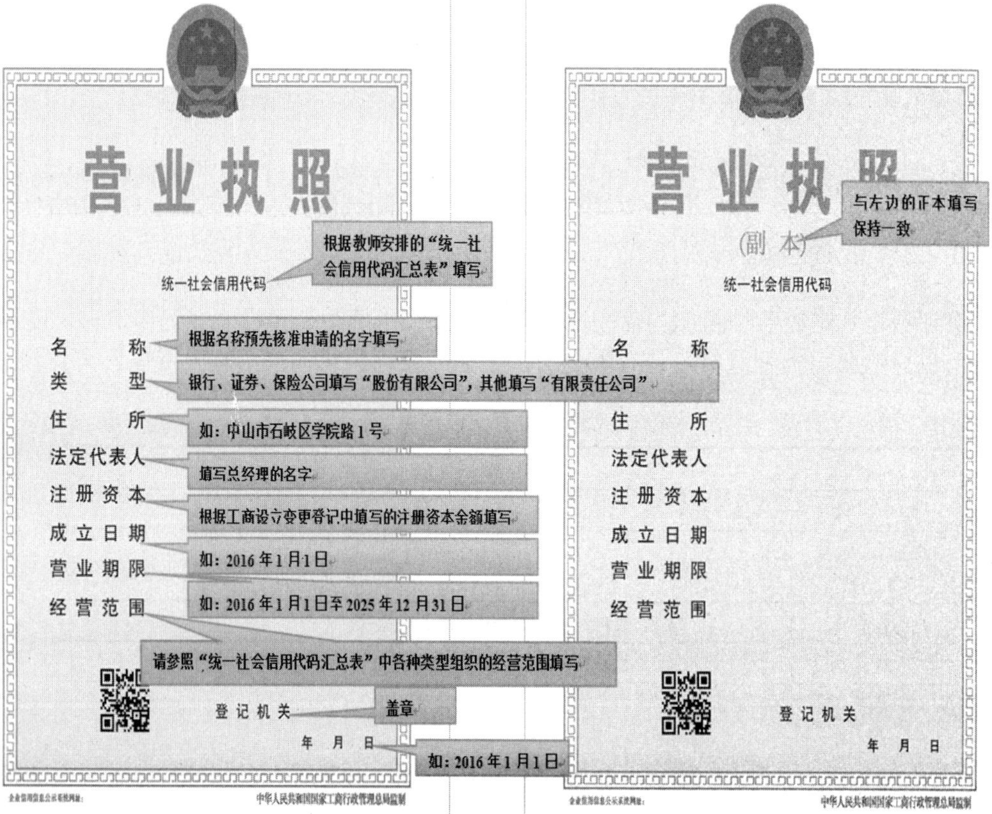

1.2.4 资金参数设置

为保证各组织之间的资金往来顺利进行，须进行资金参数设置，首先在“实践模拟器”中选择“我的资金参数设置”，点击“添加”，确定无误后点击“保存”，如下图所示：

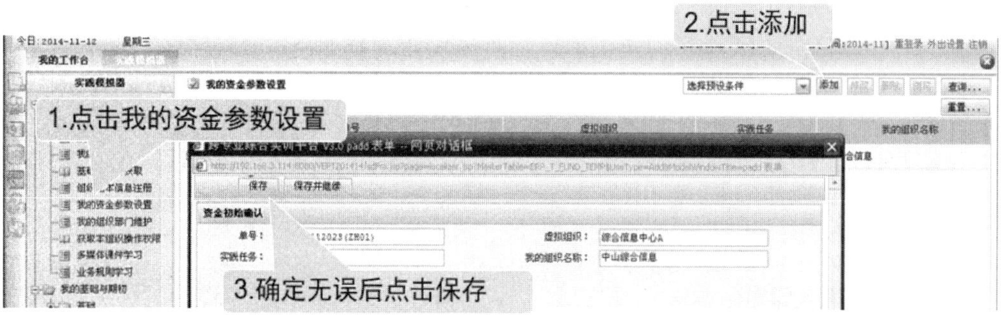

保存好后回到主界面，勾选已创建数据，点击“修改”，选择开户行并填写好开户账号并保存，如下图所示：

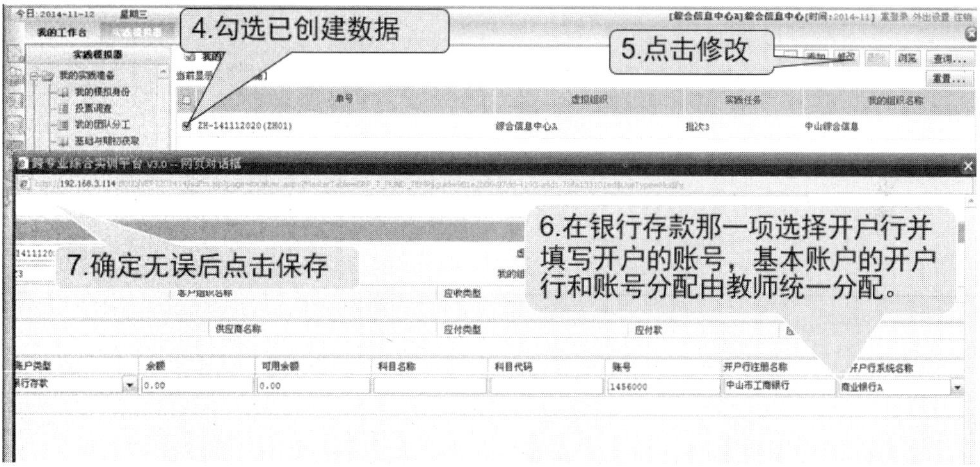

1.2.5 公章申请

1．公章申请流程

申办企业必须刻制公章才能开展经济活动，签订买卖合同，现实中，企业须向公安机关指定的刻章机构刻制印章。本实训中公章申请流程如下：

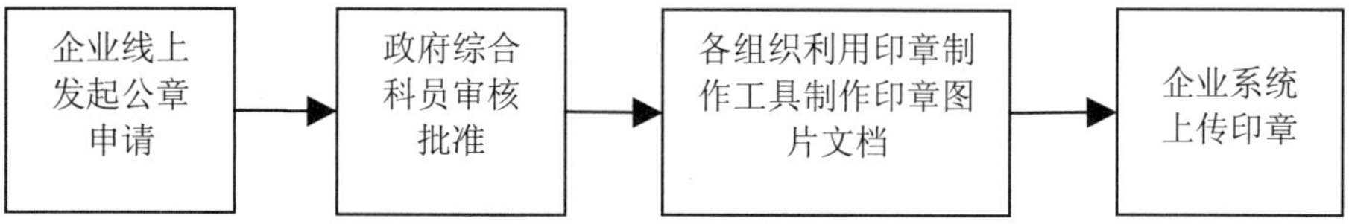

2．印章制作注意事项

企业在使用印章制作工作制作印章时，应注意以下事项：

（1）印章图片使用 JPG 格式

（2）图片文档名称必须使用非中文格式，如：zzqy01。

（3）组织获取图片后必须上传系统才能使用。

3． 印章上传流程

刻制好印章之后，通过实训系统上传，具体操作步骤如下：

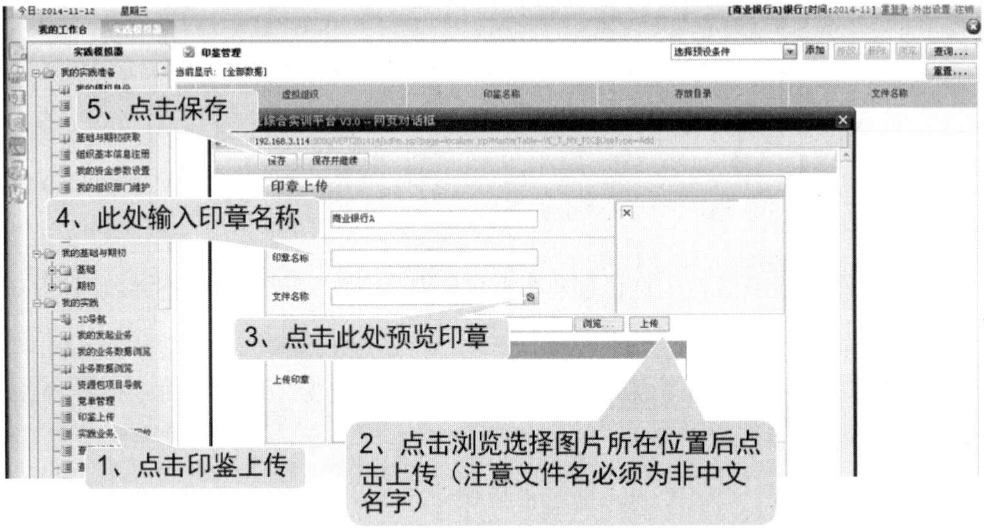

第二章　了解模拟组织基本情况

每一家模拟组织的基础数据完全相同，经营起点完全相同，不同的仅仅是各仿真模拟组织的经营管理团队和他们的战略战术。公司未来的命运就掌握在各位新人的手中！

2.1　制造企业基本信息

跨专业综合实训所要模拟经营的制造公司是一家中小型电子产品生产公司，公司已运行七年。公司技术水平不断提高，产品的技术含量也在逐步提高，在同行业中具有一定的竞争力。公司目前只开发了本地市场，在本地市场占有较高的市场份额。新一届董事会决定，将来还要开发国内市场、国际市场等。公司已研发并取得 CP1 产品的生产许可证，CP1 产品为本公司目前的拳头产品，主要在本地市场销售。目前公司财务状况较好，资金比较充裕，公司运转正常。

2.1.1　市场类期初数据

1．市场开发期初数据

期初市场开发情况表

项目	描述	选项值（已开发/未开发/开发中）
市场分类	本地市场	已开发
	国内市场	未开发
	国际市场	未开发

2．客户开发期初数据

期初客户开发情况表

项目	本地市场客户	国内市场客户	国际市场客户
开发否	已开发	未开发	未开发

2.1.2　生产类期初数据

1．产品 BOM 表

产品 BOM 表

产品名称	材料构成
CP1	$2*M_1$
CP2	$1*M_2$，$2*M_1$
CP3	2*M1，$1*M_{31}$，1_*M_{32}
CP4	2*M2，$1*M_{41}$，1_*M_{42}

2. 产品研发期初数据

期初产品研发情况表

项目	描述	值（已研发/未研发/研发中）
产品分类	CP1	已研发
	CP2	未研发
	CP3	未研发
	CP4	未研发

3. ISO 认证期初数据

期初 ISO 认证情况表

项目	描述	值（已认证/未认证/认证中）
ISO 认证分类	ISO9001	未认证
	ISO14000	未认证

4. 厂房期初数据

期初在册厂房情况表

项目	描述	值	属性（自有/租赁）
厂房分类	A 厂房	1	自有
合计		1	

5. 生产设备期初数据

期初在册生产设备情况表

项目	描述	值	属性（自有/租赁）
设备分类	手工生产线	2	自有
	半自动生产线	2	自有
	全自动生产线	0	
	柔性生产线	0	
合计		4	

2.1.3 存货类期初数据

1. 仓库期初数据

期初在册仓库情况表

仓库分类	最大容量（单位）	数量（个）	属性（自有/租赁）
原材料仓库	无限	1	自有
产成品仓库	无限	1	自有
合计		2	

2．原材料存货期初数据

期初原材料存货数据表

名称	单位	数量	单位成本	金额（元）	存放地点	属性
M1	个	800	150	120 000	原材料仓库	库存
M2	个	600	200	120 000	原材料仓库	库存
合计		1400	—	240 000	—	—

3．产成品存货期初数据

期初成品存货数据表

名称	单位	存货数量	单位成本	金额（元）	存放地点	属性
CP1	个	1000	1850	1 850 000	成品仓库	库存
CP2	个	0	0	0	成品仓库	库存
CP3	个	0	0	0	成品仓库	库存
CP4	个	0	0	0	成品仓库	库存
合计		1000	—	1 850 000	—	—

2.1.4 运输类期初数据

期初在册运输设备情况表

设备类型	载重量（吨）	数量（辆）	属性（自有/租赁）
卡车 A	10	0	
卡车 B	8	1	自有
卡车 C	5	2	自有
合计		3	

2.1.5 人力资源类期初数据

1．员工期初数据

期初在册员工信息

员工类别	人数（单位：人）	比重%	备注
生产人员	260	91.22	虚拟
管理人员	25	8.77	虚拟
合计	285	100	

2．职工技术级别与职称分布

技术与职称分布表

职称类别	管理人员	技术级别	生产工人
无职称	14	1	160
初级职称	6	2	80
中级职称	5	3	20
高级职称	0		
合计	25		260
其他人员则为无职称与技术等级			

2.1.6 财务类期初数据

1．现金期初数据

期初现金数据表　　单位：万元

项目	描述	金额
资金分类	现金	0.7

2．银行存款期初数据

期初现金数据表　　单位：万元

银行名称	银行账户	金额
商业银行 A	XXXXXXXXXXX	552.00
合计		552.00

3．固定资产期初数据

期初固定资产折旧信息表　　单位：万元

序号	资产编号	名称	单价	数量	原值	残值	使用年限（年）	已用年限	累计折旧	使用部门
1	FWJZ001	行政大楼	1100	1	1100	100	40	7	175	行政部
2	BGSB001	办公设备 1	410	1	410	10	10	1	40	行政部
3	BGSB002	办公设备 2	295	1	295	15	10	0	0	行政部
4	FWJZ002	A 厂房	310	1	310	10	20	2	30	生产部
5	SGSC001-002	手工生产线	205	2	410	10	5	2	160	生产部
6	BZDX001	半自动生产线	410	1	410	10	5	4	280	生产部
7	BZDX002	半自动生产线	410	1	410	10	5	0	0	生产部
8	DLSB001	动力设备	220	1	220	20	10	2	40	生产部
9	FWJZ003	原材料仓库	105	1	105	5	10	2	20	物流部

（续表）

序号	资产编号	名称	单价	数量	原值	残值	使用年限（年）	已用年限	累计折旧	使用部门
10	FWJZ005	成品仓库	110	1	110	10	10	2	20	物流部
11	YSSB003-004	卡车 C	12	2	24	2	5	0	0	物流部
12	YSSB002	卡车 B	16	1	16	1	5	0	0	物流部
合计数据				15	3820				765	
备注：	1）折旧方法全部采用平均年限法									
	2）权属类型包括自有、新增、租赁									
	3）资产类别包括房屋建筑物、办公设备、生产设备、运输设备									
	4）A 厂房可以按照无生产线数量限制									
	5）运输设备—卡车 A 载重量为 10 吨，卡车 B 载重量为 8 吨，卡车 C 载重量为 5 吨									

4．上年度资产负债表

第七年末资产负债表

第 7 年 12 月 31 日　　单位：万元

资产	年初余额	期末余额	负债和所有者权益	年初余额	期末余额
流动资产：			流动负债：		
货币资金		552.70	短期借款		
交易性金融资产			交易性金融负债		
应收票据			应付票据		
应收账款			应付账款		
预付账款			预收账款		
应收股利			应付职工薪酬		60.00
应收利息			应交税费		100.00
其他应收款			应付利息		
存货		209.00	应付股利		80.00
待摊费用			其他应付款		20.00
一年内到期的非流动资产			一年内到期的非流动负债		
其他流动资产			其他流动负债		
流动资产合计	0.00	761.70	流动负债合计	0.00	260.00
非流动资产：			非流动负债：		
可供出售金融资产			长期借款		
持有至到期投资			应付债券		
投资性房地产			长期应付款		
长期股权投资			专项应付款		
长期应收款			预计负债		

（续表）

资产	年初余额	期末余额	负债和所有者权益	年初余额	期末余额
固定资产		3055.00	递延所得税负债		
在建工程			其他非流动负债		
工程物资			非流动负债合计		
固定资产清理			负债合计		260.00
生产性生物资产			所有者权益：		
油气资产			股本		3000.00
无形资产		600.00	资本公积		700.00
开发支出			盈余公积		80.00
商誉			未分配利润		476.70
长期待摊费用		100.00	减：库存股		
递延所得税资产			所有者权益合计		4256.70
其他非流动资产					
非流动资产合计		3755.00			
资产总计		4516.70	负债和所有者权益合计		4516.70

5．上年度利润表

利润表

第 7 年 12 月　　　　单位：万元

项目	1	本月数	本年累计数
一、主营业务收入	2	280.00	1500.00
减：主营业务成本	3	201.60	1080.00
主营业务税金及附加	4	5.00	25.50
二、主营业务利润	5	73.40	394.50
加：其他业务利润	6	20.00	110.00
减：营业费用	7	10.00	100.00
管理费用	8	25.00	160.00
财务费用	9	15.00	50.50
三、营业利润（亏损以“—”填列）	10	43.40	194.00
加：投资收益	11	0.00	0.00
补贴收入	12	0.00	0.00
营业外收入	13	20.00	125.00
减：营业外支出	14	10.00	160.00
四、利润总额（亏损以“—”填列）	15	53.40	159.00
减：所得税	16	17.62	52.47
五、净利润（亏损以“—”填列）	17	35.78	106.53

2.1.7 制造企业财务信息

公司目前财务状况良好，资金比较充足；资产负债率在5.66%左右，偿债能力较强，未来盈利空间比较大，具有良好的发展前景。

1．第七年年末生产制造公司的财务状况

生产制造公司第七年年末资产规模达到4516.7万元，其中流动资产761.7万元，占资产总额的16.58%，长期资产3755万元，占资产总额的83.14%。在长期资产中，固定资产净值达到3055万元，占资产总额的67.64%，占长期资产的81.36%。第七年年末，公司负债总额为260万元，资产负债率为5.66%。其中，流动负债260万元，占负债总额的100.00%，长期负债0.00万元，占负债总额的0.00%。第七年年末所有者权益达到4256.7万元，占资产总额的94.24%。

2．资产负债表报表附注

（1）货币资金中现金0.7万元，银行存款552. 00万元。

（2）长期待摊费用系设备修理维护费，需要在2年内摊销完毕。

（3）无形资产是投资人A对本公司无形资产剩余摊销年限为6年。

（4）固定资产全部为自有，包括A厂房、2条手工生产线和2条半机械化生产线；还包括一套动力设备、办公设备、原材料仓库、半成品仓库、产成品仓库和运输设备等。

（5）应交税金为累计欠交，其中欠交所得税60万元，欠交增值税20万元；其他应交款为累计欠交的教育费附加，欠交税款应在下年初交纳。

（6）预提费用系机器设备预提的大修理费。

（7）股本共计3000万元，其中投资人A投入无形资产600万元，占20%的股权；投资人B投入厂房A，价值310万元，投入资金290万元，占20%的股权；投资人C投入资金300万元，占10%股份；本公司原股东投入资本1500万元，占50%股份。

（8）股利分配政策：公司中层管理人员在新一年中努力经营，经会计师事务所审计后的经营利润表，税后利润比上年增长20%的，可以获得公司原股东投入资本的30%股份作为奖励，将税后利润额的30%作为股利，在新一年的期初阶段分配，至于30%的股利如何取得，取决于各位领导在公司经营过程中的骄人业绩。

（9）应付股利80万元中应付投资人A 32万元，投资人B 32万元，投资人C 16万元。应于下年度4月底前支付。

3．第七年收入、费用、利润资料

本公司经过七年的发展，已经积累了一定的创业经验，CP1产品在本地市场已经被消费者认可，市场份额较大，未来主营业务收入可能将持续增长。

第七年实现产品销售收入1500万元，比上年增产20%，主营业务利润达到394.5万元，较上年增长18. 5%，实现营业利润194万元，比上年增长16.5%，全年税后利润达到106.53万元，比上年增长15.5%。

2.2 客户公司基本信息

客户公司是仿真市场中购买生产制造公司产品的经营单位。客户公司目前只与生产制造公司进行最终产品的购销，不进行原材料交易和半成品交易；客户公司之间不存在交易关系，不允许互相买卖产品；每个客户公司的需求量和采购资金是有一定限度的，不保证生产制造公司生产的产品均能实现销售；客户公司的需求量和采购报价受本地区经济发展水平、市场未来偏好和产品供求关系的影响。

在选择购买产品中，任何客户公司均可以自主决策购买生产制造公司生产的 CP1、CP2、CP3、CP4 产品。客户公司在与生产制造公司建立购销业务关系后，有权收取规定的客户开发费和客户维护费；客户公司有义务参加每年召开的订货洽谈会；客户公司与生产制造公司达成的商品交易一律以书面购销合同为准，不执行其他形式的协议、合同；客户公司可以自行或委托信息中心进行市场调研预测，以提高决策的科学性；客户公司有义务向信息中心提供市场和行业公共信息，有权获得信息中心提供的各种公共信息。

2.2.1 固定资产基本信息

第七年年末本地客户公司固定资产基本信息

固定资产名称	原值（万元）	残值（万元）	使用年限（年）	已用年限（年）	已提折旧（万元）	备注
行政与营业大楼	830	30	40	7	—	租用
办公设备	108	5	10	4	41.2	自有
营业设备	208	8	10	4	80	自有
产品仓库	110	10	10	8	80	自有 1 个

注：产品仓库容量无限。

2.2.2 存货基本信息

第七年年末本地客户公司存货基本信息

存货名称	单位	存货数量	单位成本（元）	金额（万元）	存放地点	属性
CP1	件	720	2870	206.64	成品仓	销售

2.2.3 财务基本信息

客户公司期初采购资金为 3000 万。实收资本系 A、B、C 投资人于公司成立时一次性投资，其中股东 A 投资额 96 万元，占 30%股份；投资人 B 投资额 163.2 万元，占 51%股份；C 投资额 60.8 万元，占 19%。

利润表

编制单位：本地客户公司　　　　第七年 12 月　　　　单位：万元

项目	行次	本年数	上年数
一、营业收入	1	1940.65	1645.96
减：营业成本	2	1591.33	1352.87
营业税金及附加	3	103.82	88.06
减：销售费用	4	108.85	85.65
管理费用	5	58.98	47.66
财务费用	6	16.50	18.38
加：投资收益	7	18.11	14.98
二、营业利润	8	79.28	68.32
加：营业外收入	9	12.56	19.75
减：营业外支出	10	10.30	23.67
三、利润总额	11	81.54	64.40
减：所得税	12	20.39	21.25
四、净利润	13	60.64	39.15
五、每股收益	14	0.255	0.122

2.3 供应商基本信息

供应商是仿真市场中向生产制造公司出售原材料和设备的经营单位。供应商是自主经营、独立核算、自负盈亏的法人单位，具有自主决定原材料供应品种、数量和价格的权力。供应商只与生产制造公司进行原材料和设备的购销，不进行半成品交易。供应商之间不存在交易关系，不允许互相买卖原材料和设备。每个供应商的供应品种、供应量是有一定限度的，不保证生产制造公司生产所需的原材料和设备及时、足够的供应；供应商的原材料和设备的供给量和销售报价受本地区经济发展水平、固定资产投资规模及供求关系的影响。

供应商的经营范围是 M1、M2、M31、M32、M41、M42 等原材料并可在此范围内按相关规则决定供应品种、数量和价格；除此以外还包括各种生产线、装配线、动力设备和运输工具，可按相关规则决定供应的数量和价格。供应商经营的各种设备，只出售，不租赁；供应商与生产制造公司达成的原材料与设备交易一律以书面购销合同为准，不执行其他形式的协议、合同。供应商可以自行，也可以委托信息中心进行市场调研预测，以提高决策的科学性；供应商有义务向信息中心提供行业公共信息，有权获得信息中心提供的各种公共信息。

2.3.1 固定资产基本信息

第七年年末供应商固定资产基本信息

固定资产名称	原值（万元）	残值（万元）	使用年限（年）	已用年限（年）	已提折旧（万元）	备注
行政与营业大楼	1200	100	40	7	—	租用
办公设备	80	5	10	2	15	自有
营业设备	150	8	10	2	28.4	自有
原材料仓库	110	10	10	2	20	自有
设备仓库	200	10	20	5	47.5	自有

注：1．原材料仓库容量为 5000 单位。

2．设备仓库能容纳卡车 10 辆，生产线 3 条，动力设备 1 套。

2.3.2 存货基本信息

第七年年末供应商存货基本信息

资产名称	单位	库存量	单位成本（万元）	金额（万元）	存放地点	属性
卡车 A	辆	1	17.1	17.1	设备仓	销售
卡车 B	辆	2	15.2	30.4	设备仓	销售
半自动生产线	条	1	390	390	设备仓	销售
半自动装配线	条	1	390	390	设备仓	销售
M1	件	820	145	11.89	原材料仓	销售
M2	件	590	190	11.21	原材料仓	销售

2.3.3 财务基本信息

供应商期初资金为 3000 万。

实收资本系 A、B 投资人于公司成立时一次性投资，其中股东 A 投资额 140 万元，占 70%股份；投资人 B 投资额 60 万元，占 30%股份。实收资本为 200 万。

利润表

编制单位：原材料供应商公司　　　　第七年 12 月　　　　单位：万元

项目	行次	本年数	上年数
一、营业收入	1	2693.66	2370.42
减：营业成本	2	2113.87	1860.21
营业税金及附加	3	178.15	156.77
减：销售费用	4	130.71	115.03
管理费用	5	112.69	120.16
财务费用	6	76.95	67.72

（续表）

项目	行次	本年数	上年数
加：投资收益	7	11.68	10.27
二、营业利润	8	92.97	60.80
加：营业外收入	9	33.15	29.17
减：营业外支出	10	24.14	21.24
三、利润总额	11	101.98	68.73
减：所得税	12	25.50	22.69
四、净利润	13	76.48	46.04
五、每股收益	14	0.38	0.23

2.4 租赁公司基本信息

租赁公司是企业仿真综合实习环境中唯一以出租业务为主的经营单位，其宗旨是为仿真市场所有公司提供租赁服务；本公司是自主经营、独立核算、自负盈亏的法人单位，具有自主定价权；本公司出租的固定资产的能力是有限的，能够提供租赁的固定资产数量受本地区宏观经济发展的影响和固定资产投资规模的影响；租赁价格既受本地区经济发展水平的影响，又受固定资产供求关系的影响。

本公司只出租厂房、仓库、店铺和各种生产设备，生产设备包括生产线和装配线，不出租辅助生产设备和动力设备；初期没有商铺，需另行建造。本公司的租赁业务一律以书面租赁合同为准，不执行其他形式的合同；本公司的主营业务为出租业务，兼营业务为代理业务；生产制造公司需要自行建造厂房和仓库的，其建设周期和建造成本以本公司发布的信息为准，同时本公司代办自检审批手续费。

2.4.1 初始资产基本信息

生产设备出租基本信息表

设备类型	价值（万元/条）	期初数量（条/年）	残值（万元）	折旧年限（年）
半自动生产线	410	1	10	5
全自动生产线	730	1	30	5
柔性生产线	1050	1	50	5

运输设备出租基本信息表

设备类型	价值（万元/辆）	期初数量（辆）	残值（万元）	折旧年限（年）
卡车 A	18	1	0.9	5
卡车 B	16	1	0.8	5
卡车 C	12	1	0.6	5

注：①运输设备——卡车 C 载重量为 5 吨，卡车 B 载重量为 8 吨，卡车 A 载重量为 10 吨。
②卡车载重量与运输货物单位的换算执行第三方物流公司制定的标准。

2.4.2 财务基本信息

租赁公司期初资金为5000万元，实收资本为3000万元。

利润表

仿真租赁公司第七年12月　　单位：万元

项目	期末数
一、营业收入	2900
减：营业成本	1400
营业税金及附加	150
减：销售费用	45
管理费用	28
财务费用	39
加：投资收益	80
二、营业利润	1318
加：营业外收入	100
减：营业外支出	75
三、利润总额	1343
减：所得税	335.75
四、净利润	1007.25

2.5 物流公司基本信息

物流公司是仿真市场中唯一的营利性物流服务提供商，其宗旨是为仿真市场所有单位和组织提供有偿性的物流服务，并要严格执行国家流通政策和有关法律法规的规定坚守行业自律，不得随意泄漏客户信息。物流公司受仿真实习环境工商行政管理部门的监管。

物流公司在本地市场、国内市场和国际市场提供三种物流相关服务：仓储、运输和代理报关。物流公司面向仿真市场的所有企业提供仓储服务；物流公司在规定办理业务的时间内，随时受理供应商、生产制造公司、客户公司委托的物流相关服务，交易次数不限；物流服务的交易双方应在平等协商的基础上达成协议，每一次交易必须签订合同（协议），合同（协议）为确认交易的唯一有效证明。未写入合同的口头、文字协议无效；如有争议，以合同（协议）为执行标准；无法解决争议时，可提请工商行政管理部门仲裁。物流公司要及时、如实、完整记录和分析物流执行情况；有义务向政府信息中心提供行业公共信息。

2.5.1 初始资产基本信息

第三方物流公司第七年末主要固定资产，包括办公大楼、仓库、运输设备等。第七年末固定资产基本信息见下表。

第七年末固定资产基本信息

固定资产名称	使用部门	原值（万元）	残值（万元）	使用年限（年）	已用年限（年）	已提折旧（万元）	备注
行政大楼	总公司	510	10	—	—	—	租用 1 幢
网点办公楼	网点分公司	210	10	—	—	—	租用 2 幢
卡车 A	运输业务部	18	1	5	3	10.2	自有 1 辆
卡车 B	运输业务部	16	1	5	4	12	自有 1 辆
卡车 C	运输业务部	12	1	5	2	4.4	自有 1 辆
其他物流设备	仓储与运输业务部	125	5	6	1	20	自有

注：①运输设备——卡车 C 载重量为 5 吨，百公里油耗为 20L。卡车 B 载重量为 8 吨，百公里油耗为 30L。卡车 A 载重量为 10 吨，百公里油耗为 35L。

③其他物流设备包括为完成仓储运输业务所需的全部其他设备。

④行政大楼目前租金为 12.5 万元/年，以后年份租金请咨询租赁公司。

⑤网点办公楼目前租金为 5 万元/年，以后年份租金请咨询租赁公司。网点办公楼为网点物流分公司的办公楼，即每个网点物流分公司各自租用了 1 幢办公楼。

⑥第七年年末时，每个网点分公司都各自配有 1 个原料仓，1 个半成品仓，1 个产成品仓。

2.5.2 财务基本信息

物流公司期初资金为 500 万元，实收资本为 220 万元。

利润表

编制单位：物流公司　　　　第七年 12 月　　　　单位：元

项目	行次	本年数	上年数
一、营业收入	1	3 550 000	3 100 000
减：营业成本	2	2 698 000	2 325 000
营业税金及附加	3	213 000	186 000
减：销售费用	4	150 000	130 000
管理费用	5	185 000	180 000
财务费用	6	25 000	30 000
加：投资收益	7	52 000	80 000
二、营业利润	8	331 000	329 000
加：营业外收入	9	45 000	58 000
减：营业外支出	10	32 000	69 000
三、利润总额	11	344 000	318 000
减：所得税	12	86 000	104 940
四、净利润	13	258 000	213 060
五、每股收益	14	0.12	0.097

2.6 商业银行基本信息

银行是仿真实习环境中唯一合法的虚拟银行金融机构，其宗旨是为仿真实习环境中所有单位、团体和个人提供优质服务，为公司提供资金支持。仿真环境使用的货币为虚拟政府委托虚拟银行发行的仿真现金券，仿真现金券只限于仿真实习环境使用。凡是在本行开立账户的客户，都要遵守本行的规定，接受本行的监督，本行有权监督贷款单位对所贷款项的使用情况。仿真商业银行经营范围包括吸收公众存款、发放短、中、长期贷款、办理票据贴现、结算等经中国人民银行批准的金融业务。

2.6.1 各企业期初存款

各企业期初存款

单位名称	金额（万元）
制造企业	552
客户公司	3000
供应商	3000
物流公司	500
租赁公司	5000

2.6.2 财务基本信息

本仿真商业银行第七年年末资产规模达到90 350 万元，负债总额为81 950 万元，所有者权益为8400 万元。

仿真商业银行资产负债表

第7年12月31日　　　　单位：万元

资产	期末数	负债及股东权益	期末数
流动资产		流动负债	
现金及存放中央银行款项	12 000	短期存款	40 000
存放同业	1000	同业及其他金融结构存入款项	3000
拆放同业	2000	同业拆入	1000
短期贷款	20 000	向中央银行借款	1200
票据贴现	10 000	应付工资及福利	1600
短期投资	3000	应付税金	400
其他流动资产	5350	应付利息	2500
流动资产合计	53 350	其他流动负债	2200
		流动负债合计	51 900
长期资产		长期负债	
中长期贷款	20 000	长期存款	23 000

（续表）

资产	期末数	负债及股东权益	期末数
逾期贷款	4000	发行长期债券	7000
长期投资	5000	其他长期负债	50
固定资产原值	2000	长期负债合计	30 050
减：累计折旧	500	负债合计	81 950
固定资产净值	1500	所有者权益	
其他长期资产	1000	股本	5000
长期资产合计	31 500	资本公积	1800
无形、递延及其他资产	5500	盈余公积	400
		普通准备金	500
		未分配利润	700
		所有者权益合计	8400
资产总计	90 350	负债及所有者权益总计	90 350

报表附注：

（1）现金及存放中央银行款项包括库存现金以及在央行的准备金存款，其中库存现金有 2000 万元，在中央银行的存款 10 000 万元，包括法定存款准备金超额存款准备金，假设法定存款准备金率为 10%。

（2）短期投资指仿真银行持有的一年内到期的短期国库券。

（3）逾期贷款是指超过贷款到期日还没有按时归还的贷款。

（4）仿真经营环境中的存款包括个人储蓄存款、生产制造企业的存款、供货商的存款、客户公司的存款以及在仿真环境中的其他外部单位的存款，每家银行包括了至少四家仿真生产制造公司的存款，每家公司存款额为 552 万元。

（5）固定资产每年按原价 10%计提折旧，无形资产无需摊销。

（6）仿真商业银行股本总计 5000 万元人民币，全部为普通股。

（7）仿真商业银行按净利润的 10%提取盈余公积，按新增贷款 1%的比例提取普通准备金。

经过七年的经营，仿真商业银行积累了一定的经营管理经验，为仿真环境中的企业提供了大量的金融服务，收入明显增加。

仿真商业银行利润表

第 7 年 12 月　　　　单位：万元

项目	期末数
营业收入	7700
利息收入	7000
手续费收入	200
其他营业收入	500
营业支出	5600
利息支出	3500

（续表）

项目	期末数
手续费支出	150
营业费用	950
其他营业支出	1000
营业税金及附加	400
营业利润	1800
加：投资收益	200
营业外收益	200
减：营业外支出	400
税前总利润	1700
减：所得税	425
税后净利润	1275

报表附注：

①其他营业收入包括证券销售（或发行）的差价收入、同业往来收入及其他各种非利息的营业收入。

②利润总额等于营业利润加上投资收益与营业外收入再减去营业外支出的值。投资收益来自证券的出售、交换、提前偿还或投资于其他企业所获取的报酬。净利润等于利润总额减去所得税额。

③营业税按营业收入的5%计缴，所得税按利润总额的25%计缴。

第三章 制造企业规则

3.1 主要业务流程

准备阶段业务流程（制造企业）

1. 单位设立与岗位分工

① 岗位分工负责人
② 组织基本信息注册负责人
③ 获取本组织操作权限负责人
④ 导出基础和期初数据到 EXCEL

2. 工商登记与银行开户

① 名称预先核准登记总经理
② 工商设立登记总经理
③ 设立资金参数负责人
④ 登记申请公章总经理
⑤ 制作公章并上传总经理

3. 企业经营环境分析与规则细读

① 分析基础和期初数据，了解企业经营环境
② 了解业务规则
③ 制订年度营销和经营计划（要有会议记录）

制订年度营销和经营计划
成果：会议记录讨论的初步结果
参与人员：总经理统筹，所有人参与，财务部根据生产成本提出意见
内容：对经营环境和公司基础数据进行分析，计划未来一年每个季度的经营计划。具体而言：估算每种产品的生产成本（财务部门），再根据售价预估每个市场每种产品的利润，综合市场需求曲线，从市场开发、产品开发和资金投入、固定资产投资、人力资源配置、物料准备、资金筹措等方面进行讨论

期初阶段业务流程（制造企业）

1）新市场开发证明（纸质证明）

2）新产品研发成功证明（纸质证明）

3）ISO9001 和 ISO14000（纸质证明）——非必须流程，不开发可以省略此步骤

4）订货会

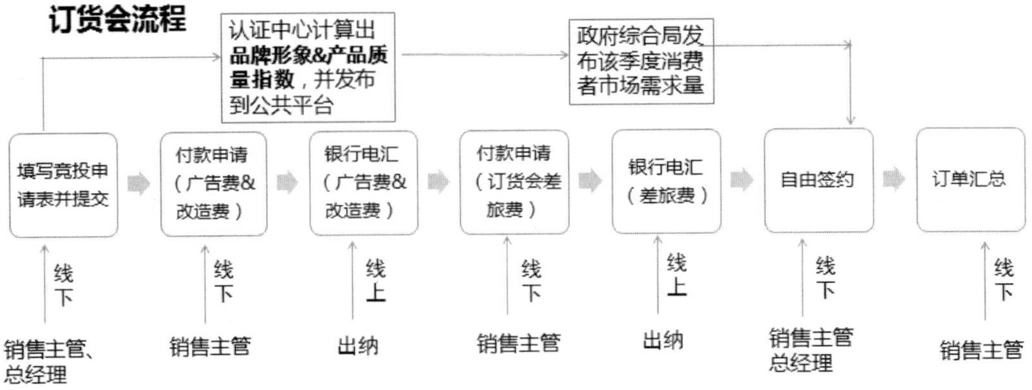

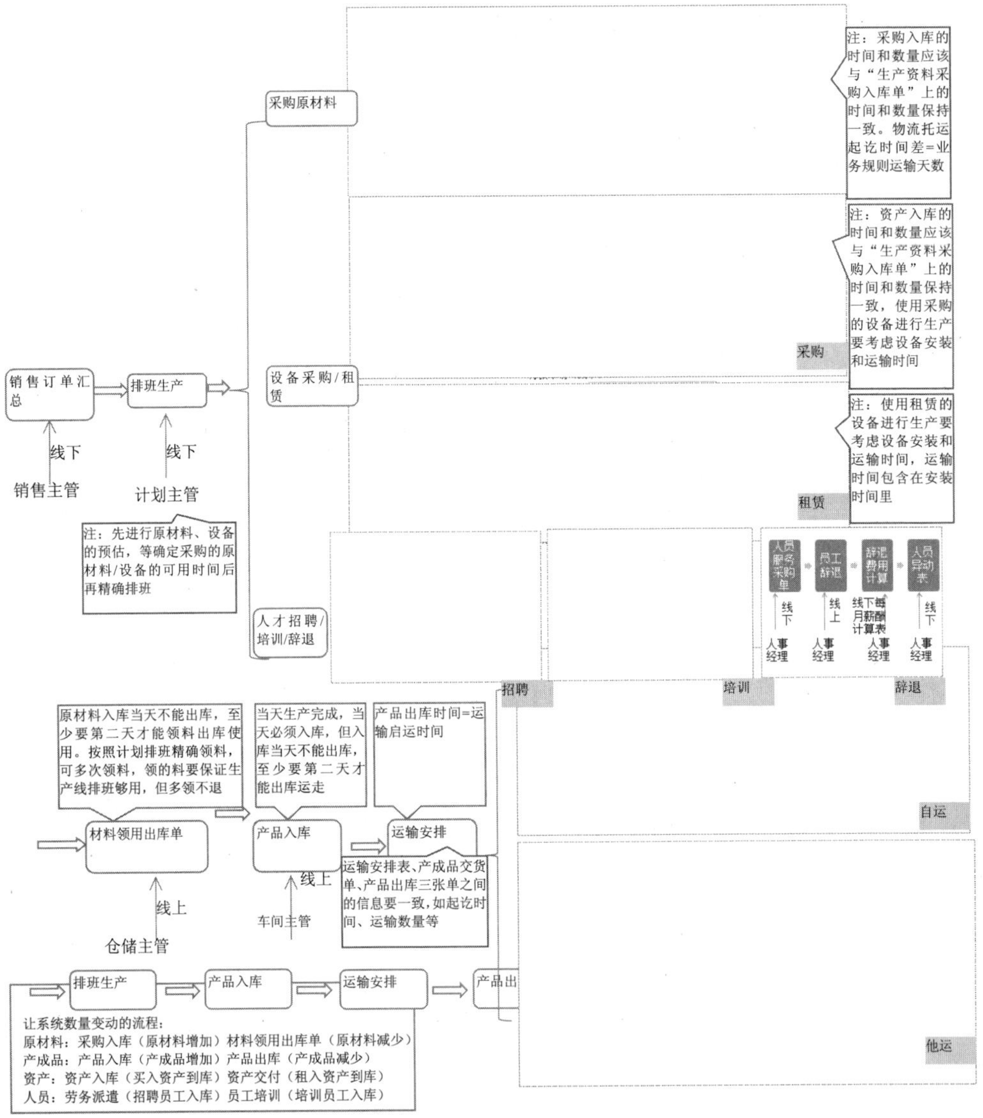

运营阶段业务流程（制造企业）

3.2 市场部规则

3.2.1 市场开发规则

1．市场类型及开发情况

制造公司市场开发情况表

项目	描述	制造公司是否已开发
市场分类	本地市场	已开发
	国内市场	未开发
	国际市场	未开发

2．市场开发投入标准

制造公司市场开发费用标准表

市场类型	所需时间（月）	总投入（万元）
国内市场	1	50
国际市场	1	30

制造公司进入国内市场和国际市场，需要投入开发费用，否则不得与该区域市场的客户公司签订合同，本地市场默认已经开发无须再投入开发费用。

财务部门做账时，市场开发费用记入长期待摊费用，摊销时间两年。

3．违规处罚及其他

违规处罚规则表

项目	详情
违规现象	擅自进入没有开发或没有开发成功的市场销售产品
处罚措施	裁定其销售合同无效，并处以 50 万元罚金
内部入账	与该销售行为或合同相关的支出计入营业外支出
资金流向	各制造企业的市场开发费用流向工商局账户

3.2.2 销售规则

1．销售差旅费标准

2000 元/人次，流向政府综合局，缴纳了销售差旅费的制造公司方可参加订货会。

2．广告费和技改费投入标准

现实中营销费用常包括广告费用、促销费用、招待费用、市场调研费用等，本实训为了简化操作，各公司每季度只需决策广告费用投放额，广告费的投入影响公司在某个细分市场的品牌形象指数。

技改费的全称是技术改造及设备维护费，主要会影响公司生产产品的品质。

各公司广告费和技改费的投入没有限制，需自行根据财务状况进行决策。

3．交易价格

（1）生产制造公司与客户公司交易价格由制造公司竞投价格确定，以购销合同为执行依据。

（2）不同生产线生产的同一种产品的基本销售价格是一样的。

（3）产成品销售价格一律为不含税价，增值税率为 17%。销售业务发生时，销售方需给客户开具增值税专用发票。

4．交易及手续

（1）制造公司决策广告费和技改费

每季度初，各制造公司决策广告费和技改费的投入，广告费分产品、分区域市场投放，技改费只分产品投入。竞投表如下所示（以认证中心发放的为准）：

制造公司竞投表

公司代码	P1 广告费（万元）			P2 广告费（万元）			P3 广告费（万元）			P4 广告费（万元）			P1	P2	P3	P4
	本地	国内	国际	本地	国内	国际	本地	国内	国际	本地	国内	国际	技改费	技改费	技改费	技改费
制造公司 A																
制造公司 B																
制造公司 C																
制造公司 D																
制造公司 E																
制造公司 F																
制造公司 G																
制造公司 H																
制造公司 I																
制造公司 J																
制造公司 K																
制造公司 L																

制造公司进行决策的依据是市场需求，各产品在各季度、各区域市场的需求趋势详见第六章 6.1 政府综合局规则中 6.1.3 成品市场消费者需求与价格信息，需要注意的是每季度政府综合局会根据所有制造公司投入的广告费来确定最后的需求量，但最多不会超出 0.8—1.5 倍的范围。

（2）制造公司将决策表提交给认证中心，并向认证中心缴纳相应费用，认证中心核算每家制造公司的品牌形象指数和质量指数并发布到公共信息平台，广告费影响品牌形象指数，技改费影响产品质量指数。指数发布后各制造公司应检查本公司指数是否有误，确认无误后再和客户公司签约，具体指数的计算公式如下：

① 制造公司本季度品牌形象指数计算

设本季度广告费用为 Ai，上季度广告费用为 A_{i-1}，上季度品牌形象为 $B_{i-1,}$ 本季度品牌形象为 B_i

$$Bi=\begin{cases} B_{i-1} * \mathrm{Log}（1+A_i，1+A_{i-1}） 若 A_i \geqq A_{i-1} \\ B_{i-1}-（B_{i-1}-60）*（A_{i-1}-A_i）/A_{i-1} \quad 若 A_i < A_{i-1} \end{cases}$$

注：制造公司品牌形象指数初始值 B_0 均为 80；本季度投入广告费的单位是万元。公式中 Log 表示是一个对数函数，括号中的本季度投入广告费是该函数的真数，上季度广告费 A_0 初始底数为 5。

② 制造公司本季度质量指数计算

设本季度研发费用为 R_i，上季度研发费用为 R_{i-1}，上季度质量为 $Q_{i-1,}$ 本季度质量为 Q_i

$$Qi=\begin{cases} Q_{i-1} * \mathrm{Log}（1+R_i，1+R_{i-1}） 若 R_i \geqq R_{i-1} \\ Q_{i-1}-（Q_{i-1}-60）*（R_{i-1}-R_i）/R_{i-1} \quad 若 R_i < R_{i-1} \end{cases}$$

注：制造公司质量指数初始值 Q_0 均为 80；本季度投入研发费的单位是万元。公式中 Log 表示是一个对数函数，括号中的本季度研发费 R_i 是该函数的真数，研发费初始 R_0 为 10。

（3）客户公司根据认证中心发布制造公司指数表，自由选择制造公司签订合约。买卖双方接洽谈判时，生产制造公司有义务应客户公司要求出示市场准入证明、新产品生产许可证、ISO 认证资格证书等文件。双方进行价格谈判时，签约价格（不含税）不超出如下表中“制造-客户公司签约价格”上下界限范围，在该范围内自由谈判：

各产品零售均价及交易价格限制表

产品	区域市场	零售均价	制造-客户公司签约价格		客户公司竞投价格上限	
			上限	下限	上限	下限
P1	本地	4700	3619	2350	4700	3995
	国内	4720	3634	2360	4720	4012
	国际		0	0	0	0
P2	本地	5220	4019	2610	5220	4437
	国内	5250	4043	2625	5250	4463
	国际	5500	4235	2750	5500	4675
P3	本地	7290	5613	3645	7290	6197
	国内	7350	5660	3675	7350	6248
	国际	8000	6160	4000	8000	6800
P4	本地	9560	7361	4780	9560	8126
	国内	9600	7392	4800	9600	8160
	国际	9500	7315	4750	9500	8075

（4）购销合同执行过程中如有异议，甲乙双方均有权利向工商行政管理部门提出仲裁要求，工商行政管理部门不得拒绝受理。若甲乙双方对工商行政管理部门的仲裁意见不服，再寻求任课老师协商解决。

（5）发货运输

制造公司—客户公司之间的物流运输相关事宜由制造公司负责联系确定推进，运输费用由制造公司承担。

（6）货款结算

本地、国内、国际市场客户购买产品均以人民币结算。

5．交易执行

（1）购销合同为唯一执行依据。未写入合同的口头、文字协议无效。各公司一定要妥善保管好每季度合同以备事务所审计。购销双方必须严格执行购销合同的每项条款。由于违约造成的经济损失，由违约方承担或赔偿。执行中如有争议，可提请工商行政管理部门调解、仲裁。

（2）购销合同签订后如需修改，必须经双方协商同意，重新签订合同。

（3）购销双方都要及时、完整记录和分析购销执行情况。

6．市场管理规则

（1）严禁买方联合、卖方联合或买卖双方联合干扰市场正常运行秩序和公平竞争活动，如恶意联合压低市场价格、人为造成供货紧张等，违者一次性罚款 50 万元，团队分扣 5 分。

（2）严禁制造公司之间、客户公司之间转卖产品，违者一次性罚款 30 万元，团队分扣 3 分。

（3）严禁发布虚假消息，违者一次性罚款 30 万元，团队分扣 3 分。

（4）工商行政管理部门有责任维护市场秩序，发现违规行为。

7．销售统计

每季度末，销售主管要向老师提交当季销售量和销售金额统计表如下所示：

制造公司第年第季度销售统计表

统计项目	本地 P1	本地 P2	本地 P3	本地 P4	国内 P1	国内 P2	国内 P3	国内 P4	国际 P2	国际 P3	国际 P4
销售量（件）											
销售金额（含税，万元）											

3.3 行政部规则

3.3.1 行政会议规则

行政会议规则表

会议类别	明细
年度会议	制定公司每项战略、每项年度计划和每项年度预算时，必须由总经理主持召开年度会议，总经理秘书做会议记录
季度例会	每季必须有总经理主持召开每月例会，全面了解、检查和督促各方面工作，必须在决策沙盘中调整好各方面数据
项目例会	日常运营阶段，每项目必须由部门负责人召集会议，了解、检查和督促本部门各方面工作，总经理列席

3.3.2 行政公告规则

行政公告规则表

公告类别	明细
会议公告	凡是总经理主持的各类重要会议，均需发布会议公告，由总经理秘书负责
销售公告	凡是公司销售的业绩，均需发布销售公告，发布销售额度和销售客户，由总经理秘书负责
年度业绩公告	每年年末各部门工作总结和业绩统计，以及基本财务指标，均需发布会议公告，由总经理秘书负责

3.4 采购部规则

3.4.1 采购规则

制造企业向供应商采购原材料、设备和厂房，供应商向政府综合局采购原材料、设备和厂房。政府综合局向供应商销售生产资料的价格及基本供应量信息详见6.1政府综合局规则部分。制造公司向供应商公司采购生产资料的价格规则详见4.2.6供应商销售规则。采购价格为不含税价，增值税率为17%；一年采购次数不限，每次采购的固定成本（包括差旅费、谈判及合同处理等）为5000元，交给工商局。

3.4.2 产品物料清单（BOM表，Bill of Material）

原料采购时要注意构成各产成品的物料清单，根据产品生成数量要求推算所需物流数量，物料清单如下：

产品物料清单表

产品	工序	生产材料	说明
CP1	加工	$2*M_1$	直接生产
CP2	加工	$1*M_2$，$2*M_1$	直接生产
CP3	加工	2*M1，$1*M_{31}$、$1*M_{32}$	直接生产
CP4	加工	2*M2，$1*M_{41}$、$1*M_{42}$	直接生产

3.4.3 厂房及设备租赁规则

厂房、生产设备和汽车也可以向租赁公司租赁的方式获得，租赁价格信息见 4.3 租赁公司规则。到底采用直接向供应商采购还是向租赁公司租赁，由各公司自行决策。

每家制造公司实训前四个季度的生产设备保有量不超过 5 条，最低不得低于 1 条，后续再根据实际情况由指导老师调整。

3.5 物流部规则

3.5.1 仓储规则

仓库仓储费标准：

仓储费标准表

指标	原料仓	半成品仓	成品仓
仓储费（元/天）	0.08	0.17	0.20

注：每批材料或产品出入库为一次性，入库当天不计仓储费用，出库当天计仓储费，入库当天不可出库，至少第二天方可出库。产品生产完毕当天必须马上入库，费用由工商局代收，仓库没有容量限制。

3.5.2 运输规则

1. 运输业务基本规则

运输基本业务规则表

项目	距离
每个生产制造公司——各供应商	距离相同
每个生产制造公司——本地市场各客户	距离相同
每个生产制造公司——国内市场各客户	距离相同
每个生产制造公司——国际市场各客户	距离相同
可以选择自行运输或物流公司代运输，但必须购买自有车辆才允许自运输，否则必须委托物流公司运输，不管是制造公司还是客户公司支付运费，均由制造公司确定委托运输的物流公司	
注意：材料入库的时间和数量必须与提货单的时间和数量相同，产品出库时间与物流公司开始运输时间必须相同	

2．运输设备基本信息

运输设备基本信息见 4.2.6 供应商销售规则。

3．自行运输费用

自行运输费用交给工商局，具体运输费用标准如表所示：

自行运输费用标准表

运输区段	时间（天）	整车（元/车）					
		CP1/ CP2			CP3/ CP4		
		5 吨	8 吨	10 吨	5 吨	8 吨	10 吨
制造商—本地客户	2	3400	4350	4520	4300	5700	6140
制造商—国内客户	6	8200	11 550	13 160	9100	12 900	14 780

注：①销售给同一市场客户的不同产成品可同车运输。

②5 吨车可以容纳 150 单位产成品；8 吨车可以容纳 225 单位产成品；10 吨车可以容纳 270 单位产成品。

③采购设备属于特殊运输，只能采取外包运输方式，具体运输费用见第三方物流公司标准。

④制造商—国际客户的运输不能自行运输，只能委托第三方物流公司运输。

⑤自运需要考虑回程时间。

4．运输费用承担主体

供应商—制造公司之间的物流运输相关事宜由供应商负责联系确定推进，运输费用由供应商承担。

制造公司—客户公司之间的物流运输相关事宜由制造公司负责联系确定推进，运输费用由制造公司承担。

3.6 生产部规则

3.6.1 厂房与设备投资规则

1．厂房与设备投资价格

厂房与生产设备的采购价格信息见 4.2.6 供应商销售规则，厂房与生产设备也可以采取跟租赁公司租赁的方式获得，详见 4.3.3 生产设备及运输设备出租业务和 4.3.4 出租厂房业务中相关规则信息。

2．设备维护规则

生产设备每季度必须投入维护与修理费用才能保证正常运行，投入标准如下：

生产设备维护与修理费用标准表

设备	维护费（万元/季度/条或套）
手工生产线	3
半自动生产线	3
全自动生产线	5
柔性生产线	8

注：租赁设备不需交纳维护费，由租赁公司支付，流向工商局。

3.6.2 设备与工人匹配规则

设备技术水平限制信息表

设备	受限产品、半产品	备注
手工线	不能加工或装配 CP3、CP4	技术水平低
半自动线	不能加工或装配 CP4	技术水平限制
全自动线	不受限制	不受技术水平限制
柔性线	不能生产 CP1	技术水平高

注：如果加工限制产品，则其加工产品全部为废品，计入废品损失。

产品与直接生产工人最低技术级别表

产品名称	CP1	CP2	CP3	CP4
最低技术级别	1	3	4	5

3.6.3 设备产能规则

正常生产能力每批产品信息表

工作中心	每班工时（小时）	每班人数（人）	生产线最大排班数	每班最大产量
手工生产线	8	20	3	2
半自动生产线	8	15	3	3
全自动生产线	8	10	3	4
柔性生产线	8	5	3	4

注：每 1 班工人超出 8 小时要按加班费计算人工，计算标准按计件工资两倍计算，工人最多只能加一班。

3.6.4 产品研发与 ISO 认证规则

1．产品研发规则

仿真实习期间总共可以经营的产品有 CP1、CP2、CP3、CP4 四种产品，目前 CP1 产品已经研发成功，其他三种产品还未研发，这三种产品的研发投入标准如下：

新产品研发投入标准表

项目	CP2 产品	CP3 产品	CP4 产品	备注
时间（月）	1	3	6	可以间断，但时间与资金比例必须一致
资金（万元/月）	30	20	15	
总投入（万元）	30	60	90	

新产品研发费用交给认证中心。新产品研发申请必须在研发开始时间的当季提出，认证中心以制造公司提交的《新产品研发申请表》中的“研发开始时间”和“研发结束

时间”为依据颁发新产品生产许可证。

2．ISO 认证类型和初始状态

本实训涉及的 ISO 认证有 ISO9001 质量认证和 ISO14000 环境认证两种，目前公司都还未获得认证。获得 ISO9001 认证，可以使产品技术合格率提升 5%，获得 ISO14000 认证，产品技术合格率可以再提升 3%。但获得认证要投入认证资金，还要每年投入维护费用，具体标准如下表所示：

ISO 认证投入标准表

认证类型	所需时间（月）	投入资金（万元/月）	总投入（万元）	认证维持费用（万元/年）
ISO9001	3	10	30	1
ISO14000	3	8	24	2

3.6.5 产品合格率规则

产品合格率规则表

产品质量规则	明细
产品基本合格率	各种产品（包括产成品和半成品）必须由具备条件的生产设备和生产工人生产，为 85%
产品技术合格率	产品质量主要取决于生产这些产品的直接生产工人的技术水平和认证水平： 某一种产品（包括半成品）某一批次的技术合格率取决于该批工人平均技术级别高出生产该产品最低技术级别的水平，每增加一级工人技术水平提升 10%，产品技术合格率计算方法如下：[Σ（各级别人数*技术等级）/Σ 各级别人数–最低技术等级要求]*10*1%；另外，获得 ISO9001 认证，产品技术合格率提升 5%，获得 ISO14000 认证，产品技术合格率再提升 3%
产品合格率	某产品某一批次的产品合格率由基本合格率和技术合格率构成，产品合格率最高不能超过 99%
废品损失	不合格产品所耗用的全部费用，一律计入废品损失
其他要求	为保证生产顺利进行，辅助生产人员、行政管理人员、销售人员和其他人员必须达到相应的规定要求，否则，该产品不能生产

3.6.6 产品入库规则

产品入库规则表

入库类型	明细
入库规则	只有合格品才能办理入库手续，在仓库存放；对于废品，不能返修，也不能作为次品对外销售，只能作为废品确认为废品损失
产成品验收入库	如果有客户等待发货，经过检验后的合格产成品可以不转入产成品仓，直接按销售合同发货，但必须办理入库手续，计算产品成本；如果没有客户等待发货，在入库手续办理完毕后，需要转入成品仓保管

3.7 人力资源部规则

3.7.1 员工配置规则

1. 公司各类人员最低比例表

公司各类人员最低比例表

职工类别	各类人员最低比例（%）
直接生产人员	—
辅助生产人员	3
行政管理人员	5
销售业务员	5
其他人员	2

注：①销售业务人员每 10 人（不足 10 人以 10 人计）需设置销售主管 1 人；业务人员小于等于 10 人的，无需再设销售经理，超过 10 人的公司必须设销售经理 1 人。

②销售业务员没有职称、学历的限制。

③销售主管、销售经理必须具备中级以上专业技术职称，属于管理人员。

④管理人员职称最低比例为初级 40%，中级 30%，高级 10%。

⑤除第八年 1 月份以外的所有月份的员工数量都需要满足该员工比例。

3.7.2 职工工资标准

1. 各技术级别工人基本工资及计件工资标准

各技术级别工人基本工资标准表

技术级别	基本工资额（元/人・月）
1	1440.00
2	1800.00
3	2160.00
4	2520.00
5	3060.00
6	3600.00
7	5040.00
辅助人员	1000.00

直接生产工人计件工资标准表

单价（元）＼设备类型计件	手工线	半自动线	全自动线	柔性线
CP1	200	175	150	—
CP2	175	150	125	100
CP3	—	125	100	100
CP4	—	—	75	75

注：以上计件单价由生产线上的直接生产工人平均分配。

2．管理人员及销售人员工资标准

行政管理人员职称工资标准表

职称类别	无职称	初级职称	中级职称	高级职称
工资额（元/月·人）	1500	2000	3000	5000

销售人员底薪及提成比例表

销售人员类别	销售经理	销售主管	销售业务员
底薪（元/月·人）	5000	3500	1500
提成比例（%）	0.5	0.25	3

注：销售主管的销售提成由其管理的业务员不含税销售总额为基数计算，销售经理以公司不含税销售总额为基数计算提成。

销售业务人员每季度基本销售量为60件，最大销售量为90件，不能完成基本销量的业务员只能拿基本工资的80%，提成工资按完成的销售总额计算。

3．五险一金

企业须按员工的基本薪酬为标准，支付五险一金：养老保险个人支付比例8%，公司支付比例12%；医疗保险金个人支付比例2%，公司缴纳比例10%；企业单独按照员工标准薪酬的3%缴纳失业保险、工伤保险、生育保险；住房公积金个人支付比例10%，公司缴纳比例10%。

3.7.3 员工招聘与辞退规则

1．员工招聘一般规则

（1）所有人员的招聘均需在人才交流服务中心招聘；

（2）企业所需人员不受人才市场的供给影响；

（3）加强员工招聘的计划性，人力资源部按经营年制订企业年度招聘计划，并分析执行效果；

（4）通过招聘可改善生产工人的结构，从而提高产品的合格率；

（5）所有招聘员工直接上岗，没有试用期，也不执行试用期工资；

（6）员工招聘由用人单位（部门）和人力资源部共同完成；

（7）所有招聘活动必须符合国家有关规定和人才交流中心有关规则；

（8）销售业务员、销售主管、销售经理的招聘是立即到岗；其他人员招聘是下月 1 号到岗。

2．员工招聘成本规则

各类人员招聘成本标准表

人员类别	人均广告成本	人均选择成本	人均其他成本	合计
高级职称	3000	2000	2000	7000
中级职称	1500	1000	2000	4500
初级职称，六、七级技术工人	500	500	1000	2000
三、四、五级技术工人	300	300	400	1000
一、二级技术工人	100	200	200	500
销售人员	500	500	1000	2000
其他人员	—	50	50	100

3．辞退员工规则

对于不需要的富余职工或者连续两次考核不称职的管理人员，生产制造公司可以随时辞退，可以不考虑其安置问题，但必须给辞退职工发放当月及其次月的基本工资。同时需要将辞退人员的辞退日期、数量、类别、技术级别或专业技术职称及辞退原因等情况报送人才交流中心备案。没有经过人才中心备案的辞退视为无效辞退。在人才中心备案的辞退人员，可以供其他公司再招聘。

3.7.4 员工培训规则

1．员工培训一般规则

（1）企业必须按规定（按工资总额的至少 1.5%）提取职工培训费；

（2）年度实际培训费用不能低于所提取的培训费，否则，按所提取的培训费计入人工成本。

（3）培训费不分散使用，根据企业发展的需要，集中用于一些有技术晋级潜质的生产、管理等工作岗位的员工，人力资源部应做好年度培训计划，并分析执行效果。

（4）员工培训课必须送到企业外人才交流中心培训。直接生产工人、辅助生产工人依据一年内累计投入培训经费的多少逐步晋级。

（5）对员工来说，只要企业投入的累计培训经费达到晋升标准，该员工即具备晋升高一级技术级别的资格。企业从下一个月聘其为高一级技术级别，不考虑培训期的长短。

（6）所有人员培训都是下月 1 号以新级别上岗，员工培训期间依旧可以安排生产。

2．员工晋级的培训费用标准规则

企业投入的每人培训经费与晋升技术等级对照表

技术级别的变动类型	投入的培训经费
无级别升一级	250
一级升二级	320
二级升三级	460
三级升四级	650
四级升五级	900
五级升六级	1400
六级升七级	2160
管理人员无级升初级	1000
管理人员初级升中级	1500
管理人员中级升高级	2260
销售业务员升销售主管	1500

人才交流中心可以向制造公司提供薪酬核算方面的咨询，为人工成本核算提供帮助，咨询费用 5 万元/季度。

3.7.5 内部考核与激励机制

人力资源部必须在实训期初就建立内部考核与激励机制，对各部门负责人的工作态度、出错率、对组织贡献程度制定明确的加分和扣分机制，经全体成员表决、总经理签字确认，并按制度严格登记执行，在实训结束当天将内部考评分交给实训老师，实训老师据此分配团队分数。

由于各职能部门自身责任心不强导致提交的数据有误或拖延提交，人力资源部应制定详细的扣分规则，并赋予财务部门相应权限；对代表组织参加相关赛事论坛的成员制定详细明确的加分激励机制；对贡献突出使得本组织获得额外加分的成员制定明确的加分激励机制。考评建议采用自评+人力资源经理评价，在评价中采用关键事件法。

3.8 财务规则

3.8.1 各项费用收款部门

各项费用收款部门汇总对照表

序号	费用明细	缴费时间	收款部门
1	自运运输费	每自运一次交一次	工商局
2	发生下列行为都要交差旅费： （1）采购原材料（5000/次）； （2）购买全自动生产线（装配线）和柔性生产线（装配线）（2000/次）； （3）申请办理 ISO 认证（2000/次）； （4）招聘高级技术工人（6—7 级）或者具备高级专业技术职称的职工（2000/次）	每发生一次交一次	
3	市场开发费用	开发当月一次性交清	
4	设备维护费用	每季度一交	
5	员工辞退费用	每季度一交	
6	仓储费	每季度一交	
7	工资	每季度一交	
8	五险一金	每季度一交	税务局
9	各种税	每季度一交	
10	订货会差旅费	每季度一交	政府综合局
11	风险事故损失费	每发生一次交一次	
12	ISO 认证费	认证当月一次性交清	认证中心
13	ISO 维持费	获得证书之后，一次性交齐当年剩余时间所需维护费用，以后按年度交纳，于每年年初缴交	
14	广告费	每季度一交	
15	技改费（技术技改费）	每季度一交	
16	新产品研发费	研发当月一次性交清	
17	招聘、培训费	每发生一次交一次	人才交流中心
18	入场费	每招聘一次交一次 用人单位每次招聘，需要向中心交纳招聘入场费 5000 元，同一月份第二次招聘的单位，招聘人场费优惠至 3000 元	

3.8.2 税务规则

1. 纳税申报时所涉及的税种主要依据国家税收法规的规定及生产制造公司实际经营情况来确定，实行纳税自主、上门申报、集中征收。依税务部门规定，申报纳税以“季”

为周期（实际工作中以月为申报周期），即每季度申报纳税一次。每个季度初为征收期，进行上个季度的纳税申报。

2. 在税收征收期间，按照生产制造公司的经营情况，填制各税申报表，带齐相关的会计账簿、报表如期（在税务部门规定的征收期内）到税务部门办理纳税申报业务，得到税务部门开出的税收缴款书，并到银行缴纳税款。

3. 纳税人要定期进行自查，并按照税务部门的要求，配合税务部门做好税务检查的各项工作，积极为税务检查人员提供有关纳税资料和凭证。

4. 生产制造公司的财税人员，应该维护公司的合法权益，主动为公司进行税收筹划，设计合理节税的方案，并付诸实施。

5. 生产制造公司对公司各种发票的使用进行管理和监督，并制定发票的使用制度和发票管理登记簿。

3.8.3 结算方式

在仿真市场的各项交易活动中，除购货交易可使用支票结算外，其他业务资金交易统一使用银行电汇转账业务。

3.8.4 存货计价方式

1. 所有物品采用实际成本法核算。

2. 坚持一贯性原则。发出存货可以采用先进先出法计价，也可以采用全月一次加权平均法计价，具体核算方法由公司行决定，但必须遵循一贯性原则。

3.8.5 工资分配与培训费用

工资与培训费用规则表

项目	详情
职工工资	职工工资费用由人事部门按月（季）计算，并将计算结果及时报送财务部门，由财务负责发放。 公司不得拖欠职工工资，必须按时足额发放职工工资。 职工工资收入应该缴纳个人所得税，个人所得税由职工个人负担，生产制造公司是职工个人所得税的代扣代缴义务人
五险一金处理	要求为员工缴纳五险一金，具体基数与比例由政府每年确定
职工教育培训费	为了提高公司职员的水平、素质和能力，公司应该按照当月（季）工资总额的一定比例提取职工教育培训费。 公司提取的职工教育培训费用于生产工人技术培训和管理人员素质培训，培训结果体现为生产工人技术级别的提高和管理人员的职称晋升，具体事项由人事部门设计培训方案，落实培训计划。 财务部门要保证专款专用。 公司已经使用的培训费，由外部相关部门代为收缴。各个生产制造公司相关岗位工作人员主动到银行交纳，并取得职工教育培训费使用时间。使用金额的证据，以便财务人员及时入账及日后备查

3.8.6 成本核算规则

成本核算规则表

项目	详情
原材料成本核算	可以按采购批次计算，也可以按月（季）计算
产成品成本核算	计算产成品的制造总成本和单位成本，应该编制“产品成本计算单”。 根据各种产品的物料清单和材料消耗定额，计算直接材料费 计算直接人工费。包括直接生产人员的工资和福利费，直接生产人员工资按生产工时和小时工资率计算；职工福利费按照直接生产人员工资的一定比例提取。 归集、分配当期制造费用。制造费用包括间接材料费、间接人工费和计入制造费用的折旧费、维护费、大修理费用、动力费等。 其他费用。主要包括废品损失和停工损失。废品损失按已耗人、财、物计算；停工损失按实际停工时间计算。 在完工产品和在产品之间分配当期生产费用。 编制产品成本计算单，计算各种产品的总成本和单位成本
发出存货成本结转时间与发出存货计价方式相关联	统计本期销售产品的数量、销售市场、销售价格等资料，编制产品销售情况统计表。 根据一贯性原则，计算已销产品的生产成本。 结转本期已销产品的生产成本。根据发出存货的计价方式，销售成本可以随时结转，也可以期末一次结转。 结转其他销售业务的成本

3.8.7 差旅费规则

1．确定出差行为。公司业务人员办理业务需要出差。下列行为均属于出差行为：

（1）采购原材料；

（2）购买全自动生产线（装配线）和柔性生产线（装配线）；

（3）申请办理 ISO 认证；

（4）招聘高级技术工人（6—7 级）或者具备高级专业技术职称的职工；

（5）参加订货会。

2．按照规定报销或支付差旅费。

3．差旅费标准。采购原材料差旅费一次 5000 元，其他出差行为差旅费 2000 元/人 • 次。

差旅费的支付时间。固定差旅费于出差时一次性支付，不允许拖欠。凡是没有缴纳差旅费办理的业务一律视为无效业务，相关支出计入公司的营业外支出。订货会的差旅费给政府综合局，其他都是流向工商局。

3.8.8 期间费用规则

1．期间费用包括营业费用、管理费用和财务费用，按期间发生额核算。

2．期间费用用于发生时立即支付，费用收款部门请参照 3.8.1 各项费用收款部门中的“各项费用收款部门汇总对照表”。

3.8.9 盘点规则

1．对库存现金盘点，填写现金盘点报告单和账存实存对照表，确认现金长款、短款金额。

2．每季度末获取银行对账单，进行银行对账，编制银行存款余额调节表。

3．对本公司的流动资产、固定资产等实物资产进行全面盘点，填写盘点报告单和账存实存对照表，确认盘盈、盘亏资产的种类、数量和金额。

4．核对各种往来款项，确认账实是否相符；每个会计期间，公司应该主动与银行对账，以保证账实相符；双方对不上的账项，要查明原因，分清责任；对于未达账，应该编制银行存款余额调节表。

5．对账实不符的各项资产进行账务处理。

6．查明账实不符的原因，报经有关领导批准，分别就不同原因对盘盈、盘亏资产进行相应的账务处理。

结转净收益或净损失。

3.8.10 利润分配

公司实现的利润应当按照法定程序进行利润分配。

1．结转本会计年度实现的净利润或亏损。

2．根据公司章程规定，按照本年净利润的10%提取法定盈余公积金。

3．根据董事会决议，提取任意盈余公积金。

其他与利润分配相关的业务。

3.8.11 票据管理

1．公司日常会计核算所需要的原始单据，如果属于公司内部往来的单据，可以自制，也可以购买；如果需要开具给外单位的票据，必须使用统一正规票据（仿真实习统一使用）。所有票据的存根联必须保管好，以备检查。

2．发票等票据在税务部门购买；

3．发票、收据等主要是用于公司之间往来的统一票据，用完后的存根联应该整本交回税务部门，才能购买相应的新票据。

3.9 绩效考核

制造公司为营利性组织，其团队业绩评价指标为税后净利润，以会计师事务所审计调整后的净利润为考核依据。

供应商团队业绩分指标及评分标准表

指标	第一名得分	第二名得分	第三名得分	第四名得分	第五名得分	第六名得分
净利润	100	95	90	85	83	80

仿真实训第一年结束后，各制造公司 CEO 要上台演讲，分析第一年经营策略得失，提出未来一年经营战略。演讲得分占比 40%，以上团队业绩得分占 60%，最高分者获评“最佳 CEO”称号。制造企业分两个区域分别评选各一个“最佳 CEO”。

仿真实训第一年结束后，各制造公司 CFO 要上台演讲，从财务角度分析第一年经营策略得失，向管理团队提出改善建议。演讲得分占比 40%，以上团队业绩得分占 60%，最高分者获评“最佳 CFO”称号。制造企业分两个区域分别评选各一个“最佳 CFO”。

第四章　商贸区公司业务规则

4.1　客户公司规则

4.1.1　客户公司主要业务流程

客户公司主要业务流程表

业务内容	操作方式	流程名称	发起岗位
客户采购项目	线下	商品购销合同（与制造公司）	制造销售主管
	线下	制造公司产成品交货单	业务经理
	线上	客户公司商品验收入库*	
	线上	银行电汇单*（银行）	出纳
客户销售项目	线下	专卖店开设决策并签订协议	业务经理
	线下	竞投申请单*（政府）	业务经理
	线下	客户公司产成品销售出货单	业务经理
	线上	客户公司发货单*	业务经理
客户统计项目	线下	存货及资金统计表	会计
客户公司竞赛项目	线下	广告创意大赛	客户公司团队

4.1.2　客户公司业务规则

1. 客户市场的构成

本实训中客户公司是由 15 家轻资产运营的品牌公司组成，其中本地市场、国内市场和国际市场各有 5 家。客户公司建立自己的专卖店销售产品，自主决策 CP1、CP2、CP3、CP4 产品的组合策略、定价策略、广告投入策略。需要注意的是国际市场没有 CP1 需求。

客户公司从制造公司采购产成品，并将其销售给消费者。由于在实训中不可能真的找数以万计的消费者来购买产品，因此我们在政府综合局设置了虚拟的消费者代表，在每季度末向客户公司回购产成品。因此，客户公司要密切关注政府综合局在公共信息平台发布的消费者需求信息，仔细阅读 6.1.3 成品市场消费者需求与价格信息和 6.1.4 产成品交易规则与流程的内容。

每家客户公司在实训开始时都需重新进行工商登记并取得营业执照、银行账号才可正式营业。

2. 建立购销业务关系

每个客户公司都可以购买仿真市场中制造公司出售的任何产品，与本市场所有生产制造公司建立购销业务关系，但是否是某一公司的客户，还需要销售公司投入一定的市场开发维护费用。目前生产制造公司已经开发了本地市场，且在本地市场有 5 家客户。

将来还可以开发国内市场和国际市场，但是需要一定的资金投入，需要开发和建设时间。

市场开发费投入标准详见6.2.2市场开发规则；若销售方没有开发客户公司所处的区域市场，足额缴纳开发费用，客户公司与其签订的销售合同无效。

3．客户公司采购业务规则与流程

（1）基本原则

客户公司可根据市场需求、公司发展战略和公司经营条件制订采购计划，自主决策采购品种、数量、价格、时间及其他采购要求，与生产制造公司签订购销合同，实现产成品的采购。

客户公司可以向任何一家建立了购销关系的制造公司采购产成品。

客户公司购进的产成品的销售对象是需要这些产品的消费者（虚拟）。销售品种、数量、价格主要取决于市场供求情况，不保证客户公司采购的产品均能实现销售，实现销售的程度与市场供求、客户公司的经营决策水平有直接关系。

（2）关注消费者需求信息

各产品在各区域市场的消费者需求变化趋势及基本需求量见6.1政府综合局规则中6.1.3成品市场消费者需求与价格信息，其中表“各产品需求在各区域市场的分布”反映了市场需求的基本量，但每个季度消费者代表会根据制造公司投放的广告费用总额适当调整后将准确的需求信息发布在公共信息平台。基本的原则是行业中的制造公司投入的营销费用越多，需求就越容易被激发出来。但最多不超过基本需求量的0.8—1.5倍。

（3）关注制造公司品牌形象指数和质量指数

客户公司的市场份额取决于竞投综合分，而竞投综合分的计算公式为：

客户公司竞投综合分=客户公司价格分*0.2+客户公司宣传分*0.2+制造公司品牌形象指数*0.3+制造公司产品质量指数*0.3

其中后面两项“品牌形象指数”和“产品质量指数”是制造公司的产品属性，每家制造公司都会在季度初决定投入多少广告费和技术技改费，广告费影响品牌形象指数，技术技改费影响产品质量指数，这两个指数分别占30%的权重，因此对于客户公司能否获得更多地市场份额有重要影响。

每季度初，客户公司需要根据认证中心发布的各制造公司的指数信息来决策跟哪些制造公司签订购销合同，以采购符合自身定位的产品。

（4）签订合约

客户公司选定制造公司后，需要和制造公司谈判采购数量、采购价格等内容，其中采购价格必须在如下表中“制造-客户公司签约价格”范围内谈判：

各产品零售均价及交易价格限制表

产品	区域市场	零售均价	制造-客户公司签约价格		客户公司竞投价格上限	
			上限	下限	上限	下限
P1	本地	4700	3619	2350	4700	3995
	国内	4720	3634	2360	4720	4012
	国际		0	0	0	0

（续表）

产品	区域市场	零售均价	制造-客户公司签约价格		客户公司竞投价格上限	
			上限	下限	上限	下限
P2	本地	5220	4019	2610	5220	4437
	国内	5250	4043	2625	5250	4463
	国际	5500	4235	2750	5500	4675
P3	本地	7290	5613	3645	7290	6197
	国内	7350	5660	3675	7350	6248
	国际	8000	6160	4000	8000	6800
P4	本地	9560	7361	4780	9560	8126
	国内	9600	7392	4800	9600	8160
	国际	9500	7315	4750	9500	8075

（5）收货

通过“制造公司产成品交货单”（线下流程，由制造公司发起的单据），“公司商品验收入库”（线上流程，由客户公司业务经理发起，将货品入库，会计记账。

4．客户公司销售业务规则

（1）客户公司竞投决策

每季度末，消费者代表会向客户公司回购产品，本地消费者只向本地客户公司收购，国内消费者只向国内客户公司、国际消费者只向国际客户公司收购产品。政府综合局组织各客户公司提交竞投申请表：

客户公司竞投表

客户公司代号	竞投价格（整数，元）				投入广告费（万元）				品牌形象指数				产品质量指数				本季有效专卖店数量
	P1	P2	P3	P4	P1	P2	P3	P4	P1	P2	P3	P4	P1	P2	P3	P4	
A																	
B																	
C																	
D																	
E																	

注：①竞投价格须在上“各产品零售均价及交易价格限制”中“客户公司竞投价格上限”范围内竞投。

②投入广告费不作限制，各公司需要自行作出财务预算。

③品牌形象指数取决于合作的制造公司，该制造公司在该区域市场投放的广告费越多，品牌形象指数越高，某季度可供销售的产品包含从不同制造公司采购的产品时，品牌形象指数和质量指数求加权平均值。如本季度共采购了400件P2，其中从制造A采购了100件品牌形象指数为60；从制造B采购了300件品牌形象指数为80，则400件P2产品的品牌形象指数=（100*60+300*80）/400=75/。

④产品质量指数也取决于合作的制造公司，该制造公司在某一产品上投入的技改费越多，质量指数越高，意味着品质越高。各产品品牌形象指数和质量指数由客户公司自主向消费者代表填报，同时向工商局提交明细账和《制造公司产成品交货单》备查。

⑤本季度有效专卖店数量由客户公司自行向政府综合局填报，同时将租赁合同提交给工商局检查。

（2）确定每家客户公司可获得的最大订单量

在每个细分市场（某种产品在某个区域，如 CP1 国内市场）都会有五家客户公司竞争，政府综合局根据如下公司计算综合分来分配市场份额，确定每家客户公司的总市场潜能：

客户公司竞投综合分=客户公司价格分*0.2+客户公司宣传分*0.2+品牌形象指数*0.3+产品质量指数*0.3

其中：

①客户公司价格分=（零售均价-客户公司竞投价格）*（客户公司竞投价格/零售均价）*0.1；

②客户公司宣传分=客户公司投入广告费*3（单位：万元）

③制造公司本季度品牌形象指数计算

设本季度广告费用为 A_i，上季度广告费用为 A_{i-1}，上季度品牌形象为 B_{i-1}, 本季度品牌形象为 B_i

$$B_i=\begin{cases} B_{i-1} * \text{Log}（1+A_i，1+A_{i-1}） & \text{若 } A_i \geqq A_{i-1} \\ B_{i-1}-（B_{i-1}-60）*（A_{i-1}-A_i）/A_{i-1} & \text{若 } A_i < A_{i-1} \end{cases}$$

注：制造公司品牌形象指数初始值 B_0 均为 80；本季度投入广告费的单位是万元。公式中 Log 表示是一个对数函数，括号中的本季度投入广告费是该函数的真数，上季度广告费 A_0 初始底数为 5。

④制造公司本季度质量指数计算

设本季度研发费用为 R_i，上季度研发费用为 R_{i-1}，上季度质量为 Q_{i-1}, 本季度质量为 Q_i

$$Q_i=\begin{cases} Q_{i-1} * \text{Log}（1+R_i，1+R_{i-1}） & \text{若 } R_i \geqq R_{i-1} \\ Q_{i-1}-（Q_{i-1}-60）*（R_{i-1}-R_i）/R_{i-1} & \text{若 } R_i < R_{i-1} \end{cases}$$

注：制造公司质量指数初始值 Q_0 均为 80；本季度投入研发费的单位是万元。公式中 Log 表示是一个对数函数，括号中的本季度研发费 R_i 是该函数的真数，研发费初始 R_0 为 10。

（3）确定各客户公司季度总市场潜能

客户公司季度总市场潜能=Σ（CP_i季度最大订单量*CP_i竞投价格），i=1，2，3，4。

实训中客户公司参加的竞赛对市场潜能会产生影响：

客户公司将在第八年第二季度末举行广告创意大赛，竞赛结果将影响第八年下半年的市场潜能。第一名其市场潜能将在竞投得到的最大订单量基础上提升 15%；第二名提升 10%；第三名提升 5%。提升后出现小数位的，四舍五入取整。

（4）客户公司建设专卖店规则

所有客户公司必须通过建设专卖店来销售产品，专卖店建设及运营规则如下：

①专卖店通过向租赁公司租赁获得，每间专卖店每季度基准租金为 3 万元，上下浮动不超过 10%，单店销售能力为 60 万元/季度。

②每间专卖店至少经营半年才能退租，客户公司若还未到租赁期而提前退租，需向租赁公司支付 1 万元/间的违约金。

③客户公司向消费者销售产品不发生物流费用。

④各客户公司必须于每季度初做出本季度商铺租赁或退租决策，季度中不得租赁及退租。

（5）确定客户公司最大销售额

客户公司季度最大销售额=Min（客户公司季度总市场潜能，专卖店总销售能力）

注：即客户公司实际能达到的最大销售额受到市场潜能和专卖店总销售能力两个因素的制约，只能按其中较小的来确定能够实际销售的最大数量。如某客户公司某季度市场潜能为 1200 万，而当前专卖店数量为 18 间总销售能力为 1080 万，则实际销售额不能超过 1080 万元；若当前可用专卖店数量为 25 间则总销售能力达到 1500 万，则实际销售额不能超过 1200 万。当然，若客户公司实际能提供销售的货物达不到其最大销售额，则按实际能提供销售的货物总额进行销售。

4.1.3 交易规则补充说明

1．交易价格

产成品销售价格一律为不含税价，增值税率为 17%。销售业务发生时，销售方需给客户开具增值税专用发票。

2．付款方式

一般采用银行电汇的方式在当季支付货款。国际市场客户购买产品也以人民币计价、核算。

3．物流费用

制造公司——客户公司的物流事宜由制造公司联系确定并由制造公司承担费用。

4．市场管理规则

（1）严禁买方联合、卖方联合或买卖双方联合干扰市场正常运行秩序和公平竞争活动，如恶意联合压低市场价格、人为造成供货紧张等，违者一次性罚款 50 万元，团队分扣 5 分。

（2）严禁客户公司之间转卖产品，违者一次性罚款 30 万元，团队分扣 3 分。

（3）严禁发布虚假消息，违者一次性罚款 30 万元，团队分扣 3 分。

（4）工商行政管理部门有责任维护市场秩序，发现违规行为。

5．仓储费标准

客户公司当季采购的产品不记库存费用，但当季未销售完的产品从下一季度开始必须按总金额的 2%计提库存费用和折价费用，流向工商局。注：仓储无容量限制。按库存各类产品数量×上一季度竞投价格计算并求和得出总金额。

年度末还未销售完的产品需要做清仓处理，政府综合局按当年该产品零售均价的 80%回购。

4.1.4 绩效考核

客户公司为营利性组织，其团队业绩评价指标为税后净利润，以会计师事务所审计调整后的净利润为考核依据。

供应商团队业绩分指标及评分标准表

指标	第一名得分	第二名得分	第三名得分	第四名得分	第五名得分
净利润	100	95	90	85	80

仿真实训第一年结束后，各公司 CEO 要上台演讲，分析第一年经营策略得失，提出未来一年经营战略。演讲得分占比 40%，以上团队业绩得分占 60%，最高分者获评“最佳 CEO”称号。分三个区域市场分别评选各一个“最佳 CEO”。

4.2 供应商公司规则

4.2.1 主要业务流程

供应商是仿真市场中向生产制造公司、租赁公司、物流公司出售原材料和设备的经营单位。供应商经营范围是 M1、M2、M31、M32、M41、M42 等原材料，各种生产线、动力设备和运输工具和厂房，各供应商可在此范围内决策重点采购供应的品种和数量，并在规则范围内确定价格出售。

每季度末（虚拟时间停留在季度末最后一天时），政府综合局组织一次采购会议，供应商必须在每季度末做出原料、设备、厂房采购决策并向政府综合局购买下一季度所需的原料、设备和厂房，季度中采购需每次缴纳 5000 元的差旅费。为保证整个实训正常运转，供应商应尽力保证生产制造公司所需的原材料和设备及时、充足的供应，不能因为自身决策失误而拒绝向下游供货。

供应商主要业务及流程表

业务内容	操作方式	流程名称	注意关键点	发起岗位
原材料、设备、厂房采购	线下	供应商生产资料采购订单	每季度末采购下一季度材料设备保障供货，季度中采购每次需缴纳 5000 元差旅费	业务经理
	线上	银行电汇		
	线上	供应商入库单		
原材料、设备、厂房销售	线下	购销合同	做好设备与材料供应商，并与综合信息做好市场价格信息控制	业务经理
	线下	制造公司、租赁公司通用生产资料采购订单		
	线上	供应商发货单		
	线下	开具增值税发票		
原材料、设备运输	线下	制造公司、租赁公司通用生产资料采购订单		业务经理
	线上	银行电汇	支付运费	供应商出纳
存货及资金统计表	线下	存货及资金统计表	EXCEL 制作统计表	会计

4.2.2 原材料采购规则

供应商直接向政府综合局采购原料，由供应商再向制造公司出售。

1．产品的物料清单

供应商需要先了解本实训中所涉及的各产品都由哪些物料组成，如下表 5-2 所示，CP1 由 2 个单位的 M1 物料组成，CP2 由 2 个单位的 M1 和 1 个单位的 M2 加工而成，其他依次类推。

各产品物料构成表

	M1	M2	M31	M32	M41	M42
CP1	2					
CP2	2	1				
CP3	2		1	1		
CP4		2			1	1

2．原材料市场基本供给量及价格

未来两年各种原材料市场基本供给量及价格信息详见前面 6.1 政府综合局规则中 6.1.2 原材料、设备、厂房、专卖店供给与价格信息。

4.2.3 生产设备采购规则

1．生产设备的技术限制

设备技术水平限制信息表

设备	受限产品	备注
手工线	不能加工或装配 CP3、CP4	技术水平低
半自动线	不能加工或装配 CP4	技术水平限制
全自动线	不受限制	不受技术水平限制
柔性线	不能生产 CP1	技术水平高
注：如果加工限制产品，则其加工产品全部为废品，计入废品损失		

2．政府综合局供应生产设备基本信息

详见前面 6.1 政府综合局规则中 6.1.2 原材料、设备、厂房、专卖店供给与价格信息。

4.2.4 运输设备采购规则

详见前面 6.1 政府综合局规则中 6.1.2 原材料、设备、厂房、专卖店供给与价格信息。

4.2.5 厂房采购规则

详见前面 6.1 政府综合局规则中 6.1.2 原材料、设备、厂房、专卖店供给与价格信息。

4.2.6 供应商销售规则

1．原料、设备、厂房销售价格限制

供应商向下游企业出售原料、设备和厂房的价格不超过如下限制，以下表中价格均为不含税价。

供应商原材料销售价格最高限表

原材料	M_1	M_2	M_{31}	M_{32}	M_{41}	M_{42}
第八年最高限价（元/件）	165	220	440	285	650	380

供应商设备销售价格最高限表

设备类型	一次性付款（万元）	安装周期（月）	安装费（万元/月）	残值（万元）	折旧年限（年）
手工生产线	185	1	5	5	5
半自动生产线	380	1	8	10	5
全自动生产线	545	1	10	20	5
柔性生产线	829	1	10	20	5
动力设备（套）	205	1	5	20	10

供应商卡车销售价格最高限表

设备类型	一次性付款（万元）	残值率（%）	折旧年限（年）
卡车 A（10 吨）	16.2	5	5
卡车 B（8 吨）	14.2	5	5
卡车 C（5 吨）	11	5	5

供应商厂房销售价格最高限表

厂房类型	价格（万元）	残值（万元）	可安装的生产设备容量（条）	总供给量（间）	折旧年限（年）
A 厂房	265	10	4	5	20
B 厂房	180	10	2	10	20
C 厂房	184	15	2	10	20
D 厂房	188	20	2	5	20
E 厂房	196	30	2	5	20
F 厂房	205	40	2	5	20

2．销售规则

（1）供应商与其他组织的购销关系采取自由签约方式形成，一个季度内可以不限交易次数。

（2）供应商——下游公司之间的物流运输相关事宜由供应商负责联系确定推进，运输费用由供应商承担。

（3）严禁供应商联合恶意哄抬价格、人为造成供货紧张。违者一经查实罚款 50 万元/次，团队分扣 5 分/次。

（4）对于设备、车辆和厂房的销售，供应商可自行制定分期付款办法，但分期数不超过 4 个季度。

（5）对于一次性采购金额越大的公司供应商可以在最高限价之内给予更大的价格折扣，具体由供应商自行决策。

3. 仓储费标准

每个季度末未销售完的原材料必须缴纳 6 元/单位的仓储费用，款项由政府代收，假定供应商有足够的库存容量。

每个季度末未销售完的生产设备和运输设备按含税采购总额 1%交纳仓储费用。

厂房无须缴纳仓储费用。

4.2.7 绩效考核

供应商公司为营利性组织，其团队业绩评价指标为税后净利润，以会计师事务所审计调整后的净利润为考核依据。

供应商团队业绩分指标及评分标准表

指标	第一名得分	第二名得分	第三名得分	第四名得分
净利润	100	90	85	80

仿真实训第一年结束后，各供应商公司 CEO 要上台演讲，分析第一年经营策略得失，提出未来一年经营战略。演讲得分占比 40%，以上团队业绩得分占 60%，最高分者获评“最佳 CEO”称号。

4.3 租赁公司规则

4.3.1 主要业务流程

租赁公司主要业务流程表

业务名称	操作方式	流程名称	关键点	流程发起岗位
设备、厂房采购项目	线下	商品购销合同	做好公司采购决策	供应商业务经理
	线下	生产资料采购订单		供应商业务经理
	线上	银行电汇		出纳
	线上	租赁公司资产入库单		业务经理
设备、厂房租赁业务	线下	租赁合同	与对方公司签订租赁合同	业务经理
	线下	签订设备运输合同	租赁的物流运输	物流业务经理

（续表）

业务名称	操作方式	流程名称	关键点	流程发起岗位
设备、厂房租赁业务	线下	租赁公司出租设备托运单	与物流公司协作	业务经理
	线上	银行电汇	向物流公司支付运费	出纳
	线上	资产交付	与承租公司协作	业务经理
	线上	银行电汇	收取租金	承租公司出纳
	线上	租赁服务发票		会计
资产回收项目	线上	资产回收	对于租赁期满的资产进行回收	业务经理
专卖店租赁业务	线下	租赁公司商铺建设申请单	向政府综合局申请	总经理
	线上	银行电汇	缴纳专卖店建安摊销成本（向政府综合局每季度缴纳一次）	出纳
	线下	商铺租赁合同	与各客户公司签订	业务经理
	线上	银行电汇	每季度收取客户公司租金	客户公司出纳

4.3.2 设备及厂房采购业务规则

1．业务经营范围

租赁公司租赁生产设备的范围仅限于半自动生产线、全自动生产线和柔性生产线；运输设备包括卡车 A、卡车 B 和卡车 C；厂房 A、B、C、D、E、F。

2．设备和厂房的供应量

生产设备和运输设备的供应量没有限制，但第 8 年每个制造公司生产线保有量不超过 5 条，租赁公司需事先向制造公司调研需求状况再向供应商采购。

3．采购价格

供应商向租赁公司销售厂房和设备，其销售价格有最高限制，具体见前一节 4.2.6 供应商销售规则。

4.3.3 生产设备及运输设备出租业务

1．生产设备出租

本公司提供各类生产线的经营性租赁，凡是需要租赁设备的生产制造公司，请向本公司提交书面申请，双方协商达成一致意见后，需要签订租赁合同。租赁公司出租设备到期后可以继续出租，但是每年新增设备数量有限，可能受市场供求关系和本地区经济发展速度的影响较大。

各类生产设备基本信息与租赁价格等如下表所示。

生产设备出租基本信息表

设备类型	残值（万元）	折旧年限（年）	租赁价格（万元/季）	安装周期（月）	安装费用（万元）
半自动生产线	10	5	20—30	1	8
全自动生产线	20	5	30—40	1	10
柔性生产线	20	5	50—60	1	10

注：以上租赁价格均为不含税价格，在该价格范围内双方自由谈判。租赁公司需要在租赁价格以外单独收取安装调试费用，安装完成才开始计算租赁期。安装周期已包含物流运输时间。必须委托物流公司运输生产设备。租赁首季度由于需要 1 个月安装周期，因此首季度租金减按季度租金的 2/3 收取。

出租的生产设备必须每季度投入维护费用才能保证设备正常运行，维护维修费用由租赁公司承担，交给工商局。具体标准如下表所示。

生产设备维护费用标准表

设备	维护费（万元/季度/条或套）
半自动生产线	3
全自动生产线	5
柔性生产线	8

2．运输设备出租

表 4-16　运输设备出租基本信息

设备类型	残值率%	折旧年限（年）	租赁价格（元/季度）
卡车 A	5	5	8500—9500
卡车 B	5	5	7000—8000
卡车 C	5	5	5500—6500

注：①运输设备——卡车 A 载重量为 10 吨，卡车 B 载重量为 8 吨，卡车 C 载重量为 5 吨。

②卡车载重量与运输货物单位的换算执行第三方物流公司制定的标准。

③租赁运输设备无需委托物流运输，租赁方自行开回即可。

④以上为不含税价格，双方在该区间内自由谈判。

3．设备出租规则

（1）本公司的生产设备至少 1 季度起租；签订租赁合同时预收 1 个季度租金，以后每季度初收取当季租金。

（2）出租生产设备的运输费用由本公司承担。

（3）本公司出租设备的规模随着本地区经济的增长和需求量的增加可能扩大，但是其规模受本地区经济发展速度影响较大。

（4）本公司可以租入生产制造公司的自有设备（生产制造公司只能出租给本公司），

租赁价格为本公司同类设备租赁价格的80%。

（5）对于提前结束租赁违约的公司，租赁公司将依据合同约定收取违约金。

4.3.4 出租厂房业务

本公司提供各类厂房经营性租赁，凡是需要租赁厂房的生产制造公司，请向本公司提交书面申请，双方协商达成一致意见后，需要签订租赁合同。租赁公司出租厂房到期后可以继续出租，但是每年新增厂房数量有限，可供出租的现房也会有一定限制，可能受市场供求关系和本地区经济发展速度的影响较大。

各类厂房基本信息和租赁价格等如下表所示。

出租厂房基本信息表

厂房类型	容量（条）	最大可出租量（间）	折旧年限（年）	租赁费用（万元/半年）
A厂房	4	5	20	7—9
B厂房	2	10	20	5—7
C厂房	2	10	20	5—7
D厂房	2	5	20	5—7
E厂房	2	5	20	5—7
F厂房	2	5	20	5—7

注：厂房出租，视为本地出租，无需物流项目。以上均为不含税价。

各类厂房的购入价格要视从供应商处采购价格，以上最大可出租量为政府在实训期间提供的最大供给量。

本公司办理出租厂房业务需要说明的具体事项如下：

（1）述信息为第八年的市场信息，未来价格的变化受宏观经济环境和供求关系的影响。

（2）生产制造公司的自有厂房若要出租只能出租给本公司；租赁价格为本公司同类厂房租赁价格的80%。

（3）本公司的厂房按半年出租，签订租赁合同时预收半年租金，若续租每半年交纳一次租金。

（4）一般来讲，跟本公司租赁金额越大、租赁期越长的客户，会给予更大的价格优惠。

4.3.5 商铺出租业务

1．商铺建安成本

各租赁公司根据租赁需求建造商铺，并在供应代表处备案登记，建造的商铺至少要经营半年才能退还给政府综合局。建安成本按每季摊销上交给政府综合局，摊销成本如下表所示：

商铺建安成本摊销标准表

某区域市场同一季度一次性建造数量	摊销成本（元/季度）
10 间及以下	25 000
11—20 间	24 000
21—30 间	23 000
31—40 间	22 000
41 间及以上	21 000

注：本地、国内、国际市场各自建设商铺，“一次性”是指某个区域市场在某个季度一次性建造的数量，而非三个市场合并数。

政府综合局对各区域市场批建的商铺数量一般不作限制，但当总量超过一定数量时，建议进行风险提示，避免供给过量。

2．商铺租赁规则

所有客户公司必须通过向租赁公司租赁商铺建设专卖店来销售产品，专卖店建设及运营规则如下：

（1）每间商铺每季度基准租金为 3 万元，上下浮动不超过 10%，单店销售能力为 60 万元/季度（不含税）。

（2）每间专卖店至少经营半年才能退租，客户公司若还未到租赁期而提前退租，需向租赁公司支付 1 万元/间的违约金。

（3）各客户公司必须于每季度初做出本季度商铺租赁决策，季度中不得租赁及退租。

（4）每季度租赁公司根据各客户公司租赁商铺的数量统计其最大销售能力，提交给政府综合局消费者代表。

4.3.6 绩效考核

租赁公司为营利性组织，其团队业绩评价指标为税后净利润，以会计师事务所审计调整后的净利润为考核依据，如下表所示。

供应商团队业绩分指标及评分标准表

指标	第一名得分	第二名得分	第三名得分	第四名得分
净利润	100	90	85	80

仿真实训第一年结束后，各租赁公司 CEO 要上台演讲，分析第一年经营策略得失，提出未来一年经营战略。演讲得分占比 40%，以上团队业绩得分占 60%，最高分者获评“最佳 CEO”称号。

4.4 第三方物流公司规则

4.4.1 第三方物流公司主要业务流程

第三方物流公司主要业务流程表

业务内容	操作方式	流程名称	发起岗位
物流公司资产采购项目	线下	设备购销合同*	供应商业务经理
	线上	银行电汇	出纳
	线上	物流资产设备入库单	业务经理
物流公司车辆租赁项目	线下	租赁合同	租赁公司业务经理
	线上	银行电汇	出纳
	线上	资产交付	租赁公司业务经理
货物运输项目	线下	货物运输合同	业务经理
	线下	《制造公司租赁公司通用生产资料采购订单》等	托运人
	线下	运输调度安排表（excel 表）	业务经理
	线上	物流增值税发票	会计
设备运输项目	线下	设备运输合同	托运人
	线下	《制造公司租赁公司通用生产资料采购订单》等	托运人
	线下	运输调度安排表（excel 表）	业务经理
	线上	物流增值税发票	会计

注：物流公司的车辆既可以直接向供应商采购，也可以向租赁公司租赁获得，具体价格见 4.2.6 供应商销售规则和 4.3.3 生产设备及运输设备出租业务。租赁期间车辆的折旧和自然损耗成本由租赁公司承担，但因意外、事故造成的损坏须由物流公司承担，因此物流公司可以通过购买机动车保险来规避风险，具体费率标准见 5.4 保险公司业务规则。

4.4.2 物流公司运费报价

1．仓储服务报价

第三方物流公司的仓库可储存原材料、半成品和产成品。按月的标准服务报价具体如下：

仓储服务报价表

类别	计量单位	本地仓库	国内仓库	国际仓库
原材料	元/100 单位/月	250	/	/
半成品	元/100 单位/月	500	/	/
产成品	元/100 单位/月	600	700	800

注：不足 100 单位时按 100 单位计算。

2. 运输服务报价

第三方物流公司可提供公路运输和水路运输两种运输方式，接受生产制造公司、供应商公司委托，承运原材料、产成品、生产设备。

3. 公路运输报价

本公司可提供不同区段的原材料、产成品和设备的公路运输服务。标准服务报价具体如下：

原材料运输报价表

运输区段	所需时间（天）	零担（元/单位）	整车（元/车）		
			5 吨	8 吨	10 吨
供应商—制造企业	3	18	3000	4200	4800

注：5 吨车可以容纳 200 单位原材料；8 吨车可以容纳 300 单位原材料；10 吨车可以容纳 360 单位原材料。价格浮动规则：本公司上述报价为标准报价，实际成交价格可上下浮动不超过 10%。

产成品公路运输报价表

运输区段	所需时间（天）	零担（元/单位）		整车（元/车）					
				CP1/CP2			CP3/CP4		
		CP1/CP2	CP3/CP4	5 吨	8 吨	10 吨	5 吨	8 吨	10 吨
本地制造企业—本地客户	3	25	30	3000	4050	4320	3900	5400	5940
本地制造企业—国内客户	7	55	60	7800	11 250	12 960	8700	12 600	14 580

注：5 吨车可以容纳 150 单位产成品；8 吨车可以容纳 225 单位产成品；10 吨车可以容纳 270 单位产成品。价格浮动规则：本公司上述报价为标准报价，实际成交价格可上下浮动不超过 10%。

设备公路运输报价表

运输区段	所需时间（天）	手工线（元/条）	半自动线（元/条）	全自动线（元/条）	柔性线（元/条）	动力设备（元/套）
设备供应商—制造公司	7	10 000	20 000	30 000	50 000	10 000

注：①5 吨车只可以运输手工线 2 条或半自动线 1 条。

②8 吨车可以运输全自动线、柔性生产线任意 1 条。

③10 吨车可以运输半自动线、全自动线或柔性线任意 2 条。

④价格浮动规则：本公司上述报价为标准报价，实际成交价格可上下浮动不超过 10%。

4．国际客户海运运输报价

产成品水路运输报价表

运输区段	所需时间（天）	零担（元/单位）		20 呎集装箱（元/箱）		40 呎集装箱（元/箱/km）	
		P1/P2	P3/P4	P1/P2	P3/P4	P1/P2	P3/P4
制造企业—国际客户	18	20	25	3300	4000	6000	8000

注：①20 呎集装箱可以容纳 185 单位产成品。

②40 呎集装箱可以容纳 400 单位产成品。

③价格浮动规则：本公司上述报价为标准报价，实际成交价格可上下浮动不超过 10%。特别提醒：物流公司之间是竞争合作关系。

4.4.3 业务成本费用

本处所指的业务成本费用为司机工资、搬运装卸费、燃油费、过路过桥费、保险费等，不含车辆折旧，车辆不管是否在途运输，都要计提折旧。

1．原料运输成本

原料运输成本表

运输区段	所需时间（天）	整车（元/车）		
		5 吨	8 吨	10 吨
供应商——制造企业	3	1200	1700	1900

2．产成品公路运输成本

产成品公路运输成本表

运输区段	所需时间（天）	整车（元/车）					
		CP1/CP2			CP3/CP4		
		5 吨	8 吨	10 吨	5 吨	8 吨	10 吨
本地制造企业——本地客户	3	1200	1700	1900	1400	2200	2400
本地制造企业——国内客户	7	3200	4300	4800	3500	4700	5300

3．设备公路运输成本

设备公路运输成本表

运输区段	所需时间（天）	5 吨车（元）	8 吨车（元）	10 吨车（元）
设备供应商—生产公司	7	12 000	15 000	25 000

注：运输设备时，由于装卸成本较高，因此总体运输成本比产成品运输成本要高得多。

4. 水路运输成本

产成品水路运输成本表

运输区段	所需时间（天）	20 呎集装箱（元/箱）		40 呎集装箱（元/箱/km）	
		P1/P2	P3/P4	P1/P2	P3/P4
制造企业——国际客户	18	2300	2800	4200	5600

注：采取水路运输时，运输成本主要是支付给船家的费用，没有运输设备折旧。

5. 零担托运成本

成本费用统一由工商局代收取，零担托运产品及原料的运输成本按报价的 70%计提。

4.4.4 绩效考核

物流公司为营利性组织，其团队业绩评价指标为税后净利润，以会计师事务所审计调整后的净利润为考核依据。

物流公司团队业绩分指标及评分标准表

评价指标＼名次	第一	第二	第三	第四	第五	第六
净利润	100	95	90	85	83	80

仿真实训第一年结束后，各公司 CEO 要上台演讲，分析第一年经营策略得失，提出未来一年经营战略。演讲得分占比 40%，以上团队业绩得分占 60%，最高分者获评物流行业“最佳 CEO”称号。

第五章　现代服务区组织业务规则

5.1　人才交流中心规则

5.1.1　主要业务流程

人才交流中心主要业务流程表

业务内容	操作方式	流程名称	发起岗位
人才招聘	线下	招聘协议	制造公司人事经理
	线上	银行电汇（缴纳费用）	制造公司出纳
	线上	劳务派遣单	人才中心专员
	线上	人才交流中心收款收据	人才中心会计
人才培训	线下	签订培训协议	制造公司人事经理
	线上	银行电汇（缴纳费用）	制造公司出纳
	线上	员工培训表	人才中心专员
	线上	人才交流中心收款收据	人才中心会计
员工辞退	线下	计算辞退员工工资	制造公司人事经理
	线上	银行电汇（将辞退员工工资交给工商局）	制造公司出纳
	线上	员工辞退	制造公司人事经理
人才服务情况统计	线下	人才服务情况统计表	人才中心专员
模拟面试、人才测评	线下	开展模拟面试、人才测评	人才中心专员

5.1.2　人才交流中心业务规则

1．招聘规则

（1）招聘入场费规则

用人单位每次招聘，需要向中心交纳招聘入场费 5000 元，同一月份第二次招聘的单位，招聘人场费优惠至 3000 元。没有支付招聘入场费的单位，本中心拒绝提供服务。

（2）招聘费用标准

用人单位招聘员工，需要按照计划招聘人员的种类、技术级别或者专业技术职称、各类人员招聘数量等情况，向本中心支付招聘费用。各类人员的招聘成本标准如下：

各类人员招聘成本标准表

人员类别	人均广告成本	人均选择成本	人均其他成本	合计
高级职称	3000	2000	2000	7000
中级职称	1500	1000	2000	4500
初级职称，六、七级技术工人	500	500	1000	2000
三、四、五级技术工人	300	300	400	1000
一、二级技术工人	100	200	200	500
销售人员	500	500	1000	2000
其他人员	—	50	50	100

（3）招聘人员上岗规则

公司招聘员工，需要向本中心提交招聘申请，销售岗位（包括销售经理、主管、业务员）当月招聘即可到岗，其他岗位当月招聘需下月到岗。从招聘下月起，所聘人员证实到用人单位上岗工作，所聘人员的工资从聘任月开始发放。

2．辞退员工规则

对于不需要的富余职工或者连续两次考核不称职的管理人员，生产制造公司可以随时辞退，可以不考虑其安置问题，但必须给辞退职工发放当月及其次月的基本工资。同时需要将辞退人员的辞退日期、数量、类别、技术级别或专业技术职称及辞退原因等情况报送人才交流中心备案。没有经过人才中心备案的辞退视为无效辞退。在人才中心备案的辞退人员，可以供其他公司再招聘。

生产制造公司必须在每个季度末向本中心提交本公司在册职工统计表，以便本中心核查，并分类统计仿真市场各类人员的分布情况。

5.1.3 人才招聘程序

人才招聘程序表

步骤	详情
向本中心提交书面申请	向本中心提交的书面招聘申请必须注明需招聘职员的数量、类别、技术级别或专业技术职称级别等信息，本中心将根据招聘单位的需求发布招聘信息
审核申请	本中心自收到招聘单位的书面申请之日起，3日（指的是虚拟时间）内完成审核，并做好相应的准备工作
交纳招聘入场费	招聘单位正式招聘前，必须先交纳招聘入场费，取得入场招聘资格
实施招聘	用人单位自行设计招聘考核方式、考核内容、考核时间等。用人单位一般在10个工作日（指的是虚拟时间）内完成招聘考核工作
计算并交纳招聘费用	用人单位完成招聘工作后，根据实际聘任员工的类别、技术级别或专业技术职称和人数等，按照招聘成本标准计算并交纳招聘费用
聘任人员上岗工作，完成本次招聘	招聘单位聘任工作结束，本中心向招聘单位提交所聘人员基本情况清单，招聘单位据此增加职工人数。从完成招聘的次月起，所聘员工开始上岗工作

5.1.4 辞退员工程序

1. 按月向本中心提交辞退员工汇总表
2. 向本中心提交辞退员工当月和次月的工资发放表
3. 月末各生产制造公司向本中心提交在册职工统计表

5.1.5 统计报表

1. 各个企业在册职工统计

利用 excel 表做好各制造企业在册职工变化统计表如下所示：

制造企业 * 在册职工统计表表

员工类型	员工级别	第八年一季度		第八年二季度	
		季度初	增减变化	季度初	增减变化
生产工人	一级	160	-10	150	
生产工人	二级	80	-5	75	
生产工人	三级	20	5	25	
生产工人	四级	0	0	0	
生产工人	五级	0	5	5	
生产工人	六级	0	0	0	
生产工人	七级	0	0	0	
辅助人员	无级	15	-5	10	
管理人员	无级	14	-4	10	
管理人员	初级	6	0	6	
管理人员	中级	5	0	5	
管理人员	高级	0	1	1	
其他人员	无级	15	-3	12	
销售人员	销售业务员	18	8	26	
销售人员	销售主管	1	2	3	
销售人员	销售经理	1	0	1	

2. 人才服务情况统计表

实时做好人才服务的统计工作如下表所示：

人才服务情况统计表

广东捷迅电子股份有限公司			
	时间	内容	劳务收入
招聘	2010 年 1 月	2 个三级生产工人 6 个二级生产工人 12 个一级生产工人	36 600 元
	2010 年 6 月	240 个二级生产工人 33 个初级管理人员	190 200 元
	2010 年 7 月	210 个二级生产工人	109 200 元
	2010 年 9 月	12 个初级管理 10 个销售人员	37 200 元
培训	2010 年 1 月	320 个生产工人一级升二级 86 个生产工人二级升三级 10 个管理人员无级别升初级 6 个管理人员初级升中级 5 个管理人员中级升高级	101 860 元
	2010 年 10 月	15 个辅助无级别升一级 15 个其他人员无级别升一级 250 个生产工人二级升三级 100 个生产工人三级升四级 4 个管理人员无级别升初级 20 个管理人员初级升中级	229 000 元
	2011 年 1 月	62 个生产工人二级升三级 160 个生产工人三级升四级 40 个生产工人四级升五级	168 520 元

5.1.6 绩效考评

人才交流中心为非营利性组织，将公众满意度调查结果（占 40%）、任课教师评价（占 60%）作为绩效考核的依据。

仿真实习第一年结束以后，人才交流中心 CEO 需调研并发表演讲，从专业角度分析各个制造公司的人才战略得失并给出建议。与其他非营利性组织争夺“卓越团队领袖”称号，公众满意度调查结果（占 40%）、任课教师评价（占 60%，打分依据为平时工作表现和演讲表现）作为绩效考核的依据。

5.2 会计师事务所规则

5.2.1 经营范围

事务所的经营范围包括以下几个。

1．审计等鉴证业务：包括审查企业财务报表；验证企业资本；企业合并、分立、清算事宜中的审计业务；法律、行政法规规定的其他审计业务。

2．资产评估：包括资产拍卖、转让，企业收购/合并、出售、联营，企业清算，资产抵押及其担保，企业租赁等情形中的资产评估；依照仿真市场虚拟政府有关规定需要进行资产评估的其他情形。

3．税务服务：包括税务代理；税收咨询和筹划；税收审计。

4．基建（自建厂房、仓库等）预决算审核。

5．司法会计鉴定。

6．会计咨询、会计服务业务：包括会计管理咨询；设计会计制度；担任会计顾问；代理记账；项目可行性研究和项目评估；培训财会人员；其他会计咨询、服务业务。

7．委托人委托的其他业务。

5.2.2 事务所审计业务主要内容

1．审计业务主要内容

（1）审计公司的会计核算制度和内部控制制度是否健全，是否与国家现行会计核算制度、会计准则一致，是否与仿真实习业务规则一致；

（2）审核公司的会计账簿设置是否合理、完整，是否符合国家现行会计制度的规定；

（3）审核公司的货币资金使用是否符合财经制度的要求，货币资金有关业务是否及时办理；

（4）审核公司的各项收入是否符合收入的确认原则，收入确认手续、单据是否齐全，是否存在虚增收入或者少列收入的情况；

（5）审核公司各项费用开支是否符合相关规定，费用标准是否超标，是否存在多列或者少计费用的情况，摊销或者预提费用是否按照规定使用，是否及时计入相关费用；

（6）审核公司各项投资是否符合虚拟政府产业政策要求，是否执行仿真实习相关规则的规定；

（7）审核公司各种融资方式是否符合融资规则的各项规定，融资规模是否超过规定的标准；

（8）审核公司所招聘的职工是否满足生产技术要求或者管理者素质要求，公司职工培训费与产品合格率、职工类别配比关系是否符合规定；

（9）审核公司采购环节的各项工作是否与采购规则及其要求一致，采购批量、采购价格等是否存在弄虚作假；

（10）审核公司新市场开发、新产品研发、ISO 认证等方面所提供的信息是否真实可靠；

（11）审核公司与客户签订合同的真实性、合法性，审核公司的市场行为是否符合相关规则的规定；

（12）审核公司的各项资产、负债、所有者权益的增减变动是否符合仿真实习相关业务规则的规定；

（13）审核公司各项税金的计算、申报、缴税是否符合相关规则的规定，是否存在瞒报、虚报、漏报等行为；

（14）审核公司主要业务的会计处理是否正确，是否遵守会计核算制度的要求，会计核算方法是否遵守一贯性原则等；

（15）审核公司的财务报告各项财务信息的真实性、合法性和正确性。

2. 审计报告

审计报告的基本内容有：

（1）实施审计概况，包括审计目的和范围、审计时间、审计依据、审计程序等；审计结论和提出的建议；审计附件；审计人员署名盖章等。

（2）财务审计报告应说明被审计单位的财务报表是否可靠可信，财务状况是否真实，经济活动是否合法、合规等。如果向投资者和债权人证明被审计单位的财务状况和获利能力，应对被审计单位的财务报表、财务状况表明意见，指出财务报表的编制是否符合公司会计准则和有关财务会计法规的规定。

（3）审计报告由经办审计项目的审计人员起草，经过事务所主管领导审批，报送审计委托单位。

（4）撰写审计报告的要求：独立公正，观点正确，分清是非，态度明朗；数字正确，证据确凿；抓住关键，突出重点；文字简练，措词得当。

5.2.3 经营项目收费标准

会计师事务所收费项目标准表

项目	计量单位	收费标准（元）	完成时间	业务范围	业务内容
季度财务报表审计	元/次	30 000	20 天	制造公司	全面审计
季度财务报表审计	元/次	25 000	1 个月	除制造外的公司	全面审计
会计咨询	元/季度	15 000	当日	所有企业	咨询服务
代理记账报税	元/季度	30 000	每季末	物流企业	代理记账、代理报税
单项业务	元/项/季度	5000	每季度末	除制造外的企业	总账、明细账、丁字账报表、代理报税
出具验资报告	元/次	2000	3 日		验证资本真实性
资产评估	元/项	2000	3 日		评估资产价值

注：以上收费标准为暂行办法，在实训过程中以指导老师根据实际情况调整发布为准。

各经营性组织根据自身实际情况决定是否寻求代理记账，会计师事务所则根据自身忙闲情况是否接受代理记账业务。

5.2.4 绩效考核

表 5-7 会计师事务所绩效考核评分标准

名次 评价指标	第一	第二	第三	第四	第五	第六
净利润	100	95	90	85	83	80

第一年度审计完成后，每个事务所CEO上台发表审计公报演讲和企业经营策略分析（拿出所审计的两家优劣企业进行对比分析），评委进行打分占60%，净利润占40%，综合得分最高的获评“最佳会计师”称号。

5.3 商业银行规则

5.3.1 存款业务规则

1．存款种类

机构在仿真银行的存款分为活期存款账户和定期存款账户。机构活期存款根据用途细分为基本存款账户、一般存款账户。

（1）单位基本存款账户

在仿真实习环境中的所有单位和机构必须选择一家仿真商业银行作为本单位的开户行开立基本账户，作为存款人办理日常转账结算和现金收付的账户。存款人的工资、奖金等现金的支取，只能通过本账户办理，存款人只能在银行开立一个基本存款账户。

有初始资金账户N/A账户的，基本账户直接由“负责人”在“资金参数设置”那里修改账号和开户银行，为了体现公平和避免拥堵，基本账户的开户银行和账户由老师直接统一分配，详见下表银行账户汇总表。无初始资金账户的，申请开立单位银行结算账户。

期初各单位基本账户开户银行及账号分配表

序号	组织代号	银行账号	序号	组织代号	银行账号
1	保险公司A	0001	31	人才中心	0031
2	保险公司B	0002	32	认证中心	0032
3	保险公司C	0003	33	商业银行A	0033
4	保险公司D	0004	34	税务局	0034
5	工商局	0005	35	物流公司A	0035
6	供应商A	0006	36	物流公司B	0036
7	供应商B	0007	37	物流公司C	0037
8	供应商C	0008	38	物流公司D	0038
9	供应商D	0009	39	物流公司E	0039
10	国际客户公司A	0010	40	物流公司F	0040
11	国际客户公司B	0011	41	证券公司A	0041
12	国际客户公司C	0012	42	证券公司B	0042
13	国际客户公司D	0013	43	证券公司C	0043
14	国际客户公司E	0014	44	政府综合局	0044
15	国内客户公司A	0015	45	制造企业A	0045
16	国内客户公司B	0016	46	制造企业B	0046
17	国内客户公司C	0017	47	制造企业C	0047
18	国内客户公司D	0018	48	制造企业D	0048

（续表）

序号	组织代号	银行账号	序号	组织代号	银行账号
19	国内客户公司 E	0019	49	制造企业 E	0049
20	会计师事务所 A	0020	50	制造企业 F	0050
21	会计师事务所 B	0021	51	制造企业 G	0051
22	会计师事务所 C	0022	52	制造企业 H	0052
23	会计师事务所 D	0023	53	制造企业 I	0053
24	会计师事务所 E	0024	54	制造企业 J	0054
25	会计师事务所 F	0025	55	制造企业 K	0055
26	客户公司 A	0026	56	制造企业 L	0056
27	客户公司 B	0027	57	租赁公司 A	0057
28	客户公司 C	0028	58	租赁公司 B	0058
29	客户公司 D	0029	59	租赁公司 C	0059
30	客户公司 E	0030	60	租赁公司 D	0060

（2）定期存款账户

机构可以开具定期存款账户，将闲置资金转为定存。

2．存款利率

仿真商业银行单位存款期限与利率如表。

仿真商业银行存款利率表

各项存款	定期存款				
	三个月	六个月	一年	二年	三年
年利率（%）	1.1	1.3	1.5	2.1	2.75

（1）手续费问题。银行办理存款业务，不收取手续费，但需要做好每一笔存款记录。

（2）存款利息问题。鉴于计算复杂性，本实训中活期存款不计利息，银行每半年计算并支付一次；定期存款利息于到期时计算并支付。

（3）未到期的定期存款，可以提前支取，其存款利息按照活期存款利率（按年利率0.35%）计算。

5.3.2 贷款业务规则

在仿真的市场环境中，仿真商业银行只是面向仿真机构提供贷款服务，所以贷款业务规则是指企业贷款规则。

1．贷款种类

（1）信用贷款和担保贷款

信用贷款是指以借款人的信誉发放的贷款。

担保贷款又分为保证贷款、抵押贷款和质押贷款。

保证贷款是指按《中华人民共和国担保法》规定的保证方式以第三人承诺在借款人不能偿还贷款时，按约定承担一般保证责任或者连带责任而发放的贷款。

抵押贷款是指按《中华人民共和国担保法》规定的抵押方式以借款人或第三人的财产作为抵押物发放的贷款。

质押贷款是指按《中华人民共和国担保法》规定的质押方式以借款人或第三人的动产或权利作为质物发放的贷款。

本实训中一般为信用贷款。

（2）流动资金贷款和固定资产贷款

流动资金贷款是指银行向借款人发放的用于正常生产经营周转或临时性资金需要的贷款。

流动资金贷款按贷款期限分为短期贷款、中期贷款等。短期贷款是指期限1年（含）以内的流动资金贷款，主要用于企业正常生产经营周转的资金需求；中期贷款是指期限为1年至3年（不含1年，含3年）的流动资金贷款，主要用于企业正常生产经营中经常性的周转占用和铺底流动资金贷款。

固定资产贷款是银行向借款人提供的，主要用于固定资产项目的建设、购置、改造及其相应配套设施建设的中长期贷款。

2. 贷款程序

（1）贷款申请

企业向银行提出流动资金贷款申请，现实中应主要提供：营业执照；法人代码证书；法定代表人身份证明；经财政部门或会计（审计）师事务所核准的前三个年度及上个月财务报表和审计报告；税务部门年检合格的税务登记证明；公司合同或章程；企业成员和主要负责人、财务负责人名单和签字样本等；担保人相关材料；仿真商业银行要求提供的其他资料。

本实训中借贷人需线下填写《贷款申请书》提交给商业银行。

（2）签订合同

如银行进行调查和审批后认为可行，则银行与企业签订借款合同和担保合同等法律性文件。

（3）落实担保

银行与企业签订借款合同后，需进一步落实第三方保证、抵押、质押等担保措施，并办理有关担保登记、公证或抵押物保险、质物交存银行等手续。

本实训中，商业银行可以要求制造公司以生产设备等固定资产为抵押物，或者购买贷款保险来降低坏账风险。

（4）贷款获取

企业办妥发放贷款前的有关手续，借款合同即生效，银行即可向企业发放贷款，企业可按照合同规定用途支用贷款。

本实训中商业银行走“借款借据”这个流程，即可完成贷款发放。

注意在发放贷款之前请提醒制造公司删除现金账户，避免发放贷款出错。

（5）收取利息

本实训中由商业银行发起“存/贷款利息核算（银行机打发票）”流程，即可实现利息收付。提前还贷按剩余利息 10%—30%收取手续费。

（6）还款

企业按合同约定方式偿还贷款，银行在贷款到期之前要进行催收工作。无法按期还款的企业将被要求变卖抵押物偿还贷款。

注意：银行走“借款借据”和“存/贷款利息核算（银行机打发票）”流程时，流程结束后资金会变动，不用再走电汇流程。因为贷款和收取利息不走银行电汇流程，所有统计银行流水表时要把这两项的钱统计到银行流水表。

3．贷款利率

仿真商业银行执行浮动贷款利率制度。根据国家金融政策和本地区经济发展水平确定基准贷款利率。在基本贷款利率的基础上，根据市场资金供求情况以及贷款风险等因素，由银企双方协商确定贷款利率，贷款利率在基准贷款利率的基础上允许上浮 20%和下浮 10%。仿真商业银行企业贷款基准贷款利率见下表：

企业贷款基准利率表

各项贷款	六个月（含）	六个月至一年（含）	一至三年（含）	三至五年（含）
年利率（%）	3.9	4.35	4.75	4.9

说明：

①如果每季度流动资金贷款额累计超过 2000 万元，固定资产贷款额累计超过 5000 万元，贷款利率将上浮，浮动幅度在 20%以内；每季度流动资金贷款额累计不足 500 万元，固定资产贷款额不足 800 万元，贷款利率将下调，浮动幅度在 10%以内，具体由银行根据资金供求关系决定，但必须公告。

②流动资金贷款按季节收取利息；固定资产贷款按合同约定的时间收取利息。

4．贷款额度限制

贷款额度是指生产制造公司每年在银行的贷款总额，包括流动资金贷款和固定资产贷款，是生产制造公司当年新增贷款的最高限额。

仿真商业银行给生产制造公司的贷款额度与申请贷款单位的资产负债率挂钩，特殊项目贷款由银行审查项目可行性后决定是否予以贷款。资产负债率与贷款额度见下表：

仿真商业银行贷款额度限制表

资产负债率（%）	40 以下	40—50	50—60	60—70	70—80	80 以上
贷款额度（万元）	3000	2500	2000	1000	800	0—500

说明：

①仿真商业银行给生产制造公司的具体贷款额度除了考虑资产负债率指标、项目可行性之外，还要考虑其资信情况；

②抵（质）押贷款，仿真商业银行根据抵（质）押物账面净值的 70%－80%提供贷款。

③对没有按期支付利息和还款的企业，商业银行可以在公共信息平台发布公告警示其他商业银行对其限制贷款。

5.3.3 理财产品

商业银行应通过开发银行理财产品来吸储，保证资金运行安全，应保证“企业客户购买的银行理财产品总额+定期存款总额”不少于贷款余额。商业银行开发的理财产品按如下格式公告：

**银行理财产品一览表

序号	产品名称	起购金额（万元）	投资期限（天）	发行日期	预期年化收益率（%）
1					
2					
3					
…					

企业客户填写理财产品申购单如下：

银行理财产品申购单表

序号	产品名称	购买金额（万元）	购买日期	到期日	预期年化收益率（%）
1					
2					
3					

客户企业名称：经办人：银行盖章：

5.3.4 银行电汇业务

银行电汇业务是本实训中仿真商业银行最主要的日常工作，有同行电汇和跨行电汇两种情况，本实训只设置了一家商业银行，因此均选择同行电汇。

5.3.5 商业银行绩效考核

商业银行的团队分考核将有别于其他经营性组织，考核的指标及所占比重如下：

商业银行团队分考核指标及比重表

指标	提交资料时间	第一名得分	第二名得分	第三名得分	第四名得分	占团队分比重
吸收定期存款及购买银行理财产品总额（要求不低于贷款余额）	每半年	100	90	85	80	40%
利润（贷款利息收入-存款及理财产品付息）	每半年	100	90	85	80	40%
所有流水账及汇总表规范程度及提交及时性	每半年	100	90	85	80	20%

每半年各商业银行向指导老师上交前两项指标及流水账、各项汇总表，并提供原始凭证备查。

仿真实训第一年结束后，各商业银行行长上台演讲，分析经营策略得失，评委对其表现进行打分。由团队分占 60%，演讲分占 40%评选“最佳商业银行行长”荣誉称号。

5.4 保险公司业务规则

5.4.1 险种介绍

此次跨专业实训采用的险种主要包括三大类险种：企业财产保险、货物运输保险和机动车保险。其中，企业财产保险包括基本险、综合险、一切险以及附加地震保险；货运运输保险包括公路货物运输保险和海运保险。企业财产保险的投保人主要有供应商、制造公司、客户公司、租赁公司，货物运输保险由物流公司投保，机动车保险由机动车所有者投保。

险种基本信息表

险种	投保主体	投保频率
企业财产保险	供应商、制造公司、客户公司、租赁公司	原料、成品库存投保频率为每季度，生产设备、店铺和厂房为每半年
货物运输保险	第三方物流公司	每季度
机动车保险	第三方物流公司、租赁公司、制造公司	每年

5.4.2 保险险种费率

1. 企业财产保险费率

财产险 10 万元/份保额的保费标准/季度

企业类型	基本险（元）	综合险（元）	一切险（元）	附加地震保险
客户公司	600—700	800—900	1000—1100	主保险费的 10%
租赁公司	400—500	600—700	800—900	主保险费的 10%
供应商	500—600	700—800	900—1000	主保险费的 10%
制造企业	400—500	600—700	800—900	主保险费的 10%

注：（1）以上保费标准给定了一个区间，具体金额由双方根据上一个保险期间是否发生理赔事件协商确定。

（2）投保企业的最低投保额为一份，具体购买多少份由投保方根据风险事件情况自行决策。保险期间为半年的生产设备、店铺和厂房保费按照以上标准的 2 倍计算。

（3）客户公司的投保标的主要有成品库存和专卖店财产；成品库存和专卖店财产必须分开投保。

（4）租赁公司的投保标的主要是在租生产设备、店铺和厂房；租赁公司为生产设备和厂房投保时，必须为独立的生产设备和厂房单独投保，店铺则不需要每间店铺单独投保。

（5）供应商的投保标的主要是原料库存。

（6）制造企业的投保标的主要有原材料库存、成品库存、自有生产设备和自有厂房；制造企业须为每一条自有生产设备和每一间自有厂房单独投保。

（7）租赁公司、制造公司、物流公司等相关公司有义务向保险公司展示台账，确保投保的机动车、生产设备和厂房数量与实有数据相符，若有瞒报，保险公司将不予理赔。

2．货物运输保险费率

货物运输 10 万元/份保额保险费率表

货物	保费（元）/季度	附加战争险（元）/季度
原料运输	1000—1200	—
本地及国内市场成品运输	1200—1400	—
设备运输	3000—3500	—
国际市场成品运输	3500—4000	500

注：①以上保费标准给定了一个区间，具体金额由双方根据上一季度是否发生理赔事件协商确定。

②投保企业的最低投保额为一份，具体购买多少份由投保方根据风险事件情况自行决策。

③原料运输、本地及国内市场成品运输、国际市场成品运输、设备运输须分开单独投保。

④货物运输保险每季度投保决策一次。

3．机动车保险费率

机动车保险费率表

单位：元

<table>
<tr><th rowspan="2">保险项目</th><th colspan="2">A 车</th><th colspan="2">B 车</th><th colspan="2">C 车</th></tr>
<tr><th>保费</th><th>赔偿项目及限额</th><th>保费</th><th>赔偿项目及限额</th><th>保费</th><th>赔偿项目及限额</th></tr>
<tr><td rowspan="6">交强险</td><td rowspan="6">950</td><td>死亡伤残赔偿限额 100 000</td><td rowspan="6">950</td><td></td><td rowspan="6">950</td><td></td></tr>
<tr><td>医疗费用赔偿限额 10 000</td><td></td><td></td></tr>
<tr><td>财产损失赔偿限额 2000</td><td></td><td></td></tr>
<tr><td>无责任死亡伤残赔偿限额 22 000</td><td></td><td></td></tr>
<tr><td>无责任医疗费用赔偿限额 2000</td><td></td><td></td></tr>
<tr><td>无责任财产损失赔偿限额 400</td><td></td><td></td></tr>
<tr><td>车辆损失险</td><td>2150</td><td>15 万</td><td>2000</td><td>13 万</td><td>1800</td><td>10 万</td></tr>
<tr><td>盗抢险</td><td>800</td><td>15 万</td><td>700</td><td>13 万</td><td>500</td><td>10 万</td></tr>
<tr><td>车上人员责任险（2 座）</td><td>150</td><td>5 万</td><td>150</td><td>5 万</td><td>150</td><td>5 万</td></tr>
<tr><td>自燃损失险</td><td>170</td><td>15 万</td><td>150</td><td>13 万</td><td>100</td><td>10 万</td></tr>
<tr><td>不计免赔(车损、三者、盗抢、司机、乘客、自燃)</td><td>750</td><td></td><td>700</td><td></td><td>650</td><td></td></tr>
</table>

（续表）

第三者责任险	1000	30 万	1000	30 万	1000	30 万
附加玻璃单独破碎险（国产玻璃）	290		230		190	
划痕险	350	2000	320	2000	308	2000
合计	6610		6200		5648	

注：①A、B、C 三种车型的费率有所不同，租赁公司和物流公司必须为每一辆车单独购买机动车保险，交强险为必须购买险种，其他商业险可由各公司自行决策是否购买。

②机动车保险的投保期为一年。

③租赁公司、物流公司有义务向保险公司展示台账，确保投保的机动车数量与实有数据相符，若有瞒报，保险公司将不予理赔。

5.4.3 风险事故及发生概率

1. 可能发生的风险事故

风险事故及可能带来的损失表

季节	最有可能（75%的概率）发生风险事故	事故带来损失
春	暴雨	制造公司：原料仓库损失价值 10 万元存货； 客户公司：成品仓库损失价值 18 万元存货； 供应商：原料仓库损失价值 25 万元存货； 租赁公司：在租生产设备遭浸泡损失，需花费 30 万元大修； 物流公司：原材料运输遭雨淋损失 5 万元；设备运输在装卸过程中因意外碰撞造成设备损坏需 10 万元维修
夏	台风	制造公司：厂房遭破坏，需花费 15 万元维修； 客户公司：成品损失 10 万元；专卖店广告牌霓虹灯损失 5 万元； 供应商：原料库存损失 20 万元； 租赁公司：在租店铺供电供水设备受损，需花费 18 万元维修； 物流公司：国际成品运输中因途径战乱国家遭遇流弹损失 18 万元；设备运输中因意外碰撞损坏需 8 万元维修
秋	火灾	制造公司：成品库存损失 10 万元存货； 客户公司：火灾致使成品货物损失 15 万元； 供应商：原料库存损失 25 万元； 租赁公司：因火灾引起在租生产设备受损，需花费 25 万维修； 物流公司：本地成品运输因碰撞挤压损失 6 万元；1 辆自有运输车辆发生交通事故全责致使行人受伤须赔偿医药费 4 万元，车上人员受伤花费医药费 2 万元，车辆维修花费 2 万元
冬	冰雹及地震	制造公司：水管爆裂致使原料仓库浸泡损失 15 万元； 客户公司：地震致使成品库存损失 8 万元存货；专卖店货柜等财务损失 6 万元； 供应商：原料仓库遭遇冰雹袭击货物损失 20 万元； 租赁公司：2 辆在租运输车辆因打滑侧翻致使其他车辆及自身车辆受损，各需花费 8 万维修； 物流公司：原料运输因车辆侧翻致使货物损失 5 万元；国内运输中因打滑侧翻致使货物损失 8 万元

注：经营性组织受到的损失直接由经营性组织将损失部分的钱款支付给政府综合局。已购买相应保险的经营性组织再向保险公司申请理赔。

2．发生概率

本实训中将所有可能涉及风险事故的公司分为四个包如下所示，采用风险转盘随机抽选的方式，每个公司都将有25%的概率被抽中遭遇风险事故。

包1：制造公司ABC；本地客户公司ABCD；租赁公司A；供应商A；物流公司A；

包2：制造公司DEF；本地客户公司E，国内客户公司ABC；租赁公司B；供应商B；物流公司BC；

包3：制造公司GHI；国内客户公司DE，国际客户公司AB；租赁公司C；供应商C；物流公司D；

包4：制造公司JKL；国际客户公司CDE；租赁公司D；供应商D；物流公司EF。

5.4.4 模拟角色设置

保险公司共有四名成员，角色包括总经理、业务经理、核保员、保险出纳、保险理赔员、出单员。建议分工如下：

成员1：总经理，兼任保险出纳

成员2：业务经理，兼任出单员（负责出具保险单）

成员3：业务经理，兼任出单员（负责出具保险单）

成员4：保险理赔员，兼任核保员

5.4.5 保险流程

1．承包投保流程

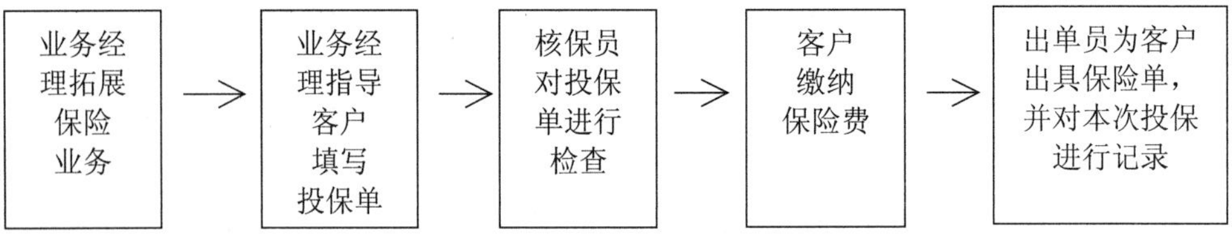

投保单一式两份，一份交由保险公司，另外一份交由投保人作为付款的依据。理赔时以最终出具的保险单为准。

2．理赔流程

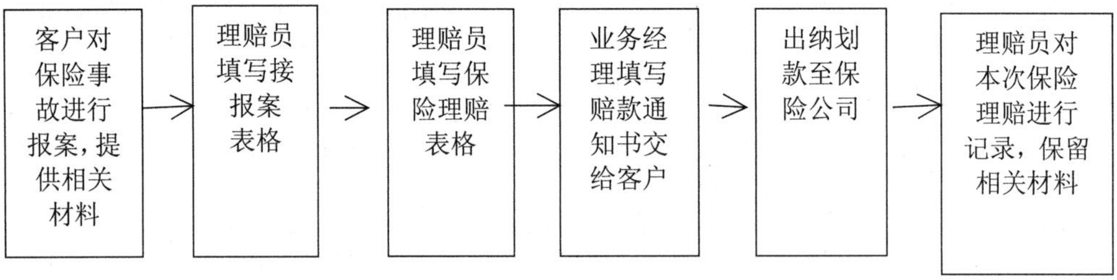

5.4.6 业务要求

1．业务经理拓展保险业务并指导业务填写投保单时，必须明确告知客户投保险种的具体情况。

2．理赔员进行保险理赔时，必须依据保险合同相关条款确定此次保险事故是否属于理赔范围，严格按照保险合同进行理赔，不允许对不属于保险责任的事故进行赔偿，否则在绩效评估时按照双倍保费进行罚款。

3．填写保险标的，必须清楚地写明企业的财产（可分为固定资产和存货）。

4．业务经理进行业务推销时，必须跟客户说明保险的条款。

5.4.7 保险公司绩效考核

1．团队业绩分

保险公司绩效评价主要看保费收入、赔付率、理赔准确性和及时性三个指标。其中保费收入占70%权重，赔付率占30%权重。

保费收入排名与团队业绩分对应表如下：

团队业绩分评价指标和标准表

名次	第一名	第二名	第三名	第四名	备注
保费收入	100	90	85	80	收入越高名次越高
赔付率（总赔付额/总保费收入）	100	90	85	80	赔付率越低名次越高
理赔准确性和及时性	每季度风险事故转盘结束后，保险公司有义务督促发生风险事故的公司财务人员将损失费用交给政府综合局，然后按照合同条款履行理赔程序				每错误一单团队分扣2分

2．荣誉评选

实训第一年结束后，每一家保险公司CEO上台演讲，分析经营策略，总结得失，评选最佳CEO。由团队业绩分（依据上表标准，占60%权重）和演讲表现（40%权重）综合得分最高者获得。

5.5 证券公司业务规则

5.5.1 交易平台及规则

1．竞赛平台

参与实训的每个同学都有资格参加模拟炒股比赛，比赛以同花顺模拟炒股平台（http://moni.10jqka.com.cn/）作为比赛平台，参加比赛的同学可以以qq账号登录并在竞赛页搜索“跨专业综合实训第*批”的竞赛加入。比赛开始为每一位投资者分配了50万元初始资金。

每个学员可以自由选择任何一个证券公司来开户，实训中途不满意也可以更换经纪人。每个证券经纪人都应通过建立qq群或微信群来加强与客户的联系，解答客户疑问，介绍股票交易知识，指导客户操作。

2. 交易规则

实训中每个学生都可以参赛，都将获得50万元的虚拟货币用于股票投资。在同花顺模拟炒股平台交易，交易规则与真实股票市场交易规则相同。

手续费参照沪A的一般收费标准：

（1）印花税（1‰，按照成交金额的1‰向卖方收取）

（2）过户费（0.3元/1000股，最低收取1元，买方卖方均双向收取）

（3）佣金（按成交金额的1‰，买卖双方均收取，小于5元时仍然按照5元计算，）

※ 各费用相关知识 ※

（1）印花税：印花税是对经济活动和经济交往中书立、领受具有法律效力的凭证的行为所征收的一种税。因采用在应税凭证上粘贴印花税票作为完税的标志而得名。成交金额的1‰。

（2）过户费（仅上海股票收取）：这是指股票成交后，更换户名所需支付的费用。由于我国两家交易所不同的运作方式，上海股票采取的是"中央登记、统一托管"，所以此费用只在投资者进行上海股票、基金交易中才支付此费用，深股交易时无此费用。此费用按成交面额（每股一元，等同于成交股数）的0.3‰收取。（最低1元）

（3）券商交易佣金：最高为成交金额的3‰，最低5元起，单笔交易佣金不满5元按5元收取。一般情况下，券商对大资金量、交易量的客户会给予降低佣金率的优惠，因此，资金量大、交易频繁的客户可自己去和证券部申请。另外，券商还会依客户是采取电话交易、网上交易等提供不同的佣金率，一般来说，网上交易收取的佣金较低。为方便考核，此次实训按成交金额的1‰（买卖方均收取）。

5.5.2 奖惩机制

1. 现金奖励

参与模拟炒股大赛的学员将根据累计收益率排名参加如下奖项评选：

模拟炒股大赛现金奖励办法表

奖项	获奖面	奖金	评选标准
一等奖	前5名	8万元虚拟货币	周收益率排名
二等奖	6—15	6万元虚拟货币	周收益率排名
三等奖	16—30	3万元虚拟货币	周收益率排名
最佳组织奖	每个证券公司评选一个	5万元虚拟货币	由证券公司根据参与交易成员数量、佣金贡献等指标评选，每周评选一次

注：每周评选一次，持仓比例低于20%者不能参与评选，学员和组织获奖的虚拟货币在扣除佣金后可以作为营业外收入补充到所属公司实体经营中去，由所在证券公司通过银行电汇转账。证券公司本身不参与现金奖励，但参与荣誉奖励。

2．荣誉奖励

到实训结束前 1 天，累计投资收益率最高的学员获得“最佳操盘手”荣誉称号并颁发证书；累计获得佣金最高的证券公司推荐 1 个经纪人获得“最佳股票经纪人”称号并颁发证书。

3．惩罚机制

凡弄虚作假者，一经查实，取消当年现金奖励评选资格和荣誉奖励机会，个人分数扣 5 分。

5.5.3 证券公司业务内容

1．建立客户资源

从实训开始，每个证券经纪人都要尽最大努力去争取潜在客户到所在证券营业部开户并参加投资，并通过专业的服务赢得客户信赖留住客户。到实训结束，少于 10 名客户或佣金收入低于 1 万元的证券经纪人视为业绩考核不合格。

2．加强客户联系

每个证券经纪人应通过建立 qq 群或微信群加强与客户沟通联系，向客户分析行情走势及推荐股票。每周一、周三、周五必须在 9：30 开盘之前做 15—30 分钟的开盘播报，开盘播报的内容主要有：

（1）梳理前一日国内外重要新闻、全球各主要股指前日涨跌情况，并分析其对当天 A 股市大势影响，预判当日股市走势；

（2）A 股各板块前一日行情梳理并预判今日各板块走势；

（3）当前客户公司持有股票前日走势分析及今日操作建议；

（4）股票交易技巧：每天要有不同主题，向投资者介绍股票投资知识。

5.5.4 证券公司绩效考核

证券公司绩效考核指标表

指标	提交资料时间	第一名得分	第二名得分	第三名得分	占团队分比重
开户客户数	每周	100	90	80	20%
佣金收入	每周	100	90	80	40%
开盘播报表现	每周三次	100	90	80	40%

第六章　行政服务区组织业务规则

6.1　政府综合局规则

6.1.1　政府综合局的主要业务流程

政府综合局主要业务流程表

<table>
<tr><th>业务内容</th><th>操作方式</th><th>流程名称</th><th>说明</th><th>发起岗位</th></tr>
<tr><td>每季度初：发布消费者需求信息</td><td>线上</td><td>公共信息平台发布</td><td>以各产品总需求曲线为基本值，根据制造公司投入的广告费用总和适当调整</td><td>消费代表测算，政府综合局局长审核后发布</td></tr>
<tr><td>季度初：收取制造公司订货会差旅费</td><td>线上</td><td>银行电汇</td><td>2000 元/次，每家制造公司收取</td><td>制造公司出纳发起，会展专员做好统计、追缴</td></tr>
<tr><td rowspan="4">季度末：组织供应商对下一季度原料及设备采购（第八年第一季度的采购在实训准备阶段组织）</td><td>线上</td><td>借助公共信息平台发布下季度原料、厂房、设备基本供应量及价格信息</td><td>原料供应价格根据上一季度供应商采购需求的波动适当调整</td><td>政府供应代表</td></tr>
<tr><td>线下</td><td>组织各供应商采购决策并填写《供应商第年第季度生产资料（原料、设备、厂房等）采购订单》</td><td></td><td>政府供应代表</td></tr>
<tr><td>线上</td><td>银行电汇</td><td>收取货款及每次 5000 元的差旅费</td><td>会展专员做好统计、追缴</td></tr>
<tr><td>线上</td><td>供应商入库单</td><td></td><td>供应商业务经理</td></tr>
<tr><td rowspan="2">季度末：组织租赁公司对下一季度建造商铺需求（第八年第一季度的采购在实训准备阶段组织）</td><td>线下</td><td>《租赁公司商铺建设申请单》</td><td>租赁公司提出申请</td><td rowspan="2">会展专员做好审批、统计、追缴摊销成本</td></tr>
<tr><td>线上</td><td>银行电汇</td><td>收取商铺建安摊销成本</td></tr>
</table>

（续表）

<table>
<tr><th>业务内容</th><th>操作方式</th><th>流程名称</th><th>说明</th><th>发起岗位</th></tr>
<tr><td rowspan="5">季度末：消费者代表回购客户公司产成品</td><td>线上</td><td>客户公司竞投单</td><td rowspan="2">1．会展专员发起通知
2．客户公司提交竞投申请单并付款；
3．消费者代表统计各客户公司的竞投价格和营销费用，计算各客户公司的市场潜能；
4．结合租赁公司提供的各客户公司专卖店销售能力，回购客户公司产品</td><td>客户公司销售主管</td></tr>
<tr><td>线下</td><td>确定客户公司最大销售额</td><td>消费者代表</td></tr>
<tr><td>线上</td><td>客户公司发货单</td><td>消费者代表回购客户公司存货</td><td>客户公司业务经理</td></tr>
<tr><td>线上</td><td>银行电汇</td><td>支付货款</td><td>消费者代表</td></tr>
<tr><td>线下</td><td>销售量统计</td><td>统计各客户公司实际销售量和销售额，做成饼图，发布到公共信息平台</td><td>消费者代表</td></tr>
</table>

1．宏观调控

政府综合局局长应把握全局，对仿真实习的宏观经济环境进行调研和调控，不定期发布银行基准利率、税收优惠或补贴政策、通胀率、最低工资标准。

仿真实习从第八年开始，初期的基准利率参见《商业银行规则》，税率参见《税务局规则》，第九年相比第八年的通胀率介于1%—5%之间，最低工资标准参见《制造公司规则》，随着仿真状况的变化，政府综合局可在充分调研的基础上适当调整以上比率及标准。

2．供应代表

每季度末，政府综合局中的供应代表需根据消费市场的需求量测算下季度投放到市场的原材料、厂房、生产设备、机动车辆、商铺的基本供应量；对超过基本供应量的采购给予风险提醒并通过提高供应价适当调控投资过热行为。

基本供应量信息参见下一节6.1.2原材料、设备、厂房供给与价格信息。

3．消费者代表

每季度初，在认证中心发布各制造公司的指数后，政府综合局中的消费者代表根据各制造公司投入广告费的情况，发布“第年第季度消费者需求量表”到公共信息平台，客户公司根据消费者需求和制造公司指数自由选择制造公司签约采购产品；季度末，组织客户公司填写“第*年第*季度客户公司竞投表”，并利用“第年第季度客户公司获得最大销售额计算表”计算各客户公司获得的最大订单量并结合客户公司竞赛的结果和专卖店数量求得各客户公司最大销售额；然后据此进行回购。

4．其他业务

综合科员主要承担公安印章办理与刊刻、银行开户、流水账登记管理等工作。

会展专员配合供应代表和消费者代表做好供应和竞投工作，核查制造公司缴纳订货会差旅费、广告费情况。政府综合局收取的主要费用项目有：

（1）制造企业：①订货会差旅费，2000 元/次，每季度交一次。

（2）供应商：①采购差旅费（一次 5000 元）；②采购费用；③仓储费用。

（3）客户公司：①库存费用和折价费用，每季度一次；②广告费，每季度一次。

（4）租赁公司：专卖店建安成本摊销费用。

（5）各经营性公司风险事故损失费用。

6.1.2 原材料、设备、厂房、专卖店供给与价格信息

政府综合局直接向供应商供应原料、设备、厂房的生产资源，由供应商再向租赁公司、制造公司、物流公司等出售这些生产资源。但专卖店由租赁公司直接向政府综合局申报建设。本节所列示的价格信息均为政府综合局向供应商出售的价格，供应商向制造商、物流公司、租赁公司等销售产品的价格限制规则详见《供应商规则》部分。

1．原料市场基本供给量及价格信息

（1）产品的物料清单

供应代表需要先了解本实训中所涉及的各产品都由哪些物料组成，如 CP1 是由 2 个单位的 M1 物料组成，其他产品的物料组成见下表所示。

各产品物料构成表

	M1	M2	M31	M32	M41	M42
CP1	2					
CP2	2	1				
CP3	2		1	1		
CP4		2			1	1

（2）原材料市场基本供给量及价格

未来两年各种原材料市场基本供给量建议值如下表所示：

未来两年各种原材料市场基本供给量

单位：件

物料名称	第八年				第九年			
	1 季	2 季	3 季	4 季	1 季	2 季	3 季	4 季
M1	48 600	59 000	66 000	69 200	67 200	62 000	54 520	45 300
M2	8300	10 800	16 700	19 000	21 400	26 000	30 960	37 250
M31	0	3100	5500	7800	9300	10 100	10 300	10 400
M32	0	3100	5500	7800	9300	10 100	10 300	10 400
M41	0	0	2100	3100	4800	7800	11 000	15 000
M42	0	0	2100	3100	4800	7800	11 000	15 000

每季度末，政府综合局向供应商供应原材料，第八年1季度原材料价格建议如下：

原料初始价格

原材料	M_1	M_2	M_{31}	M_{32}	M_{41}	M_{42}
价格（元/件）	120	165	330	200	500	300

注：以上价格为不含税价。以后每个季度末，供应代表将根据本季度供应商的采购情况对价格进行适度调整，超过基本供应量的适度加价，少于基本供应量的适度降价，但调整幅度不超过10%，每季度末将下个季度原料供应价格信息发布在公共信息平台。

供应商一次性采购原材料的数量越多，获得价格折扣越高，价格折扣规则如下：

供应商原料采购折扣对照表

原材料	M_1	M_2	M_{31}	M_{32}	M_{41}	M_{42}
折扣批量1（单位）	20 000	6000	2500	2500	1500	1500
折扣率（%）	2	2	2	2	2	2
折扣批量2（单位）	40 000	9000	3500	3500	2000	2000
折扣率（%）	5	5	5	5	5	5

注：①采购价格为不含税价，增值税率为17%，计算并交纳增值税。

②一年采购次数不限，每次采购的固定成本（包括差旅费、谈判及合同处理等）为5000元，流向政府综合局。

每季度末（虚拟时间停留在季度末最后一天时），政府综合局组织一次原材料采购会议，供应商必须在每季度末做出原料采购决策并向政府综合局购买下一季度所需的原材料。为避免个别供应商恶意囤积原材料，每季度供应代表需要将基本供应量的70%平均分配给各供应商，剩余的部分自由采购。季度中间确实需要再采购的，每采购一次需缴纳5000元的固定成本（包括差旅费、谈判及合同处理等）。

2．生产设备供应信息

（1）生产设备的技术限制

设备技术水平限制信息表

设备	受限产品	备注
手工线	不能加工或装配CP3、CP4	技术水平低
半自动线	不能加工或装配CP4	技术水平限制
全自动线	不受限制	不受技术水平限制
柔性线	不能生产CP1	技术水平高
注：如果加工限制产品，则其加工产品全部为废品，计入废品损失		

（2）出售生产设备基本信息

第八年出售生产设备基本信息表

设备类型	一次性付款（万元）	分期付款（万/季）	分期付款期数（季度）	残值（万元）	折旧年限（年）
手工生产线	170	45	4	5	5
半自动生产线	340	89	4	10	5
全自动生产线	510	134	4	20	5
柔性生产线	770	202	4	20	5
动力设备（套）	188	50	4	20	10

注：①无论分期付款还是一次性付款价格，均为不含税价；供应商采购生产设备，应向供应代表（虚拟）索取增值税专用发票；销售设备时，供应商需给买方开具增值税专用发票。增值税率为17%。

②政府综合局对出售的设备数量不作限制，但在实训前四个季度，每个制造公司生产线保有量不超过5条，以后最多可以扩充的数量由教师根据情况发布。

③政府综合局出售各类设备的价格为第八年的预售价，设备售价受宏观经济环境、通货膨胀和供求关系的影响；第九年售价以政府综合局在第九年年初发布的信息为准。

④政府综合局——供应商这个环节的设备运输费用由供应商承担；

⑤政府综合局提供设备的规模随着本地区经济的增长和需求量的增加可能扩大。

3．出售运输设备基本信息

第八年出售运输设备基本信息表

设备类型	不含税价（万元）	残值率（%）	折旧年限（年）
卡车A（10吨）	15	5	5
卡车B（8吨）	13	5	5
卡车C（5吨）	10	5	5

注：①以上价格均为不含税价。

②政府综合局出售的运输设备数量不作限制。

③各类车辆的价格为第八年的预售价，第九年售价受宏观经济环境、通货膨胀和供求关系的影响，以政府综合局在第九年年初发布的售价信息为准。

④车辆供应的规模随着本地区经济的增长和需求量的增加可能扩大。

4．厂房供给信息

出售厂房基本信息表

厂房类型	价格（万元）	分期付款（万元/季度）	分期付款期数（季度）	残值（万元）	可安装的生产设备容量（条）	总供给量（间）	折旧年限（年）
A厂房	250	65	4	10	4	5	20
B厂房	168	44	4	10	2	10	20

（续表）

厂房类型	价格（万元）	分期付款（万元/季度）	分期付款期数（季度）	残值（万元）	可安装的生产设备容量（条）	总供给量（间）	折旧年限（年）
C 厂房	172	45	4	15	2	10	20
D 厂房	175	46	4	20	2	5	20
E 厂房	182	48	4	30	2	5	20
F 厂房	188	49	4	40	2	5	20

注：以上总供给量为实训期间总的供给量，价格为第八年不含税价，第九年售价受宏观经济环境、通货膨胀和供求关系的影响，以政府综合局在第九年年初发布的售价信息为准。

5．商铺供给信息

各租赁公司根据租赁需求建造商铺，并在供应代表处备案登记。建造成本按每季摊销上交给政府综合局，摊销成本如下表所示：

商铺建安成本摊销标准表

某区域市场同一季度一次性建造数量	摊销成本（元/季度，已含税）
10 间及以下	25 000
11—20 间	24 000
21—30 间	23 000
31—40 间	22 000
41 间及以上	21 000

注：本地、国内、国际市场各自建设商铺，“一次性”是指某个区域市场在某个季度一次性建造的数量，而非三个市场合并数。

政府综合局对各区域市场批建的商铺数量一般不作限制，但当总量超过如下数量时，建议进行风险提示，避免供给过量。

专卖店数量风险警戒值表

年度	本地	国内	国际
第八年	120	170	70
第九年	155	220	110

6.1.3 成品市场消费者需求与价格信息

1．消费者市场需求总量变化趋势

各产品的消费者需求变化趋势如下图 6-1 所示。

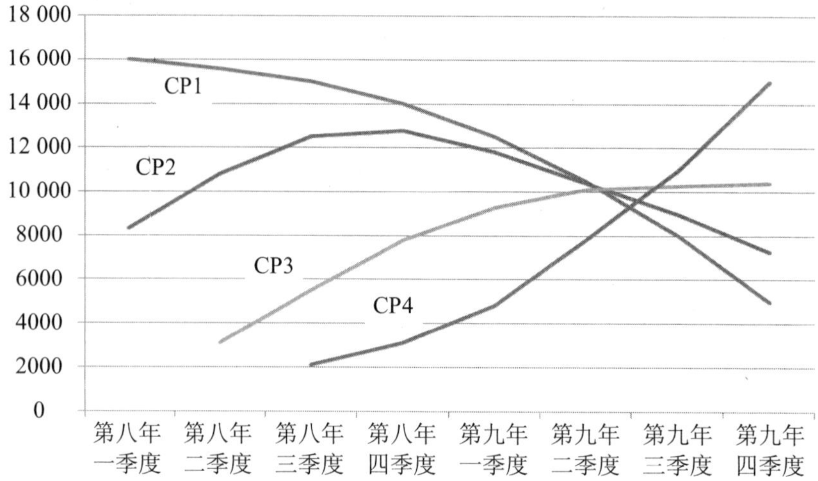

图 6-1　各季度消费者需求量变化趋势

2．需求量在不同市场的分布

各产品各季度消费者需求基本量表

产品	第八年 1 季度	第八年 2 季度	第八年 3 季度	第八年 4 季度	第九年 1 季度	第九年 2 季度	第九年 3 季度	第九年 4 季度
P1	16 000	15 600	15 000	14 000	12 500	10 500	8000	5000
P2	8300	10 800	12 500	12 800	11 800	10 400	8960	7250
P3		3100	5500	7800	9300	10 100	10 300	10 400
P4			2100	3100	4800	7800	11 000	15 000

各产品需求在各区域市场的分布表

产品	区域市场	第八年 1 季度	第八年 2 季度	第八年 3 季度	第八年 4 季度	第九年 1 季度	第九年 2 季度	第九年 3 季度	第九年 4 季度
P1	本地	6080	5928	5700	5320	4750	3990	3040	1900
	国内	9920	9672	9300	8680	7750	6510	4960	3100
	国际	0	0	0	0	0	0	0	0
P2	本地	2656	3456	4000	4096	3776	3328	2867	2320
	国内	3818	4968	5750	5888	5428	4784	4122	3335
	国际	1826	2376	2750	2816	2596	2288	1971	1595
P3	本地	0	992	1760	2496	2976	3232	3296	3328
	国内	0	1302	2310	3276	3906	4242	4326	4368
	国际	0	806	1430	2028	2418	2626	2678	2704
P4	本地	0	0	588	868	1344	2184	3080	4200
	国内	0	0	672	992	1536	2496	3520	4800
	国际	0	0	840	1240	1920	3120	4400	6000

注意：以上为消费者市场需求的基本量，每个季度消费者代表会根据制造公司投放的广告费用总额适当调整后将准确的需求信息发布在公共信息平台。基本的原则是行业中的制造公司投入的营销费用越多，需求就越容易被激发出来。但最多不超过基本需求量的 0.8—1.5 倍。

3．零售均价及签约价格限制的发布

实训初始，消费者代表需要在公共信息平台发布各种产品的零售均价，并为制造公司-客户公司交易价格、客户公司竞投价格确定一个上下界限：

各产品零售均价及交易价格限制表

产品	区域市场	零售均价	制造-客户公司签约价格		客户公司竞投价格上限	
			上限	下限	上限	下限
P1	本地	4700	3619	2350	4700	3995
	国内	4720	3634	2360	4720	4012
	国际		0	0	0	0
P2	本地	5220	4019	2610	5220	4437
	国内	5250	4043	2625	5250	4463
	国际	5500	4235	2750	5500	4675
P3	本地	7290	5613	3645	7290	6197
	国内	7350	5660	3675	7350	6248
	国际	8000	6160	4000	8000	6800
P4	本地	9560	7361	4780	9560	8126
	国内	9600	7392	4800	9600	8160
	国际	9500	7315	4750	9500	8075

零售均价是政府综合局发布的零售指导价，实际上消费者代表回购客户公司产品的价格以客户公司的竞投价格为准。

6.1.4 产成品交易规则与流程

1．制造公司-客户公司交易规则与流程

（1）制造公司决策广告费和技改费

每季度初，各制造公司决策广告费和技改费的投入，广告费分产品、分区域市场投放，技改费只分产品投入。

制造公司将决策表提交给认证中心，并向认证中心缴纳相应费用，认证中心核算每家制造公司的品牌形象指数和质量指数并发布到公共信息平台，广告费影响品牌形象指数，技改费影响产品质量指数。

（2）拟参加本季度订货洽谈会的制造公司缴纳差旅费。标准为 2000 元/人•次，以银行电汇方式交给政府综合局。

（3）客户公司根据认证中心发布制造公司指数表，自由选择制造公司签订合约。

购销合同执行过程中如有异议，甲乙双方均有权利向工商行政管理部门提出仲裁要求，工商行政管理部门不得拒绝受理。若甲乙双方对工商行政管理部门的仲裁意见不服，再寻求任课老师协商解决。

2．客户公司——消费者代表交易规则与流程

（1）客户公司竞投决策

每季度末，消费者代表会向客户公司回购产品，本地消费者只向本地客户公司收购，国内消费者只向国内客户公司、国际消费者只向国际客户公司收购产品。政府综合局组织各客户公司提交竞投申请表如下：

客户公司竞投表

客户公司	竞投价格（整数，元）				投入广告费（万元）				品牌形象指数				产品质量指数				本季有效专卖店数量
	P1	P2	P3	P4	P1	P2	P3	P4	P1	P2	P3	P4	P1	P2	P3	P4	
A																	
B																	
C																	
D																	
E																	

注：上表中，除了客户公司本身需要作出价格、广告费投入的决策以外，还需要填报持有产品的品牌形象指数和质量指数、本季度有效专卖店数量。

（2）确定每家客户公司可获得的最大订单量

在每个细分市场（某种产品在某个区域，如 CP1 国内市场）都会有五家客户公司竞争，政府综合局根据如下公司计算出综合分来进行市场份额分配：

客户公司竞投综合分=客户公司价格分*0.2+客户公司宣传分*0.2+品牌形象指数*0.3+产品质量指数*0.3

其中：

①客户公司价格分=（零售均价–客户公司竞投价格）*（客户公司竞投价格/零售均价）*0.1。

②客户公司宣传分=客户公司投入广告费*3（单位：万元）。

③制造公司本季度品牌形象指数计算。

设本季度广告费用为 Ai，上季度广告费用为 A_{i-1}，上季度品牌形象为 B_{i-1}，本季度品牌形象为 B_i

$$B_i=\begin{cases} B_{i-1} * \text{Log}（1+A_i，1+A_{i-1}） & \text{若 } A_i \geqq A_{i-1} \\ B_{i-1}-（B_{i-1}-60）*（A_{i-1}-A_i）/A_{i-1} & \text{若 } A_i < A_{i-1} \end{cases}$$

注：制造公司品牌形象指数初始值 B_0 均为 80；本季度投入广告费的单位是万元。公式中 Log 表示是一个对数函数，括号中的本季度投入广告费是该函数的真数，上季度广告费 A_0 初始底数为 5。

④制造公司本季度质量指数计算

设本季度技改费用为 R_i，上季度技改费用为 R_{i-1}，上季度质量为 Q_{i-1}，本季度质量为 Q_i

$$Q_i=\begin{cases} Q_{i-1} * \text{Log}（1+R_i，1+R_{i-1}） & \text{若 } R_i \geqq R_{i-1} \\ Q_{i-1}-（Q_{i-1}-60）*（R_{i-1}-R_i）/R_{i-1} & \text{若 } R_i < R_{i-1} \end{cases}$$

注：制造公司质量指数初始值 Q_0 均为 80；本季度投入技改费的单位是万元。公式中 Log 表示是一个对数函数，括号中的本季度研发费 R_i 是该函数的真数，技改费初始 R_0 为 10。

（3）确定各客户公司季度总市场潜能

客户公司季度总市场潜能=Σ（CP_i 季度最大订单量*CP_i 竞投价格），i=1，2，3，4。

实训中客户公司参加的竞赛对市场潜能会产生影响：

客户公司将在第八年第二季度末举行广告创意大赛，竞赛结果将影响第八年下半年的市场潜能。第一名其市场潜能将在竞投得到的最大订单量基础上提升 15%；第二名提升 10%；第三名提升 5%。提升后出现小数位的，四舍五入取整。

（4）客户公司建设专卖店规则

所有客户公司必须通过建设专卖店来销售产品，专卖店建设及运营规则如下：

①专卖店通过向租赁公司租赁获得，每间专卖店每季度基准租金为 3 万元，上下浮动不超过 10%，单店销售能力为 60 万元/季度（不含税）。

③每间专卖店至少经营半年才能退租，客户公司若还未到租赁期而提前退租，需向租赁公司支付 1 万元/间的违约金。

④客户公司向消费者销售产品不发生物流费用。

⑤各客户公司必须于每季度初作出本季度商铺租赁或退租决策，季度中不得租赁及退租。

（5）确定客户公司最大销售额

客户公司季度最大销售额=Min（客户公司季度总市场潜能，专卖店总销售能力）

注：即客户公司实际能达到的最大销售额受到市场潜能和专卖店总销售能力两个因素的制约，只能按其中较小的来确定能够实际销售的最大数量。如某客户公司某季度市场潜能为 1200 万，而当前专卖店数量为 18 间总销售能力为 1080 万，则实际销售额不能超过 1080 万元；若当前可用专卖店数量为 25 间则总销售能力达到 1500 万，则实际销售额不能超过 1200 万。当然，若客户公司实际能提供销售的货物达不到其最大销售额，则按实际能提供销售的货物总额进行销售。

6.1.5 绩效考评

政府综合局为非盈利性组织，将公众满意度调查结果（占 40%）、任课教师评价（占 60%）作为绩效考核的依据。

仿真实习第一年结束以后，政府综合局局长需调研并发表演讲，分析第一年经济运行情况存在的问题与挑战，发布第二年宏观经济政策。与其他非盈利性组织争夺“卓越团队领袖”称号，公众满意度调查结果（占 40%）、任课教师评价（占 60%，打分依据为平时工作表现和演讲表现）作为绩效考核的依据。

6.2 工商局规则

6.2.1 主要业务流程

1. 工商局涉及的主要业务流程

工商局涉及的主要业务流程表

业务内容	操作方式	流程名称	发起岗位
工商设立登记	线下	工商设立登记	各经营性公司总经理
市场开发流程	线上	市场开发备案申请（工商）	制造公司销售主管
	线上	差旅费-付款申请	制造公司销售主管
	线上	银行电汇（市场开发费+差旅费）	制造公司出纳
	线上	市场准入资格验收申请	制造公司销售主管
	线下	工商局领取纸质证	制造公司销售主管
	线下	市场开发情况统计表	工商市场科员
对收费项目开具行政收据	线上	开具行政收据	工商市场科员
工商检查	线下	工商检查	工商局局长组织协调

2. 工商局局长

对工商局的日常工作全盘统筹，负责日常的审批，由市场科员和注册科员处理的事务最终要经过局长的审批。带领部下做好工商检查和代收费用登记检查工作。

工商局代收费用主要项目如下：

工商局代收费用项目表

收取对象	费用项目名称	缴纳时间	缴纳标准
制造公司	自运运输费	每自运一次交一次	见《制造公司规则》
	差旅费	每发生一次交一次	差旅费： （1）采购原材料（5000/次）； （2）购买全自动生产线（装配线）和柔性生产线（装配线）（2000/次）； （3）申请办理 ISO 认证（2000/次）； （4）招聘高级技术工人（6—7 级）或者具备高级专业技术职称的职工（2000/次）
	市场开发费用	开发当月一次性交清	见“市场开发规则”
	设备维护费用	每季度一交	见“制造公司规则”
	员工辞退费用	每季度一交	见“制造公司规则”
	仓储费	每季度一交	见“制造公司规则”
	工资	每季度一交	见“制造公司规则”
客户公司	仓储费	每季度一交	见“客户公司规则”
物流公司	业务成本费	每季度一交	见“物流公司规则”

对照以上代收费用项目，工商局每季度要通过随机抽查的方式做好工商检查，检查市场经营主体是否存在违规行为，具体检查对照项目如下：

工商局工商检查项目对照表

企业类型	检查主要项目
制造企业	市场开发费用缴纳情况（费用标准见下一节）； 合同金额与发票金额是否相符（可以随机抽取某个合同和发票）； 差旅费有无足量按时缴纳（标准见“制造公司规则”“差旅费规则”）； 工资缴纳情况（依据当前各类人员数量和工资标准核查）； 自有运输费缴纳情况（见“制造企业规则”中自行运输标准） 仓储费缴纳情况（见“制造企业规则”中仓储费用标准） 设备维护费缴纳情况（见“制造企业规则”中“设备维护规则”） 入库数量与采购订单是否一致
客户公司	每季度向政府综合局填报的品牌形象指数、质量指数、有效店铺数与实际是否一致（每季度要求客户公司提交明细账、店铺租赁合同，与提交值进行比对） 仓储费用缴纳情况（见客户公司规则仓储费标准） 入库数量与采购订单是否一致
供应商	入库数量与采购订单是否一致
物流公司	业务成本费用（见“物流公司规则”“业务成本费用”标准） 承接运单有无超出运力
租赁公司	出租专卖店数量是否小于等于实际建设专卖店数量

3．工商注册科员

（1）负责企业的设立登记、变更登记业务

在名称预先核准时，要注意企业申请的名称是否合法、合规，有无违反社会主义道德风尚的名称。名称一般由四部分依次组成：行政区划＋字号＋行业特点＋组织形式，各企业申请的字号不能有重复。公司名称不得含有的内容和文字主要有（1）有损于国家、社会公共利益的；（2）可能对公众造成欺骗或者误解的；（3）外国国家（地区）名称、国际组织名称；（4）政党名称、党政军机关名称、群众组织名称、社会团体名称及部队番号；（5）汉语拼音字母（外文名称中使用的除外）、数字；（6）其他法律、行政法规规定禁止的。此外，除全国性公司并经主管机关核准外，其他公司的名称不得擅自冠以“中国”“中华”或者“国际”字样。

关于组织形式：会计师事务所一般为合伙制企业；其他经营性企业为“有限责任公司”或“股份有限公司”。

根据现行的商事登记条例，已经实现工商登记、税务登记和组织机构代码的三证合一，统一为“统一社会信用代码”一个18位的编码，本实训为简化识别管理，为各企业编制了如下信用代码，工商注册科员在颁发工商登记证时按如下规则编码并按该顺序依次进行名称预核准及工商登记：

各组织统一社会信用代码表

序号	组织代号	统一社会信用代码	序号	组织代号	统一社会信用代码
1	供应商 A	GY001	29	本地客户公司 A	KHBD01
2	供应商 B	GY002	30	本地客户公司 B	KHBD02
3	供应商 C	GY003	31	本地客户公司 C	KHBD03
4	供应商 D	GY004	32	本地客户公司 D	KHBD04
5	商业银行 A	YH001	33	本地客户公司 E	KHBD05
6	租赁公司 A	ZL001	34	国内客户公司 A	KHGN01
7	租赁公司 B	ZL002	35	国内客户公司 B	KHGN02
8	租赁公司 C	ZL003	36	国内客户公司 C	KHGN03
9	租赁公司 D	ZL004	37	国内客户公司 D	KHGN04
10	物流公司 A	WL001	38	国内客户公司 E	KHGN05
11	物流公司 B	WL002	39	国际客户公司 A	KHGJ01
12	物流公司 C	WL003	40	国际客户公司 B	KHGJ02
13	物流公司 D	WL004	41	国际客户公司 C	KHGJ03
14	物流公司 E	WL005	42	国际客户公司 D	KHGJ04
15	物流公司 F	WL006	43	国际客户公司 E	KHGJ05
16	制造企业 A	ZZA01	44	会计师事务所 A	KJ001
17	制造企业 B	ZZB02	45	会计师事务所 B	KJ002
18	制造企业 C	ZZC03	46	会计师事务所 C	KJ003
19	制造企业 D	ZZD04	47	会计师事务所 D	KJ004
20	制造企业 E	ZZE05	48	会计师事务所 E	KJ005
21	制造企业 F	ZZF06	49	会计师事务所 F	KJ006
22	制造企业 G	ZZG07	50	保险公司 A	BX001
23	制造企业 H	ZZH08	51	保险公司 B	BX002
24	制造企业 I	ZZI09	52	保险公司 C	BX003
25	制造企业 J	ZZJ10	53	保险公司 D	BX004
26	制造企业 K	ZZK11	54	证券公司 A	ZQ001
27	制造企业 L	ZZL12	55	证券公司 B	ZQ002
28	人才中心	RCZX01	56	证券公司 C	ZQ003

（2）做好代收费用的明细账

利用 excel 表格做好各项代收费用的明细账登记表，明确各笔收入的资金和支出的费用，以备工商检查时核对。

4. 市场科员

负责制造公司市场开发与客户开发维护的申请处理与审核，与工商注册科员一起协助工商局长做好工商检查工作，负责合同争议的调解和仲裁。

6.2.2 市场开发规则

1. 市场类型及开发情况

制造公司市场开发情况表

项目	描述	制造公司是否已开发
市场分类	本地市场	已开发
	国内市场	未开发
	国际市场	未开发

2. 市场开发投入标准

制造公司市场开发费用标准表

市场类型	所需时间（月）	总投入（万元）
国内市场	1	50
国际市场	1	30

制造公司进入国内市场和国际市场，需要投入开发费用，否则不得与该区域市场的客户公司签订合同，本地市场默认已经开发无须再投入开发费用。

3. 市场开发规则

违规处罚规定表

项目	详情
违规现象	擅自进入没有开发或没有开发成功的市场销售产品
处罚措施	裁定其销售合同无效，并处以 50 万元罚金
内部入账	与该销售行为或合同相关的支出计入营业外支出
资金流向	各制造企业的市场开发费用流向工商局账户

6.3 认证中心规则

认证中心的业务对象为制造公司，主要业务包括 ISO 认证和新产品研发认证，将按照 ISO 认证标准和新产品研发认证规则，审核制造公司的 ISO 认证和新产品研发的有关工作程序和资料，并对达标公司颁发证书（证明）。有义务向政府综合局、工商局提供 ISO 认证和新产品研发统计资料。认证中心的学员在实训初期的任务完成以后，根据实训指导老师的安排配合工商局做好工商检查工作。

6.3.1 新产品研发认证规则

1. 新产品研发及生产许可证取得程序

新产品研发及生产许可证取得主要流程表

操作方式	流程内容	流程发起岗位
线下	新产品研发决策	制造公司总经理、销售经理、生产经理、运营经理
线上	新产品研发申请（发往认证中心）	制造公司生产经理
线上	银行电汇	制造公司出纳
线上	新产品研发考核（发往认证中心）	制造公司行政助理
线下	到认证中心领取纸质生产许可证	制造公司行政助理

2. 研发新产品规则

研发新产品规则表

项目	CP2 产品	CP3 产品	CP4 产品	备注
时间（月）	1	3	6	可以间断，但时间与资金比例必须一致
资金（万元/月）	30	20	15	
总投入（万元）	30	60	90	

新产品研发费用交给认证中心，新产品研发申请必须在研发开始时间的当季提出，认证中心以制造公司提交的《新产品研发申请表》中的“研发开始时间”和“研发结束时间”为依据颁发新产品生产许可证。

3. 违规处罚

对于尚未获得新产品许可证就擅自宣传、生产、销售信产品的公司，认证中心调查取证确认以后，将处以 20 万元罚款，已经投入的研发资金计入营业外支出；公司若对此有异议，可以向工商行政管理部门申诉或者申请仲裁。

6.3.2 ISO 认证

1. ISO 认证的取得流程

ISO 认证流程表

线上/线下操作	流程内容	流程发起岗位
线上	ISO9001/ISO14000 认证申请（发往认证中心）	制造公司行政助理
线上	银行电汇（ISO 认证费+差旅费）	制造公司出纳
线上	ISO9001/ISO14000 认证考核（认证中心）	制造公司行政助理
线下	到认证中心领取纸质证	制造公司行政助理

2．ISO 认证投入标准与效用

（1）ISO 认证投入费用标准

ISO 认证投入标准表

认证类型	所需时间（月）	投入资金（万元）/月	总投入（万元）	维持费用（元/季）	认证性质
ISO9001	3	10	30	2500	非强制性认证
ISO14000	3	8	24	5000	非强制性认证

注：认证研发时间可以间断。获得证书之后，一次性交齐当年剩余时间所需维持费用，以后按年度交纳，于每年年初缴交。

（2）ISO 认证的效用

通过 ISO 认证会使产品合格率相应提升，具体如下表所示：

ISO 认证效用表

指标	ISO9001	ISO14000
产品合格率（%）	提高 5%	提高 3%

6.3.3 ISO 认证检查与违规处罚

认证违规处罚标准表

违规情况	处罚情况
未按时交纳认证费用经认证中心提醒仍恶意拖欠的单位	罚款 5 万元
对处罚半年后仍无改进的单位	取消其认证资格
对没有取得相应认证资格，擅自在市场上进行虚假宣传单位	罚款 10 万元
对已经与客户（有认证需求）签订销售合同则该销售合同为无效合同予以撤销	罚款 20 万元

注：①仿真认证中心通过重点检查、随机抽查或建立举报奖励制度相结合的工作方法，对没有取得相应认证资格，就擅自在市场上进行虚假宣传、生产、销售产品的公司，或者取得认证资格后违规使用者、不能保证产品质量或环保要求者，以及没有按时交纳 ISO 认证维持费用者，将按照有关业务规则进行处罚。

②如果对认证中心处罚不服的公司单位，可以向工商管理部门提出申诉和仲裁。

6.3.4 制造公司品牌形象指数和质量指数的核定

1．每季度初组织制造公司填写《制造企业广告及技改费决策表》，并及时缴纳对应费用。

2．认证中心汇总后利用《制造公司指数计算表》计算各制造公司的品牌形象指数和质量指数，发布在公共信息平台。

3．分各产品各区域市场统计制造公司投入的广告费总量如下表所示，提交给政府综合局。

各细分市场制造公司投入广告费总量统计表

产品	区域市场	第八年1季度	第八年2季度	第八年3季度	第八年4季度	第九年1季度	第九年2季度	第九年3季度	第九年4季度
P1	本地								
	国内								
	国际								
P2	本地								
	国内								
	国际								
P3	本地								
	国内								
	国际								
P4	本地								
	国内								
	国际								

6.3.5 绩效考核

认证中心与工商局作为一个团队进行考核，考核标准见工商局。

6.4 税务局规则

6.4.1 主要业务流程

税务局设计的主要业务流程表

业务名称	操作方式	业务流程名称	发起岗位
发票管理	线上	购买税务发票	公司税务会计
纳税申报	线下	增值税纳税申报表	
	线下	地方税收纳税申报表	
	线下	社保缴纳申报表	
	线下	个人所得税申报表新	
	线下	企业所得税申报A类	
缴纳税款	线上	银行电汇	各公司出纳
	线上	税务行政收据	税务局税务综合科员
	线下	开具税收缴款书	
纳税检查、统计与分析	线下	送达税务检查报告	税务局税务综合科员
	线下	纳税情况统计表	

1. 发票管理

发票管理主要包括发票的印制、领购、使用、监督以及违章处罚等。就仿真实习而言，所涉及的发票业务主要包括发票的领购、使用、监督及违章处罚。

发票的种类：主要是增值税专用发票。

税务局要建立纳税人的发票账簿，用于记录、管理、监督纳税人发票使用情况。

纳税人购买发票时，需填写书面申请表，并带齐以往发票使用的存根联，税务局工作人员依据相关规定，查验并收回存根联，作销核处理。无违章行为时可按规定发售相应数额的发票，并填写相关发票账簿。

纳税人购买发票时，需交纳发票的工本费，增值税专用发票 1 元 / 每份。

仿真税务局应定期进行增值税发票的开票联及抵扣联的稽核工作，以保证纳税人开票及抵扣的真实性。

2. 纳税申报

纳税申报方式有很多，针对于仿真企业主要采取企业自主的上门申报制度。申报周期以“季”为单位（实际工作中以“月”为申报周期），即一个经营季度纳税人申报一次，每季度初征收上一季度的税。

办理纳税申报时，办税人员主要审核纳税人各税种纳税申报表填制的合理性和合法性，审核无误后为纳税人填开“税收缴款书”，申报业务结束。申报增值税时，纳税人需另附增值税发票的填开及抵扣的明细及原始凭证，以备对专用发票的稽核。

3. 缴纳税款

缴纳税款方式很多，针对仿真市场的实际情况，主要采取“纳税人直接向银行缴款”的方式。申报业务结束后，纳税人持仿真税务局填开的“税收缴款书”第二和第三联到开户银行缴纳税款。银行在“税收缴款书”第二联盖章后作为“完税凭证”退还纳税人，第三联银行留存汇总并与定期与税务机关对账。仿真税务局应定期与银行就税款的缴交情况进行对账。

4. 纳税检查

纳税检查主要分为三个环节：纳税人自查、常规检查和专项检查。

纳税人自查：纳税人要定期就其涉税业务进行自查，及时发现问题。

常规检查：仿真税务局要定期对纳税人进行检查。检查内容主要包括：纳税人的会计账簿、凭证、报表等相关资料；产品的生产、经营、存贮；资金的往来；物流环节等等。税务局每年最少要对三家仿真生产制造公司进行常规性的检查。

专项检查：是仿真税务局对纳税人的申报资料及报送的会计资料进行分析，发现其中的异常情况，而进行的针对性很强的纳税检查。税务局每年最少对两家仿真生产制造公司进行专项检查。

仿真税务局应对纳税检查结果以书面形式送达纳税人以及仿真税务局相关科室，如税政科、征管科、发票科，以备对异常情况进行处罚。

5. 税收统计、分析

仿真税务局应按年度进行税收统计工作。主要任务包括建立税收统计报表体系以及对税务统计结果进行分析，撰写分析报告。

税收统计的主要内容包括税源统计、税收统计、税政统计和税负统计等。

仿真税务局每年要向政府综合局提供税收统计报表及分析报告。

6．违法处罚

违规违法行为是指各个仿真企业，由于工作上的失误或者主观上的故意，违反了税收法律法规的规定的行为。

针对仿真实习的情况，税务违规违法行为主要有：

（1）账簿建立、管理不当，发票使用违规；

（2）未能按税务机关要求提供相关会计资料；

（3）未按期进行纳税申报；

（4）欠税；

（5）骗税；

（6）抗税；

（7）其他违规违法行为。

对违规违法行为的处罚主要依据国家税收管理制度中相关规定进行。根据仿真实习环境的特点，具体处罚规定如下：

（1）出现上述违规违法行为中第一至第三种情况之一者，罚款 5 千到 5 万元，并要求及时纠正；

（2）对于欠税的处罚：追回所欠税款，并交纳相应的滞纳金（以每日 2‰计），同时处以所欠税额 5 倍以下的罚款处理。情节严重时，可对相关人追究刑事责任；

（3）对于骗税、抗税的处罚：追回骗税税款，并交纳相应的滞纳金（以每日 2‰计），同时对骗税额在 5 万元以下的，处以所骗税额 5 倍以下的罚款，对骗税额在 5 万元以上的，处以所骗税额 5 倍以下的罚款并对相关责任人直接追究刑事责任；

仿真税务局要通过多种方式向纳税人进行依法纳税及相关处罚规定的宣传，提高纳税人依法纳税的意识。

7．复议诉讼

纳税人对仿真税务局的处罚决定不服时，可在规定时间内向上级仿真税务局（税务专业指导教师）申请复议诉讼。

纳税人要进行复议诉讼时，需先执行处罚决定，在处罚决定送达的 2 个季度内（实际为 60 天）向上级税务机关申请复议。过期则视为纳税人服从处罚决定，放弃复议诉讼。

6.4.2 简要税收制度

本制度主要按照我国现行税收制度的规定，并结合仿真实习的具体情况而制定，未提及的内容均以现行中国税收制度的规定为准。

1．增值税

增值税是流转税的一个主要税种，根据 2016 年最新的增值税率，各组织销售产品或提供服务的增值税税率如下表所示：

增值税税率标准表

组织类型	产品或服务类型	增值税率
制造企业	产品销售	17%
客户公司	产品销售	17%
供应商	出售动产：原材料、车辆、设备等	17%
	出售不动产：厂房	11%
租赁公司	租赁动产：车辆、设备等	17%
	租赁不动产：厂房、商铺	11%
物流公司	本地及国内交通运输服务	11%
	国际运输服务	0%
人才中心	人力资源服务	6%
会计师事务所	代理记账、审计等服务	6%
保险公司		6%

未在上表中列示的组织类型在提供服务时不必开具增值税发票。对增值税实行凭票抵扣进项税额，不能提供进项税发票联的，不予抵扣。增值税申报时除提供必要的申报表、账簿之外，尚需提供当期增值税发票的填开、抵扣明细及原始凭证。

2．消费税

在仿真市场中，CP3 和 CP4 产品为高能耗产品，限制消费品，是消费税应税产品。凡生产消费税应税产品的纳税人需缴纳消费税。

CP3 和 CP4 产品消费税计税采用从价定率方式，税率为 10%。

3．企业所得税

（1）征税对象和范围

企业所得税的征税对象为纳税人取得的生产经营所得和其他所得。

（2）计税依据

企业所得税的计税依据为应纳税所得额。应纳税所得额应当按照税收法规的规定计算，将企业会计利润按税法的规定调整为应纳税所得额，才能作为应纳所得额计算企业所得税税额。

（3）税率

企业所得税的税率为 25%。

（4）亏损的弥补

亏损弥补是国家对纳税人的一种免税政策，它是国家帮助企业渡过暂时困难，保护税源的一项重要措施，有利于亏损企业得到及时的补偿，保障企业生产经营的顺利进行。

当企业发生年度亏损时，可以用下一纳税年度的所得弥补；下一纳税年度所得不足以弥补的，可以逐年延续弥补，但延续弥补期最长不得超过 5 年。5 年内不论纳税人是盈利还是亏损，都应连续计算弥补年限。先亏先补，按顺序连续计算弥补期。

亏损额不是企业利润表中的亏损额，而是企业利润表中的亏损额经税务机关按税法规定核实，调整后的金额。

（5）减免税优惠

为了体现国家的经济政策，鼓励和扶持某些产业或者企业的发展，特规定了减免税优惠。具体规则：凡生产 CP4 产品的制造企业均属于高技术企业，符合国家税收优惠政策，其企业所得税减按 15%征收。

企业享受税收优惠政策，需提前向税务机关提交税收减免优惠申请书，经仿真税务局审核验证后执行。

4. 个人所得税

个人所得税是以个人（自然人）取得的各项应税所得（在仿真实习中，主要为生产制造公司员工的工资及薪金）为征税对象所征收的一种税。生产制造公司为职工的个人所得税的代扣代缴单位。税率、免征额均按我国当前个人所得税相关规定执行。

个人所得税 7 级超额累进税率表

全月应纳税所得额	税率	速算扣除数（元）
全月应纳税额不超过 1500 元	3%	0
全月应纳税额超过 1500 元至 4500 元	10%	105
全月应纳税额超过 4500 元至 9000 元	20%	555
全月应纳税额超过 9000 元至 35 000 元	25%	1005
全月应纳税额超过 35 000 元至 55 000 元	30%	2755
全月应纳税额超过 55 000 元至 80 000 元	35%	5505
全月应纳税额超过 80 000 元	45%	13505

5. 其他税种

仿真税务局征收的其他税种包括土地增值税、印花税、车船税、城市维护建设税、教育费附加、地方教育费附加等。本实训只缴纳城建税、地方教育费附加，城建税按当期交纳增值税、营业税、消费税总和的 7%交纳；地方教育费附加按当期交纳增值税、营业税、消费税总和的 3%交纳。

6.4.3 绩效考核

税务局为非盈利性组织，将公众满意度调查结果（占 40%）、任课教师评价（占 60%）作为绩效考核的依据。

仿真实习第一年结束以后，税务局局长需调研并发表演讲，分析第一年经济运行中存在的问题与挑战，提出改进建议。与其他非盈利性组织争夺“卓越团队领袖”称号，公众满意度调查结果（占 40%）、任课教师评价（占 60%，打分依据为平时工作表现和演讲表现）作为绩效考核的依据。

第七章 制造企业实践项目及流程

7.1 制造企业核心业务项目

制造企业核心业务项目一览表

阶段	实践项目	实践业务
准备阶段	团队构建与组织结构设计	制作管理人员分工表
		制作岗位职责说明书
	公司设立变更	公司章程
		企业名称预先核准
		出具验资报告
		公司变更登记
		公章申请
		印章领取通知
		开立单位银行结算账户
	建立各部门管理制度	行政部管理制度
		人力资源部管理制度
		市场部管理制度
		生产部管理制度
		物流部管理制度
		采购部管理制度
		财务部管理制度
	企业经营策略规划	企业经营环境分析
		分析产品 BOM 结构
		产品规划战略
期初阶段	各部门工作计划	年度经营计划
		行政部工作计划
		市场部工作计划
		生产部工作计划
		人力资源部工作计划
		物流部工作计划
		采购部工作计划
		财务部工作计划
	年度计划	年度营销计划
		销售人员需求计算

（续表）

阶段	实践项目	实践业务
期初阶段	年度计划	年度生产计划
		能力需求计划
		工资标准制定
		员工招聘计划
		员工培训计划
		员工辞退计划
		年度采购计划
		仓库需求计划
		仓储需求计划
		运输需求计划
		筹资计划
		投资计划
	年度预算	销售现金收入预算
		销售预算
		生产预算
		生产费用预算表
		产品生产成本预算
		人工费用预算
		采购现金支出预算
		直接材料采购预算
		库存存货预算
		期间财务费用预算
		期间销售费用预算
		期间管理费用预算
		现金预算
		筹投资预算
		财务总预算
		会计核算方法
运营阶段	市场开发	市场开发备案申请
		付款申请
		银行电汇
		资产验收单
	客户开发	客户开发与维护申请
		付款申请
		银行电汇
		客户开发与维护确认

（续表）

阶段	实践项目	实践业务
运营阶段	年度订货会	订货会通知
		订货会销售费用投入申请
		付款申请
		银行电汇
		订货会入场券
		订货会投入统计及颁推广奖
	销售业务	付款申请（差旅费）
		银行电汇
		销售合同执行情况统计
		销售订单
		发货计划
		催收款项
		产品销售月报
	新产品研发	新产品研发申请
		付款申请
		银行电汇
		新产品研发考核
	ISO 认证	ISO 认证申请
		付款申请
		银行电汇
		ISO9001 认证考核
		ISO14000 认证考核
	资产采购	资产采购申请单
		资产采购订单
		设备合同
		供应商设备销售订单
		资产租赁申请单
		签订租赁合同
		资产验收单
		资产入库单
		固定资产登记
		销售发票
		付款申请
		银行电汇
		开立支票
		资产返回单（无跳过）

（续表）

阶段	实践项目	实践业务
运营阶段	资产采购	报废申请单
		固定资产报废
	材料采购	物料需求分解
		物料需求汇总
		签订材料合同
		供应商原材料销售订单
		供应商原材料发货单
		来料检验
		供应商原材料入库单
		销售发票
		付款申请
		银行电汇
		开立支票
	人才招聘与辞退	生产人员需求计算表
		销售人员需求单
		签订招聘协议
		付款申请
		银行电汇
		开立支票
		招聘费用汇总表
		新员工入职
		员工辞退
	人才培训	签订培训协议
		付款申请
		银行电汇
		开立支票
		培训费用汇总表
		员工培训
		管理人员职称变动统计表
		销售人员级别变动统计表
		工人技术级别变动统计表
	车间生产	产销计划汇总表
		主生产计划
		生产能力与工人配比计算
		生产制造单
		生产派工

（续表）

阶段	实践项目	实践业务
运营阶段	车间生产	采料领用出库单
		生产检验单
		半成品入库单
		产品入库
		生产计划变更通知单
		付款申请
		银行电汇
		设备维护单（添加）
	销售发货	产品出库
		运输安排计划
		运输安排表
		销售发货单
		销售发票
		收款收据
	办公会议	会议通知
		会议记录
	人力资源业务	行政管理人员工资计算
		生产工人工资计算
		车间管理人员工资计算
		辞退人员工资计算
		签定委托银行划缴税款协议书
		薪资发放
	财务业务	付款申请
		开立支票
		借款单
		收款单
		收款收据
		付款单
		现金支出单
		现金费用报销
		制作财务会计凭证
		委托审计申请
期末阶段	物流收发	供应商原材料入库单
		材料领用出库单
		半成品入库单

（续表）

阶段	实践项目	实践业务
期末阶段	物流收发	产品入库
		产品出库
		半成品出库单
		其他入库单
		其他出库单
		报废申请单
		调拨单
		盘点单
	成本核算	生产成本核算
		销售成本计算表
		人工费用核算
		制造费用分配
		材料费用核算
		材料成本差异计算表
	费用核算	期间费用支出汇总表
		职工培训费计算表
		福利费用分配汇总表
		工会经费计算表
		固定资产折旧计算
		费用摊销
		薪资发放
		计算利息
	税务核算	营业税计算表
		增值税附加费计算表
		税后利润计算表
		委托审计申请
	盘点对账	固定资产盘点
		现金盘点
		往来账款对账
		银行存款余额调节表
	销售统计报表	销售订单统计
	生产统计分析报表	产量分析表
		设备利用率评估
		生产产量统计表
	采购统计与分析	供应商评估
		采购订单跟进

（续表）

阶段	实践项目	实践业务
期末阶段	采购统计与分析	原材料采购统计
		设备采购统计
	人力资源统计报表	管理人员职称变动统计表
		销售人员级别变动统计表
		工人技术级别变动统计表
		各类职工变动统计表
		培训费用汇总表
		招聘费用汇总表
	存货统计报表	存货变动统计
		材料入库汇总表
		发出材料汇总表
		产（半）成品入库汇总表
		发出产品汇总表
		材料合格率计算
		产品合格率计算
		销售退货单
	登记账簿	总账
		明细账
		科目余额表
		客户公司供应商往来明细账
		供应商客户往来明细账
		存货明细账
		固定资产明细账
		现金日记账
		银行存款日记账
	财务报表	编制资产负债表
		编制利润表
		现金流量表
		利润分配表
	纳税征收	开具税收缴款书
		社保缴纳申报表
		增值税纳税申报表
		地方税收纳税申报表
		个人所得税申报表新
		企业所得税申报 A 类
	经营总结	公司经营总结报告

7.2 制造企业实践过程图

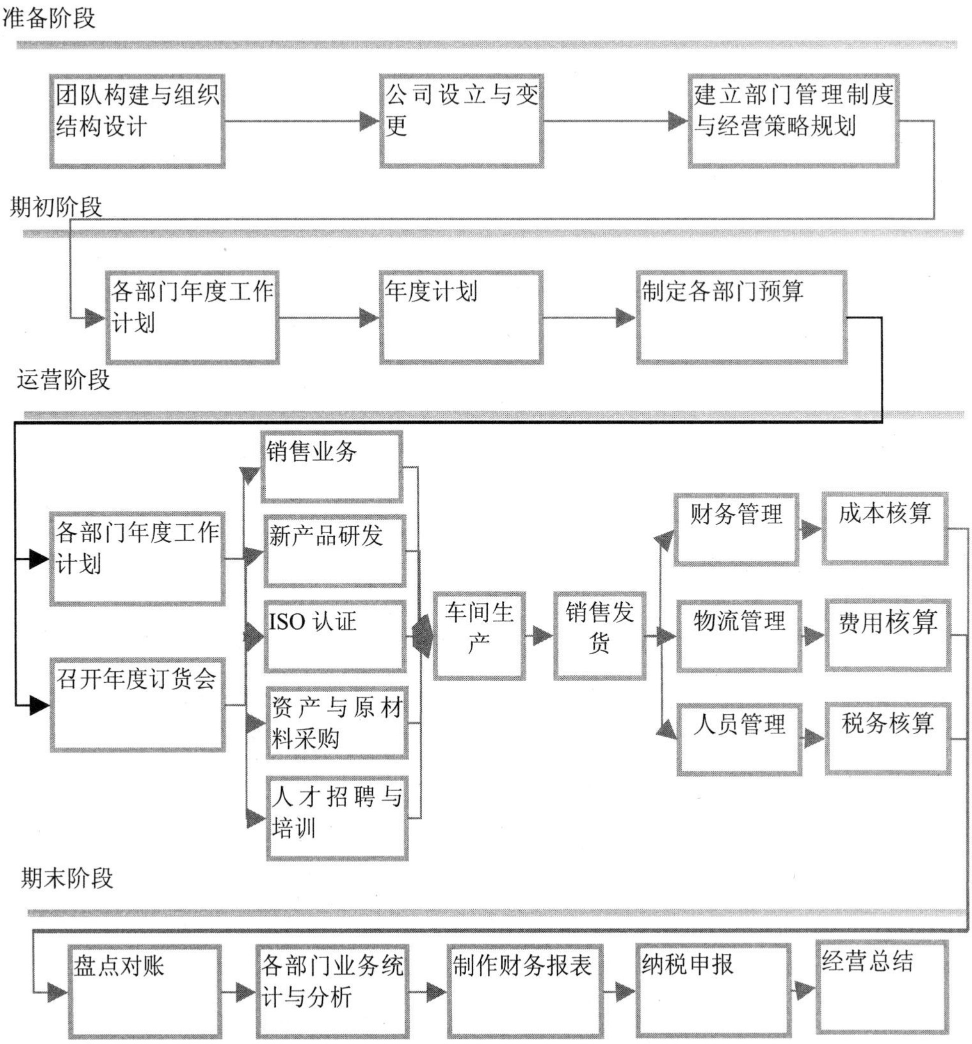

制造企业实践过程图

7.3 制造企业准备阶段主要任务

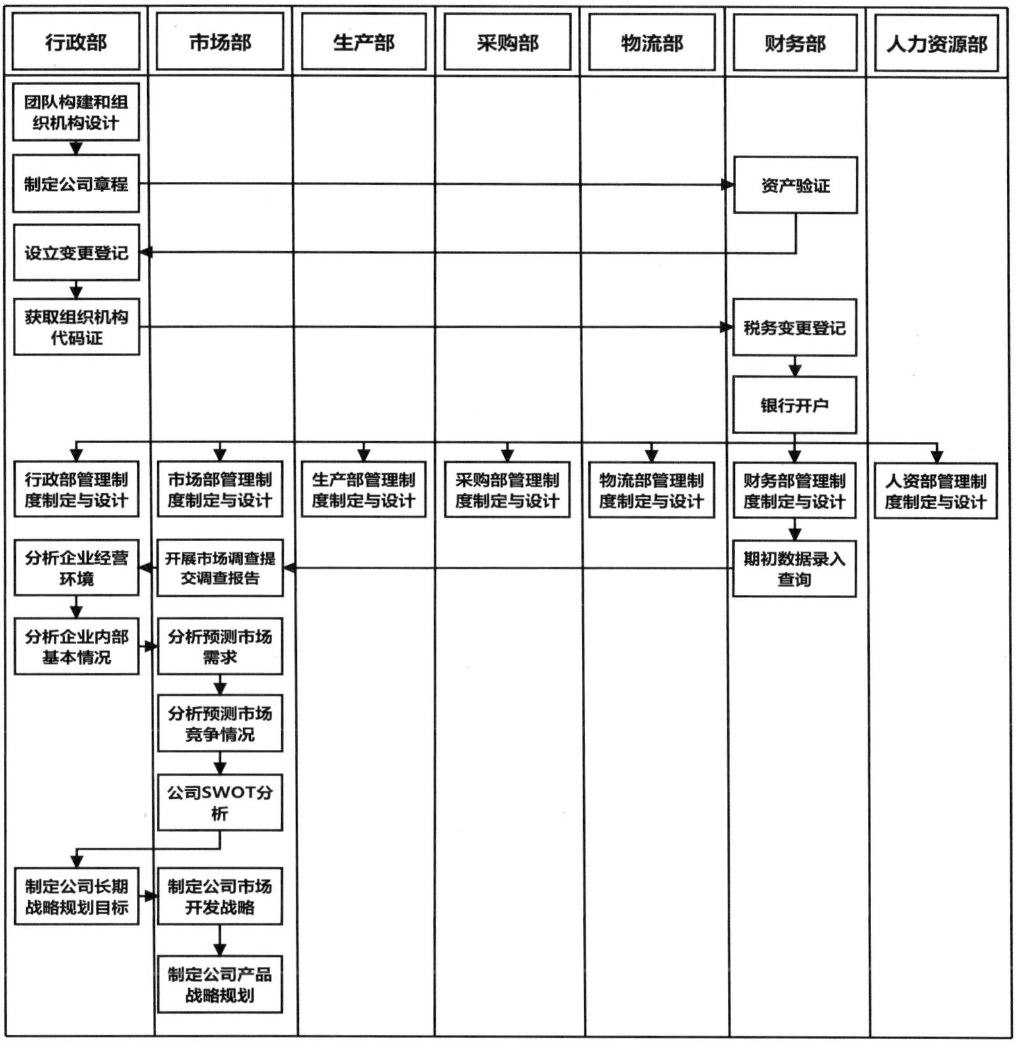

7.3.1 企业设立

1．实训任务

（1）制造公司团队构建与架构设计

（2）制造公司变更设立登记

（3）制造公司银行开户

（4）制造公司部门管理制度与期初数据整理查询

2．知识技能描述

通过本任务，能让学生在模拟经营准备阶段了解公司所需要办理的业务，通过实践让学生熟悉相关业务的办理流程。从而锻炼学生的组织管理以及与人的交流能力。

3. 内容与步骤

业务一：建立企业架构与职位分工

要经营一家公司，首先就要搭建公司的组织架构。每家生产制造公司的组织结构和职位设置等由仿真公司的新一届管理者（即实训小组成员）自行商定。

人员分工的要领：

（1）明确工作任务与目标。

（2）熟悉下级的专长、不足与个性。只有知人才能善任。

（3）实现人与事的最佳匹配。

（4）明确地向任务承担者交代所要完成的任务与条件。

业务二：主要岗位职责说明书

职位分工业务操作完毕后，各岗位对岗位职责说明书进行制作提交。职位说明书主要包括两个部分：一是职位描述，主要对职位的工作内容进行概括，包括职位设置的目的、基本职责、组织图、业绩标准、工作权限等内容；二是职位的任职资格要求，主要对任职人员的标准和规范进行概括，包括该职位的行为标准，胜任职位所需的知识、技能、能力、个性特征以及对人员的培训需求等内容。

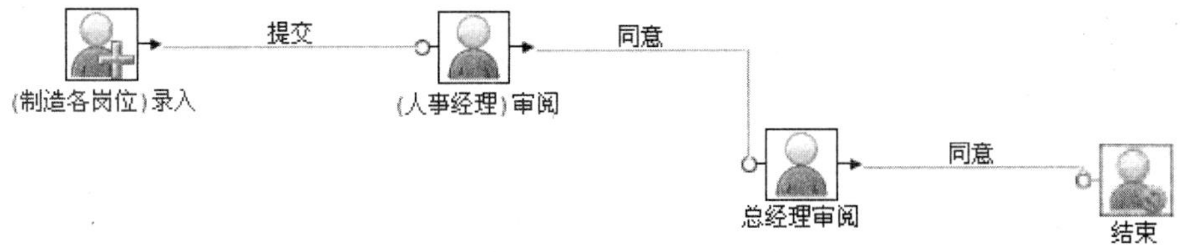

工作流程涉及岗位操作内容表

序号	岗位	节点	状态	类型	明细
1	各岗位	录入岗位职责说明书	线上	操作	制造业各岗位登录系统，录入岗位职责说明书提交
2	人事经理	审阅岗位职责说明书	线上	操作	人事经理登录系统，审阅录入的岗位职责说明书提交
3	总经理	审阅岗位职责说明书	线上	操作	总经理登录系统，审阅岗位职责说明书

业务三：公司章程

公司章程，是指公司依法制定的、规定公司名称、住所、经营范围、经营管理制度等重大事项的基本文件，也是公司必备的规定公司组织及活动基本规则的书面文件。公司章程是股东共同一致的意思表示，载明了公司组织和活动的基本准则，是公司的宪章。公司章程具有法定性、真实性、自治性和公开性的基本特征。公司章程与《公司法》一样，共同肩负调整公司活动的责任。作为公司组织与行为的基本准则，公司章程对公司的成立及运营具有十分重要的意义，它既是公司成立的基础，也是公司赖以生存的灵魂。

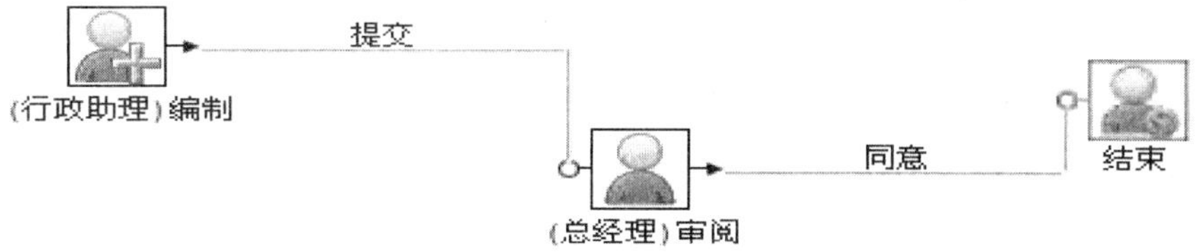

工作流程涉及岗位操作内容表

序号	岗位	节点	状态	类型	明细
1	行政助理	录入公司章程	线上	操作	行政助理登录系统，录入公司章程
2	总经理	审阅公司章程	线上	操作	总经理登录系统，审阅录入的公司章程

业务四：企业名称预先核准登记

在工商登记或变更前，企业需要进行名称预先核准登记。企业名称预先核准登记程序是企业名称登记的特殊程序。在工商登记前，企业必须先办理名称预先核准登记。企业名称有四个基本要素构成：即行政区划、字号、行业特征、组织形式，如中山市京通资讯科技有限公司。

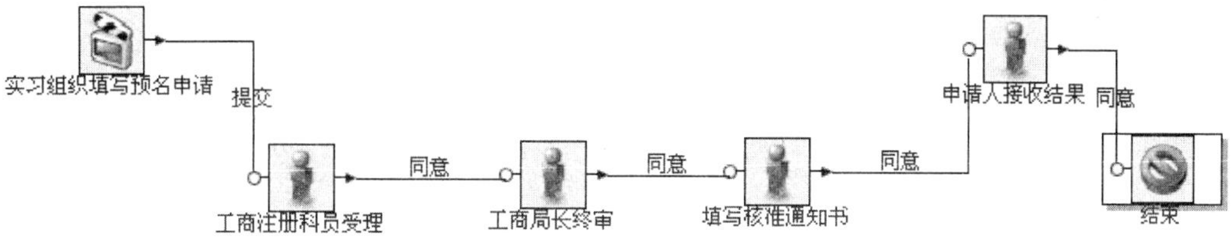

工作流程涉及岗位操作内容表

序号	岗位	节点	状态	类型	明细
1	申请人	填写申请表	线上	操作	填写企业名称预先核准申请书，提交准备资料
2	登记注册科科员	受理申请	线上	操作	审核申请书、准备资料的完整性、合理性
3	工商局局长	审核申请	线上	操作	进一步审核资料的合法性，检查不合法的，退回登记注册科
4	登记注册科科员	填写受理/驳回通知	线上	操作	填写企业名称预先核准通知书或企业名称驳回通知书
5	申请人	接收通知书	线上	操作	接收领取工商局通知书

业务五：工商登记及变更工商登记

根据《公司法》的规定，公司营业执照记载的事项发生变更的，公司应当依法办理变更登记，由公司登记机关换发营业执照。公司营业执照载明了公司的名称、住所、注册资本、实收资本、经营范围、法定代表人姓名等事项，因此，上述事项变更都被视为“企业变更”。

因仿真制造企业已经营七年，所以新一届管理层需进行工商变更登记。配套单位则完成名称预先核准登记后办理工商登记即可。

平台营业执照号码由实训教师统一编排。

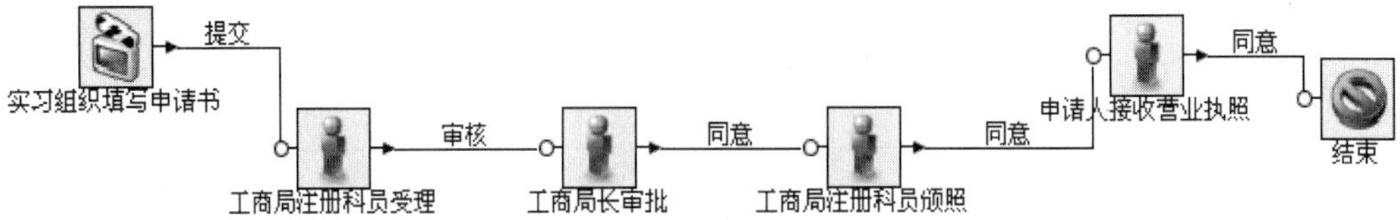

工作流程涉及岗位操作内容表

序号	岗位	节点	状态	类型	明细
1	申请人	填写申请	线上	操作	填写企业变更登记申请书，提交工商局要求准备的资料（公司章程、名称预先核准通知书、验资报告等）
2	登记注册科科员	受理申请书	线上	操作	检查申请书的填写有否问题，检查准备资料的完整性
3	登记注册科科员	开具受理通知书或不予受理通知书	线上	操作	检查资料是否完整、合理，资料完整、合理的，开具受理通知书，通知经办人在固定工作日内前往工商局，凭受理通知书领取营业执照；发现准备资料不充分或者不合理的，开具通知书，说明不予受理的原因
4	工商局局长	审核企业登记申请	线上	操作	审核企业登记申请资料的合法性，检查无误后审批申请
5	登记注册科科员	制作营业执照	线上	操作	根据企业登记申请资料，制作营业执照，通知经办人凭受理通知书前来领取执照
6	申请人	领取营业执照	线上	操作	递交受理通知书，领取营业执照

业务六：开立银行账户

银行账户类型：1. 基本户，用于企业现金存取，以及银行收付款，一个公司只能有一个基本户，开立基本存款账户是开立其他银行结算账户的前提；2. 一般户，只能用于银行存款收付，不能支取现金。一个公司可以多个一般户；3. 临时户，主要就是验资户，验资是开立，验资完成后转款到基本户之后销户；4. 专用户，比如企业要在股票市场上买卖股票投资开立的账户，比如公积金账户等。

平台中各组织银行账号由实训指导老师统一编排制定。

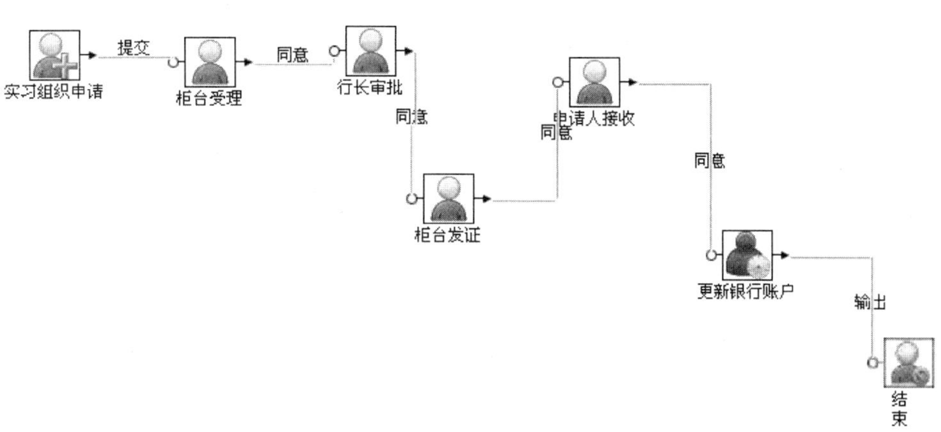

工作流程涉及岗位操作内容表

序号	岗位	节点	状态	类型	明细
1	申请人	填写开户申请	线上	操作	申请人登录系统，准备营业执照、国地税登记证、组织机构代码证等资料，填写并提交开立单位银行结算账户申请书
2	银行柜员	受理开户申请	线上	操作	银行柜员登录系统，根据申请人提交的相关资料，为单位办理开立基本存款账户
3	银行行长	核准开户申请	线上	操作	银行行长根据银行柜员提交的资料审核单位开立基本账户资格
4	银行柜员	颁发证照	线上	操作	银行行长核准通过后，为单位颁发开户许可证印鉴卡
5	申请人	接受证照	线上	操作	申请人登录系统接收银行开户证照

业务七：制定各部门管理制度

无方不成圆，无规不成矩。公司管理制度是公司为了员工规范自身的建设，加强企业成本控制、维护工作秩序、提高工作效率、增加公司利润、增强企业品牌影响力，通过一定的程序所制定出的相关制度，是公司管理的依据和准则。

现代企业管理制度大体可包括以下内容：

（1）现代企业管理制度具有明确的实物边界和价值边界，具有确定的政府机构代表国家行使所有者职能，切实承担起相应的出资者责任。

（2）现代企业管理制度通常实行公司制度，即有限责任公司和股份有限公司制度，按照《公司法》的要求，形成由股东代表大会、董事会、监事会和高级经理人员组成的相互依赖又相互制衡的公司治理结构并有效运转。

（3）现代企业管理制度以生产经营为主要职能，有明确的盈利目标，各级管理人员和一般职工按经营业绩和劳动贡献获取收益，住房分配、养老、医疗及其他福利事业由市场、社会或政府机构承担。

（4）现代企业管理制度具有合理的组织结构，在生产、供销、财务、研究开发、质量控制、劳动人事等方面形成了行之有效的企业内部管理制度和机制。

（5）现代企业管理制度有着刚性的预算约束和合理的财务结构，可以通过收购、兼并、联合等方式谋求企业的扩展，经营不善难以为继时，可通过破产、被兼并等方式寻求资产和其他生产要素的再配置。

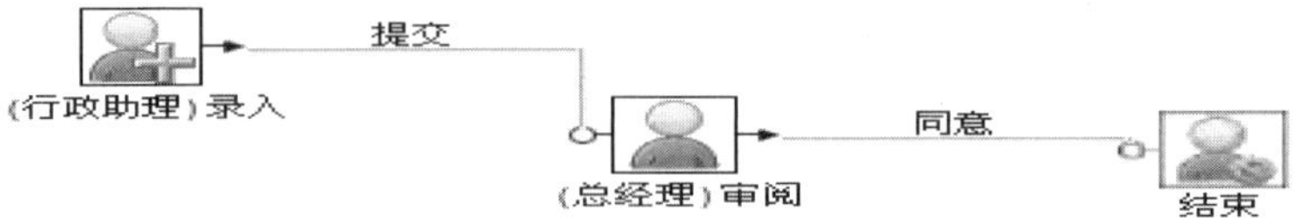

工作流程涉及岗位操作内容表

序号	岗位	节点	状态	类型	明细
1	各部门	录入管理制度	线上	操作	各部门负责人登录系统，录入公司管理制度并提交
2	总经理	审阅管理制度	线上	操作	总经理登录系统，审阅录入的公司管理制度

4．问题与思考

（1）制造企业常用的组织结构类型有哪些？各有什么优缺点？

（2）企业组织机构代码证的重要性和必要性？

（3）企业可选择的法律形式有哪些？各有何优缺点？

（4）制造企业可以开立哪些银行结算账户？为什么？

（5）制定部门管理制度的必要性与重要性体现在哪些方面？

（6）如何能够保证制度的贯彻与执行？

7.3.2 分析单位内外部环境并制定企业战略

1．实训任务

（1）市场调查

（2）制定企业长期战略规划和目标

（3）制定市场开发战略

（4）制订产品规划方案

2．知识技能描述

通过本任务，能让学生在模拟经营准备阶段了解公司所需要办理的业务，通过实践让学生熟悉相关业务的办理流程。从而锻炼学生的企业市场调查组织信息分析以及与人的交流能力。

3．内容与步骤

业务一：市场调查报告

市场调查（Marketing Research）就是指运用科学的方法，有目的地、有系统地搜集、记录、整理有关市场营销信息和资料，分析市场情况，了解市场的现状及其发展趋势，为市场预测和营销决策提供客观的、正确的资料。包括市场环境调查、市场状况调查、销售可能性调查，还可对消费者及消费需求、企业产品、产品价格、影响销售的社会和自然因素、销售渠道等开展调查。国内还有其他的翻法，比如“市场研究”“营销研究”

“市场调研”等等。

如何开展市场调查？首先只有明确了调查的目的才能知道如何开展调查，需要什么数据。在明确目的的同时我们还要明确调查对象根据对象的特性制订调查计划。本次调查的目的是让学生了解仿真环境各单位的情况。所以学生的调查范围应该限定在仿真市场。通过走访仿真市场各单位，对各个单位的基本信息如类型，名称，联系方式进行收集达到对仿真市场有个初步的了解。

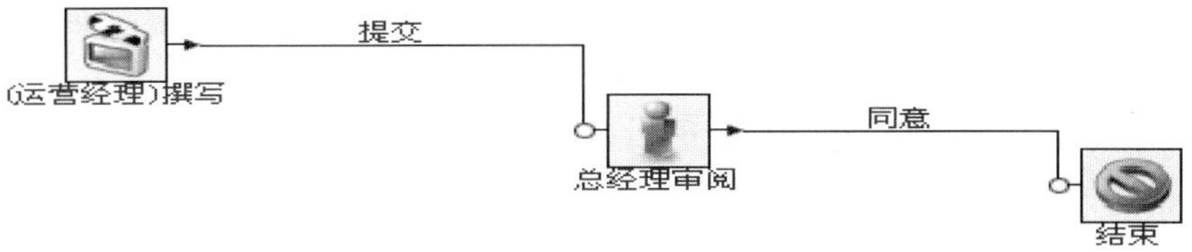

工作流程涉及岗位操作内容表

序号	岗位	节点	状态	类型	明细
1	运营经理	调查撰写	线上	操作	运营经理登录系统，调查撰写市场调查报告
2	总经理	审阅市场调查报告	线上	操作	总经理登录系统，审阅提交的市场调查报告

业务二：市场需求预测

能卖多少，很大程度上决定于市场需求多少。制订年度的营销计划，首先我们要对市场的需求进行预测。实训之初，制造企业只有 P1 研发成功并销售，因此我们也只有 P1 产品的需求历史数据（该数据在宏观经济数据中公布）。

对于平台预设三个市场，本土市场、国内市场以及国外市场。制造企业的市场总监在进产品的需求进行预测时必需以不同市场的产品需求进行预测。各货币区域的需求量相同，而个地区的需求量也相同。最终比例之和为 100%。

由于 P1 产品在制造企业第八年度前已经进行生产销售，因此在预测其第八年度市场销售情况时可通过收集前一年度的销售数据对第八年度每一月份的市场销售，即利用简单移动平均预测法进行预测。

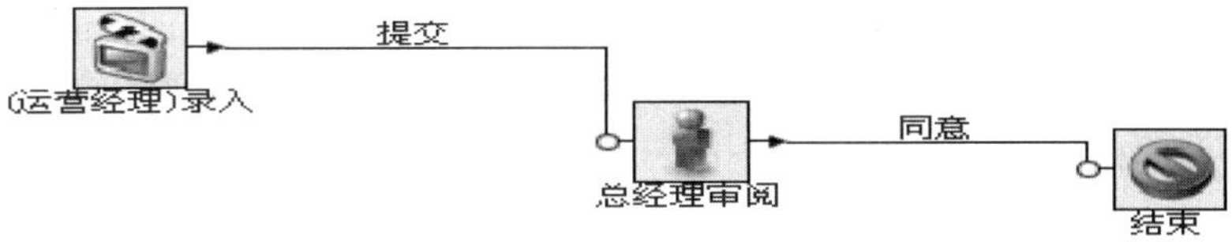

工作流程涉及岗位操作内容表

序号	岗位	节点	状态	类型	明细
1	运营经理	预测录入	线上	操作	运营经理登录系统，预测填写市场需求预测表
2	总经理	审阅市场预测表	线上	操作	总经理登录系统，审阅提交的市场需求预测表

业务三：SWOT 分析

在现在的战略规划报告里，SWOT 分析应该算是一个众所周知的工具。来自于麦肯锡咨询公司的 SWOT 分析，包括分析企业的优势（Strengths）、劣势（Weaknesses）、机会（Opportunities）和威胁（Threats）。因此，SWOT 分析实际上是将对企业内外部条件各方面内容进行综合和概括，进而分析组织的优劣势、面临的机会和威胁的一种方法。

S（Strength 优势）是组织机构的内部因素，具体包括：有利的竞争态势；充足的财政来源；良好的企业形象；技术力量；规模经济；产品质量；市场份额；成本优势；广告攻势等。

W（Weakness 弱势）是指在竞争中相对弱势的方面。也是组织机构的内部因素，具体包括：设备老化；管理混乱；缺少关键技术；研究开发落后；资金短缺；经营不善；产品积压；竞争力差等。

O（Opportunity 机会）是组织机构的外部因素，具体包括：新产品；新市场；新需求；市场壁垒解除；竞争对手失误等。

T（Threat 威胁）也是组织机构的外部因素，具体包括：新的竞争对手；替代产品增多；市场紧缩；行业政策变化；经济衰退；客户偏好改变；突发事件等。

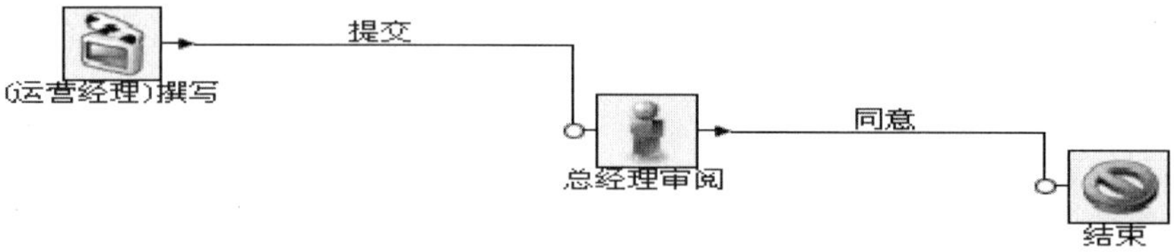

工作流程涉及岗位操作内容表

序号	岗位	节点	状态	类型	明细
1	运营经理	录入 SWOT 分析	线上	操作	运营经理登录系统，填写 SWOT 分析
2	总经理	审阅 SWOT 分析	线上	操作	总经理登录系统，审阅提交的 SWOT 分析

业务四：长期战略规划

战略规划的类型：1. 全面规划：即在战略期内有关企业各方面的全面计划。在对企业的各种状况都比较清楚地情况下，在对外界的各种因素能清楚确定的情况下，适合全面规划。2. 渐进式计划：与全面计划正好形成两个极端。在对企业的状况、外界的环境还不是很确定的情况下，先制订短期计划，然后在一定时间后再订下一时期的计划，因呈渐进式，所以称之为渐进式计划。3. 选择性计划：介于全面计划和渐进式计划之间的折衷计划。在制订计划时制订了两套计划，一套是全面计划，另一套是短期计划，在计划实行阶段，如果不适合的话就选择另一套计划。

制定战略规划的一般步骤：

（1）经营摘要

战略规划首先要有一个内容提要，即对主要营销目标和措施进行简要概括和说明。

它可使最高管理层迅速抓住计划的要点。

（2）当前市场营销状况分析

它提供与市场、产品、竞争、分销和宏观环境、微观环境等有关背景，对企业外部的主要机会与威胁、企业内部的优势与劣势、在计划中必须注意的主要问题等进行分析。

（3）市场营销目标

市场营销目标是战略规划最基本的要素。它确定计划中要达到的最终结果，包括销售量、销售额、市场占有率、市场增长率、销售利润率等指标。

（4）市场营销策略

它描述为实现计划目标而采用的主要市场营销策略。为企业的营销工作提供总的指导思想和行动框架。

（5）市场营销行动方案

它回答应该做什么、谁来做、何时做、需要多少成本等。是对营销活动中某项工作的先后顺序和应遵循的具体步骤的规定。

（6）市场营销规则

市场营销规则是对营销工作中某些较为具体的事项所做的规定，是企业营销人员和营销工作的行为准则。

（7）预算损益表

它是一个关于市场营销预算盈利或亏损的报告，是计划期内企业营销活动预期成果的数字表现，包括销售收入预算、销售费用预算、利润预算等内容。通常以报表的形式概括地勾画出了企业在计划期内总收入和总支出的内容和数量，表明企业的营销活动在经济上的可行性，同时为营销管理人员控制各项营销活动提供标准。

（8）市场营销实施与控制

市场营销控制室战略计划的最后一部分，它说明应如何监控计划。其典型的做法是将计划规定的目标和预算按月分解，以便于企业高层管理者进行有效地监督、检查和调整，督促未完成计划的部门改进工作，确保市场营销计划的完成。

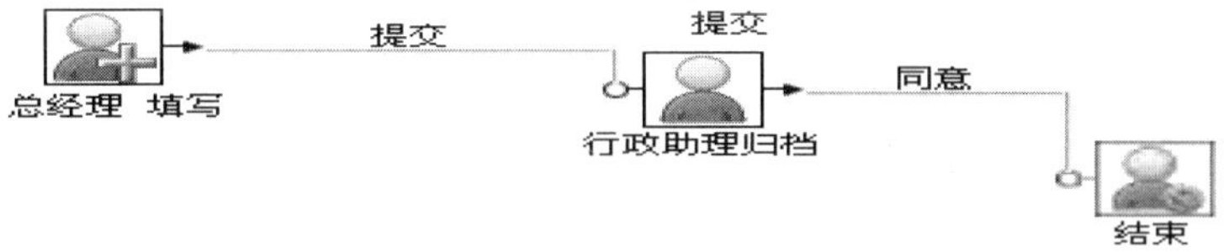

工作流程涉及岗位操作内容表

序号	岗位	节点	状态	类型	明细
1	总经理	撰写长期战略规划	线上	操作	总经理登录系统，撰写长期战略规划
2	行政助理	接收归档	线上	操作	行政助理登录系统，接收长期战略规划归档

业务五：市场开发战略

制定市场开发战略的一般步骤：

1．市场需求与成本分析

2．竞争状况分析

分析分销商的数量及其差别程度，识别企业竞争，判断竞争者的目标，评估竞争者的优、劣势和反映模式，选择竞争者，开展行动。

（1）行业分析

分析市场规模和市场增长速度，然后定位自己在行业中所处的阶段，接着分析竞争者的产品服务和到达购买者的分销渠道种类。

（2）企业自身分析

企业本身包括企业市场营销部门，企业其他职能部门和最高管理层，这些事影响企业市场营销的企业内部因素，这些因素构成药品企业本身的内部环境。它包括企业内部各部门的设置及其协调、员工的综合素质、管理者的管理能力、企业经营理念与企业文化等。

3．营销战略规划

（1）区域定位

按照企业的营销战略规划，选择区域定位。

（2）市场细分

按照调查结果分析，对市场进行细分。

（3）选择细分市场

按照市场评估，选择目标市场。

（4）市场定位策略

定位除了要树立自己的特色，还要考虑竞争对手的影响，确定自己在竞争中的地位，从某种意义上说，定位策略也是一种竞争策略。

①避强定位：避开强有力的竞争对手，将自己的产品定位于另一个市场。

②迎头定位：与市场上最强的竞争对手正面竞争，进入与其相同的市场。

③重新定位：企业调整原有的市场定位，进行二次定位。

④共享定位：也称“高级俱乐部”战略。企业把自己划分到某“高级俱乐部”，其含义是：俱乐部的成员都是最佳的，我也是最佳的。如宣称自己是三大公司之一。通常市场中最大的公司是不会提出这种概念的。

4．营销策略规划

（1）拟定产品策略

根据营销策略规划拟定产品策略。

（2）拟定价格组合

①数量折扣：是对经销产品达到一定数量的商业单位给予一定的折扣优惠。

②现金折扣：是产品生产企业为减少经营风险，加快资金周转，对以现金或规定期限前付款的药品商业企业给予的一种折扣。

③交易折扣：是过去一段时间内，产品生产企业常用的给予在营销过程中各类中间商的不同折扣。

④推广折让：又称促销让价，是指在新产品导入期，为了鼓励产品的中间商帮助企业开拓产品市场而给予的价格优惠。

（3）拟定营销传播策略

首先，确定目标受众和传播目标，然后设计要传播的信息，选择要传播的渠道，最后编制总促销预算和促销组合策略。

（4）拟定渠道策略

分销渠道是指产品从生产者向消费者转移过程中一切取得其所有权或帮助转移其所有权的所有企业和个人。主要包括中间商以及处于渠道起点和终点的生产者与消费者。根据营销战略拟定渠道的策略，渠道有直接渠道和间接渠道、长渠道和短渠道、宽渠道和窄渠道。

5．区域市场开发

首先整体部署区域市场，然后选择进入区域市场的手段，进行整合营销传播，并制定出区域市场作战方略，规划和经营责任辖区。

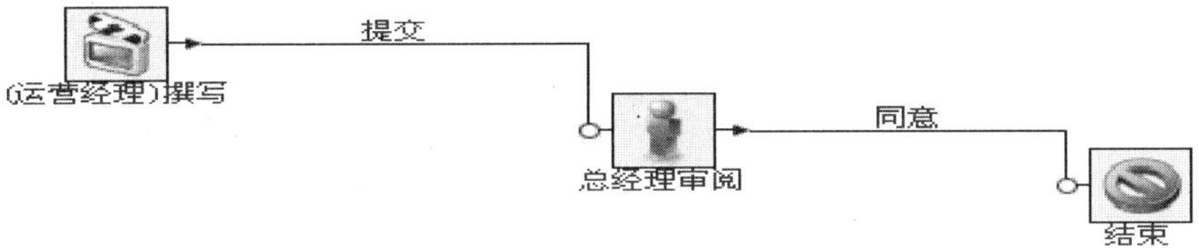

工作流程涉及岗位操作内容表

序号	岗位	节点	状态	类型	明细
1	运营经理	撰写市场开发战略	线上	操作	运营经理登录系统，撰写市场开发战略
2	总经理	审阅市场开发战略	线上	操作	总经理登录系统，审阅提交的市场开发战略

业务六：产品规划战略

如何做产品规划？

1．对市场现状做研究分析

先尽可能多的接触客户，与客户进行交谈，在交谈中探索客户的喜好。明白客户需求的差异性，即有异质市场的存在，因此确定客户的市场细分，然后根据产品选择目标市场，确定市场的定位空间，最后确定产品的价值定位。

2．通过市场研究，确定产品规划的目标和方向

选择好目标市场之后，我们要分析我们的优势和劣势，再跟对手比较，清楚知道自己与别人的差距，才能定下一个更可行的目标和方向。

3．根据产品规划目标确定产品标准和要求

根据我们上一步定下的目标和方向，确定产品的功能、外观、包装、体验，明白产品的成本和价值空间。

4．研究产品成本和价值空间

产品的成本有直接成本和间接成本。产品的价值空间有：用户的价值空间、销售终端的价值空间、渠道的价值空间、企业的价值空间。

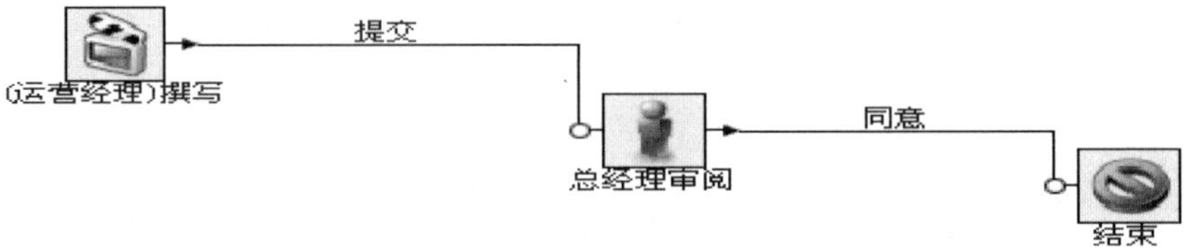

工作流程涉及岗位操作内容表

序号	岗位	节点	状态	类型	明细
1	运营经理	撰写产品规划战略	线上	操作	运营经理登录系统，撰写产品规划战略
2	总经理	审阅产品规划战略	线上	操作	总经理登录系统，审阅提交的产品规划战略

4．问题与思考

（1）本实训中，为制订下一年经营计划而进行的市场调查应该搜集哪些方面的信息？

（2）依据本实训材料提供的信息，本地市场、国内市场、国际市场需求各有什么特点？

（3）依据本实训材料提供的信息，你认为市场对CP1、CP2、CP3、CP4产品各有什么要求？

（4）通常SWOT分析需要关注哪些方面的信息？

（5）制造企业经营战略与目标应当明确哪些问题？

（6）你认为制定市场开发战略应遵循什么原则？

（7）在本实训中，你认为制定制造企业产品规划需要考虑哪些因素？

（8）在本实训中，CP1、CP2、CP3、CP4产品的价格走势对企业产品规划有影响吗？

7.4 制造企业期初阶段主要任务

7.4.1 制订年度计划

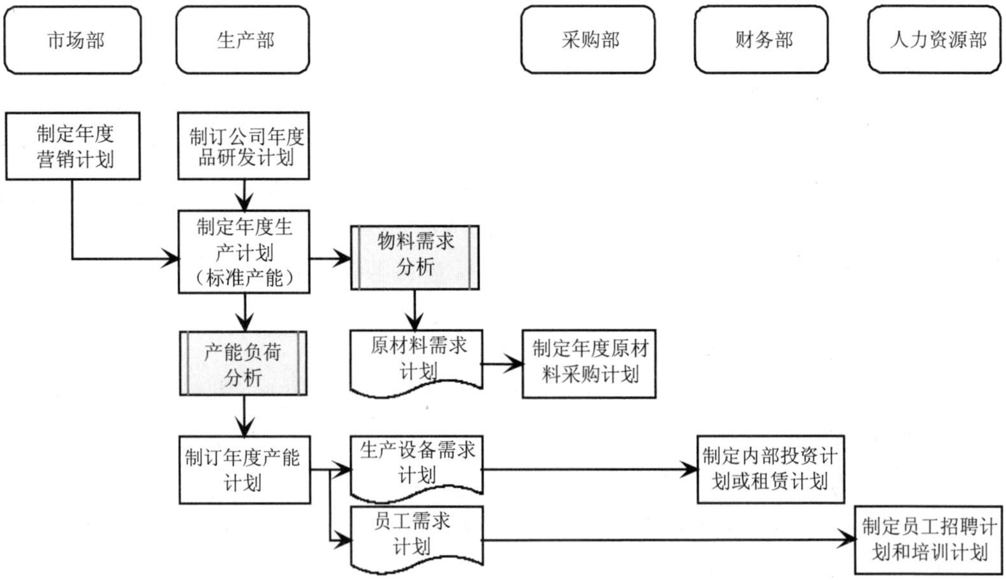

1．实训任务

（1）制订年度营销计划

（2）制订年度新产品及认证计划

（3）制订年度生产计划和产能计划

（4）制订年度物料需求计划和材料采购计划

2．知识技能描述

通过本任务，能让学生在模拟经营期初阶段了解公司所需要办理的业务，通过实践让学生熟悉相关业务的办理流程。使学生理解管理学中的计划职能，并能将管理理论与企业管理实际相结合，提高资源利用意识，培养计划制订能力。

3．内容与步骤

业务一：制订营销计划

企业年度营销计划是指在对企业市场营销环境进行调研分析的基础上，制定该年度企业的营销目标，以及实现这一目标所应采取的策略、措施和步骤的明确规定和详细说明。企业年度营销计划是企业该年度营销活动的全面的、综合性计划。

年度营销计划是企业其他计划制订的依据，根据每个月的销售量，生产经理再制订其生产与产能计划，其他部门再根据生产制订各自的计划。所以一个现实合理的营销计划非常总要。制订营销计划时有三个因素需要考虑，首先是市场的需求，根据市场需求预测，我们对市场的需求有个初步的了解。再根据市场竞争情况与企业 SWOT 分析中对企业的市场竞争力预测以及价格定位，评估企业能在市场中获得多少份额。在获得公司份额的同时，企业要结合自身的产能与发展情况制订本年度的营销计划，制定每个月的销售目标。

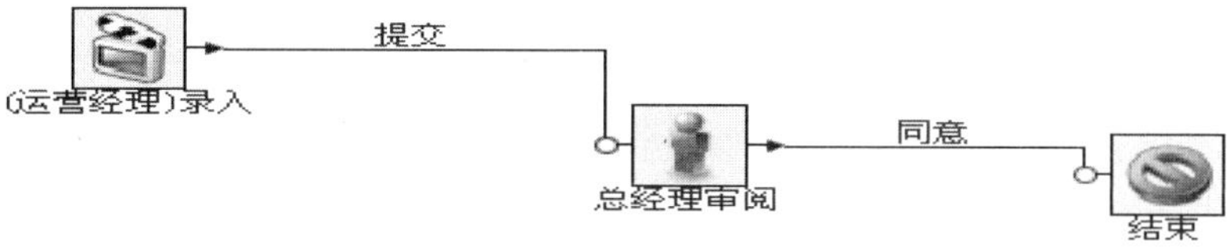

工作流程涉及岗位操作内容表

序号	岗位	节点	状态	类型	明细
1	运营经理	年度营销计划录入	线上	操作	运营经理登录系统，填写年度营销计划
2	总经理	审阅年度营销计划	线上	操作	总经理登录系统，审阅提交的年度营销计划

业务二：制订新产品及认证计划

新产品及认证计划是来年公司发展情况的规划。它的制订是参照公司的长期规划再根据本年度的公司的资金状况而制定的。新产品开发及认证计划具有战略决策性质，是企业的一项重大的经营管理决策。它决定了企业的经营方向。

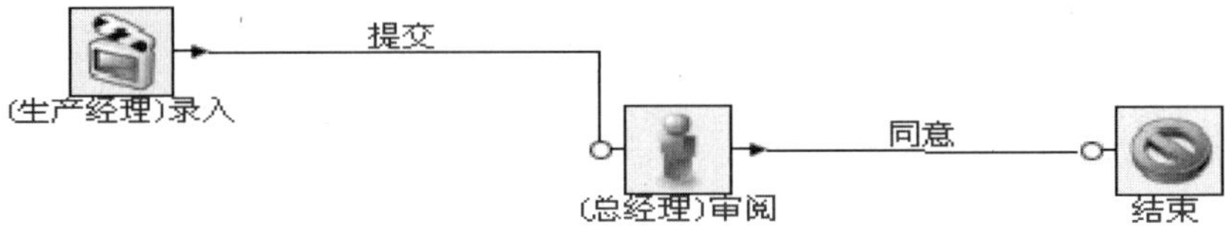

工作流程涉及岗位操作内容表

序号	岗位	节点	状态	类型	明细
1	生产经理	新产品及认证计划录入	线上	操作	生产经理登录系统，填写年度新产品及认证计划
2	总经理	审阅新产品及认证计划	线上	操作	总经理登录系统，审阅提交的年度新产品及认证计划

业务三：制订生产计划

生产计划是企业每个月生产排班的统筹计划，是制定采购，安排物流等计划的依据。生产计划的制订有以下几个考虑因素。首先是要尽可能满足营销计划中对产品的需求。在考虑满足营销计划的同时，要考虑各设备使用的最大效率。在制定产量时，要考虑产品的合格率。仿真环境中，企业根据其取得ISO资格认证的情况，有不同的产品合格率。所以要产出足够的产品，我们必须安排比需求更多的数量以满足损耗废品的出现。

计算公式：预计生产量=预计销售量+预计期末存货－预计期初存货

为了了解现有生产能力是否能够完成预计的生产量，生产设备管理部门有必要再审核生产预算，若无法完成，可以修订销售预算或考虑增加生产能力；若生产能力超过需要量，则可以考虑把生产能力用于其他方面。

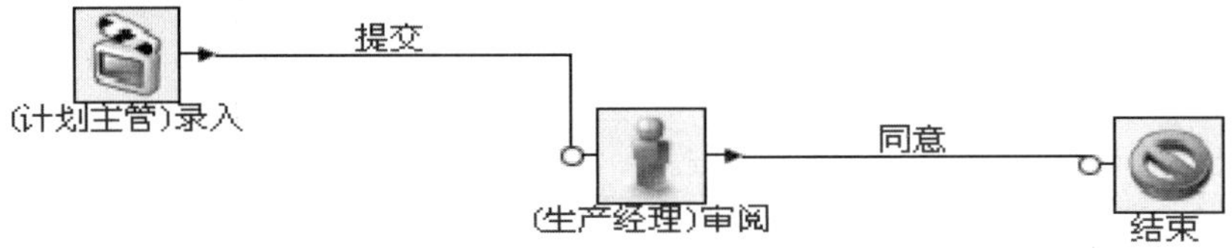

工作流程涉及岗位操作内容表

序号	岗位	节点	状态	类型	明细
1	计划主管	制订生产计划	线上	操作	计划主管登录系统，填写年度生产计划
2	生产经理	审阅生产计划	线上	操作	生产经理登录系统，审阅提交的年度生产计划

业务四：产能负荷分析

在最终确定年度生产计划前，企业需根据生产计划进行产能负荷分析。其作用是分析企业现有的生产物料对生产计划是否支持，以及生产线，生产员工，是否能产出计划生产的数量，通过分析生产计划所需生产线与人员的数量对比企业本身拥有的生产线与人员的数量，企业决定人员招聘与固定资产投资计划。

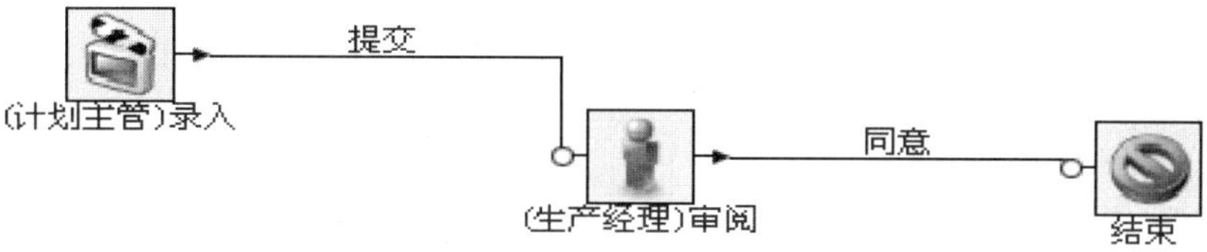

工作流程涉及岗位操作内容表

序号	岗位	节点	状态	类型	明细
1	计划主管	产能负荷分析	线上	操作	计划主管登录系统，进行产能负荷分析
2	生产经理	审阅产能负荷分析	线上	操作	生产经理登录系统，审阅提交的产能负荷分析

业务五：物料需求分解和汇总计划

物料需求计划，是指根据产品结构各层次物品的从属和数量关系，以每个物品为计划对象，以完工时期为时间基准倒排计划，按提前期长短区别各个物品下达计划时间的先后顺序，是一种工业制造企业内物资计划管理模式。

物料需求计划原理是一零部件为对象的生产进度计划。但是它并不是孤立地去安排各种零件的生产进度，而是以产品结构为依据，保持各零件在产品结构中的层次关系，以此来编排各零件的生产进度。它是通过 BOM 文件来描述各零件在产品中的层次关系和数量。

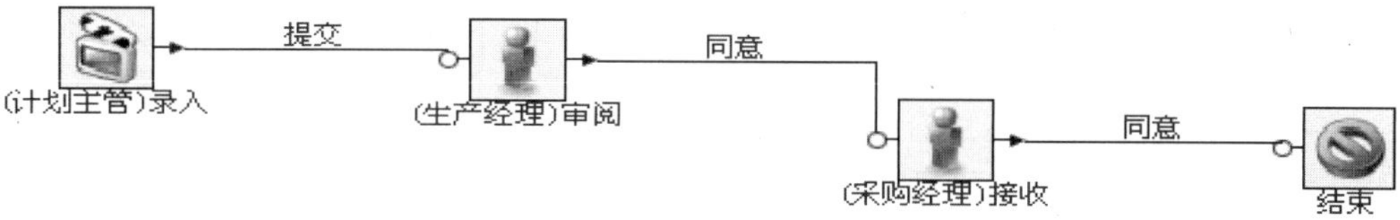

工作流程涉及岗位操作内容表

序号	岗位	节点	状态	类型	明细
1	计划主管	录入物料需求	线上	操作	计划主管登录系统，计算录入物料需求
2	生产经理	审阅物料需求	线上	操作	生产经理登录系统，审阅提交的物料需求
3	采购经理	接收物料需求	线上	操作	采购经理登录系统，接收查阅物料需求，以便制订物料采购计划

业务六：物料采购计划

物料采购计划是根据生产部门或其他使用部门的计划制订的包括采购物料、采购数量、需求日期等内容的计划表格。

采购计划应达到下列目的：

（1）预估商品/物料采购需用的数量与时间，防止供应中断，影响产销活动。

（2）避免采购商品/物料储存过多，积压资金，占用堆积的空间。

（3）配合公司生产/采货计划与资金的高度。

（4）使采购部门事先准备，选择有利时机购入商品和物料。

（5）确立商品及物料合理耗用标准，以便控制采购商品和物料的成本。

工作流程涉及岗位操作内容表

序号	岗位	节点	状态	类型	明细
1	采购经理	制订物料采购计划	线上	操作	采购经理登录系统，制订物料采购计划
2	总经理	审阅物料采购计划	线上	操作	总经理登录系统，审阅提交的物料采购计划

4．问题与思考

（1）在本实训中，你认为公司营销计划必须包含哪些内容？这些内容之间有何联系？

（2）新产品研发及认证计划对公司经营目标有何影响？

（3）企业产能的规划在生产制造中有何作用？

（4）产品生产计划与 MRP 之间的异同点？

7.4.2 编制年度预算和制订年度筹资计划

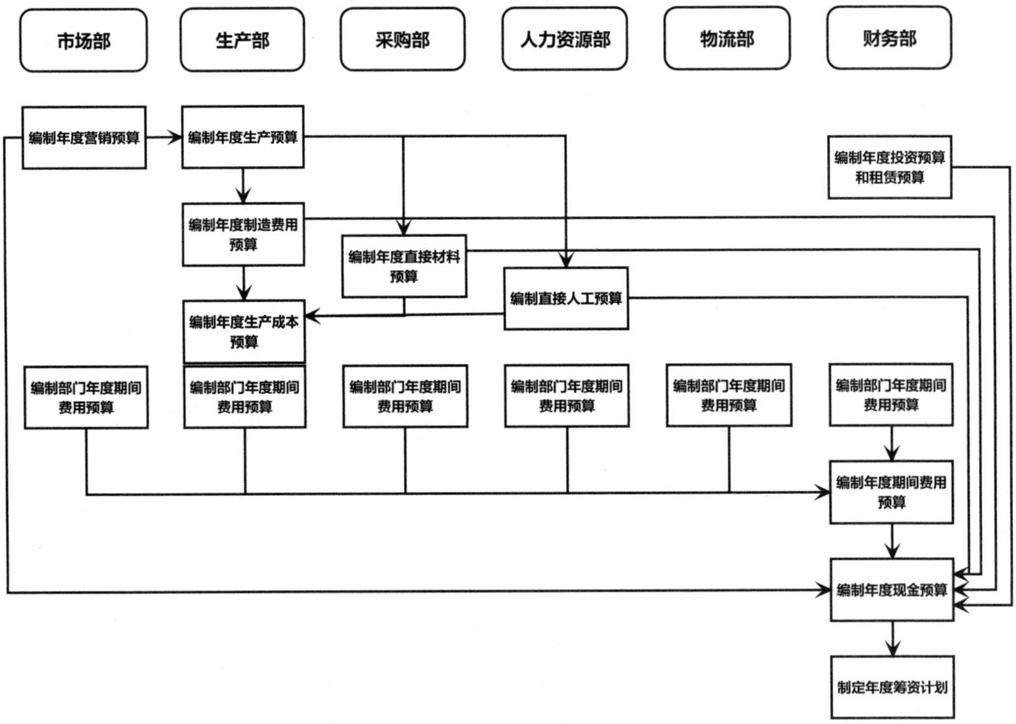

1．实训任务

（1）编制销售预算

（2）编制生产预算

（3）编制期间费用预算

（4）编制现金预算

（5）制定筹资计划

2．知识技能描述

通过本任务，能让学生在模拟经营期初阶段了解公司所需要办理的业务，通过实践让学生熟悉相关业务的办理流程。通过编制预算的实际操作，认识编制预算的流程，掌握编制预算的具体方法。

3．内容与步骤

业务一：编制销售预算

只要商品经济存在，任何企业都必须实行以销定产。因此，销售预算就成为编制全面预算的关键，是整个预算的起点，其他预算都以销售预算作为基础。产品的生产数量、材料、人工、设备和资金的需要量、推销及管理费用和其他财务支出等，都要受预期的商品销售量的制约。如果销售预算编制不当，则整个全面预算将成为毫无意义的东西，并会给管理人员造成时间和精力上的极大浪费。

企业在编制销售预算时，应通过本量利分析，确定有可能使企业经济效益最佳的销售量和销售单价，同时还应考虑企业生产能力等因素；销售预算编制的根据主要是科学的销售预测、产品的销售单价和产品销售的收款条件。

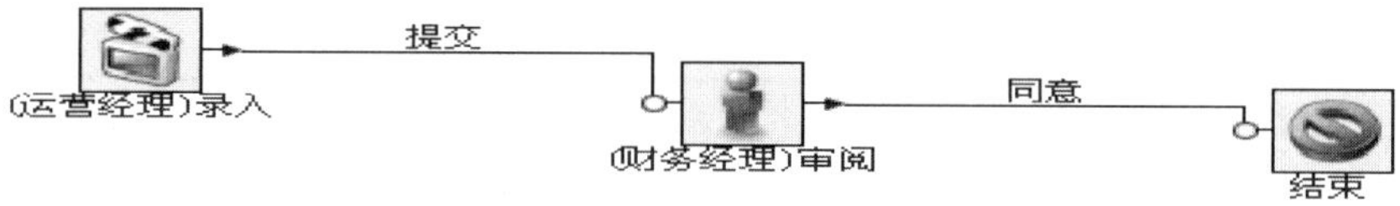

工作流程涉及岗位操作内容表

序号	岗位	节点	状态	类型	明细
1	运营经理	编制销售预算	线上	操作	运营经理登录系统，编制销售预算提交
2	财务经理	审阅销售预算	线上	操作	财务经理登录系统，审阅提交的销售预算，便于确定现金收入

业务二：编制生产预算

生产预算是在销售预算的基础上编制出来的，其主要内容有销售量、期初和期末存货、生产量。由于存在许多不确定性，一般情况下，企业的生产和销售不能做到时间上和数量上完全一致，需要储备一定的存货，以保证在有意外需求时能够按时供货，并保证均衡生产，尽量避免发生赶工的额外支出。

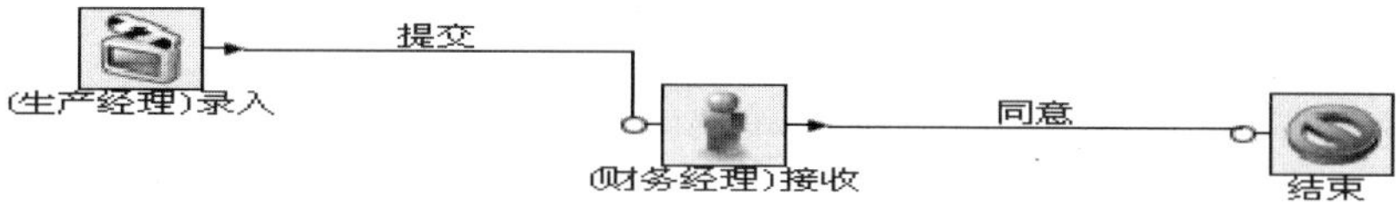

工作流程涉及岗位操作内容表

序号	岗位	节点	状态	类型	明细
1	生产经理	编制生产预算	线上	操作	生产经理登录系统，编制生产预算提交
2	财务经理	查阅生产预算	线上	操作	财务经理登录系统，审阅提交的生产预算

业务三：编制直接材料预算

直接材料预算，是以生产预算和物料采购计划为基础编制的，同时要考虑原材料存货水平。直接材料预算的主要内容有直接材料的单位产品用量、生产需用量、期初和期末存量等。在编制直接材料预算的同时还要预计材料各月份的现金支出，目的是便于以后编制现金预算。

计算公式：

直接材料预计采购量=预计生产量×单位产品材料用量+预期期末直接材料存货－预期期初直接材料存货=预计生产需用量+预期期末直接材料存货－预期期初直接材料存货

直接材料预计采购金额=预计材料采购量×预计材料单价

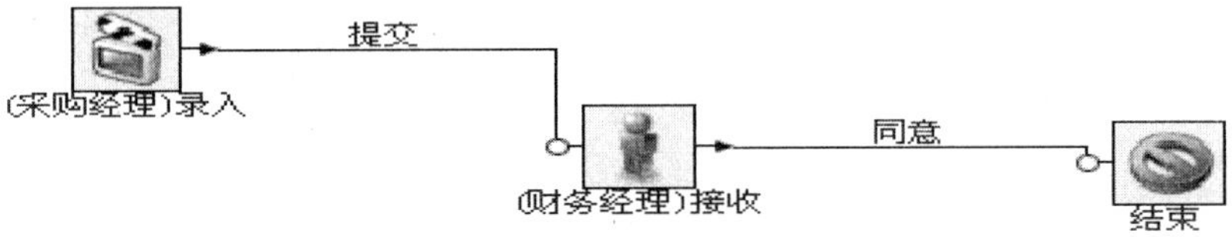

工作流程涉及岗位操作内容表

序号	岗位	节点	状态	类型	明细
1	采购经理	编制直接材料预算	线上	操作	采购经理登录系统，编制直接材料预算提交
2	财务经理	审阅直接材料预算	线上	操作	财务经理登录系统，审阅提交的直接材料预算，便于确定材料现金支出

业务四：编制直接人工预算

直接人工预算也是以生产预算为基础编制的，直接人工预算列示根据预计生产量进行生产所需的直接人工小时以及相应的成本。

计算公式：

预计直接人工总成本=预计生产量×单位产品直接人工小时×单位工时工资率

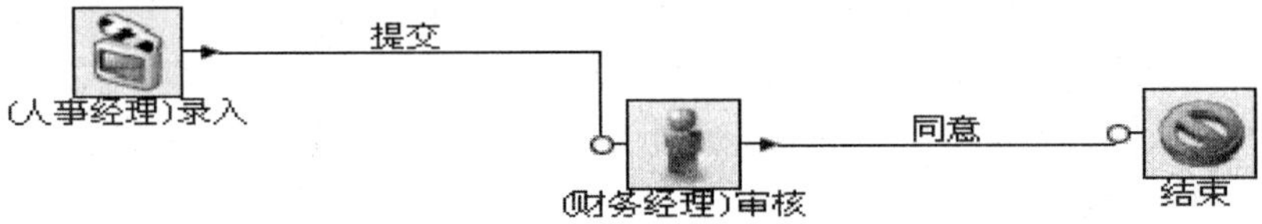

工作流程涉及岗位操作内容表

序号	岗位	节点	状态	类型	明细
1	人事经理	编制直接人工预算	线上	操作	人事经理登录系统，编制直接人工预算提交
2	财务经理	审阅直接人工预算	线上	操作	财务经理登录系统，审阅提交的直接人工预算，便于确定人工现金支出

业务五：编制制造费用预算

制造费用是在直接材料和直接人工以外为生产产品而发生的间接费用。制造费用项目不存在易于辨认的投入产出关系，其预算需要根据生产水平、管理当局的意愿、长期生产能力、公司政策和国家的税收政策等外部因素进行编制。

考虑到制造费用的复杂性，为简化预算的编制，通常按成本性态将制造费用分为变动性制造费用和固定性制造费用。变动性制造费用通常包括动力、维修费、直接材料、间接材料、间接制造人工等，计算变动性制造费用的关键在于确认哪些可变的具体项目，并选择成本分配的基础。固定性制造费用通常包括厂房和机器设备的折旧、租金、财产税及一些车间的管理费用，他们支撑企业总体的生产经营能力，一旦形成，短期内不会改变。两大类，并采用不同的预算编制方法。

计算公式：

预计制造费用=预计变动性制造费用+预计固定性制造费用=预计业务量×预计变动性制造费用分配率+预计固定性制造费用

制造费用的编制通常还包括费用方面预计的现金支出的计算，以便为编制现金预算提供必要的资料。

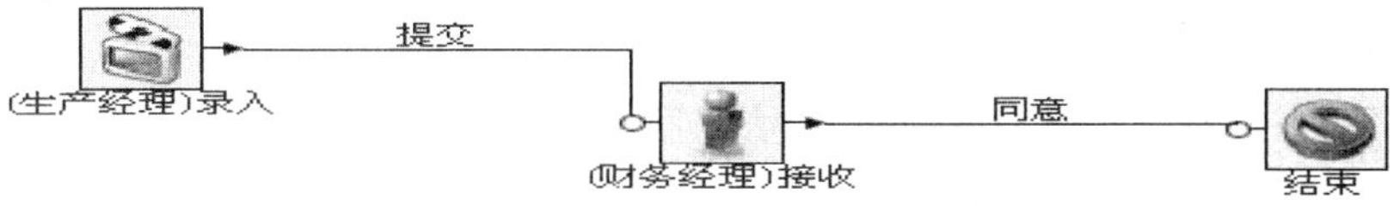

工作流程涉及岗位操作内容表

序号	岗位	节点	状态	类型	明细
1	生产经理	编制制造费用预算	线上	操作	生产经理登录系统，编制制造费用预算提交
2	财务经理	审阅制造费用预算	线上	操作	财务经理登录系统，审阅提交的制造费用预算，便于确定费用现金支出

业务六：编制期末产品存货预算

存货的计划和控制可以使企业以尽可能少的库存量来保证生产和销售的顺利进行。期末产成品存货预算的编制，不仅提供了编制预计资产负债表的信息，同时也为编制预计损益表提供产品销售成本的数据。

编制的基本步骤为：

（1）根据直接材料、直接人工、变动和固定制造费用的预算，计算确定产成品单位成本；

（2）将产成品单位成本乘以预计期末产成品存货数量，即可得到预计期末产成品存货额。

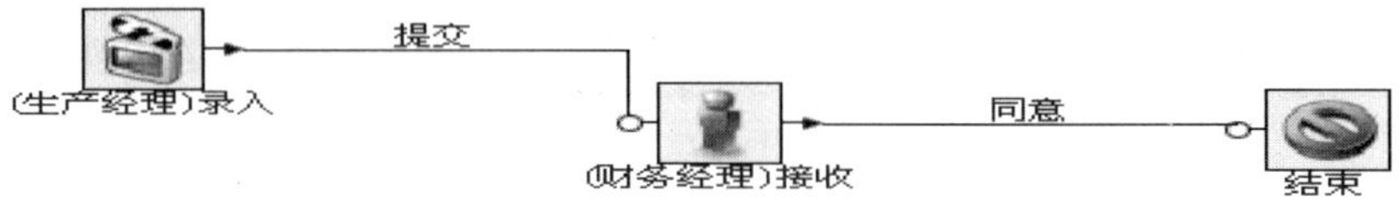

工作流程涉及岗位操作内容表

序号	岗位	节点	状态	类型	明细
1	生产经理	编制期末产品存货预算	线上	操作	生产经理登录系统，编制期末产品存货预算提交
2	财务经理	审阅期末产品存货预算	线上	操作	财务经理登录系统，审阅提交的期末产品存货预算

业务七：编制期间费用预算

销售费用，是指为了实现销售预算所需支付的费用预算。它以销售预算为基础，要分析销售收入、销售利润和销售费用的关系，力求实现销售费用的最有效使用。在安排销售费用时，要利用本量利分析方法，费用的支付应能获取更多的收益。

管理费用是搞好一般管理业务所必要的费用。随着企业规模的扩大，一般管理职能日益显得重要，从而其费用也相应增加。编制管理费用预算时，要分析企业的业务和一般经济状况，务必做到费用合理化。管理费用多属于固定成本，所以，一般是以过去的实际开支为基础，按预算期的可预见变化来调整。

财务费用指企业在生产经营过程中为筹集资金而发生的各项费用。包括企业生产经营期间发生的利息支出（减利息收入）、汇兑净损失、金融机构手续费，以及筹资发生的其他财务费用如债券印刷费、国外借款担保费等。

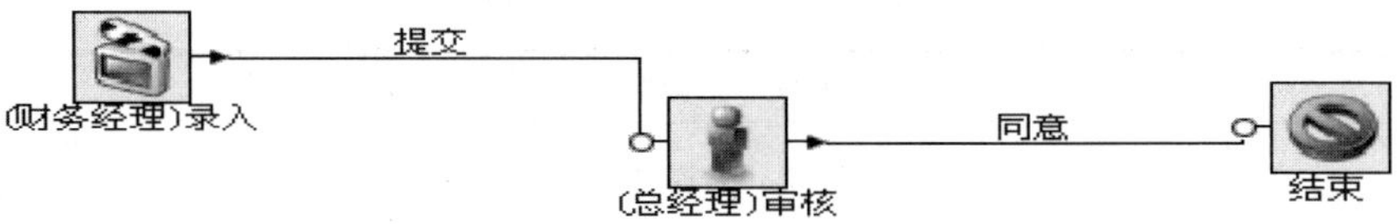

工作流程涉及岗位操作内容表

序号	岗位	节点	状态	类型	明细
1	财务经理	编制期间费用预算	线上	操作	财务经理登录系统，编制期间费用预算提交
2	总经理	审阅期间费用预算	线上	操作	总经理登录系统，审阅提交的期间费用预算，便于确定费用现金支出

业务八：编制现金预算

现金预算是全面预算中用来反映预算期内企业现金流转状况的预算，此处的现金包括库存现金和银行存款等货币资金。编制现金预算的目的是为了合理地安排企业的现金收支业务，保证企业的日常经营正常进行。

现金预算的内容包括现金收入、现金支出、现金多余或不足的计算，以及多余部分的利用方案和不足部分的筹措方案。现金预算的编制，要以其他各项预算（销售预算、生产预算、直接材料预算、直接人工预算、制造费用预算、产品存货预算、期间费用预算等）为基础，或者说其他预算在编制时要为现金预算做好准备。

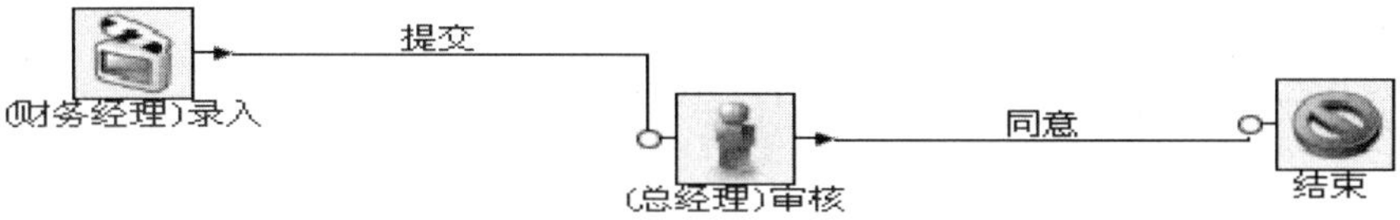

工作流程涉及岗位操作内容表

序号	岗位	节点	状态	类型	明细
1	财务经理	编制现金预算	线上	操作	财务经理登录系统，编制现金预算提交
2	总经理	审阅现金预算	线上	操作	总经理登录系统，审阅提交的现金预算

业务九：制订筹资计划

企业筹资，是指企业做为筹资主体根据其生产经营、对外投资和调整资本结构等需要，通过筹资渠道和金融市场，运用筹资方式，经济有效地筹措和集中资本的活动。筹资是企业经营活动的前提，是企业再生产顺利进行的保证，筹资是投资的基础与前提。筹资影响到企业的经营好坏与收益的分配。

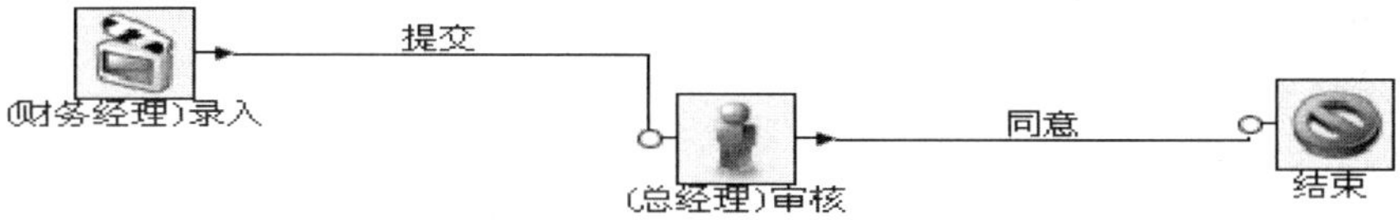

工作流程涉及岗位操作内容表

序号	岗位	节点	状态	类型	明细
1	财务经理	制订筹资计划	线上	操作	财务经理登录系统，根据筹资的目标、渠道和方式，制订筹资计划提交
2	总经理	审阅筹资计划	线上	操作	总经理登录系统，审阅提交的筹资计划

4．问题与思考

（1）销售预算的编制依据是什么？

（2）生产预算的编制依据是什么？

（3）在编制直接材料预算的同时还要预计材料各月的现金支出，其目的是什么？

（4）直接人工预算的编制依据是什么？

（5）费用的具体构成?

（6）编制现金预算的目的是什么？

（7）企业筹资数量的预测方法主要有哪些？

7.5　制造企业运营阶段主要任务

7.5.1　年度订货会

“成功源于细节”订货会要取得成功注重于细节往往很重要，以下是仿真环境订货会的流程：

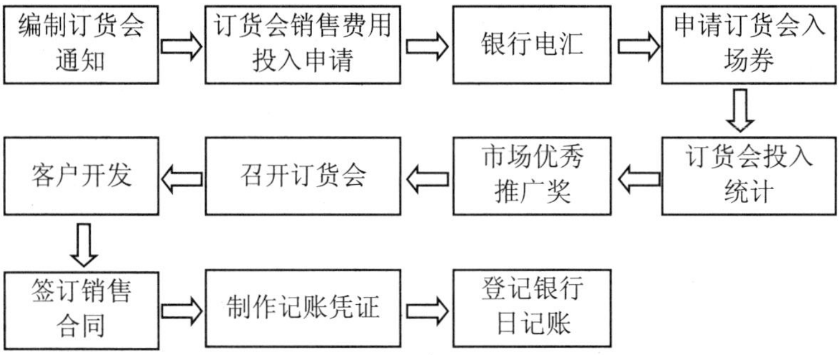

1．实训任务

（1）获取订货会入场资格

（2）商务洽谈获取商业合作意向

（3）经济业务账务处理

2．知识技能描述

通过本任务，能让学生在模拟经营运营阶段了解公司所需要办理的业务，通过实践让学生熟悉相关业务的办理流程。通过实训提供和产生的互动信息，使学生认识运营一家公司需要考虑的因素和掌握的信息，培养学生的全局观念以及对解决企业在日常业务运作过程中出现困难的问题和解决方法。

3．内容与步骤

业务一：订货会销售费用投入申请

订货会的营销战术可以缓解企业推销员不足的困难，可以在短时间内使大量的顾客云集在一起，有巨大的广告宣传和销售的效应。而且，订货会也容易造成一种友好的合作的氛围，对双方的沟通也提供了便利的条件。细致扎实的会前准备是订货会成功的关键，仿真市场订货会的准备工作主要包括以下几个方面：

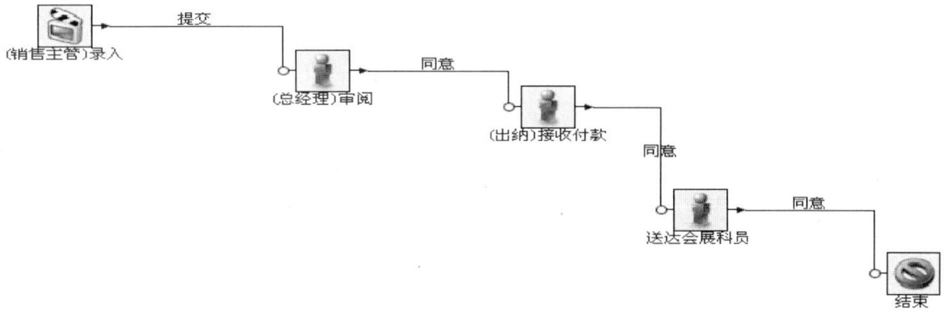

工作流程涉及岗位操作内容表

序号	岗位	节点	状态	类型	明细
1	销售主管	召集销售费用投入讨论会议	线下	沟通	销售主管安排召集销售费用投入讨论会议；商议广告费、招待费、市场调研费投入额度
2	销售主管	填写销售费用投入表	线上	操作	销售主管登录系统，填写广告费、招待费、市场调研费投入额度
3	总经理	费用审核	线上	操作	总经理登录系统，审核销售主管提交的费用申请，包括费用合理性、用途、费用数目等
4	出纳	接收投入表另执行付款	线上	操作	出纳登录系统，接收销售费用投入表，选用银行电汇方式执行付款业务
5	会展专员	接收销售费用投入表	线上	操作	会展专员登录系统，接收销售费用投入表

业务二：申请订货会入场券

制造企业销售主管在对订货会销售费用投入申请付款后，可以进行申请订货会入场券，获取订货会入场资格。注意：这里只是入场资格，签订合同前还应考虑市场的准入资格与产品研发认证资格。

工作流程涉及岗位操作内容表

序号	岗位	节点	状态	类型	明细
1	销售主管	填写订货会入场券申请	线上	操作	销售主管登录系统，填写订货会入场券申请提交
2	会展专员	受理申请	线上	操作	会展专员登录系统，受理审核提交的订货会入场券申请
3	会展专员	发放入场券	线上	操作	会展专员登录系统，录入发放入场券
4	销售主管	接收入场券	线上	操作	销售主管登录系统，接收入场券

业务三：订货会商务洽谈

完成前期订货会准备工作后就正式进入订货会的主要业务，制造企业与客户线下商讨并获取销售意向。在订货会上获得销售意向后制造企业就需为有准备签订销售合同的客户进行市场与客户的开发。

订货会上小技巧

根据前期参加订货会客户资料的收集，一般情况下，企业应结合业务人员走访反馈信息和电话沟通信息，对客户进行分类整理，针对经销商所处的市场区域、经销商的实力大小和经销商的开发潜力，划分 A、B、C 类客户，并根据分类情况，派业务人员在订货会中重点跟进 A、B 类客户，同时兼顾 C 类客户。客户类别所在的市场区域综合实力可开发潜力分析如下：

A 类客户企业重点市场综合实力很强有很强的合作意向；

B 类客户企业计划开发市场综合实力较强有较强的合作意向；

C 类客户企业计划外开发市场综合实力一般合作意向一般；

在以上分类中，对以上三个划分标准，只要符合其中一个条件，即可列入相应的客户类别中，并根据每个客户的状况，制定相应的谈判策略，派相应的业务人员在订货会中重点跟进。通过前面细致的工作，将主要客户召集到订货会现场后，接下来的工夫主要用在订货会现场。

1. 在订货会现场，要营造足够的氛围展示企业的最新产品，讲解清楚优惠的订货政策。如何吸引到场客户的订货兴趣是众多企业头痛的事情。现在行业市场竞争激烈，真正能吸引客商的东西如政策支持、优惠措施等不可不搞，有的企业订货达到一定金额奖励小汽车、返现等形式层出不穷。剥离这些东西，只要弄懂经销商最根本的想要的东西就很明显了，只要满足他们这种最底线，他们就会对产品感兴趣的。

2. 分析来，经销商经销一种产品无非是为了实现自己的利益最大化。看这个产品在市场上是否有足够的利润前景、是否有发展空间，看企业是否具有前瞻性的市场预见力和把握市场的能力。知道了客商想要什么，我们就从这几方面引导，细致解释清楚，相信精明的经销商不会将一个有利润和潜力的产品放走的。

3. 在订货会现场，注意来宾的神态和听课的认真程度，这对后期谈判起到很好的作用。切记越是刁蛮和苛刻的客户越可能是合作的目标客户，因为他们知道现在对产品了解得越多，对产品的利润和市场前景的了解就越清楚，后期代理产品的风险就会越小，和企业合作的机会就会越大。所以我们应该对这类客户报以最真诚地对待，不厌其烦地回答其提出的问题，并安排业务人员重点跟进。

业务四：经济业务账务处理

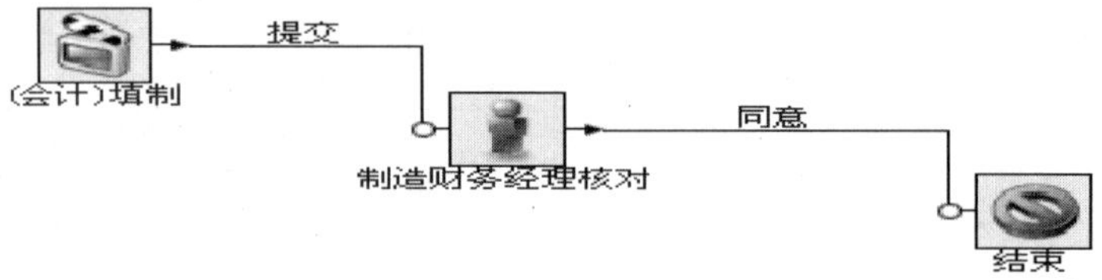

工作流程涉及岗位操作内容表

序号	岗位	节点	状态	类型	明细
1	会计	填制记账凭证	线上	操作	会计登录系统，对订货会付款等资料发生的记录进行经济业务账务处理
2	财务经理	审核记账凭证	线上	操作	财务经理登录系统，审核提交的记账凭证

4．问题与思考

（1）产品订货会中，销售费用的投入应该遵循哪些基本原则或标准？

（2）公司形象和产品形象常用的介绍方法有哪些？各有什么优缺点？

（3）学员在融入业务自发发起业务的过程中，遇到什么样的困难，如何克服？

7.5.2 新产品研发与 ISO 认证

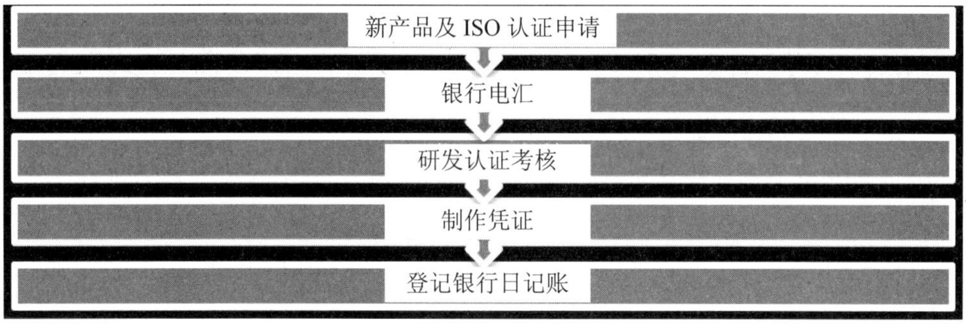

1．实训任务

（1）新产品研发与 ISO 认证申请

（2）新产品研发与 ISO 认证准入考核

（3）经济业务账务处理

2．知识技能描述

通过本任务，能让学生在模拟经营运营阶段了解公司所需要办理的业务，通过实践让学生熟悉相关业务的办理流程。通过实训提供和产生的互动信息，使学生认识运营一家公司需要考虑的因素和掌握的信息，培养学生的全局观念以及对解决企业在日常业务运作过程中出现困难的问题和解决方法。

3．内容与步骤

业务一：新产品研发申请

新产品开发是指从研究选择适应市场需要的产品开始到产品设计、工艺制造设计，直到投入正常生产的一系列决策过程。从广义而言，新产品开发既包括新产品的研制也包括原有的老产品改进与换代。新产品开发是企业研究与开发的重点内容，也是企业生存和发展的战略核心之一。根据新产品计划进行新产品研发申请。

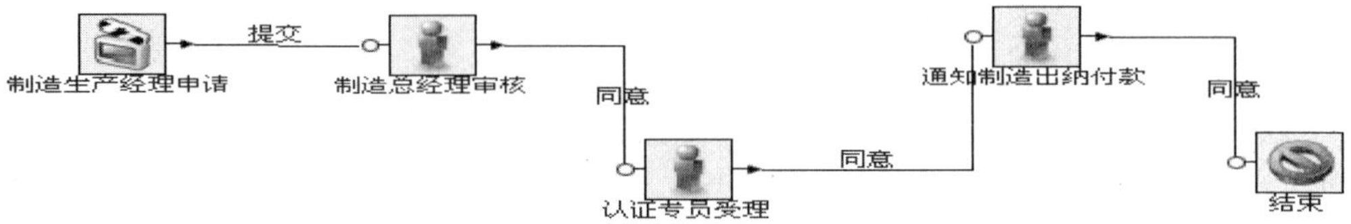

工作流程涉及岗位操作内容表

序号	岗位	节点	状态	类型	明细
1	生产经理	开展新产品研发申请	线上	操作	生产经理根据平台规则要求，填写产品研发申请表提交
2	总经理	审核新产品研发申请	线上	操作	总经理根据平台规则要求，审核提交的新产品研发申请
3	认证中心专员	受理产品研发申请	线上	操作	认证中心专员登录平台，检查制造企业提交的产品研发申请表，确定无误后受理
4	出纳	接收执行付款	线上	操作	出纳登录平台，接收新产品研发申请，并执行付款，可选用银行电汇方式

业务二：新产品研发考核

制造企业生产经理在完成新产品研发申请及付款后，可对新产品研发进行申请准入考核，获取认证中心颁发的产品生产许可证。

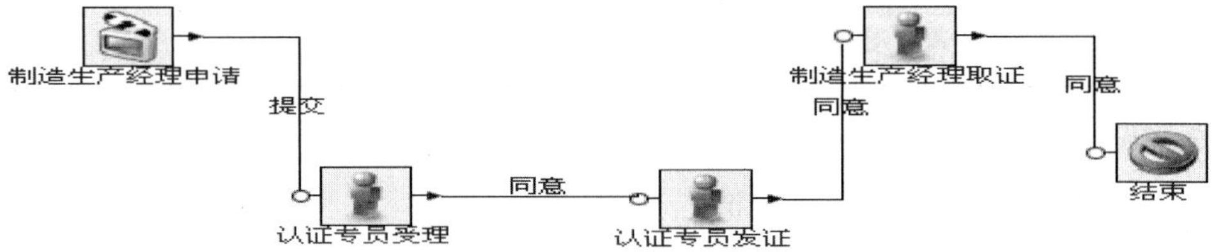

工作流程涉及岗位操作内容表

序号	岗位	节点	状态	类型	明细
1	生产经理	填写新产品研发考核申请	线上	操作	生产经理登录平台，填写新产品研发费用投入考核申请表，提交所在货币区认证中心
2	认证中心专员	受理考核申请	线上	操作	认证中心专员登录平台，检查制造企业提交的产品研发考核申请表，是否发放生产许可证
3	认证中心专员	发放证书	线上	操作	发放新产品生产许可证
4	生产经理	接收证书	线上	操作	生产经理接收认证中心颁发的生产许可证

业务三：ISO 认证申请

ISO 是一个组织的英语简称。其全称是 International Organization for Standardization，翻译成中文就是“国际标准化组织”。

ISO9000 族标准是世界上许多经济发达国家质量管理实践经验的科学总结，且适用于各种类型，不同规模和提供不同产品的组织。实施 ISO9000 族标准，可以促进组织质量管理体系的改进和完善，对提高组织的管理水平能够起到良好的作用。

ISO 14000 系列标准归根结底是一套管理性质的标准。它是工业发达国家环境管理经验的结晶，在制定国家标准时又考虑了不同国家的情况，尽量使标准能普通适用。规范及使用指南是国际标准化组织（ISO）于 1996 年正式颁布的可用于认证目的的国际标准，是 ISO14000 系列标准的核心，它要求组织通过建立环境管理体系来达到支持环境保护、预防污染和持续改进的目标，并可通过取得第三方认证机构认证的形式，向外界证明其环境管理体系的符合性和环境管理水平。由于 ISO14001 环境管理体系可以带来节能降耗、增强企业竞争力、赢得客户、取信于政府和公众等诸多好处。

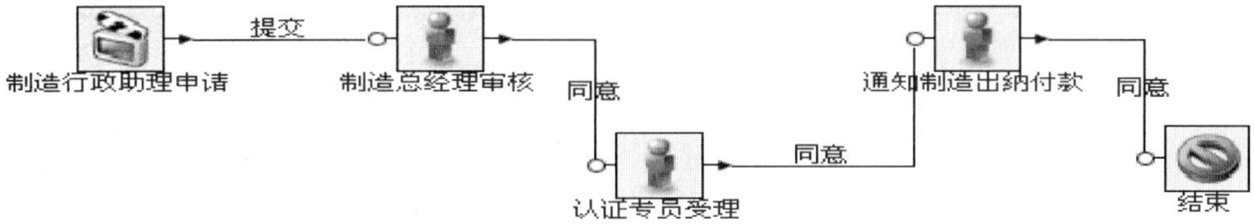

工作流程涉及岗位操作内容表

序号	岗位	节点	状态	类型	明细
1	行政助理	开展 ISO 认证申请	线上	操作	行政助理根据平台规则要求，填写 ISO 认证申请表提交
2	总经理	审核 ISO 认证申请	线上	操作	总经理根据平台规则要求，审核提交的 ISO 认证申请
3	认证中心专员	受理 ISO 认证申请	线上	操作	认证中心专员登录平台，检查制造企业提交的 ISO 认证申请表，确定无误后受理
4	出纳	接收执行付款	线上	操作	出纳登录平台，接收 ISO 认证申请，并执行付款，可选用银行电汇方式

业务四：ISO9001/ISO14000 认证考核

制造企业行政助理在完成 ISO 认证申请及付款后，可对 ISO 认证进行申请准入考核，获取认证中心颁发的相应 ISO 许可证。

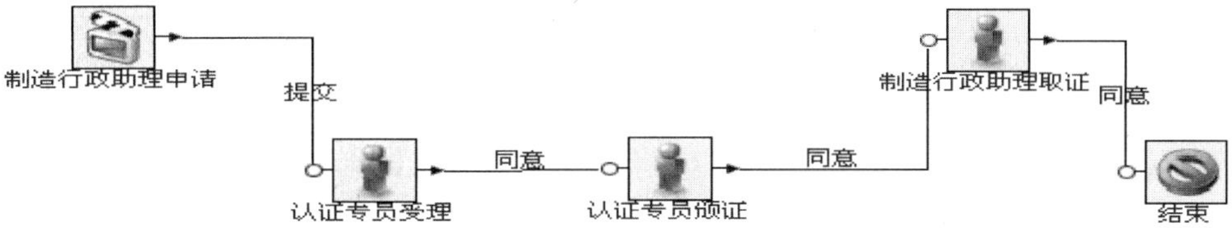

工作流程涉及岗位操作内容表

序号	岗位	节点	状态	类型	明细
1	行政助理	填写 ISO 认证考核申请	线上	操作	行政助理登录平台，填写 ISO 认证考核申请表，提交所在货币区认证中心
2	认证中心专员	受理考核申请	线上	操作	认证中心专员登录平台，检查制造企业提交的 ISO 认证考核申请表，是否发放相应 ISO 许可证
3	认证中心专员	发放证书	线上	操作	发放 ISO 许可证
4	生产经理	接收证书	线上	操作	生产经理接收认证中心颁发的 ISO 许可证

业务五：经济业务账务处理

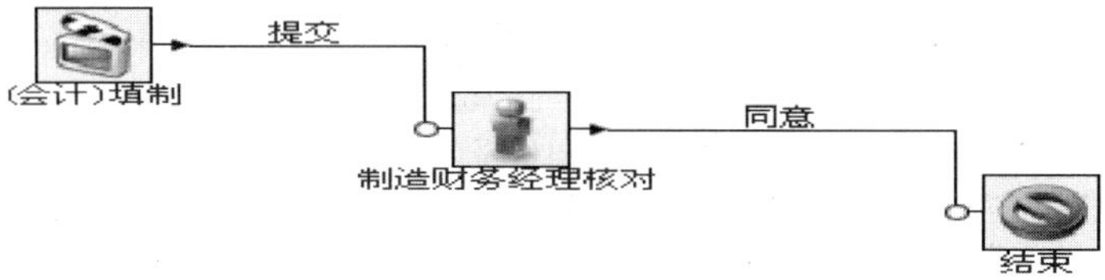

工作流程涉及岗位操作内容表

序号	岗位	节点	状态	类型	明细
1	会计	填制记账凭证	线上	操作	会计登录系统，对新产品研发与 ISO 认证付款等资料发生的记录进行经济业务账务处理
2	财务经理	审核记账凭证	线上	操作	财务经理登录系统，审核提交的记账凭证

4．问题与思考

（1）新产品研发和 ISO 认证对公司经营目标有何影响？

（2）在本实训中，成功研发新产品和 ISO 认证的标志是什么？

7.5.3 市场开发

市场开发备案申请 ⇒ 银行电汇 ⇒ 市场准入资格验收申请 ⇒ 制作记账凭证 ⇒ 登记银行日记账

1．实训任务

（1）市场开发备案申请

（2）市场准入资格申请

（3）经济业务账务处理

2．知识技能描述

通过本任务，能让学生在模拟经营运营阶段了解公司所需要办理的业务，通过实践让学生熟悉相关业务的办理流程。通过实训提供和产生的互动信息，使学生认识运营一家公司需要考虑的因素和掌握的信息，培养学生的全局观念以及对解决企业在日常业务运作过程中出现困难的问题和解决方法。

3．内容与步骤

业务一：市场开发备案申请

市场开发（Market Development）可以应用人口统计市场、地理市场等方法开发新的区隔市场，突破进入现有市场。

制造企业与客户公司签订合同前，制造企业必须对合同所对应的市场进行开发，获取准入资格后才有资格进行签约。客户公司有权利要求制造企业在签约前出示市场准入的资格证。

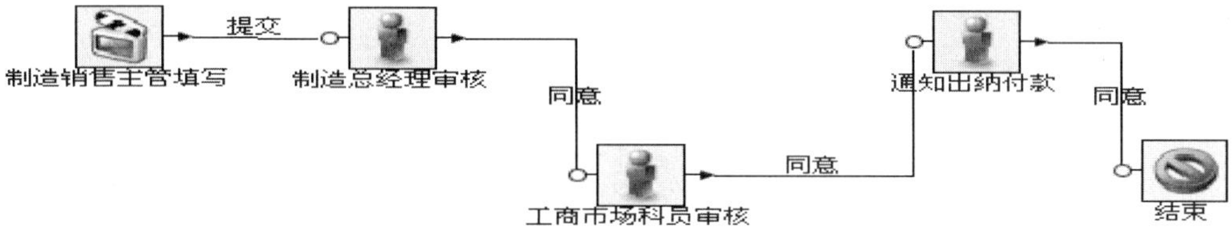

工作流程涉及岗位操作内容表

序号	岗位	节点	状态	类型	明细
1	销售主管	开展市场开发申请	线上	操作	销售主管根根据平台规则要求，填写市场开发申请书提交
2	总经理	审核市场开发申请	线上	操作	总经理根据平台规则要求，审核提交的市场开发申请
3	工商市场科员	受理市场开发申请	线上	操作	工商市场科员登录平台，检查制造企业提交的市场开发申请，确定无误后受理
4	出纳	接收执行付款	线上	操作	出纳登录平台，接收市场开发申请，并执行付款，可选用银行电汇方式

业务二：市场准入资格申请

制造企业销售主管在完成市场开发备案申请及付款后，可对市场开发进行申请准入资格，获取工商局颁发的市场准入资格证。

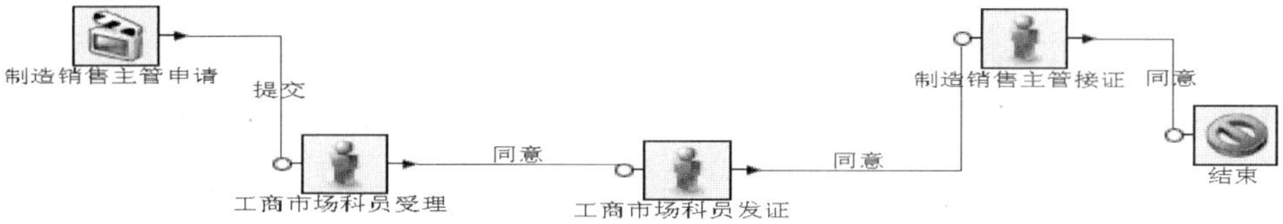

工作流程涉及岗位操作内容表

序号	岗位	节点	状态	类型	明细
1	销售主管	填写市场准入资格申请	线上	操作	销售主管登录平台，填写市场准入资格申请表，提交所在货币区工商局
2	工商市场科员	受理考核申请	线上	操作	工商市场科员登录平台，检查制造企业提交的市场准入资格申请表，是否发放市场准入资格证
3	工商市场科员	发放证书	线上	操作	发放市场准入资格证
4	销售主管	接收证书	线上	操作	销售主管接收工商局颁发的市场准入资格证

业务三：经济业务账务处理

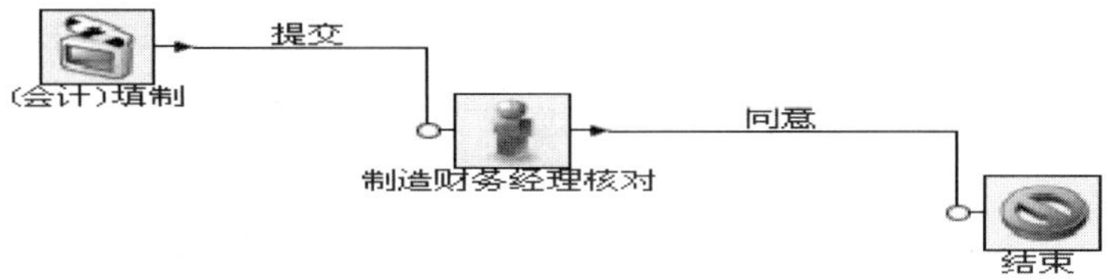

工作流程涉及岗位操作内容表

序号	岗位	节点	状态	类型	明细
1	会计	填制记账凭证	线上	操作	会计登录系统，对市场开发付款等资料发生的记录进行经济业务账务处理
2	财务经理	审核记账凭证	线上	操作	财务经理登录系统，审核提交的记账凭证

4. 问题与思考

（1）在本实训中，你认为开发市场有什么意义？

（2）你认为企业开发市场需要考虑哪些关键因素？需要哪些部门通力合作？

7.5.4 客户开发与维护

客户开发维护申请 ⇒ 银行电汇 ⇒ 客户开发与维护确认 ⇒ 制作记账凭证 ⇒ 登记银行日记账

1. 实训任务

（1）客户开发与维护申请

（2）客户开发与维护确认

（3）经济业务账务处理

2. 知识技能描述

通过本任务，能让学生在模拟经营运营阶段了解公司所需要办理的业务，通过实践让学生熟悉相关业务的办理流程。通过实训提供和产生的互动信息，使学生认识运营一家公司需要考虑的因素和掌握的信息，培养学生的全局观念以及对解决企业在日常业务运作过程中出现困难的问题和解决方法。

3．内容与步骤

业务一：客户开发与维护申请

在竞争激烈的市场中，能否通过有效的方法获取客户资源往往是企业成败的关键。况且客户越来越明白如何满足自己的需要和维护自己的利益，客户是很难轻易获得与保持的。因此加强客户开发管理对企业的发展至关重要。

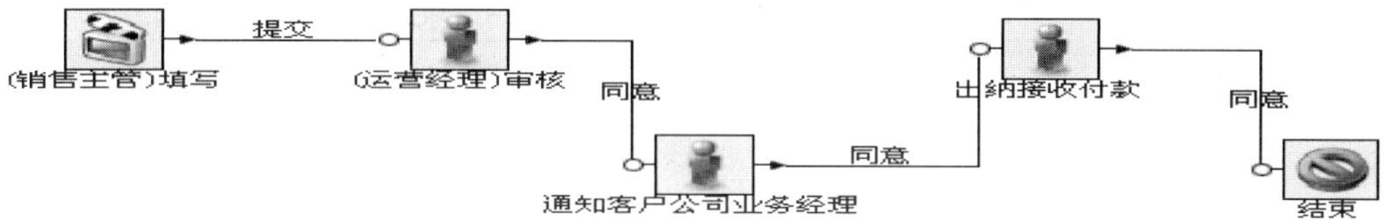

工作流程涉及岗位操作内容表

序号	岗位	节点	状态	类型	明细
1	销售主管	客户开发与维护申请	线上	操作	销售主管根根据平台规则要求，填写客户开发与维护申请书提交
2	运营经理	审核客户开发与维护申请	线上	操作	运营经理根据平台规则要求，审核提交的客户开发与维护申请
3	客户业务经理	通知客户开发与维护申请	线上	操作	客户业务经理登录平台，接收制造企业的客户开发与维护申请
4	出纳	接收执行付款	线上	操作	出纳登录平台，接收客户开发与维护申请，并执行付款，可选用银行电汇方式

业务二：客户开发与维护确认

制造企业销售主管在完成客户开发与维护申请及付款后，可通知客户公司对客户开发与维护进行确认。

工作流程涉及岗位操作内容表

序号	岗位	节点	状态	类型	明细
1	销售主管	填写客户开发与维护确认表	线上	操作	销售主管登录平台，填写客户开发与维护确认表，提交客户公司
2	客户业务经理	接收客户开发与维护确认表	线上	操作	客户业务经理登录平台，检查制造企业提交的客户开发与维护确认表，是否通过

业务三：经济业务账务处理

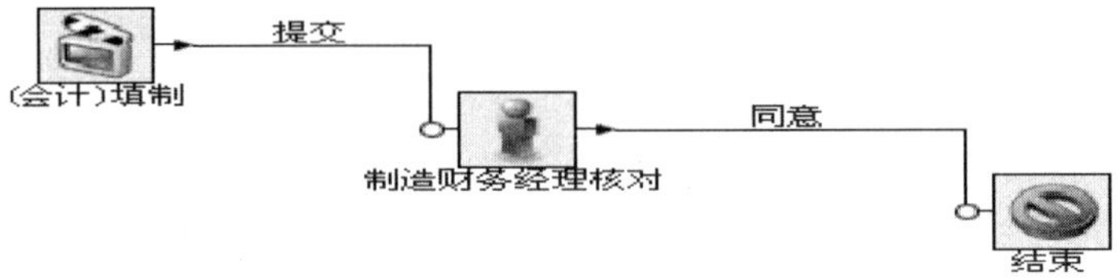

工作流程涉及岗位操作内容表

序号	岗位	节点	状态	类型	明细
1	会计	填制记账凭证	线上	操作	会计登录系统，对客户开发与维护付款等资料发生的记录进行经济业务账务处理
2	财务经理	审核记账凭证	线上	操作	财务经理登录系统，审核提交的记账凭证

4．问题与思考

（1）在本实训中，你认为客户开发与维护有什么意义？

（2）你认为企业客户开发与维护需要考虑哪些关键因素？需要哪些部门通力合作？

7.5.5 成品销售

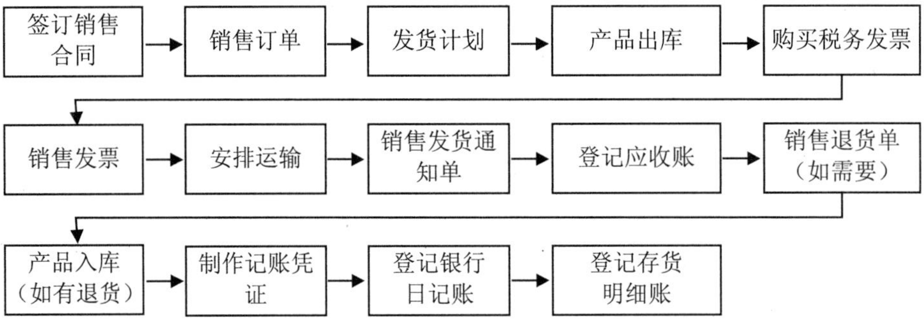

1．实训任务

（1）签订销售合同

（2）销售订单

（3）发货计划

（4）产品出库

（5）销售发票

（6）销售发货单

（7）销售退货单

（7）经济业务账务处理

2．知识技能描述

通过本任务，能让学生在模拟经营运营阶段了解公司所需要办理的业务，通过实践让学生熟悉相关业务的办理流程。通过实训提供和产生的互动信息，使学生认识运营一家公司需要考虑的因素和掌握的信息，培养学生的全局观念以及对解决企业在日常业务运作过程中出现困难的问题和解决方法。

3．内容与步骤

业务一：签订销售合同

签订销售合同是营销员在营销活动中常见的一项法律活动。一份销售合同签订得好坏，不仅关系到营销员的个人经济利益同时牵连到企业的经济效益。所以，合同的签订一定要慎之又慎。

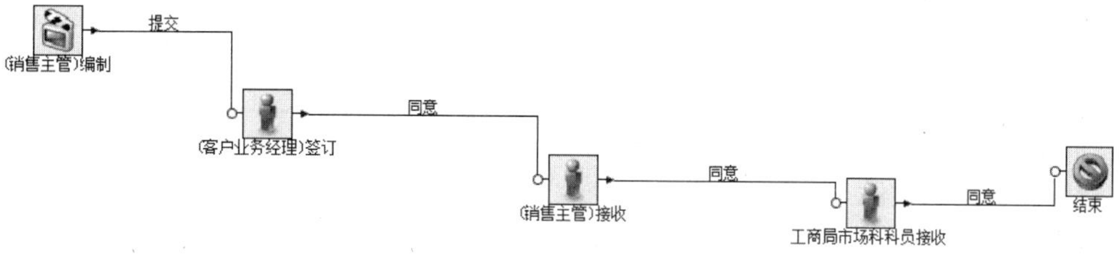

工作流程涉及岗位操作内容表

序号	岗位	节点	状态	类型	明细
1	销售主管	填写销售合同	线上	操作	销售主管根据商务合作意向客户，填写销售合同提交给客户公司业务经理
2	客户业务经理	签订销售合同	线上	操作	客户业务经理根据商务合作达成的意向，签订提交的销售合同
3	销售主管	接收签订的销售合同	线上	操作	销售主管登录平台，接收签订的销售合同
4	工商市场科员	接收销售合同	线上	操作	工商市场科员登录平台，接收签约的销售合同，进行市场监管

业务二：销售订单

销售订单实现企业与客户之间的沟通，实现客户对企业待售货物的一种请求，同时也是企业对客户的一种销售承诺；是销售管理系统实质性功能的第一步，它上接销售合同，并向下传递至销售发货。通过订单信息的维护与管理，实现企业对销售的计划性控制，使企业的销售活动、生产活动、采购活动处于有序、流畅、高效的状态。

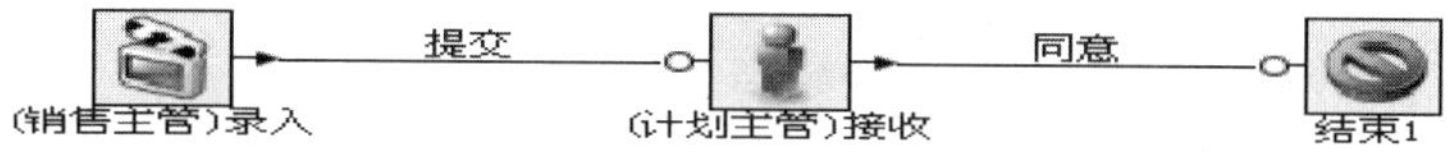

工作流程涉及岗位操作内容表

序号	岗位	节点	状态	类型	明细
1	销售主管	填写销售订单	线上	操作	销售主管登录平台，根据双方签订的销售合同，填写销售订单
2	计划主管	接收销售订单	线上	操作	计划主管登录平台，接收销售订单，为下一步开展生产

业务三：发货计划

制造企业销售主管编写销售订单后，填写发货计划给仓储主管，便于做好发货统筹安排。

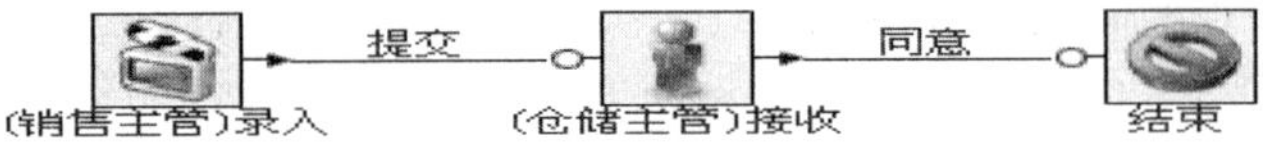

工作流程涉及岗位操作内容表

序号	岗位	节点	状态	类型	明细
1	销售主管	填写发货计划	线上	操作	销售主管登录平台，根据销售订单，填写发货计划
2	仓储主管	接收发货计划	线上	操作	仓储主管登录平台，接收发货计划，做好发货安排保证及时出货

业务四：产品出库

制造企业仓储主管按照销售发货安排，进行办理产品出库交物流经理办理物流运输。

工作流程涉及岗位操作内容表

序号	岗位	节点	状态	类型	明细
1	仓储主管	填写产品出库单	线上	操作	仓储主管登录平台，根据发货计划安排，填写产品出库单
2	物流经理	接收产品出库单	线上	操作	物流经理登录平台，接收产品出库单，办理物流运输

业务五：购买税务发票

制造企业税务会计填写发票领购申请表，前往税务局办理购买发票业务。

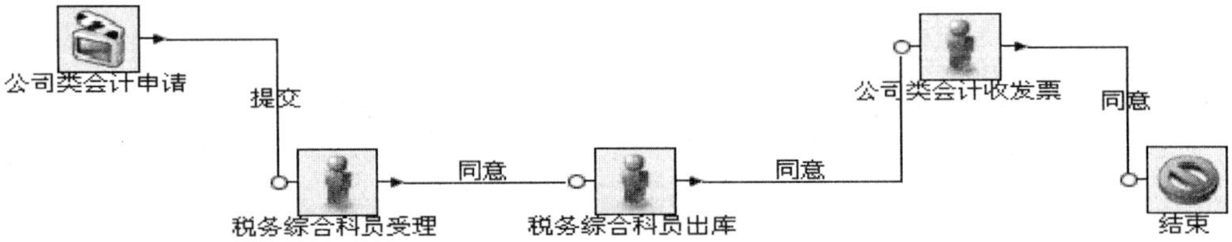

工作流程涉及岗位操作内容表

序号	岗位	节点	状态	类型	明细
1	申请人	填写发票领购申请	线上	操作	申请人填写发票领购申请表提交给税务局综合科员
2	税局综合科员	受理发票领购申请	线上	操作	税局综合科员受理提交的发票领购申请，决定是否发放发票
3	税局综合科员	办理发票出库	线上	操作	税局综合科员登录平台，办理发票出库
4	申请人	接收发票	线上	操作	申请人登录平台，接收税局发放的发票

业务六：销售发票

制造企业税务会计领购发票后，可对销售项目进行开票并交予对方，以便后面进行税务及账务处理工作。

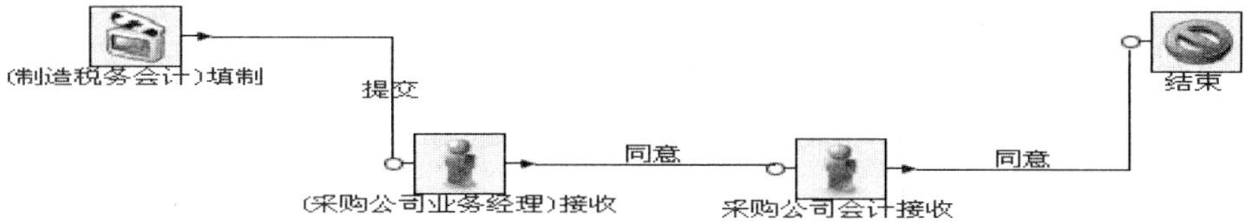

工作流程涉及岗位操作内容表

序号	岗位	节点	状态	类型	明细
1	制造税务会计	填制发票	线上	操作	制造税务会计填制发票并提交给对方业务经理
2	客户业务经理	接收发票	线上	操作	客户业务理接收提交的销售发票，确认是否完备
3	客户会计	接收发票	线上	操作	客户会计登录平台，接收销售发票，以便进行税务及记账工作

业务七：销售发货通知单

制造企业销售主管根据发货计划填写销售发货通知单，交给物流经理和仓储主管发货，并通知客户公司业务经理。

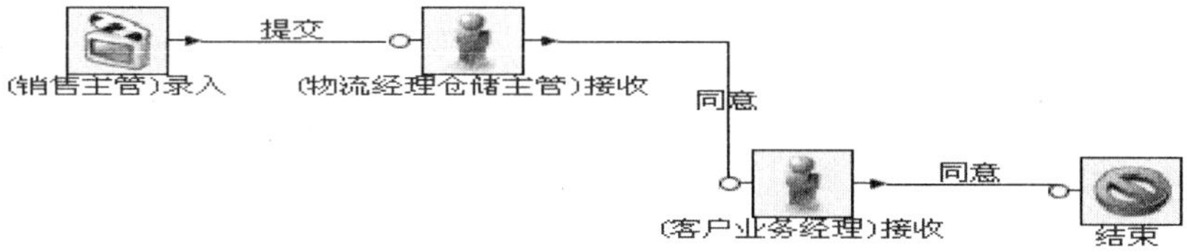

工作流程涉及岗位操作内容表

序号	岗位	节点	状态	类型	明细
1	销售主管	填写销售发货通知单	线上	操作	销售主管登录平台，根据发货计划填写销售发货通知单
2	物流经理/仓储主管	接收销售发货通知单	线上	操作	接收销售发货通知单发货
3	客户业务经理	接收销售发货通知单	线上	操作	通知客户业务经理销售发货情况

业务八：销售退货单

制造企业在销售产品给客户时，可能产品存在瑕疵不合格情况，对方拒收，出退货通知退货。

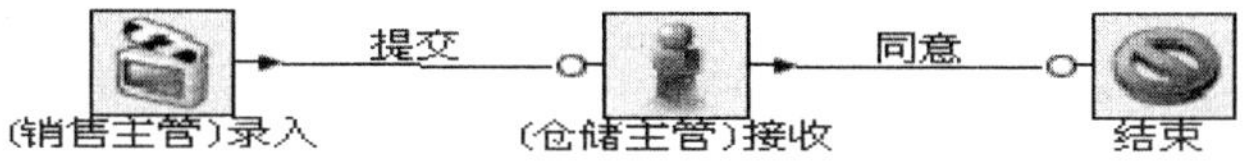

工作流程涉及岗位操作内容表

序号	岗位	节点	状态	类型	明细
1	销售主管	填写销售退货单	线上	操作	销售主管登录平台，根据退货情况，填写销售退货单
2	仓储主管	接收销售退货单	线上	操作	仓储主管登录平台，接收销售退货单，以便进行入库工作

业务九：经济业务账务处理

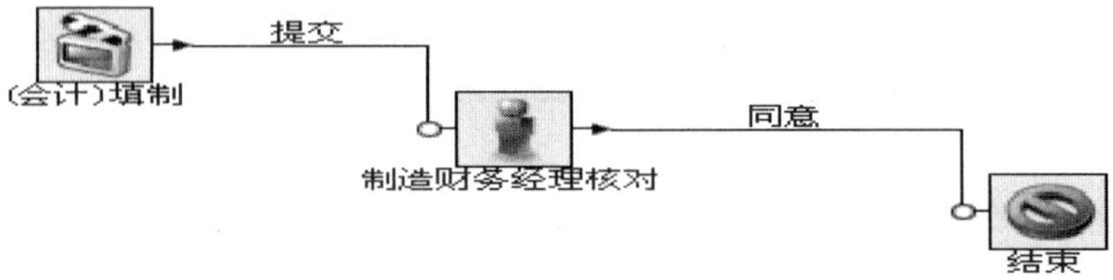

工作流程涉及岗位操作内容表

序号	岗位	节点	状态	类型	明细
1	会计	填制记账凭证	线上	操作	会计登录系统，对产品销售等资料发生的记录进行经济业务账务处理
2	财务经理	审核记账凭证	线上	操作	财务经理登录系统，审核提交的记账凭证

4．问题与思考

（1）实训中，影响销售合同执行的因素有哪些？

（2）开具销售发票应注意哪些问题？

7.5.6 生产计划

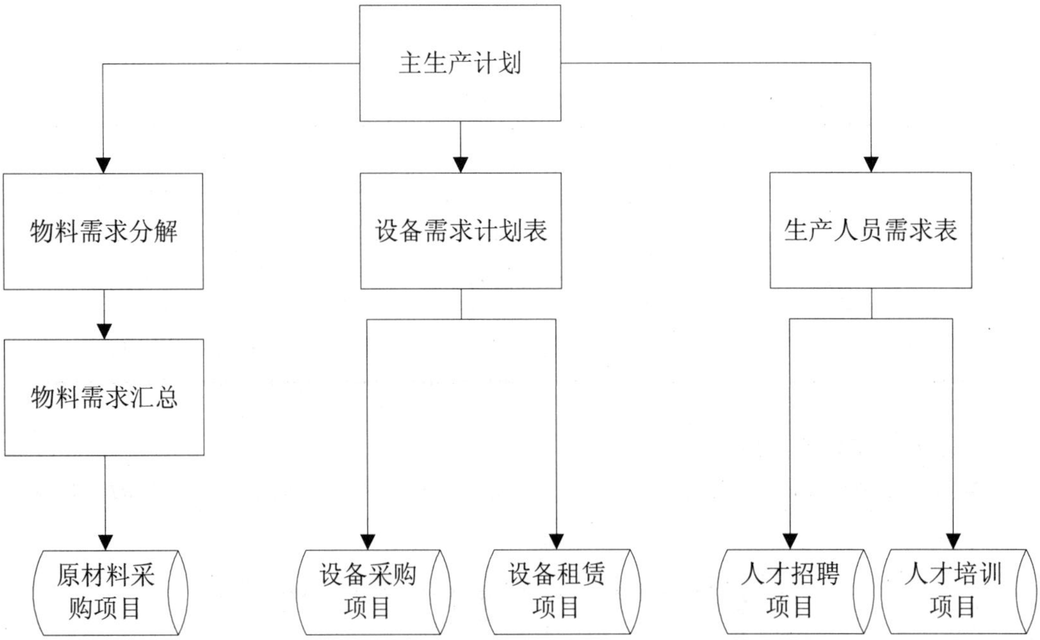

生产计划是关于企业生产运作系统总体方面的计划，是企业在计划期应达到的产品品种、质量、产量和产值等生产任务的计划和对产品生产进度的安排。它反映的并非某几个生产岗位或某一条生产线的生产活动，也并非产品生产的细节问题以及一些具体的机器设备、人力和其他生产资源的使用安排问题，而是指导企业计划期生产活动的纲领性方案。

生产计划是指一方面为满足客户要求的三要素“交期、品质、成本”而计划；另一方面又使企业获得适当利益，而对生产的三要素“材料、人员、机器设备”的确切准备、分配及使用的计划。

1．实训任务

（1）主生产计划

（2）物料需求分解

（3）物料需求汇总

（4）设备需求计算表

（5）生产人员需求计算表

2．知识技能描述

通过本任务，能让学生在模拟经营运营阶段了解公司所需要办理的业务，通过实践让学生熟悉相关业务的办理流程。通过实训提供和产生的互动信息，使学生认识运营一家公司需要考虑的因素和掌握的信息，培养学生的全局观念以及对解决企业在日常业务运作过程中出现困难的问题和解决方法。

3．内容与步骤

业务一：主生产计划

主生产计划（Master Production Schedule，简称 MPS）。MPS 是闭环计划系统的一个部分。MPS 的实质是保证销售规划和生产规划对规定的需求（需求什么，需求多少和什么时候需求）与所使用的资源取得一致。MPS 考虑了经营规划和销售规划，使生产规划同它们相协调。它着眼于销售什么和能够制造什么，这就能为车间制订一个合适的“主生产进度计划”，并且以粗能力数据调整这个计划，直到负荷平衡。

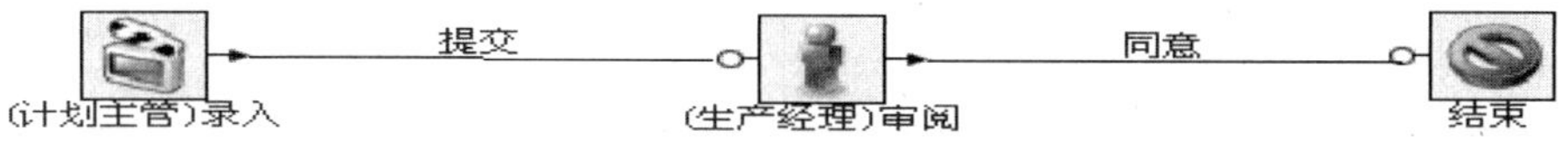

工作流程涉及岗位操作内容表

序号	岗位	节点	状态	类型	明细
1	计划主管	制订主生产计划	线上	操作	计划主管登录系统，填写主生产计划
2	生产经理	审阅生产计划	线上	操作	生产经理登录系统，审阅提交的主生产计划

业务二：物料需求分解

制造企业计划主管基于主生产计划展开对物料需求的分解和汇总，为下一步开展生产和物料采购准备。

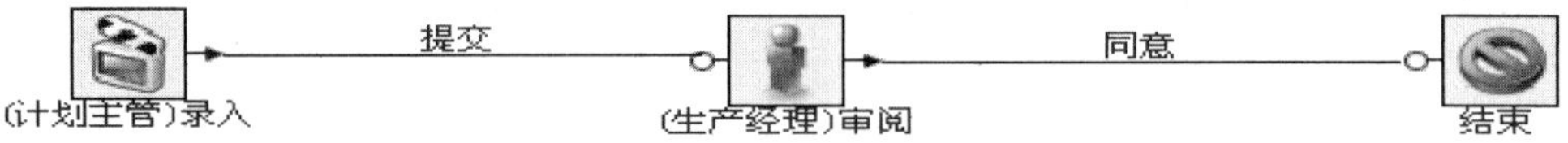

工作流程涉及岗位操作内容表

序号	岗位	节点	状态	类型	明细
1	计划主管	录入物料需求分解	线上	操作	计划主管登录系统，根据主生产计划，计算录入物料需求分解
2	生产经理	审阅物料需求分解	线上	操作	生产经理登录系统，审阅提交的物料需求分解

业务三：物料需求汇总

制造企业计划主管基于主生产计划展开对物料需求的分解和汇总，为下一步开展生产和物料采购准备。

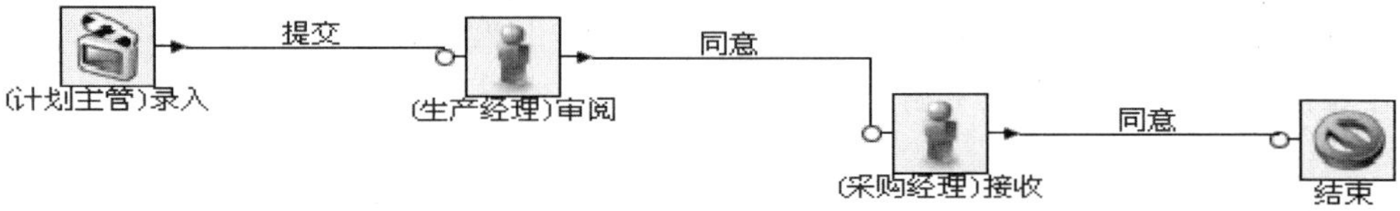

工作流程涉及岗位操作内容表

序号	岗位	节点	状态	类型	明细
1	计划主管	录入物料需求汇总	线上	操作	计划主管登录系统，基于物料需求分解计算录入物料需求汇总
2	生产经理	审阅物料需求汇总	线上	操作	生产经理登录系统，审阅提交的物料需求汇总
3	采购经理	接收物料需求汇总	线上	操作	采购经理登录系统，接收查阅物料需求汇总，以便制订物料采购计划

业务四：设备需求计算表

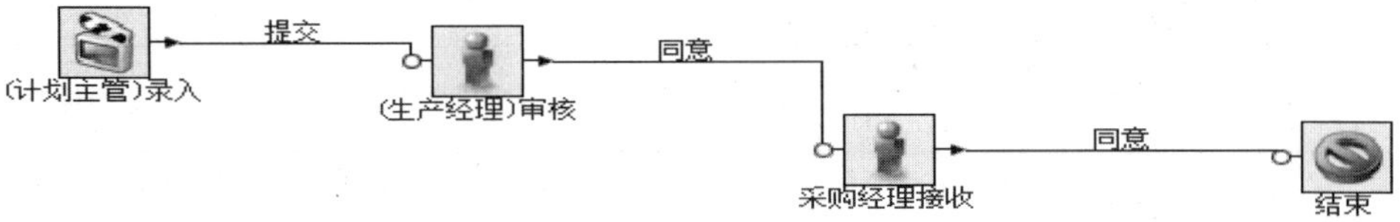

工作流程涉及岗位操作内容表

序号	岗位	节点	状态	类型	明细
1	计划主管	录入设备需求计算表	线上	操作	计划主管登录系统，基于主生产计划结合产能状况，录入设备需求计算表
2	生产经理	审阅设备需求计算表	线上	操作	生产经理登录系统，审阅提交的设备需求计算表
3	采购经理	接收设备需求计算表	线上	操作	采购经理登录系统，接收查阅设备需求计算表，以便进行是否采购

业务五：生产人员需求计算表

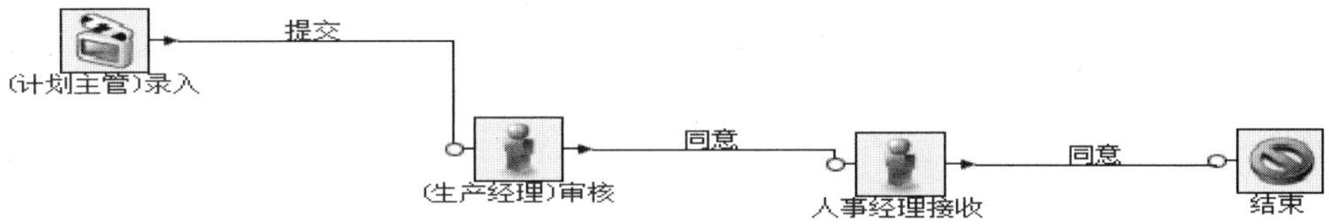

工作流程涉及岗位操作内容表

序号	岗位	节点	状态	类型	明细
1	计划主管	录入生产人员需求计算表	线上	操作	计划主管登录系统，基于主生产计划结合产能状况，录入生产人员需求计算表
2	生产经理	审阅生产人员需求计算表	线上	操作	生产经理登录系统，审阅提交的生产人员需求计算表
3	人事经理	接收生产人员需求计算表	线上	操作	人事经理登录系统，接收查阅生产人员需求计算表，以便进行是否招聘培训

4．问题与思考

（1）主生产计划应考虑哪些因素？

（2）企业产能的规划在生产制造中有何作用？

7.5.7　材料采购

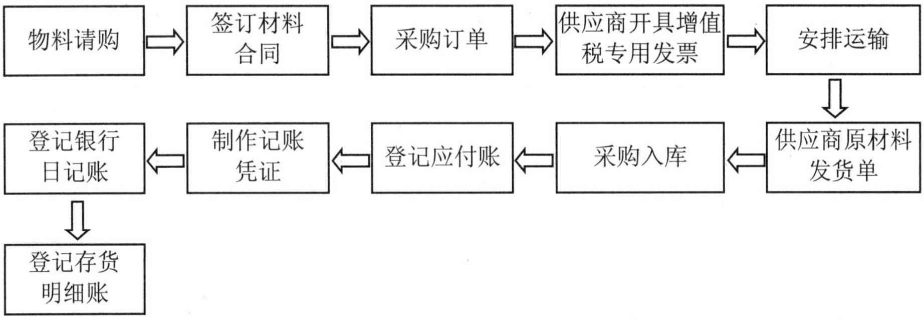

采购，是指企业在一定的条件下从供应市场获取产品或服务作为企业资源，以保证企业生产及经营活动正常开展的一项企业经营活动。是指个人或单位在一定的条件下从供应市场获取产品或服务作为自己的资源，为满足自身需要或保证生产、经营活动正常开展的一项经营活动。采购是一个商业性质的有机体为维持正常运转而寻求从体外摄入的过程。通过交换获取物料和服务的购买行为，为企业经营在合适的时间、地点、价格获取质量、数量合适的资源。

1．实训任务

（1）物料请购

（2）签订材料合同

（3）采购订单

（4）供应商开具发票

（5）供应商发货

（6）采购入库

（7）经济业务账务处理

2．知识技能描述

通过本任务，能让学生在模拟经营运营阶段了解公司所需要办理的业务，通过实践让学生熟悉相关业务的办理流程。通过实训提供和产生的互动信息，使学生认识运营一家公司需要考虑的因素和掌握的信息，培养学生的全局观念以及对解决企业在日常业务运作过程中出现困难的问题和解决方法。

3．内容与步骤

业务一：物料请购

制造企业计划主管基于物料需求计划，向采购经理提出物料请购。

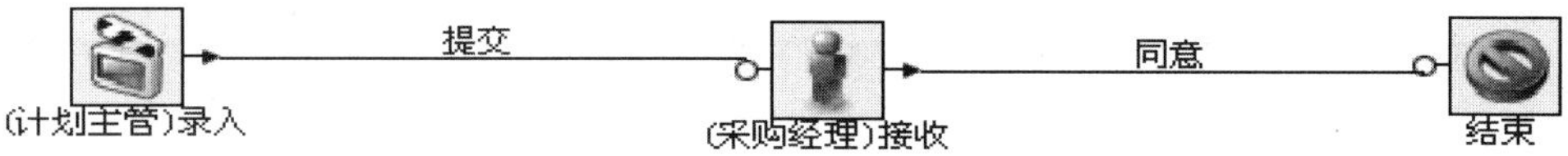

工作流程涉及岗位操作内容表

序号	岗位	节点	状态	类型	明细
1	计划主管	填写物料请购	线上	操作	计划主管登录系统，填写物料请购提交给采购经理
2	采购经理	接收物料请购	线上	操作	生产经理登录系统，接收提交的物料请购，以便参照采购计划进行采购

业务二：签订材料合同

供应商根据商务意向拟制材料合同，发往采购方确认，制造业采购经理签订合同。

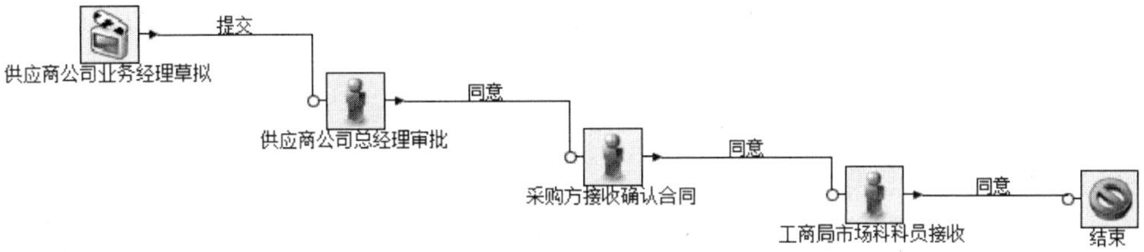

工作流程涉及岗位操作内容表

序号	岗位	节点	状态	类型	明细
1	供应商业务经理	草拟材料合同	线上	操作	供应商业务经理根据商务意向，填写材料合同提交给领导审批
2	供应商总经理	审批材料合同	线上	操作	供应商总经理审核提交的材料合同是否有误
3	采购经理	确认签订材料合同	线上	操作	制造业采购经理登录平台，接收确认签订材料合同
4	工商市场科员	接收材料合同	线上	操作	工商市场科员登录平台，接收双方签约的材料合同，进行市场监管

业务三：采购订单

制造企业采购经理完成签订材料合同后，编写采购订单，以便跟进采购工作。通过订单信息的维护与管理，实现企业对采购的计划性控制，使企业的采购活动、生产活动处于有序、流畅、高效的状态。

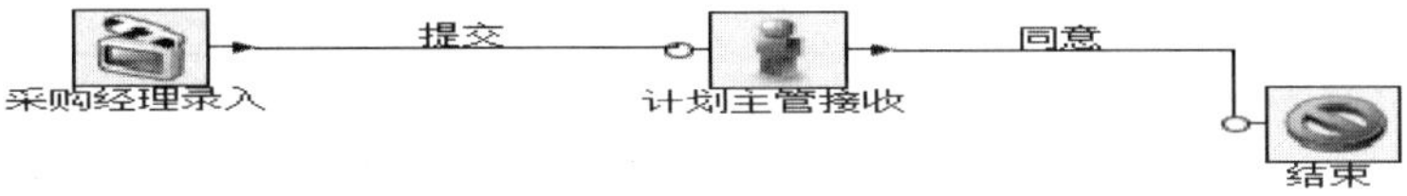

工作流程涉及岗位操作内容表

序号	岗位	节点	状态	类型	明细
1	采购经理	填写采购订单	线上	操作	采购经理登录平台，根据双方签订的材料合同，填写采购订单
2	计划主管	接收采购订单	线上	操作	计划主管登录平台，接收采购订单，为下一步开展生产

业务四：供应商开具增值税专用发票

供应商公司会计按采购项目开具增值税专用发票，交予采购方，以便后面进行税务及账务处理工作。

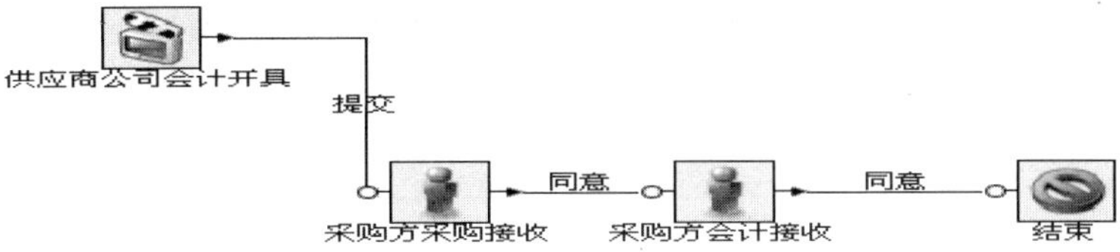

工作流程涉及岗位操作内容表

序号	岗位	节点	状态	类型	明细
1	供应商会计	开具发票	线上	操作	供应商会计开具增值税专用发票并提交给对方采购经理
2	制造采购经理	接收发票	线上	操作	制造企业采购经理接收提交的增值税专用发票，确认是否完备
3	制造会计	接收发票	线上	操作	制造企业会计登录平台，接收增值税专用发票，以便进行税务及记账工作

业务五：供应商原材料发货

供应商公司根据双方签订的材料合同或订单，填写原材料发货单，通知采购方接收材料。

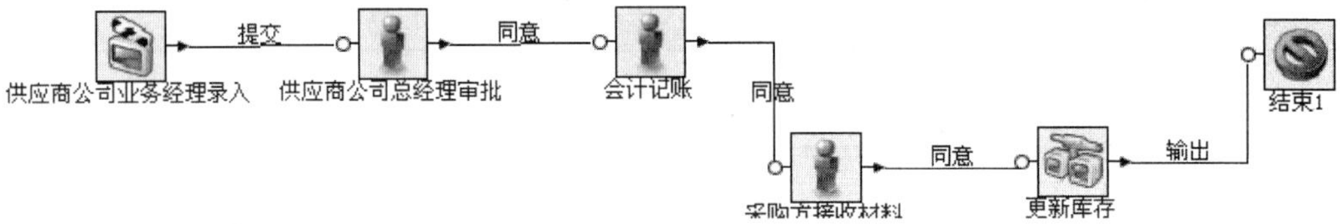

工作流程涉及岗位操作内容表

序号	岗位	节点	状态	类型	明细
1	供应商业务经理	填写原材料发货单	线上	操作	供应商业务经理登录平台，根据双方签订的材料合同或订单填写原材料发货单
2	供应商总经理	审批原材料发货单	线上	操作	供应商总经理审核提交的原材料发货单是否有误
3	供应商会计	查阅记账	线上	操作	供应商会计查看原材料发货单，以便进行登账工作
4	采购方	接收材料	线上	操作	制造业接收原材料发货单，系统更新库存

业务六：采购入库

工作流程涉及岗位操作内容表

序号	岗位	节点	状态	类型	明细
1	仓储主管	录入采购入库单	线上	操作	仓储主管录入采购入库单，完成原材料收发作业工作，系统更新库存

业务七：经济业务账务处理

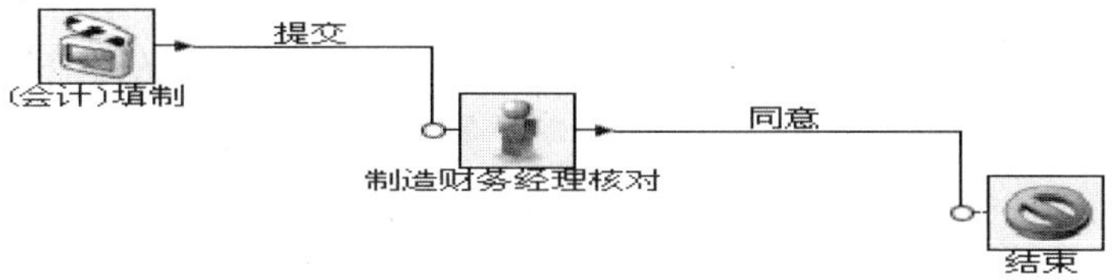

工作流程涉及岗位操作内容表

序号	岗位	节点	状态	类型	明细
1	会计	填制记账凭证	线上	操作	会计登录系统，对材料采购等资料发生的记录进行经济业务账务处理
2	财务经理	审核记账凭证	线上	操作	财务经理登录系统，审核提交的记账凭证

4．问题与思考

（1）实训中，影响材料合同执行的因素有哪些？

（2）开具增值税专用发票应注意哪些问题？

7.5.8 设备采购租赁

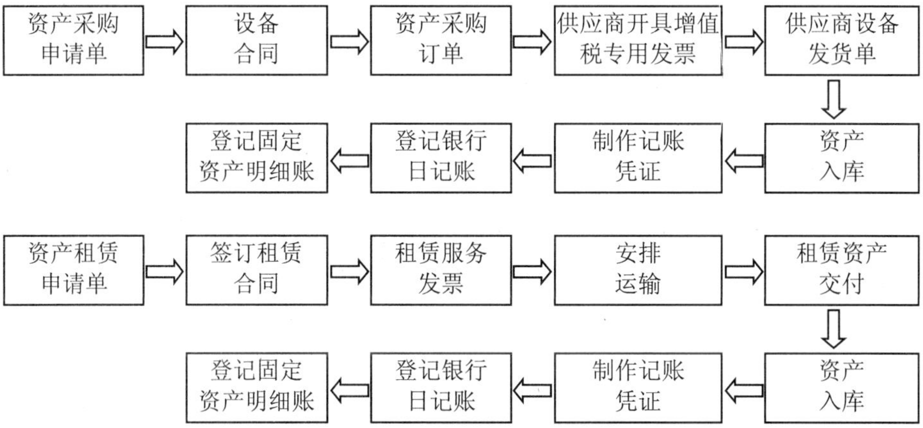

1．实训任务

（1）资产采购或租赁申请单

（2）设备采购或租赁合同

（3）资产采购订单

（4）供应商设备发货单

（5）资产入库单

（6）租赁服务发票

（7）租赁资产交付

（8）经济业务账务处理

2．知识技能描述

通过本任务，能让学生在模拟经营运营阶段了解公司所需要办理的业务，通过实践让学生熟悉相关业务的办理流程。通过实训提供和产生的互动信息，使学生认识运营一家公司需要考虑的因素和掌握的信息，培养学生的全局观念以及对解决企业在日常业务运作过程中出现困难的问题和解决方法。

3．内容与步骤

业务一：资产采购申请单

制造企业部门申请人根据资产设备所需进行采购申请，提交审批后进行采购。

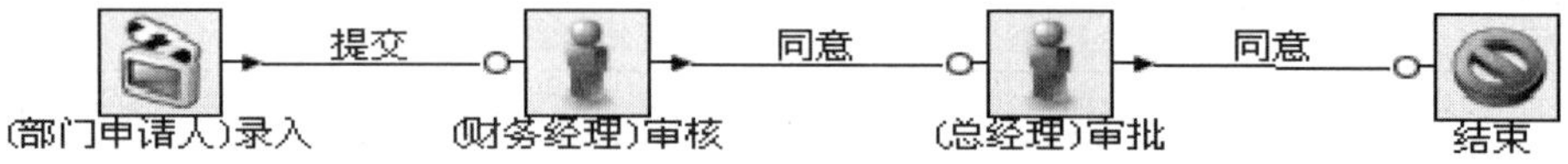

工作流程涉及岗位操作内容表

序号	岗位	节点	状态	类型	明细
1	部门中请人	填写资产采购申请	线上	操作	部门申请人登录系统，填写资产采购申请提交审批
2	财务经理	审核资产采购申请	线上	操作	财务经理登录系统，审核提交的资产采购申请合理必要性
3	总经理	审批资产采购申请	线上	操作	总经理登录系统，审批提交的资产采购申请，是否决定采购

业务二：签订设备采购合同

供应商根据商务意向拟制设备采购合同，发往采购方确认，制造业采购经理签订合同。

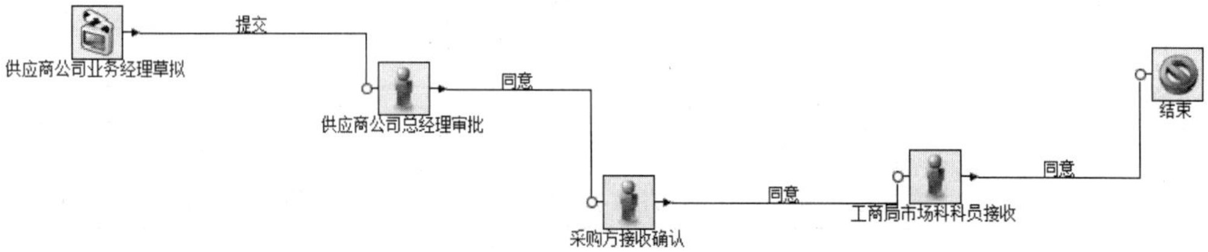

工作流程涉及岗位操作内容表

序号	岗位	节点	状态	类型	明细
1	供应商业务经理	草拟设备合同	线上	操作	供应商业务经理根据商务意向，填写设备采购合同提交给领导审批
2	供应商总经理	审批设备合同	线上	操作	供应商总经理审核提交的设备合同是否有误
3	采购经理	确认签订设备合同	线上	操作	制造业采购经理登录平台，接收确认签订设备合同
4	工商市场科员	接收设备合同	线上	操作	工商市场科员登录平台，接收双方签约的设备合同，进行市场监管

业务三：资产采购订单

制造企业采购经理完成签订设备采购合同后，编写资产采购订单，以便跟进采购工作。通过订单信息的维护与管理，实现企业对设备采购的计划性控制，使企业的采购活动、生产活动处于有序、流畅、高效的状态。

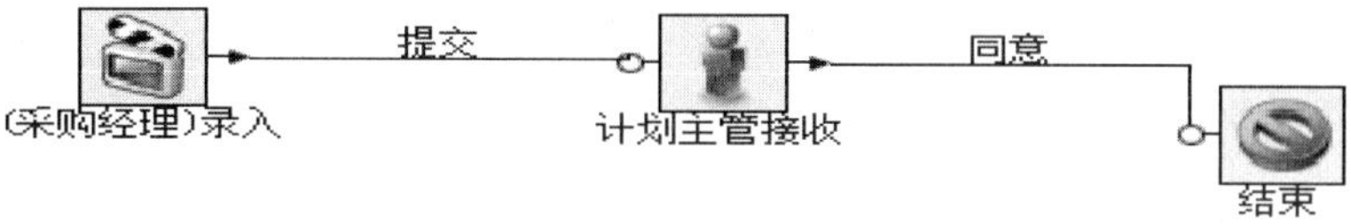

工作流程涉及岗位操作内容表

序号	岗位	节点	状态	类型	明细
1	采购经理	填写资产采购订单	线上	操作	采购经理登录平台，根据双方签订的设备采购合同，填写资产采购订单
2	计划主管	接收资产采购订单	线上	操作	计划主管登录平台，接收资产采购订单，为下一步开展生产

业务四：供应商设备发货单

供应商公司根据双方签订的设备采购合同或订单，填写设备发货单，通知采购方接收设备。

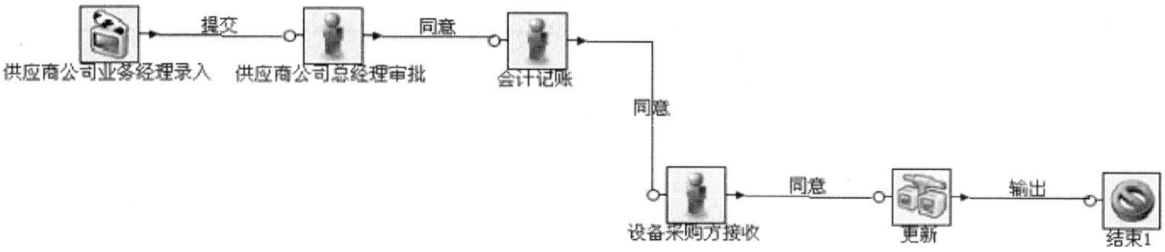

工作流程涉及岗位操作内容表

序号	岗位	节点	状态	类型	明细
1	供应商业务经理	填写设备发货单	线上	操作	供应商业务经理登录平台，根据双方签订的设备采购合同或订单填写设备发货单
2	供应商总经理	审批设备发货单	线上	操作	供应商总经理审核提交的设备发货单是否有误
3	供应商会计	查阅记账	线上	操作	供应商会计查看设备发货单，以便进行登账工作
4	采购方	接收设备	线上	操作	制造业接收设备发货单，系统更新库存

业务五：资产入库单

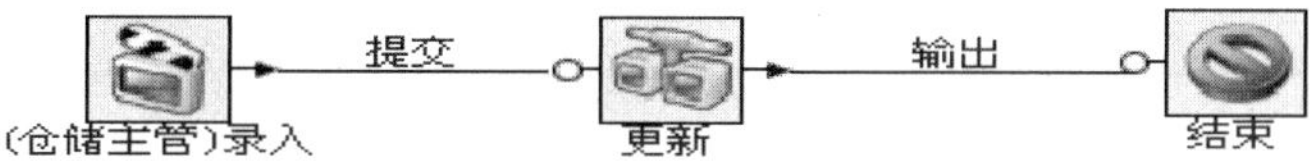

工作流程涉及岗位操作内容表

序号	岗位	节点	状态	类型	明细
1	仓储主管	录入资产入库单	线上	操作	仓储主管录入资产入库单，完成资产收发作业工作，系统更新库存

业务六：资产租赁申请单

制造企业部门申请人根据资产设备所需进行租赁申请，提交审批后进行租赁。

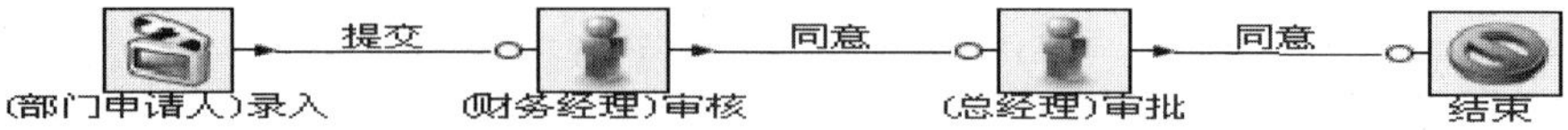

工作流程涉及岗位操作内容表

序号	岗位	节点	状态	类型	明细
1	部门申请人	填写资产租赁申请	线上	操作	部门申请人登录系统，填写资产租赁申请提交审批
2	财务经理	审核资产租赁申请	线上	操作	财务经理登录系统，审核提交的资产租赁申请合理必要性
3	总经理	审批资产租赁申请	线上	操作	总经理登录系统，审批提交的资产租赁申请，是否决定租赁

业务七：签订租赁合同

租赁公司根据商务意向拟制设备租赁合同，发往承租方确认，制造业采购经理签订合同。

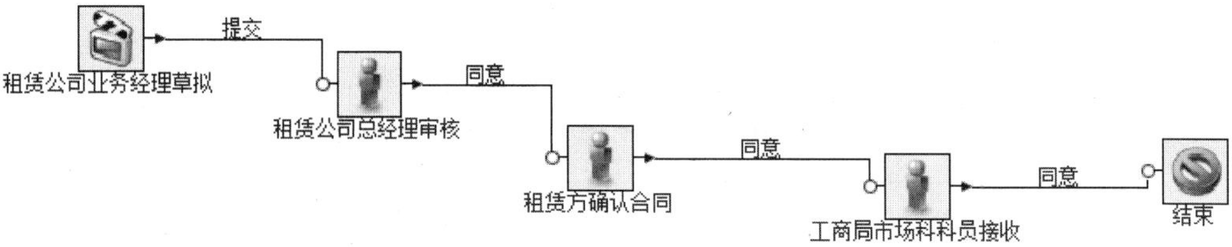

工作流程涉及岗位操作内容表

序号	岗位	节点	状态	类型	明细
1	租赁公司业务经理	草拟租赁合同	线上	操作	租赁公司业务经理根据商务意向，填写租赁合同提交给领导审批
2	租赁公司总经理	审批租赁合同	线上	操作	租赁公司总经理审核提交的租赁合同是否有误
3	采购经理	确认签订租赁合同	线上	操作	制造业采购经理登录平台，接收确认签订租赁合同
4	工商市场科员	接收租赁合同	线上	操作	工商市场科员登录平台，接收双方签约的租赁合同，进行市场监管

业务八：租赁服务发票

租赁公司会计按租赁项目开具服务发票，交予对方，以便后面进行税务及账务处理工作。

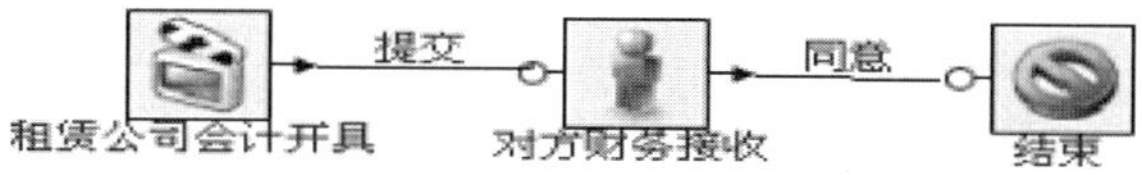

工作流程涉及岗位操作内容表

序号	岗位	节点	状态	类型	明细
1	租赁公司会计	开具发票	线上	操作	租赁公司会计开具服务发票并提交给对方财务
2	对方财务	接收发票	线上	操作	制造企业会计登录平台，接收服务发票，确认是否完备，以便进行税务及记账工作

业务九：租赁资产交付

租赁公司根据双方签订的租赁合同，填写租赁资产交付单，通知承租方接收资产设备。

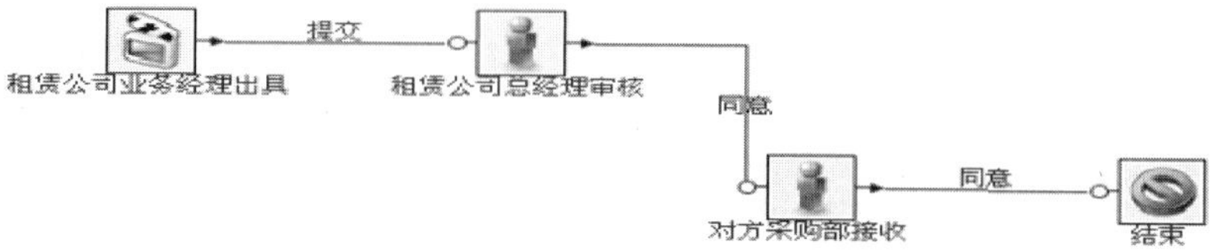

工作流程涉及岗位操作内容表

序号	岗位	节点	状态	类型	明细
1	租赁公司业务经理	填写资产交付单	线上	操作	租赁公司业务经理登录平台，根据双方签订的租赁合同填写资产交付单
2	租赁公司总经理	审批资产交付单	线上	操作	租赁公司总经理审核提交的资产交付单是否有误
3	承租方	接收设备	线上	操作	制造业采购经理接收资产交付单，完成确认资产交付工作

业务十：经济业务账务处理

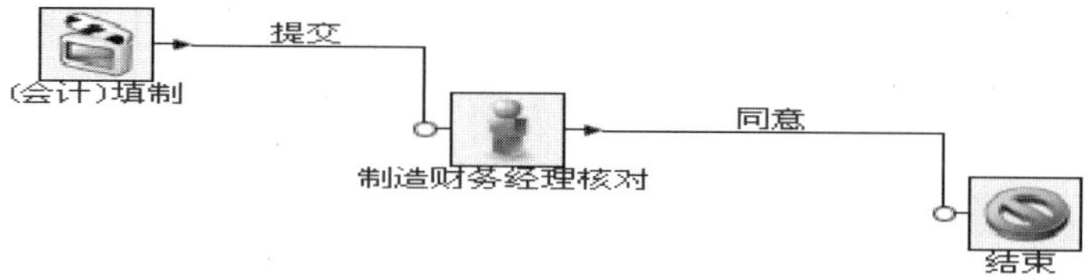

工作流程涉及岗位操作内容表

序号	岗位	节点	状态	类型	明细
1	会计	填制记账凭证	线上	操作	会计登录系统，对资产采购租赁等资料发生的记录进行经济业务账务处理
2	财务经理	审核记账凭证	线上	操作	财务经理登录系统，审核提交的记账凭证

4．问题与思考

（1）实训中，影响设备采购或租赁合同执行的因素有哪些？

（2）开具服务发票应注意哪些问题？

7.5.9 人才招聘、培训与辞退

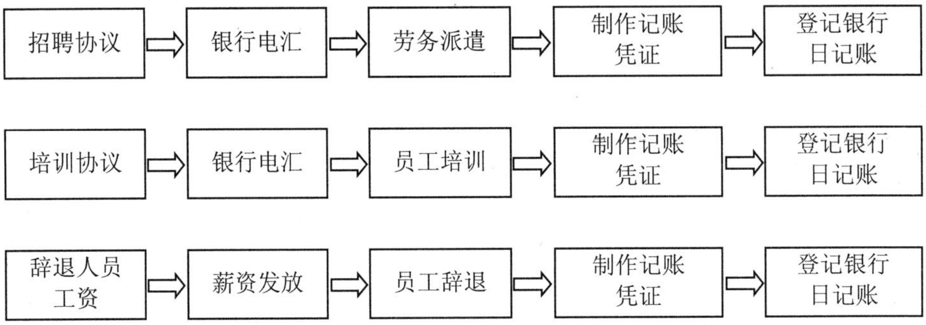

1．实训任务

（1）招聘清单

（2）招聘协议

（3）劳务派遣

（4）培训协议

（5）员工培训

（6）员工辞退

（7）辞退人员工资计算

（8）经济业务账务处理

2．知识技能描述

通过本任务，能让学生在模拟经营运营阶段了解公司所需要办理的业务，通过实践让学生熟悉相关业务的办理流程。通过实训提供和产生的互动信息，使学生认识运营一家公司需要考虑的因素和掌握的信息，培养学生的全局观念以及对解决企业在日常业务运作过程中出现困难的问题和解决方法。

3．内容与步骤

业务一：招聘清单

制造企业人事经理根据人力所需填写招聘清单，提交人才交流中心，以便进行招聘工作。

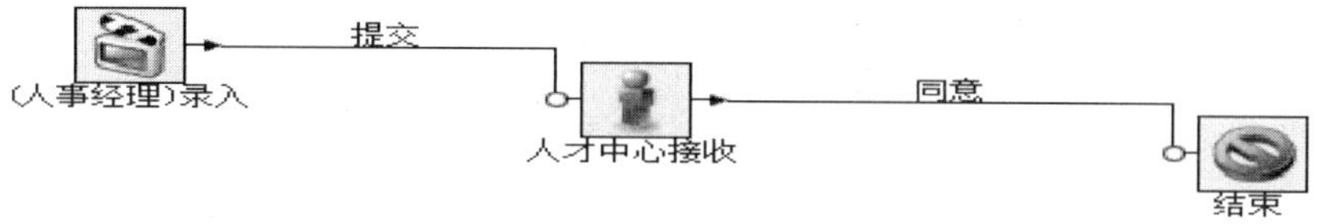

工作流程涉及岗位操作内容表

序号	岗位	节点	状态	类型	明细
1	人事经理	填写招聘清单	线上	操作	人事经理登录系统，填写招聘清单提交人才中心
2	人才中心专员	接收招聘清单	线上	操作	人才中心专员登录系统，接收提交的招聘清单

业务二：签订招聘协议

人才交流中心基于招聘清单意向拟定招聘协议，发往对方确认，制造企业人事经理签订协议。

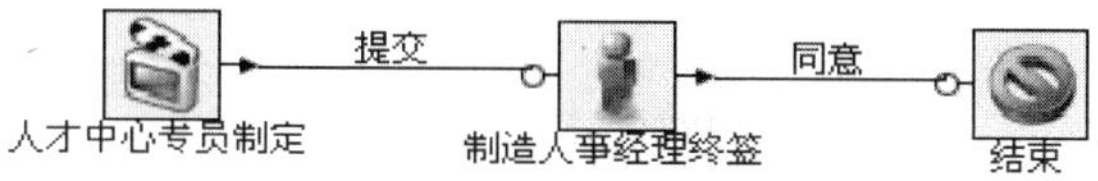

工作流程涉及岗位操作内容表

序号	岗位	节点	状态	类型	明细
1	人才中心专员	草拟招聘协议	线上	操作	人才中心专员基于招聘清单意向，填写招聘协议提交对方确认
2	人事经理	确认签订招聘协议	线上	操作	制造业人事经理登录平台，接收确认签订招聘协议

业务三：劳务派遣

制造企业签订招聘协议及付款后，人才中心专员填写劳务派遣单，通知对方接收人员。

工作流程涉及岗位操作内容表

序号	岗位	节点	状态	类型	明细
1	人才中心专员	填写劳务派遣单	线上	操作	人才中心专员登录平台，填写劳务派遣单提交对方确认
2	对方人事	接收劳务派遣单	线上	操作	制造业人事经理接收劳务派遣单，完成确认人员接收工作，系统更新人力环境数据

业务四：签订培训协议

人才交流中心基于对方培训要求拟定培训协议，发往对方确认，制造企业人事经理签订协议。

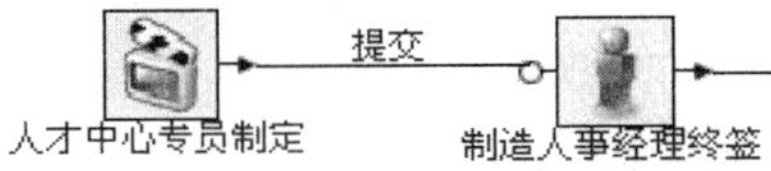

工作流程涉及岗位操作内容表

序号	岗位	节点	状态	类型	明细
1	人才中心专员	草拟培训协议	线上	操作	人才中心专员基于培训要求，填写培训协议提交对方确认
2	人事经理	确认签订培训协议	线上	操作	制造业人事经理登录平台，接收确认签订培训协议

业务五：员工培训

制造企业签订培训协议及付款后，人才中心专员组织培训填写员工培训表，通知对方接收确认培训完成工作。

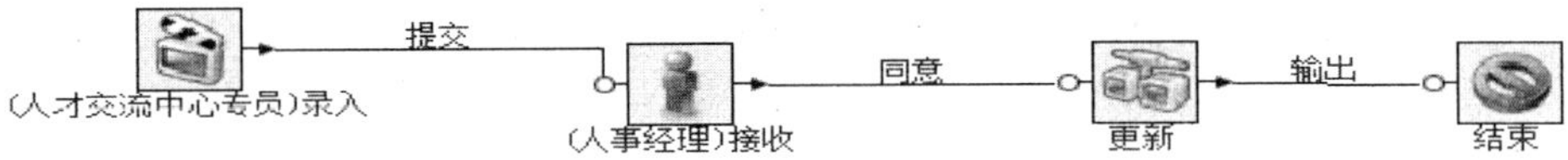

工作流程涉及岗位操作内容表

序号	岗位	节点	状态	类型	明细
1	人才中心专员	填写员工培训表	线上	操作	人才中心专员登录平台，填写员工培训表提交对方确认
2	对方人事	接收员工培训表	线上	操作	制造业人事经理接收员工培训表，完成确认员工培训工作，系统更新人力环境数据

业务六：员工辞退

制造企业人事经理根据辞退情况填写员工辞退表，提交人才中心，完成人员辞退工作。

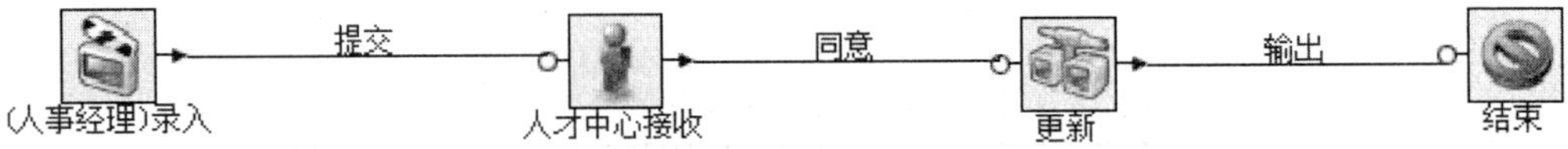

工作流程涉及岗位操作内容表

序号	岗位	节点	状态	类型	明细
1	人事经理	填写员工辞退表	线上	操作	人事经理登录系统，填写员工辞退表提交人才中心
2	人才中心专员	接收员工辞退表	线上	操作	人才中心专员登录系统，接收提交的员工辞退表，系统更新人力环境数据

业务七：辞退人员工资计算

制造企业人事经理完成员工辞退工作后，对辞退人员进行工资计算，以便财务发放工资。

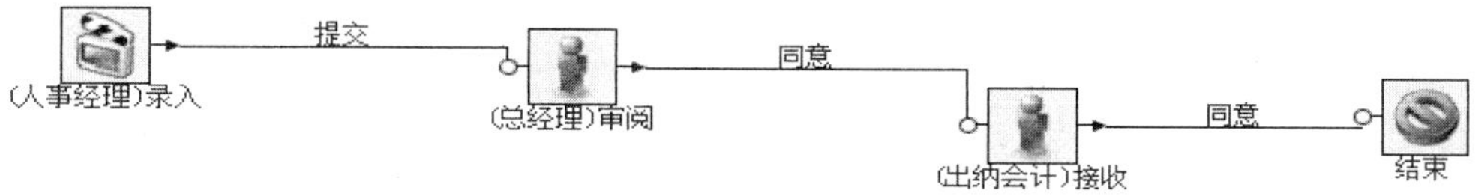

工作流程涉及岗位操作内容表

序号	岗位	节点	状态	类型	明细
1	人事经理	填写辞退工资计算表	线上	操作	人事经理登录系统，填写辞退人员工资计算表提交
2	总经理	审阅辞退工资计算表	线上	操作	总经理登录系统，审阅提交的辞退人员工资计算表，是否有误
3	出纳会计	接收辞退工资计算表	线上	操作	出纳会计登录系统，接收辞退人员工资计算表，以便进行发放工资及记账工作

业务十：经济业务账务处理

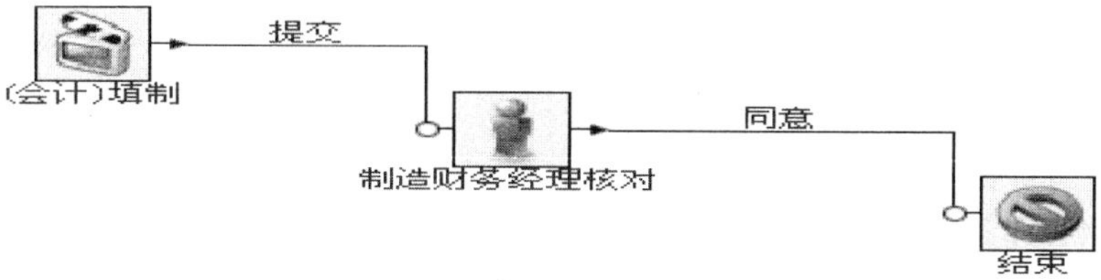

工作流程涉及岗位操作内容表

序号	岗位	节点	状态	类型	明细
1	会计	填制记账凭证	线上	操作	会计登录系统，对人才招聘、培训与辞退等资料发生的记录进行经济业务账务处理
2	财务经理	审核记账凭证	线上	操作	财务经理登录系统，审核提交的记账凭证

4．问题与思考

（1）比较不同的招聘方法与不同类别员工招聘之间如何匹配？

（2）外部有哪些因素会影响企业的招聘？

（3）解聘员工依照的标准是什么？

（4）解聘员工前应该做哪些准备工作？

（5）实施辞退应该遵循什么样的原则？

（6）企业会因为哪些因素中止与员工间的雇佣关系？

（7）如何实施员工的解雇管理？

7.5.10 车间排班生产

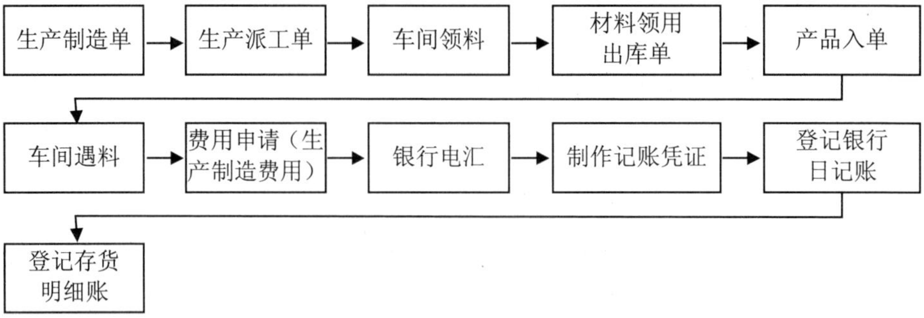

1．实训任务

（1）生产制造单

（2）生产派工

（3）车间领料

（4）材料领用出库单

（5）产品入库

（6）车间退料

（7）经济业务账务处理

2．知识技能描述

通过本任务，能让学生在模拟经营运营阶段了解公司所需要办理的业务，通过实践让学生熟悉相关业务的办理流程。通过实训提供和产生的互动信息，使学生认识运营一家公司需要考虑的因素和掌握的信息，培养学生的全局观念以及对解决企业在日常业务运作过程中出现困难的问题和解决方法。

3．内容与步骤

业务一：生产制造单

制造企业计划主管基于生产计划填写生产制造单，提交上级审核，便于后面生产排产。

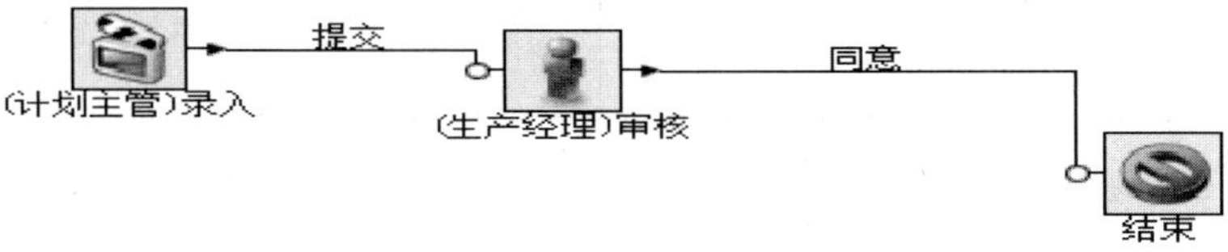

工作流程涉及岗位操作内容表

序号	岗位	节点	状态	类型	明细
1	计划主管	填写生产制造单	线上	操作	计划主管登录系统，填写生产制造单提交
2	生产经理	审核生产制造单	线上	操作	生产经理登录系统，审核提交的生产制造单合理性

业务二：生产派工

制造企业计划主管完成生产制造单后，填写生产派工单，提交上级审核，便于后面开展生产。

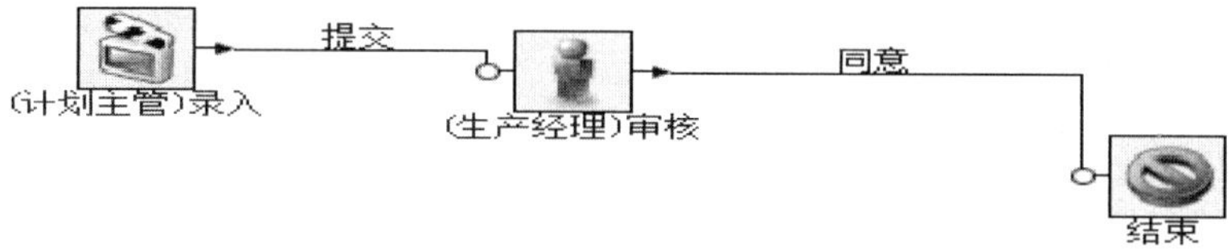

工作流程涉及岗位操作内容表

序号	岗位	节点	状态	类型	明细
1	计划主管	填写生产派工单	线上	操作	计划主管登录系统，填写生产派工单提交
2	生产经理	审核生产派工单	线上	操作	生产经理登录系统，审核提交的生产派工单合理性

业务三：车间领料

制造企业车间主管基于生产派工填写车间领料单，交予仓储主管进行车间领料工作。

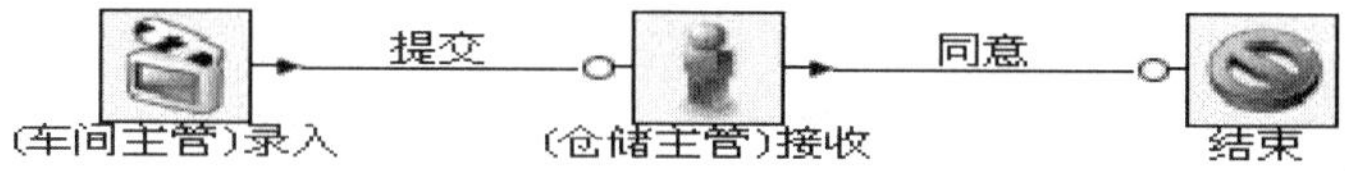

工作流程涉及岗位操作内容表

序号	岗位	节点	状态	类型	明细
1	车间主管	填写车间领料单	线上	操作	车间主管登录系统，填写车间领料单提交
2	仓储主管	接收车间领料单	线上	操作	仓储主管登录系统，接收提交的车间领料单准备发料工作

业务四：材料领用出库单

制造企业仓储主管基于车间领料填写材料领用出库单，交予车间主管完成材料收发作业。

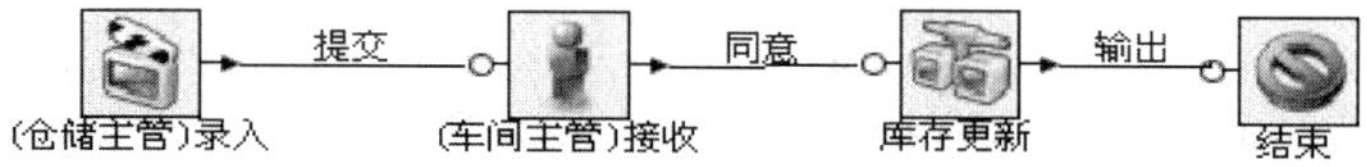

工作流程涉及岗位操作内容表

序号	岗位	节点	状态	类型	明细
1	仓储主管	填写材料领用出库单	线上	操作	仓储主管登录系统，填写材料领用出库单提交
2	车间主管	接收材料领用出库单	线上	操作	车间主管登录系统，接收材料领用出库单，做好发料工作，系统更新库存

业务五：产品入库单

制造企业车间主管对生产完工产品填写产品入库单，交予仓储主管完成产品交库工作。

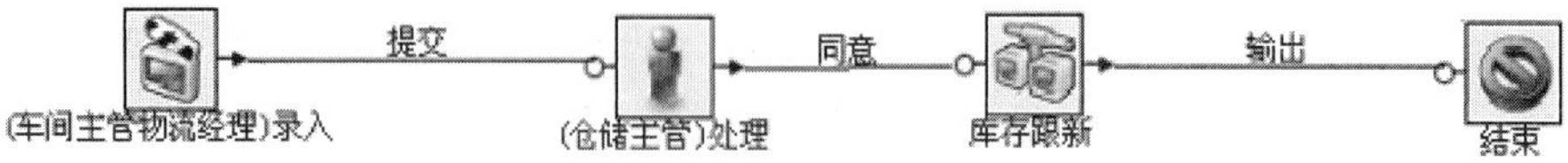

工作流程涉及岗位操作内容表

序号	岗位	节点	状态	类型	明细
1	车间主管	填写产品入库单	线上	操作	车间主管登录系统，填写产品入库单提交
2	仓储主管	接收产品入库单	线上	操作	仓储主管登录系统，接收产品入库单，办好产品交库工作，系统更新库存

业务六：车间退料

制造企业车间主管对于生产过程中多余物料填写车间退料单，交予仓储主管进行车间退料工作。

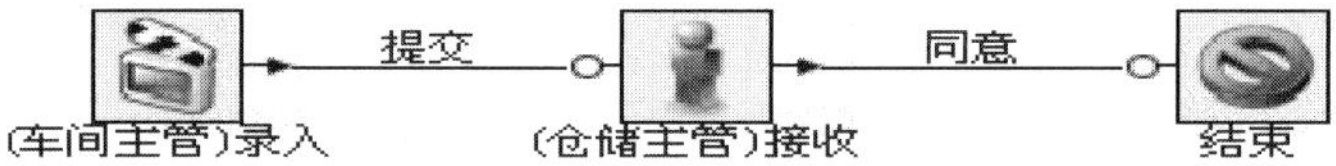

工作流程涉及岗位操作内容表

序号	岗位	节点	状态	类型	明细
1	车间主管	填写车间退料单	线上	操作	车间主管登录系统，填写车间退料单提交
2	仓储主管	接收车间退料单	线上	操作	仓储主管登录系统，接收提交的车间退料单办理退料工作

业务七：经济业务账务处理

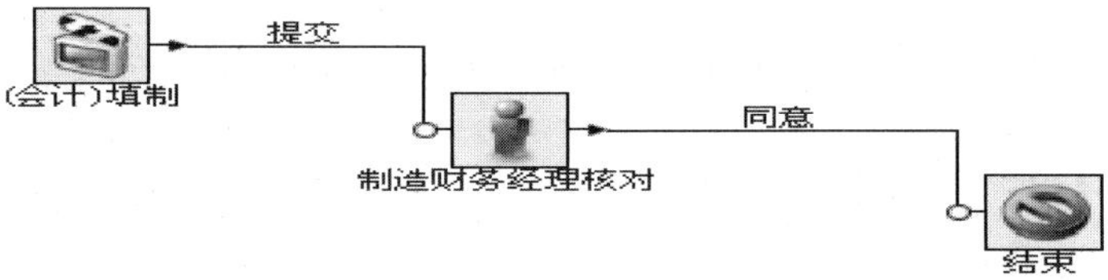

工作流程涉及岗位操作内容表

序号	岗位	节点	状态	类型	明细
1	会计	填制记账凭证	线上	操作	会计登录系统，对制造生产过程中资料发生的记录进行经济业务账务处理
2	财务经理	审核记账凭证	线上	操作	财务经理登录系统，审核提交的记账凭证

4. 问题与思考

（1）企业日常产销排程与产品生产计划、产能计划之间有何关系？

（2）如何利用 MRP 系统进行产销排程？

（3）车间统计台账对企业的生产安排会有什么影响？

7.5.11 物流运输

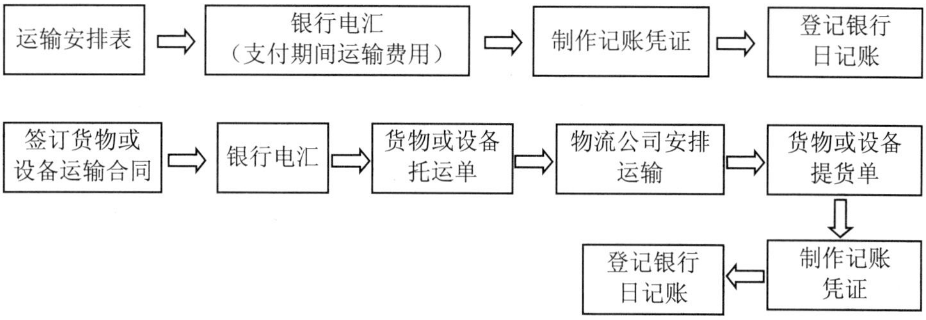

1. 实训任务

（1）运输安排表

（2）签订货物或设备运输合同

（3）货物或设备托运单

（4）物流公司安排运输

（5）货物或设备提货单

（6）经济业务账务处理

2. 知识技能描述

通过本任务，能让学生在模拟经营运营阶段了解公司所需要办理的业务，通过实践让学生熟悉相关业务的办理流程。通过实训提供和产生的互动信息，使学生认识运营一家公司需要考虑的因素和掌握的信息，培养学生的全局观念以及对解决企业在日常业务运作过程中出现困难的问题和解决方法。

3. 内容与步骤

业务一：运输安排表

制造企业物流经理根据公司车辆状况填写运输安排表，交予仓储主管办理自行物流运输。

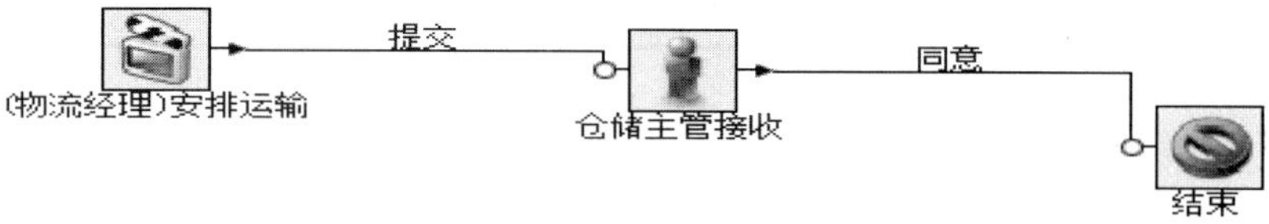

工作流程涉及岗位操作内容表

序号	岗位	节点	状态	类型	明细
1	物流经理	填写运输安排表	线上	操作	物流经理登录系统，填写运输安排表提交
2	仓储主管	接收运输安排表	线上	操作	仓储主管登录系统，接收运输安排表办理自行运输作，交纳自行运输费用

业务二：签订货物或设备运输合同

物流公司根据商务意向拟制货物或设备运输合同，发往托运方制造业确认，制造业物流经理签订合同。

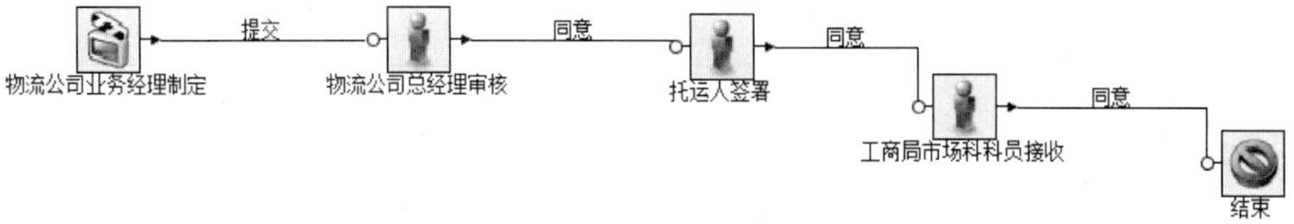

工作流程涉及岗位操作内容表

序号	岗位	节点	状态	类型	明细
1	物流公司业务经理	拟定货物或设备运输合同	线上	操作	物流公司业务经理根据商务意向，填写货物或设备运输合同提交给领导审批
2	物流公司总经理	审批货物或设备运输合同	线上	操作	物流公司总经理审核提交的货物或设备运输合同是否有误
3	物流经理	签订货物或设备运输合同	线上	操作	制造业物流经理登录平台，接收确认签订货物或设备运输合同
4	工商市场科员	接收货物或设备运输合同	线上	操作	工商市场科员登录平台，接收双方签约的货物或设备运输合同，进行市场监管

业务三：货物或设备托运单

托运方制造企业物流经理根据运输合同填写货物或设备托运单，交予物流公司业务经理办理物流运输。

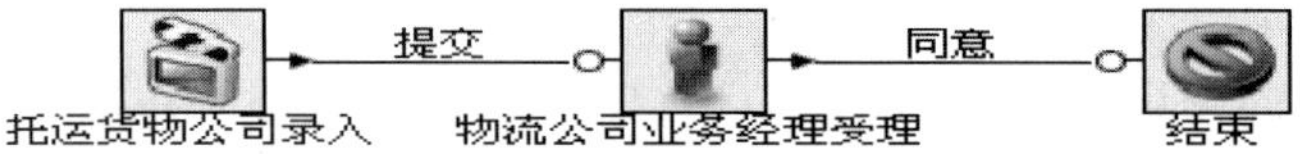

工作流程涉及岗位操作内容表

序号	岗位	节点	状态	类型	明细
1	制造物流经理	填写货物或设备托运单	线上	操作	物流经理登录系统，填写货物或设备托运单提交
2	物流公司业务经理	受理货物或设备托运单	线上	操作	物流公司业务经理登录系统，接收货物或设备托运单，以便后面安排运输工作

业务四：物流公司安排运输

物流公司业务经理接到货物或设备托运单及付款后，填写运输安排单进行物流运输工作。

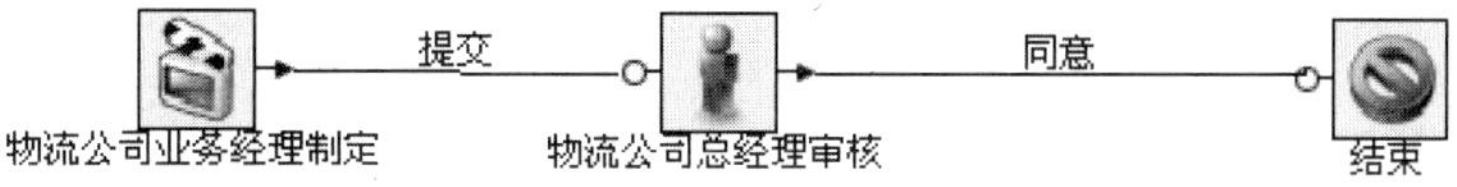

工作流程涉及岗位操作内容表

序号	岗位	节点	状态	类型	明细
1	物流公司业务经理	填写运输安排单	线上	操作	物流公司业务经理登录系统，填写运输安排单提交，办理运输工作
2	物流总经理	审核运输安排单	线上	操作	物流总经理登录系统，审核运输安排单合理性

业务五：货物或设备提货单

物流公司业务经理完成货物或设备运输安排后，开具货物或设备提货单给对方提货。

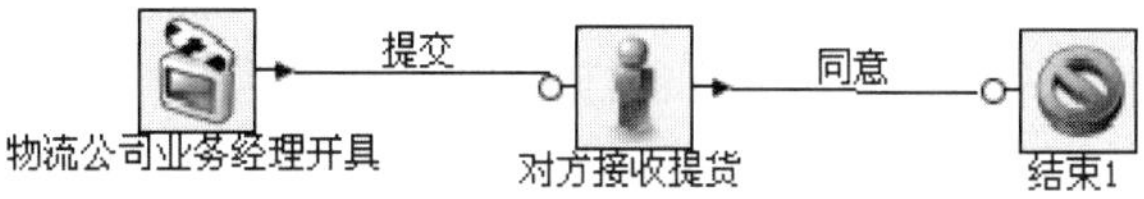

工作流程涉及岗位操作内容表

序号	岗位	节点	状态	类型	明细
1	物流公司业务经理	开具货物或设备提货单	线上	操作	物流公司业务经理登录系统，开具货物或设备提货单提交
2	对方	接收货物提货单	线上	操作	客户公司业务经理登录系统，接收货物提货单确认提货

业务六：经济业务账务处理

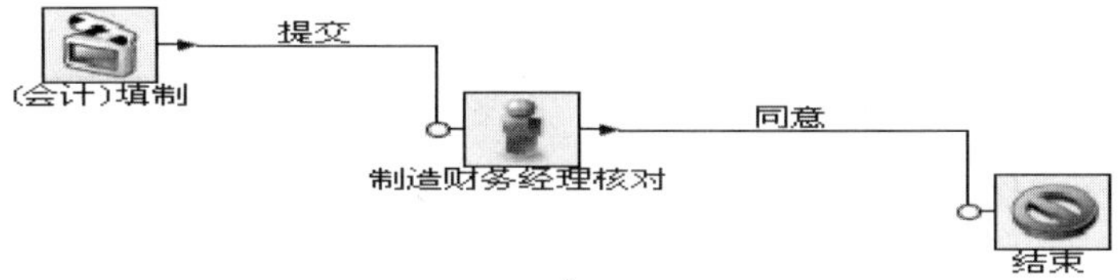

工作流程涉及岗位操作内容表

序号	岗位	节点	状态	类型	明细
1	会计	填制记账凭证	线上	操作	会计登录系统，对物流运输过程中付款资料发生的记录进行经济业务账务处理
2	财务经理	审核记账凭证	线上	操作	财务经理登录系统，审核提交的记账凭证

4．问题与思考

（1）如何考虑是否外包运输？

（2）材料运输的特点有哪些？

（3）运输方案的执行是否遇到问题？是如何解决的？

7.5.12 薪资处理

1．实训任务

（1）行政管理人员工资计算

（2）生产人员工资计算

（3）薪资发放

（4）经济业务账务处理

2．知识技能描述

通过本任务，能让学生在模拟经营运营阶段了解公司所需要办理的业务，通过实践让学生熟悉相关业务的办理流程。通过实训提供和产生的互动信息，使学生认识运营一家公司需要考虑的因素和掌握的信息，培养学生的全局观念以及对解决企业在日常业务运作过程中出现困难的问题和解决方法。

3．内容与步骤

业务一：行政管理人员工资计算

制造企业人事经理按平台薪资规则，对行政管理人员进行工资计算，以便财务发放工资。

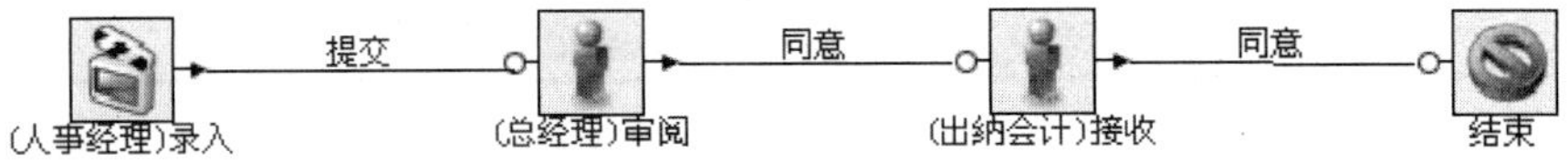

工作流程涉及岗位操作内容表

序号	岗位	节点	状态	类型	明细
1	人事经理	录入行政管理人员工资计算表	线上	操作	人事经理登录系统，填写行政管理人员工资计算表提交
2	总经理	审阅行政管理人员工资计算表	线上	操作	总经理登录系统，审阅提交的行政管理人员工资计算表，是否有误
3	出纳会计	接收行政管理人员工资计算表	线上	操作	出纳会计登录系统，接收行政管理人员工资计算表，以便进行发放工资及记账工作

业务二：车间管理人员工资计算

制造企业人事经理按平台薪资规则，对车间管理人员进行工资计算，以便财务发放工资。

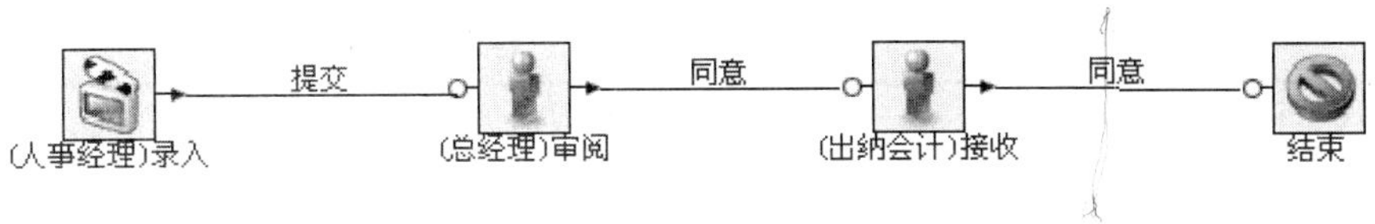

工作流程涉及岗位操作内容表

序号	岗位	节点	状态	类型	明细
1	人事经理	录入车间管理人员工资计算表	线上	操作	人事经理登录系统，填写车间管理人员工资计算表提交
2	总经理	审阅车间管理人员工资计算表	线上	操作	总经理登录系统，审阅提交的车间管理人员工资计算表，是否有误
3	出纳会计	接收车间管理人员工资计算表	线上	操作	出纳会计登录系统，接收车间管理人员工资计算表，以便进行发放工资及记账工作

业务三：生产工人工资计算

制造企业人事经理按平台薪资规则，对生产工人进行工资计算，以便财务发放工资。

工作流程涉及岗位操作内容表

序号	岗位	节点	状态	类型	明细
1	人事经理	录入生产工人工资计算表	线上	操作	人事经理登录系统，填写生产工人工资计算表提交
2	总经理	审阅生产工人工资计算表	线上	操作	总经理登录系统，审阅提交的生产工人工资计算表，是否有误
3	出纳会计	接收生产工人工资计算表	线上	操作	出纳会计登录系统，接收生产工人工资计算表，以便进行发放工资及记账工作

业务四：薪资发放

制造企业出纳根据工资计算表，填写薪资发放单提交上级审批，办理薪资发放并做好付款工作。

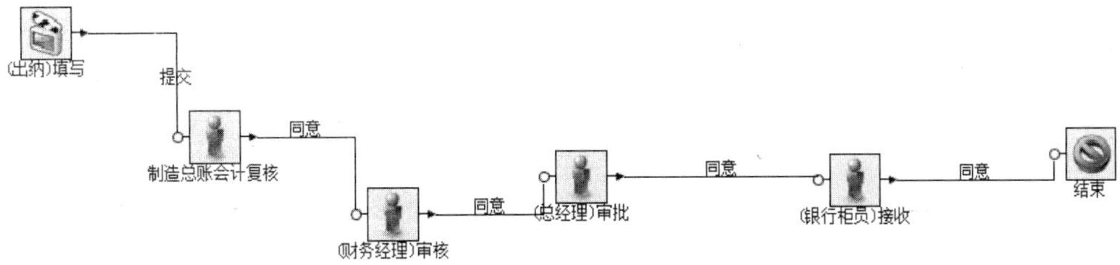

工作流程涉及岗位操作内容表

序号	岗位	节点	状态	类型	明细
1	出纳	填写薪资发放单	线上	操作	出纳登录系统，填写薪资发放单做好付款工作
2	会计	复核薪资发放单	线上	操作	会计登录系统，复核薪资发放单，是否有误
3	财务经理	审核薪资发放单	线上	操作	财务经理登录系统，审核薪资发放单，是否有误
4	总经理	审批薪资发放单	线上	操作	总经理登录系统，审批薪资发放单，是否有误
5	银行柜员	接收薪资发放单	线上	操作	银行柜员登录系统，接收薪资发放单，准备薪资发放工作

业务五：经济业务账务处理

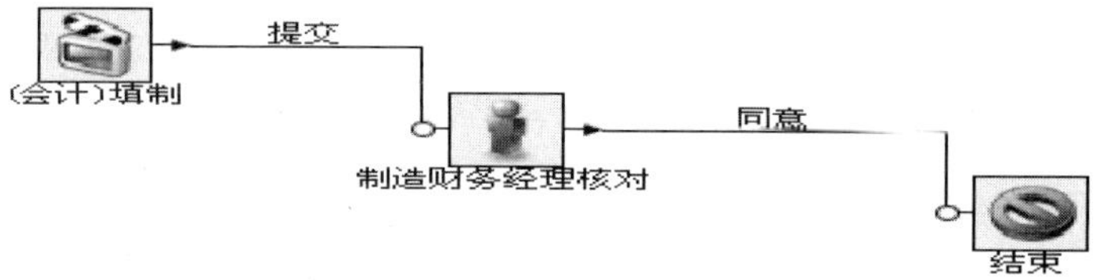

工作流程涉及岗位操作内容表

序号	岗位	节点	状态	类型	明细
1	会计	填制记账凭证	线上	操作	会计登录系统，对薪资处理过程中资料发生的记录进行经济业务账务处理
2	财务经理	审核记账凭证	线上	操作	财务经理登录系统，审核提交的记账凭证

4. 问题与思考

（1）实训中，薪资发放要做好哪些工作？

（2）薪资计算应注意哪些问题？

7.5.13 财务业务

现金费用报销　付款申请　银行电汇　开立支票　借款单

现金支出单　固定资产登记　制作记账凭证　登记账簿

1．实训任务

（1）现金费用报销

（2）付款申请

（3）银行电汇

（4）开立支票

（5）借款单

（6）现金支出单

（7）固定资产登记

（8）经济业务账务处理

2．知识技能描述

通过本任务，能让学生在模拟经营运营阶段了解公司所需要办理的业务，通过实践让学生熟悉相关业务的办理流程。通过实训提供和产生的互动信息，使学生认识运营一家公司需要考虑的因素和掌握的信息，培养学生的全局观念以及对解决企业在日常业务运作过程中出现困难的问题和解决方法。

3．内容与步骤

业务一：现金费用报销

制造企业部门申请人按报销项目填写现金费用报销单，提交审批后办理报销工作。

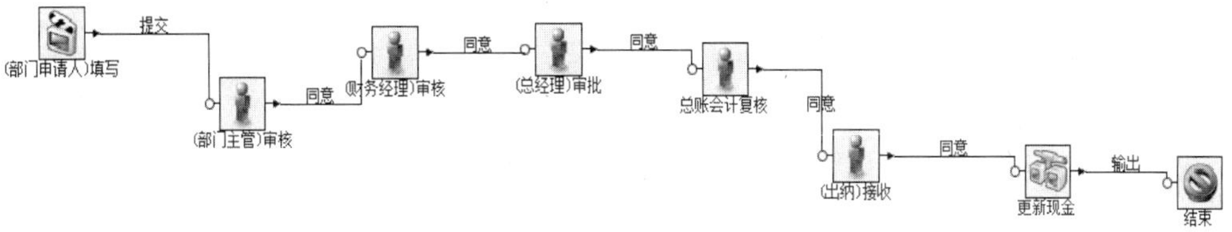

工作流程涉及岗位操作内容表

序号	岗位	节点	状态	类型	明细
1	部门申请人	填写现金费用报销单	线上	操作	部门申请人登录系统，填写现金费用报销单提交
2	部门主管	复核现金费用报销单	线上	操作	部门主管登录系统，复核提交的现金费用报销单，是否有误
3	财务经理	审核现金费用报销单	线上	操作	财务经理登录系统，审核提交的现金费用报销单合理合法性
4	总经理	审批现金费用报销单	线上	操作	总经理登录系统，审批提交的现金费用报销单合理合法性
5	总账会计	复核现金费用报销单	线上	操作	总账会计登录系统，复核提交的现金费用报销单合理合法性
6	出纳	接收现金费用报销单	线上	操作	出纳登录系统，接收现金费用报销单，办理报销工作，系统更新现金台账

业务二：付款申请

制造企业部门申请人按平台有关付款规则填写付款申请单，提交审批后交于出纳办理付款指示工作。

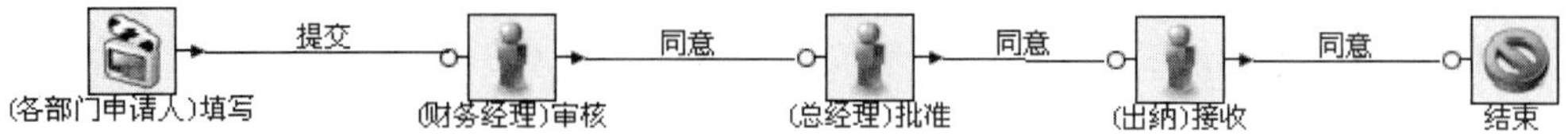

工作流程涉及岗位操作内容表

序号	岗位	节点	状态	类型	明细
1	部门申请人	填写付款申请单	线上	操作	部门申请人登录系统，填写付款申请单提交
2	财务经理	审核付款申请单	线上	操作	财务经理登录系统，审核提交的付款申请单合理合法性
3	总经理	审批付款申请单	线上	操作	总经理登录系统，审批提交的付款申请单合理合法性
4	出纳	接收付款申请单	线上	操作	出纳登录系统，接收付款申请单，并办理付款，可选用银行电汇或支票方式

业务三：银行电汇

公司出纳依据付款项目填写银行电汇单，提交给银行柜员，完成办理资金转账工作。

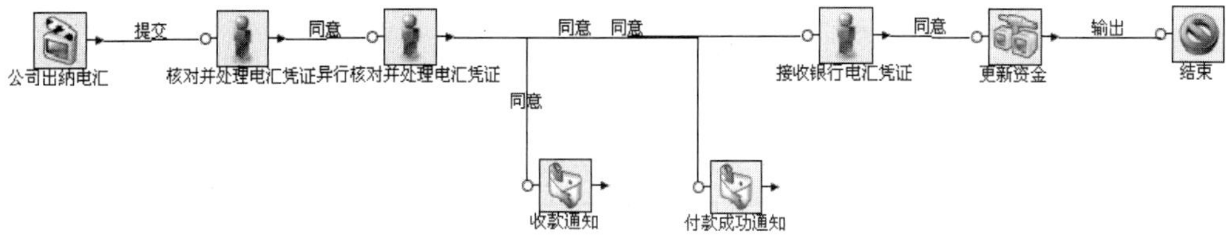

工作流程涉及岗位操作内容表

序号	岗位	节点	状态	类型	明细
1	付款方	填写银行电汇单	线上	操作	制造企业出纳登录系统，填写银行电汇单提交
2	银行柜员	受理银行电汇单	线上	操作	银行柜员登录系统，受理提交的银行电汇单，是否有误并办理资金划转工作
3	收款方	接收银行电汇单	线上	操作	收款方出纳登录系统，接收提交的银行电汇单，以便进行记账工作；系统更新银行存款台账

业务四：开立支票

公司出纳依据付款项目填开支票，提交上级审批后交于对方，完成办理资金付款工作。

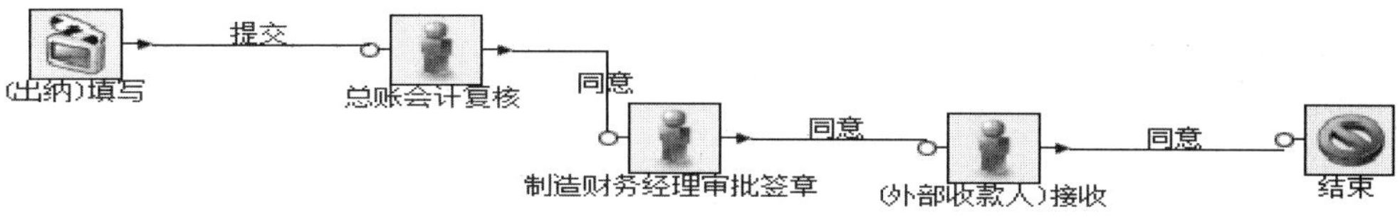

工作流程涉及岗位操作内容表

序号	岗位	节点	状态	类型	明细
1	出纳	填开支票	线上	操作	出纳登录系统，填开支票提交
2	总账会计	复核支票	线上	操作	总账会计登录系统，复核提交的支票合理合法性
3	财务经理	审批支票	线上	操作	财务经理登录系统，审批提交的支票合理合法性
4	收款人	接收支票	线上	操作	收款方登录系统，接收核对支票

业务五：借款单

制造企业部门申请人按借款项目填写借款单，提交审批后交于出纳办理发放借款工作。

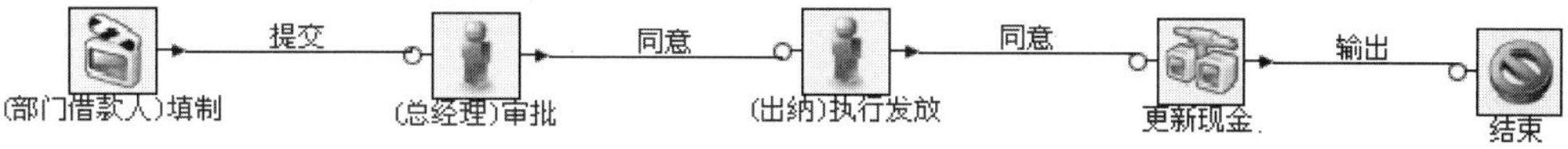

工作流程涉及岗位操作内容表

序号	岗位	节点	状态	类型	明细
1	部门申请人	填写借款单	线上	操作	部门申请人登录系统，填写借款单提交
2	总经理	审批借款单	线上	操作	总经理登录系统，审批提交的借款单合理性
3	出纳	接收借款单	线上	操作	出纳登录系统，接收借款单，并办理借款发放，系统更新现金台账

业务六：现金支出单

制造企业部门申请人按现金项目填写现金支出单，提交审批后交于出纳办理发放现金。

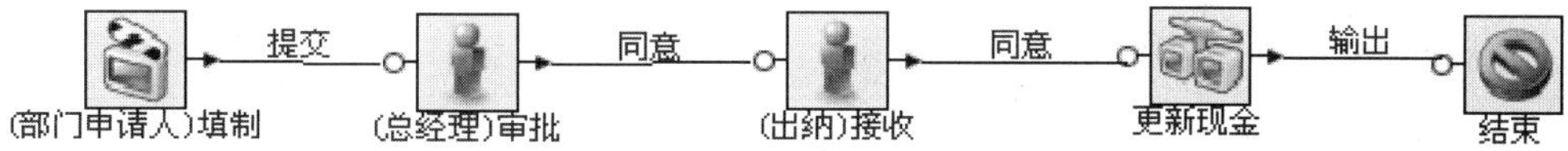

工作流程涉及岗位操作内容表

序号	岗位	节点	状态	类型	明细
1	部门申请人	填写现金支出单	线上	操作	部门申请人登录系统，填写现金支出单提交
2	总经理	审批现金支出单	线上	操作	总经理登录系统，审批提交的现金支出单合理性
3	出纳	接收现金支出单	线上	操作	出纳登录系统，接收现金支出单，并办理现金发放，系统更新现金台账

业务七：固定资产登记

制造企业会计对新增的固定资产制作固定资产卡片，完成固定资产登记监管工作。

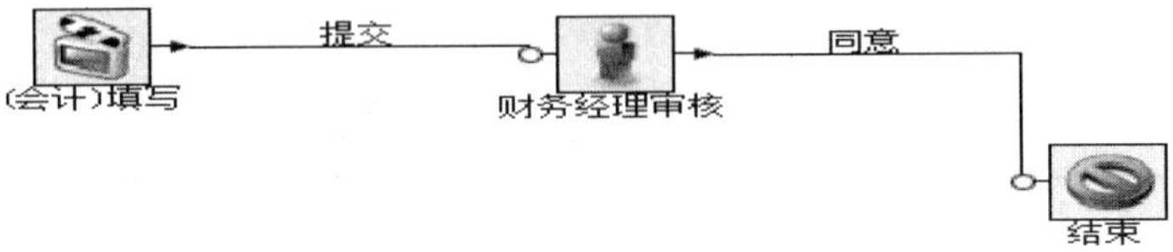

工作流程涉及岗位操作内容表

序号	岗位	节点	状态	类型	明细
1	会计	填制固定资产卡	线上	操作	会计登录系统，填制固定资产卡提交
2	财务经理	审核固定资产卡	线上	操作	财务经理登录系统，审核提交的固定资产卡合理性

业务八：经济业务账务处理

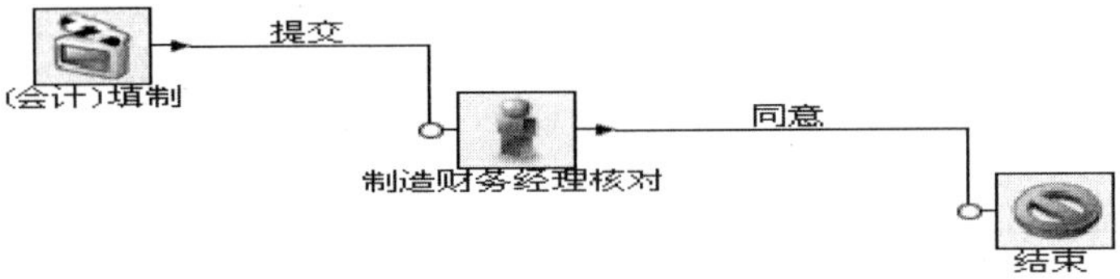

工作流程涉及岗位操作内容表

序号	岗位	节点	状态	类型	明细
1	会计	填制记账凭证	线上	操作	会计登录系统，对财务业务过程中资料发生的记录进行经济业务账务处理
2	财务经理	审核记账凭证	线上	操作	财务经理登录系统，审核提交的记账凭证

4. 问题与思考

（1）与生产制造公司财务业务相关的规则有哪些？财务规则的具体内容和要求是什么？

（2）通过对一个会计期间全部经济业务组织会计核算，你是否认为你所在的生产制造公司的会计核算制度和管理制度不够完善？存在的主要问题是什么？你是否考虑过应该如何进一步修订和完善？

（3）你在组织本公司会计核算、履行财务人员职责时，是否发现自己掌握的专业知识还存在缺陷？是否需要继续学习和进一步完善？

7.6 制造企业期末阶段主要任务

7.6.1 期末业务及核算

1．实训任务

（1）预提及摊销费用、固定资产折旧

（2）生产成本核算

（3）盘点与对账

（4）经济业务账务处理

（5）撰写财务分析报告

（6）委托审计

2．知识技能描述

通过本任务，能让学生在模拟经营期末阶段了解公司所需要办理的业务，通过实践让学生熟悉相关业务的流程。通过掌握某一会计期间全部经济业务的账务处理方法，根据某一会计期间经济业务发生和完成情况及时组织会计核算，了解公司某一会计期末的财务状况及某一会计期间的经营成果。

3．内容与步骤

业务一：预提费用

预提费用是指企业按规定预先提取但尚未实际支付的各项费用。就是企业还没支付，但应该要支付的，要记入负债。如银行借款的利息费用、预提的固定资产修理费用、租金和保险费等。预提费用的特点是受益、预提在前，支付在后。

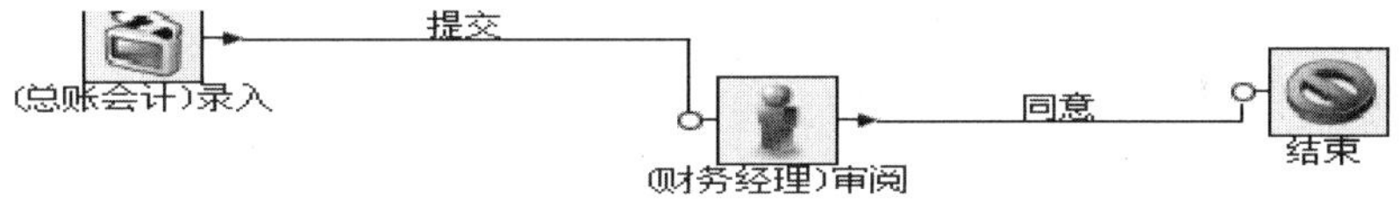

工作流程涉及岗位操作内容表

序号	岗位	节点	状态	类型	明细
1	会计	填制利息计算表	线上	操作	会计登录系统，填制利息计算表提交
2	财务经理	审核利息计算表	线上	操作	财务经理登录系统，审核提交的利息计算表合理性

业务二：摊销费用

待摊费用是指企业已经支出，但应当由本期和以后各期分别负担的、分摊期在 1 年以内（含 1 年）的各项费用，

如低值易耗品和出租出借包装物的摊销、预付财产保险费、预付经营租赁固定资产租金、预付报刊订阅费、待摊固定资产修理费用、购买印花税票，国债和一次缴纳税额较多且需要分月摊销的税金等。待摊费用的特点是支付在前，受益、摊销在后。

待摊费用和预提费用的区别：

（1）账户的性质不同，“待摊费用”属于资产类账户，“预提费用”属于负债类账户。

（2）两种费用的发生和记录受益期的时间不一致；待摊费用是发生或支付在先，摊入受益期在后，预提费用是先将费用计入受益期，支付费用在后。

（3）填制会计报表的处理原则不同；待摊费用属于费用发生后据实摊销，不需要进行调整；而预提费用需要事前估算将要发生费用的摊销标准，事前并不知道具体的金额或标准，实务中经常出现多提或少提的现象，需要进行调整。

制造企业会计按费用摊销项目填写费用摊销表并进行账务处理，完成费用摊销工作。

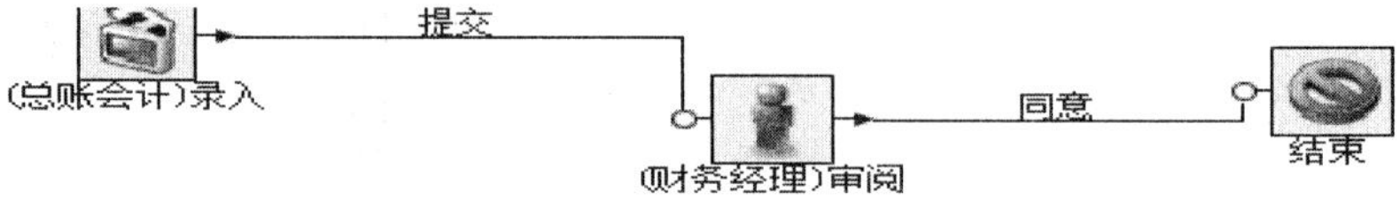

工作流程涉及岗位操作内容表

序号	岗位	节点	状态	类型	明细
1	会计	填制费用摊销表	线上	操作	会计登录系统，填制费用摊销表提交
2	财务经理	审核费用摊销表	线上	操作	财务经理登录系统，审核提交的费用摊销表合理性

业务三：固定资产折旧计算

固定资产折旧是指在固定资产使用寿命内，按照确定的方法对应计折旧额进行系统分摊。使用寿命是指固定资产的预计寿命，或者该固定资产所能生产产品或提供劳务的数量。应计折旧额是指应计提折旧的固定资产的原价扣除其预计净残值后的金额。已计提减值准备的固定资产，还应扣除已计提的固定资产减值准备累计金额。

企业计提固定资产折旧的方法有多种，基本上即可以分为两类，即直线法（包括年限平均法和工作量法）和加速折旧法（包括年数总和法和双倍余额递减法），企业应当根据固定资产所含经济利益预期实现方式选择不同的方法。

制造企业会计按公司固定资产状况填写固定资产折旧计算表并进行账务处理，完成计提折旧工作。

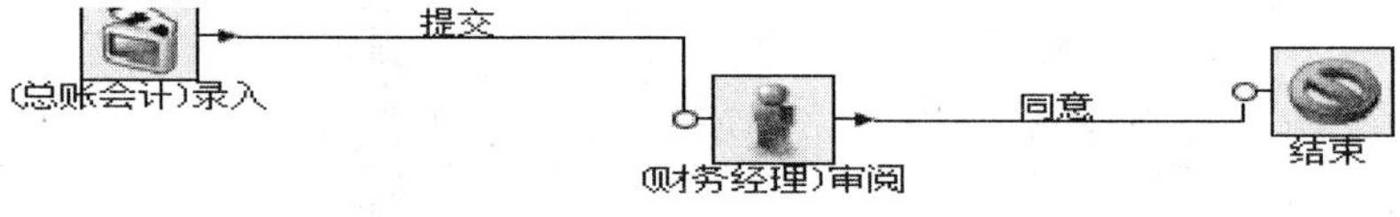

工作流程涉及岗位操作内容表

序号	岗位	节点	状态	类型	明细
1	会计	填制固定资产折旧计算表	线上	操作	会计登录系统，填制固定资产折旧计算表提交
2	财务经理	审核固定资产折旧计算表	线上	操作	财务经理登录系统，审核提交的固定资产折旧计算表合理性

业务四：生产成本核算

成本核算是指将企业在生产经营过程中发生的各种耗费按照一定的对象进行分配和归集，以计算总成本和单位成本。成本核算通常以会计核算为基础，以货币为计算单位。成本核算是成本管理的重要组成部分，对于企业的成本预测和企业的经营决策等存在直接影响。进行成本核算，首先审核生产经营管理费用，看其已否发生，是否应当发生，已发生的是否应当计入产品成本，实现对生产经营管理费用和产品成本直接的管理和控制。其次对已发生的费用按照用途进行分配和归集，计算各种产品的总成本和单位成本，为成本管理提供真实的成本资料。

制造企业会计完成材料费用核算、人工费用核算及制造费用分配，按生产成本核算项目填写生产成本核算表并进行账务处理，完成生产成本核算工作。

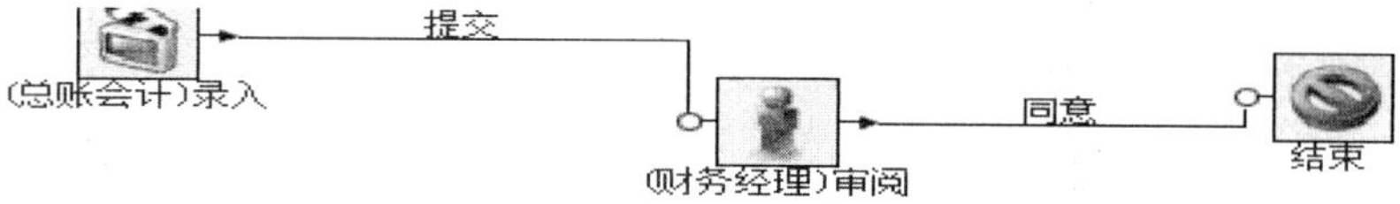

工作流程涉及岗位操作内容表

序号	岗位	节点	状态	类型	明细
1	会计	填制生产成本核算表	线上	操作	会计登录系统，填制生产成本核算表提交
2	财务经理	审核生产成本核算表	线上	操作	财务经理登录系统，审核提交的生产成本核算表合理性

业务五：盘点

所谓盘点，是指定期或临时对库存的实际数量进行清查、清点的作业，即为了掌握货物的流动情况（入库、在库、出库的流动状况），对仓库现有物品的实际数量与保管账上记录的数量相核对，以便准确地掌握库存数量。

盘点方式通常有两种：一种是定期盘点，即仓库的全面盘点，是指在一定时间内，一般是每季度、每半年或年终财务结算前进行一次全面的盘点，由货主派人会同仓库保管员、商品会计一起进行盘点对账；二是临时盘点，即当仓库发生货物损失事故，或保管员更换，或仓库与货主认为有必要盘点对账时，组织一次局部性或全面的盘点。

如制造企业成本会计填写固定资产盘点表，要求各部门完成对固定资产清查工作。

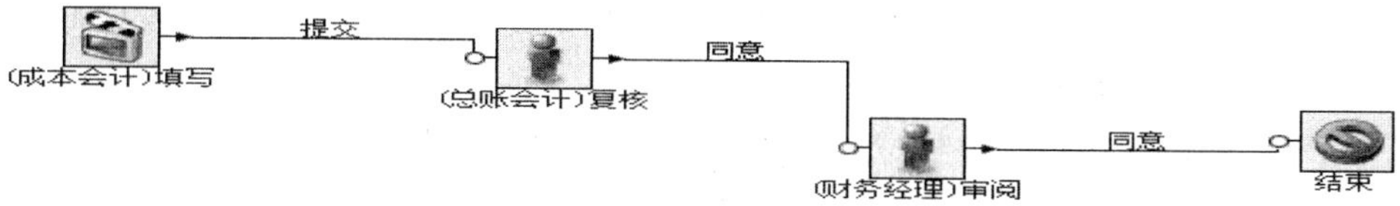

工作流程涉及岗位操作内容表

序号	岗位	节点	状态	类型	明细
1	成本会计	编制盘点表	线上	操作	成本会计登录系统，填制盘点表提交
2	总账会计	复核盘点表	线上	操作	总账会计登录系统，复核盘点表
3	财务经理	审核盘点表	线上	操作	财务经理登录系统，审核提交的盘点表合理完整性，以便开展盘点工作
4	成本会计	召开会议	线下	讨论	成本会计召集各部门开会，讨论公司盘点清查工作

业务六：对账

对账就是核对账目，是指在会计核算中，为保证账簿记录正确可靠，对账簿中的有关数据进行检查和核对的工作。应当定期将会计账簿记录的有关数字与库存实物、货币资金、有价证券往来单位或个人等进行相互核对，保证账证相符、账账相符、账实相符，对账工作每年至少进行一次。

如制造企业出纳定期核对银行发送过来的银行对账单，核对银行存款是否一致。

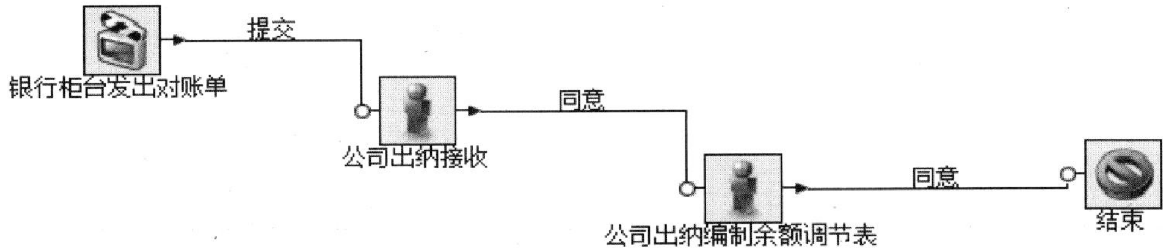

工作流程涉及岗位操作内容表

序号	岗位	节点	状态	类型	明细
1	银行柜员	填写银行对账单	线上	操作	银行柜员根据账户信息填写银行对账单发往公司出纳
2	出纳	接收银行对账单	线上	操作	制造公司出纳登录平台，接收核对银行对账单是否一致
3	出纳	编制余额调节表	线上	操作	制造公司出纳登录平台，对于核对不符编制余额调节表

业务七：经济业务账务处理

日常账务处理也称会计核算组织程序，是指对会计数据的记录、归类、汇总、陈报的步骤和方法。即从原始凭证的整理、汇总，记账凭证的填制、汇总，日记账、明细分类账的登记，到会计报表的编制的步骤和方法。 日常账务处理的基本模式可以概括为：原始凭证—记账凭证—会计账簿—会计报表。

会计日常账务处理的要求：选择科学，合理的会计日常账务处理是组织会计工作，进行会计核算的前提.虽然在实际工作中有不同的会计日常账务处理，但是它们都应符合以下三个要求。

（1）要适合本单位所属行业的特点，即在设计会计日常账务处理时，要考虑自身企业单位组织规模的大小，经济业务性质和简繁程度，同时，还要有利于会计工作的分工协作和内部控制。

（2）要能够正确，及时和完整地提供本单位的各方面会计信息，在保证会计信息质量的前提下，满足本单位各部门，人员和社会各有关相关行业的信息需要。

（3）适当的会计日常账务处理还应当力求简化，减少不必要的环节，节约人力、物力和财力，不断地提高会计工作的效率。

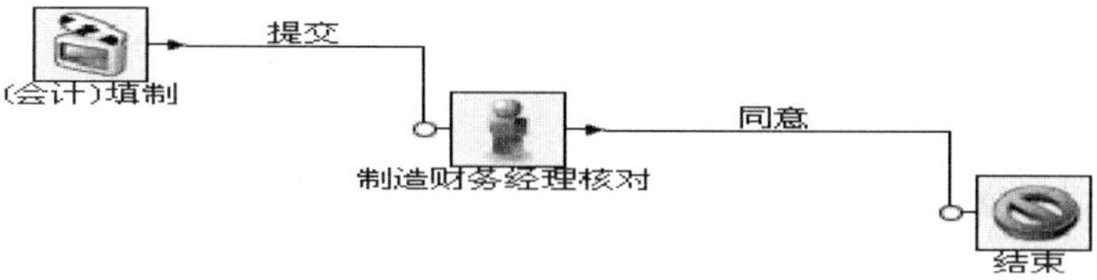

工作流程涉及岗位操作内容表

序号	岗位	节点	状态	类型	明细
1	会计	填制记账凭证	线上	操作	会计登录系统，对公司全部经济业务资料发生的记录进行经济业务账务处理
2	财务经理	审核记账凭证	线上	操作	财务经理登录系统，审核提交的记账凭证
3	会计	登记账簿	线下	查看	平台提供自动完成查看
4	财务经理	编制财务报表	线下	查看	平台提供自动完成查看

业务八：撰写财务分析报告

财务分析报告是企业依据会计报表、财务分析表及经营活动和财务活动所提供的丰富、重要的信息及其内在联系，运用一定的科学分析方法，对企业的经营特征，利润实现及其分配情况，资金增减变动和周转利用情况，税金缴纳情况，存货、固定资产等主要财产物资的盘盈、盘亏、毁损等变动情况及对本期或下期财务状况将发生重大影响的事项做出客观、全面、系统的分析和评价，并进行必要的科学预测而形成的书面报告。

财务分析报告按其内容、范围不同，可分为综合分析报告，专题分析报告和简要分析报告。按其分析的时间，可分为定期分析报告与不定期分析报告。

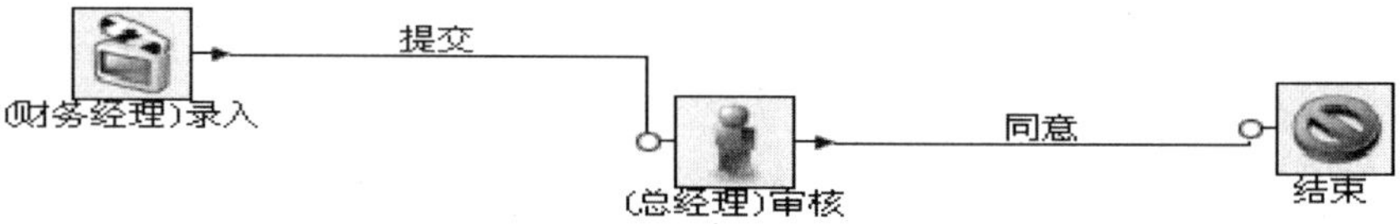

工作流程涉及岗位操作内容表

序号	岗位	节点	状态	类型	明细
1	财务经理	撰写财务分析报告	线上	操作	财务经理登录系统，撰写财务分析报告提交
2	总经理	审阅财务分析报告	线上	操作	总经理登录系统，审阅提交的财务分析报告，以便进行科学决策和管理

业务九：委托审计

审计报告是注册会计师根据独立审计准则的要求，在实施了必要的审计程序后出具的，用于被审计单位年度财务报表发表审计意见的书面文件。审计报告是审计工作的最终成果，具有法定证明效力。由会计师事务所注册会计师签发的审计报告，具有鉴证作用、保护作用和证明作。

在仿真实训中，制造企业委托会计师事务所对其进行审计。由会计师事务所人员前往制造企业单位实地对其账务进行查看，并根据调查内容出具报告。

4．问题与思考

（1）预提费用和摊销费用有哪些？

（2）固定资产折旧的方法有哪些？

（3）计算生产成本的方法和步骤是什么？

（4）什么是财产清查？财产清查的目的和重要意义何在？

（5）财产清查的范围和基本方法有哪些？

（6）为什么要撰写财务分析报告？撰写财务分析报告的意义和作用是什么？

（7）审计报告的作用、种类？

（8）如何编制审计报告？

7.6.2 纳税申报与工商年检

1．实训任务

（1）增值税纳税申报

（2）消费税纳税申报

（3）个人所得税纳税申报

（4）企业所得税纳税申报

（5）其他地方税纳税申报

（6）出口退税

（7）工商年检

2．知识技能描述

通过本任务，能让学生在模拟经营期末阶段了解公司所需要办理的业务，通过实践让学生熟悉相关业务的流程。通过到税务部门办理纳税申报，掌握现行税收基本政策精神和具体规定，了解纳税申报的流程和方法。通过办理工商年检程序，了解工商行政管理部门的作用及职责，提升工商类行政沟通与判断能力。

3．内容与步骤

业务一：纳税申报

纳税申报是指纳税人按照税法规定的期限和内容向税务机关提交有关纳税事项书面报告的法律行为，是纳税人履行纳税义务、承担法律责任的主要依据，是税务机关税收管理信息的主要来源和税务管理的一项重要制度。纳税人、扣缴义务人的纳税申报或者代扣代缴、代收代缴税款报告表的主要内容包括：税种、税目、应纳税项目或者应代扣代缴、代收代缴税款项目、适用税率或者单位税额、计税依据、扣除项目及标准、应纳税额或者应代扣代缴、代收代缴税额、税款所属期限等。

在仿真实训中，制造企业依照平台税务规则向所在区域税务局办理各税种纳税申报。

业务二：出口退税

出口货物退（免，Export Rebates）税，简称出口退税，其基本含义是指对出口货物退还其在国内生产和流通环节实际缴纳的产品税、增值税、营业税和特别消费税。出口货物退税制度，是一个国家税收的重要组成部分。出口退税主要是通过退还出口货物的国内已纳税款来平衡国内产品的税收负担，使本国产品以不含税成本进入国际市场，与国外产品在同等条件下进行竞争，从而增强竞争能力，扩大出口创汇。

在仿真实训中，制造企业依照平台税务规则向所在区域税务局办理出口退税，应先办理出口退税登记证再进行出口退税。

业务三：工商年检

国家工商总局2014年2月19日发出通知，自2014年3月1日起正式停止企业年度检验制度，要求各级工商机关抓紧做好企业年度报告公示制度等一系列新制度的实施准备工作。企业按年度在规定的期限内，通过商事主体登记及信用信息公示平台，向登记机关提交年度报告并向社会公示，由企业自己对年度报告的真实性、合法性负责。年度报告包括公司股东（发起人）缴纳出资情况、资产状况等，企业须对年度报告的真实性、合法性负责，工商部门可以对企业年度报告公示内容进行抽查。经检查发现企业年度报告隐瞒真实情况、弄虚作假的，工商部门依法予以处罚，并将企业法定代表人、负责人等信息通报公安、财政、海关、税务等有关部门。企业三年不进行年报，将被永久列入“黑名单”。

在仿真实训中，制造企业依照平台工商管理规则向所在区域工商局办理工商年检工作。

4．问题与思考

（1）增值税的纳税义务发生时间、纳税地点是如何规定的？

（2）个人所得税的计税依据如何确定？

（3）高新技术企业所得税的减免优惠有哪些规定？

（4）消费税的征税范围、计税依据是什么？

（5）营业税的征税范围、计税依据是什么？

（6）工商行政管理部门管理工商年检包括哪些方面的内容？在检查过程中哪些内容是重点？如何进行检查？

7.6.3 工作总结与经营环境分析

1．实训任务

（1）行政部工作总结

（2）人力资源部工作总结

（3）市场部工作总结

（4）采购部工作总结

（5）生产部工作总结

（6）财务部工作总结

（7）仓储物流部工作总结

（8）公司经营总结

（9）经营环境分析

2．知识技能描述

通过本任务，能让学生在模拟经营期末阶段了解公司所需要办理的业务，通过实践让学生熟悉相关业务的流程。通过工作总结让学生能够对一年的工作情况进行回顾，发现问题，总结经验，为第二年的工作提供一定的借鉴。掌握企业年度工作总结的思路、要点与方法；培养学生的发现问题、分析问题及解决问题的能力，同时也能培养学习全面看待问题的良好素质。通过经营环境分析能够从实训中辨识、整理、归纳对模拟企业经营活动产生影响的信息，对模拟企业经营环境有清楚的认识，为企业下一年经营管理决策奠定基础。

3．内容与步骤

业务一：各部门撰写工作总结

工作总结（Job Summary/Work Summary），就是把一个时间段的工作进行一次全面系统的总检查、总评价、总分析、总研究，并分析成绩的不足，从而得出引以为戒的经验。总结是应用写作的一种，是对已经做过的工作进行理性的思考。总结与计划是相辅相成的，要以工作计划为依据，订计划总是在总结经验的基础上进行的。其间有一条规律：计划—实践—总结—再计划—再实践—再总结。

工作总结的内容分为以下几部分：

（1）基本情况

这是对自身情况和形势背景的简略介绍。自身情况包括单位名称、工作性质、基本建制、人员数量、主要工作任务等；形势背景则包括国内外形势、有关政策、指导思想等。

（2）成绩和做法

工作取得了哪些主要成绩，采取了哪些方法、措施，收到了什么效果等，这些都是工作的主要内容，需要较多事实和数据。

（3）经验和教训

通过对实践过程进行认真的分析，总结经验，吸取教训，发现规律性的东西，使感性认识上升到理性认识。

（4）今后打算

下一步将怎样纠正错误，发扬成绩，准备取得什么样的新成就，不必像计划那样具体，但一般不能少了这些计划。

业务二：经营环境分析

指与企业有关的各种外部因素。包括市场因素以及对商品市场发生间接影响的其他因素。市场因素如：同类或代用产品的数量、质量、价格；用户对商品需求变化趋势等。其他因素如：社会环境；经济环境；技术环境；政治环境等。

主要包括以下几个部分：

（1）外部环境（宏观环境）西方有个管理学术语叫 PEST，指的就是政治（political）、经济（economic）、社会（social）、以及技术（technological）四大因素。如果是论述题的话，可以展开来阐述。

（2）任务环境（微观环境）

①供应商

②顾客

③竞争对手

④政府机构

⑤战略同盟伙伴

（3）内部环境

有形环境：人力、财力、物力、技术、信息

无形环境：人际关系、雇主——雇员关系、组织结构，组织文化

4．问题与思考

（1）实训中，分析本年度公司经营的成功之处和不足之处；

（2）结合本实训说明公司年度工作经营总结应包括的主要内容和撰写时应注意的问题；

（3）本实训中的仿真市场的结构是怎样的？

（4）本实训中，构成公司经营环境的因素有哪些？哪些是公司可控制的，哪些是不可控制的？

（5）在本实训中，你认为获得虚拟政府和综合信息中心发布的各种信息的有效途径是什么？

第八章　商贸区各组织实践项目及流程

8.1　商贸区各组织实践业务项目

商贸区各组织实践业务项目表

单位	阶段	实践项目	实践业务
客户公司	准备阶段	组织架构设计	客户公司管理人员分工表
			客户公司岗位职责说明书
		管理制度制定	客户公司管理制度
		公司成立	企业名称预先核准
			公司设立登记
			公章申请
			印章管理
			组织机构代码证申领
			税务登记
			开立单位银行结算账户
	期初阶段	计划与分析	年度经营计划
			客户公司年度采购计划
	运营阶段	采购业务	签订销售合同
			客户公司销售订单
			销售发票
			销售退货单
		销售业务	销售发货单
			开具发票申请
		财务业务	收款单
			收款收据
			付款单
			银行电汇
		登记财务账簿	客户公司供应商往来明细账
			客户公司存货明细账
			客户公司银行存款日记账
	期末阶段	工作总结	客户公司工作总结
供应商	准备阶段	组织架构设计	供应商管理人员分工表
			供应商岗位职责说明书
		管理制度制定	供应商管理制度
		公司成立	企业名称预先核准

（续表）

单位	阶段	实践项目	实践业务
供应商	准备阶段	公司成立	公司设立登记
			公章申请
			组织机构代码证申领
			税务登记
			开立单位银行结算账户
	期初阶段	计划与分析	供应商工作计划
			供应商原材料采购计划
			供应商设备采购计划
	运营阶段	销售业务	供应商资产采购订单
			设备合同
			供应商设备销售订单
			供应商资产采购订单
			签订材料合同
			供应商原材料销售订单
			供应商原材料发货单
			供应商开具增值税专用发票
			供应商催款通知
			销售发货单
		订购业务	供应商原材料入库单
			开具发票申请
			供应商收款单
			供应商收款收据
			供应商付款单
			银行电汇
		登记财务账簿	供应商客户往来明细账
			供应商物料明细账
			供应商设备明细账
			供应商银行存款日记账
	期末阶段	工作总结	供应商工作总结
租赁公司	准备阶段	组织架构设计	租赁公司管理人员分工
			租赁公司岗位职责说明书
		管理制度制定	租赁公司管理制度
		公司成立	企业名称预先核准
			公司设立登记
			公章申请
			组织机构代码证申领
			税务登记
			开立单位银行结算账户

（续表）

单位	阶段	实践项目	实践业务
租赁公司	期初阶段	年度计划	租赁公司工作计划
	运营阶段	租赁业务	签订租赁合同
			资产交付
			租赁公司资产入库单
			租赁增值税专用发票
			租赁公司催款通知
		代理业务	材料销售订单（找不到）
			租赁增值税专用发票
			租赁材料销售发货单
			租赁收款单
			租赁收款收据
			租赁付款单
			银行电汇
		登记财务账簿	租赁银行存款日记账
	期末阶段	工作总结	租赁公司工作总结
物流公司	准备阶段	组织架构设计	岗位人员分工表
			岗位职责说明书
		管理制度制定	制定管理制度
		公司成立	企业名称预先核准
			公司设立登记
			公章申请
			印章领取通知
			颁发组织代码证
			组织机构代码证申领
			税务设立登记
			开立单位银行结算账户
		服务标准	服务标准与定价
			物流距离与单价
	期初阶段	年度计划	年度工作计划
	运用阶段	货运业务	代理报关委托书
			委托报关协议
			货运物流合同
			设备托运单
			货物托运单
			调度运单
			托运货物提货单
			运输安排
			成本计算

（续表）

单位	阶段	实践项目	实践业务
物流公司	运用阶段	财务业务	开具支票
			收款单
			收款收据
			付款单
			银行电汇
		登记财务账簿	银行存款日记账
	期末阶段	工作总结	工作总结

8.2 客户公司

8.2.1 客户公司职能及简介

客户公司是仿真市场中购买生产制造公司产品的经营单位。客户公司目前只与生产制造公司进行最终产品的购销，不进行原材料交易和半成品交易；客户公司之间不存在交易关系，不允许互相买卖产品；每个客户公司的需求量和采购资金是有一定限度的，不保证生产制造公司生产的产品均能实现销售；客户公司的需求量和采购报价受本地区经济发展水平、市场未来偏好和产品供求关系的影响。

在选择购买产品中，任何客户公司均可以自主决策购买生产制造公司生产的 CP1、CP2、CP3、CP4 产品。客户公司在与生产制造公司建立购销业务关系后，有权收取规定的客户开发费和客户维护费；客户公司有义务参加每年召开的订货洽谈会；客户公司与生产制造公司达成的商品交易一律以书面购销合同为准，不执行其他形式的协议、合同；客户公司可以自行或委托信息中心进行市场调研预测，以提高决策的科学性；客户公司有义务向信息中心提供市场和行业公共信息，有权获得信息中心提供的各种公共信息。

8.2.2 客户公司准备阶段主要任务

1．实训任务

（1）团队构建与组织结构设计

（2）制定管理制度

（3）客户公司工商登记

（4）客户公司税务登记

（5）客户公司银行开户

2．知识技能描述

通过本任务，能让学生在模拟经营准备阶段了解机构所需要办理的业务，通过实践让学生熟悉相关业务的流程。通过实践使学生了解客户公司所承担的主要职能，熟悉办理规章制度及措施办法，提高知识的运用能力及处理有关事务的能力。

3．内容与步骤

业务一：建立组织架构与职位分工

首先要搭建单位的组织架构。每家的组织结构和职位设置等由仿真单位的新一届管理者（即实训小组成员）自行商定。

人员分工的要领：

（1）明确工作任务与目标。

（2）熟悉下级的专长、不足与个性。只有知人才能善任。

（3）实现人与事的最佳匹配。

（4）明确地向任务承担者交代所要完成的任务与条件。

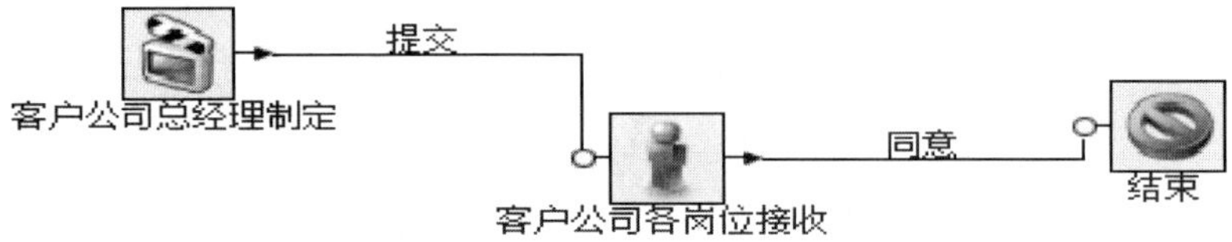

工作流程涉及岗位操作内容表

序号	岗位	节点	状态	类型	明细
1	总经理	录入岗位分工表	线上	操作	客户公司总经理登录系统，录入组织成员岗位分工表
2	各岗位	接收岗位分工表	线上	操作	客户公司各岗位登录系统，接收制定的成员岗位分工表

业务二：主要岗位职责说明书

职位分工业务操作完毕后，各岗位对岗位职责说明书进行制作提交。职位说明书主要包括两个部分：一是职位描述，主要对职位的工作内容进行概括，包括职位设置的目的、基本职责、组织图、业绩标准、工作权限等内容；二是职位的任职资格要求，主要对任职人员的标准和规范进行概括，包括该职位的行为标准，胜任职位所需的知识、技能、能力、个性特征以及对人员的培训需求等内容。

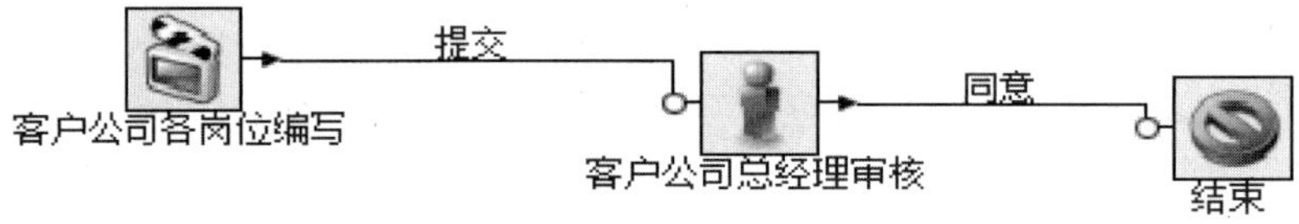

工作流程涉及岗位操作内容表

序号	岗位	节点	状态	类型	明细
1	各岗位	录入岗位职责说明书	线上	操作	客户公司各岗位登录系统，录入岗位职责说明书提交
2	总经理	审阅岗位职责说明书	线上	操作	客户公司总经理登录系统，审阅岗位职责说明书

业务三：制定管理制度

无方不成圆，无规不成矩。管理制度是为了规范自身的建设，维护工作秩序、提高工作效率、增加影响力，通过一定的程序所制定出的相关制度，是单位管理的依据和准则。

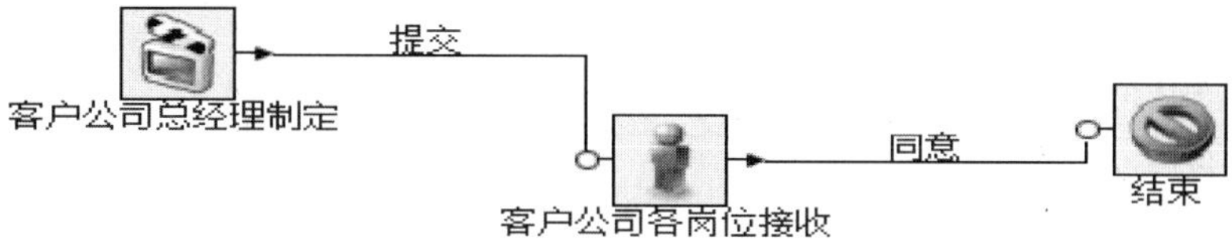

工作流程涉及岗位操作内容表

序号	岗位	节点	状态	类型	明细
1	总经理	制定管理制度	线上	操作	客户公司总经理登录系统，录入管理制度并提交
2	各岗位	接收管理制度	线上	操作	客户公司各岗位登录系统，接收制定的管理制度

4．问题与思考

（1）客户公司如何开展日常准备工作？

（2）实训学员在融入团队的过程中，遇到什么样的困难，如何克服？

8.2.3　客户公司期初阶段主要任务

1．实训任务

制订年度采购计划

2．知识技能描述

通过本任务，能让学生在模拟经营期初阶段了解机构所需要办理的业务，通过实践让学生熟悉相关业务的流程。通过实践使学生了解客户公司所承担的主要职能，加强学生对计划工作的理解，掌握计划制定的过程和方法，灵活运用所学知识。

3．内容与步骤

业务一：客户公司年度采购计划

在对仿真市场产成品供需形势分析和预测的基础上，针对客户公司的每一类产成品，分别确定年度采购计划各因素，包括采购量、采购价格政策、采购时间、收货方式等，编制合理的年度采购计划。

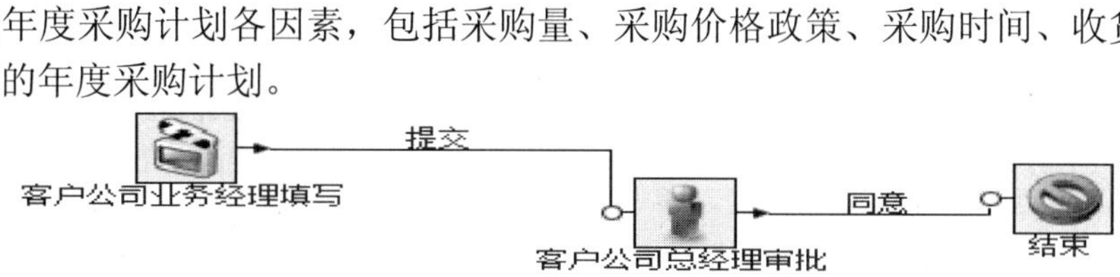

工作流程涉及岗位操作内容表

序号	岗位	节点	状态	类型	明细
1	业务经理	制定年度采购计划	线上	操作	客户公司业务经理登录系统，编制年度采购计划提交
2	总经理	审阅年度采购计划	线上	操作	客户公司总经理登录系统，审阅提交的年度采购计划合理性

4．问题与思考

（1）客户公司制订年度采购计划应该考虑哪些因素？

（2）制订年度采购计划其重要性表现在哪些方面？

8.2.4 客户公司运营阶段主要任务

1．实训任务

（1）参加订货会签订商业合同

（2）接收制造公司交货

（3）银行结算业务

2．知识技能描述

通过本任务，能让学生在模拟经营运营阶段了解机构所需要办理的业务，通过实践让学生熟悉相关业务的流程。通过实践使学生了解客户公司所承担的主要职能，提高知识的运用能力及处理有关事务的能力。

3．内容与步骤

业务一：签订商业合同

客户公司参加订货会与制造公司进行商务洽谈确认合作意向后，由制造公司发起签订商业合同。

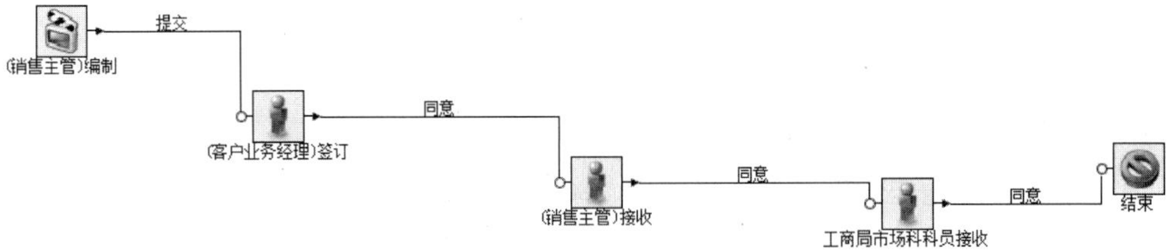

工作流程涉及岗位操作内容表

序号	岗位	节点	状态	类型	明细
1	销售主管	填写购销合同	线上	操作	制造公司销售主管根据商务合作意向客户，填写购销合同提交给客户公司业务经理
2	客户业务经理	签订购销合同	线上	操作	客户业务经理根据商务合作达成的意向，签订提交的购销合同
3	销售主管	接收签订的购销合同	线上	操作	制造公司销售主管登录平台，接收签订的购销合同
4	工商市场科员	接收购销合同	线上	操作	工商市场科员登录平台，接收签约的购销合同，进行市场监管

业务二：客户公司商品验收入库

客户公司接到制造公司销售发货后办理商品验收入库，完成商品采购入库工作。

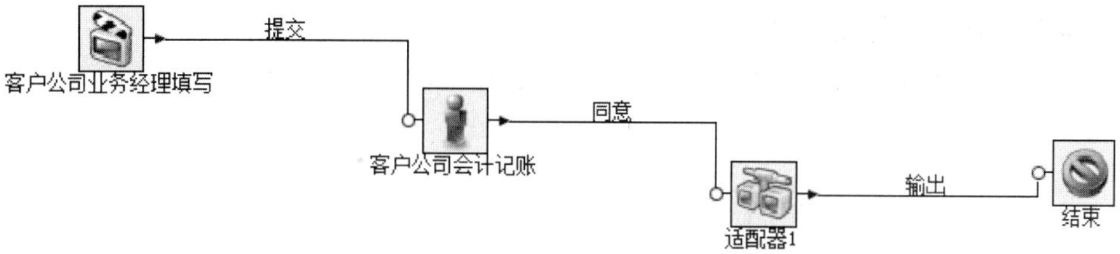

工作流程涉及岗位操作内容表

序号	岗位	节点	状态	类型	明细
1	业务经理	填写商品验收入库单	线上	操作	客户公司业务经理登录系统，录入商品验收入库单提交
2	会计	接收商品验收入库单	线上	操作	客户公司会计登录系统，审核提交的商品验收入库单进行记账；系统更新库存台账

业务三：银行电汇

客户公司出纳依据商业合同款项填写银行电汇单，提交给银行柜员，办理资金转账工作。

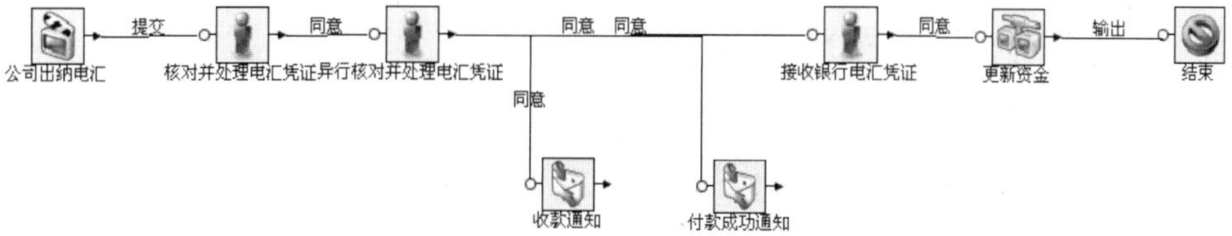

工作流程涉及岗位操作内容表

序号	岗位	节点	状态	类型	明细
1	付款方	填写银行电汇单	线上	操作	客户公司出纳登录系统，填写银行电汇单提交
2	银行柜员	受理银行电汇单	线上	操作	银行柜员登录系统，受理提交的银行电汇单，是否有误并办理资金划转工作
3	收款方	接收银行电汇单	线上	操作	制造公司出纳登录系统，接收提交的银行电汇单，以便进行记账工作；系统更新资金台账

业务四：客户公司销售订单

客户公司业务经理发起销售订单流程，由政府综合局消费者代表确认。

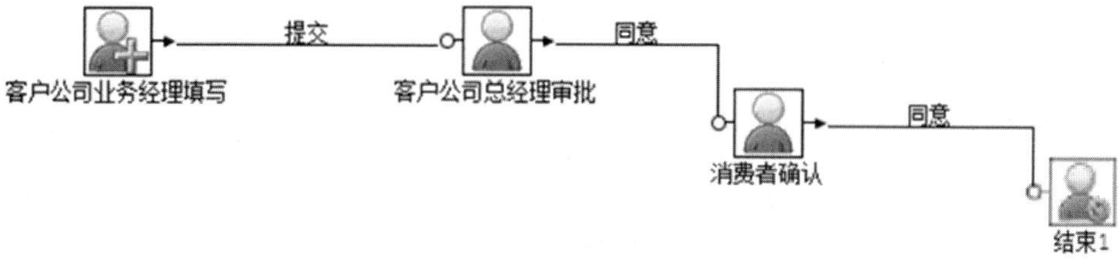

业务五：客户公司发货单

客户公司业务经理发起流程，会计记账，政府综合局消费者代表确认后客户公司库存自动更新。

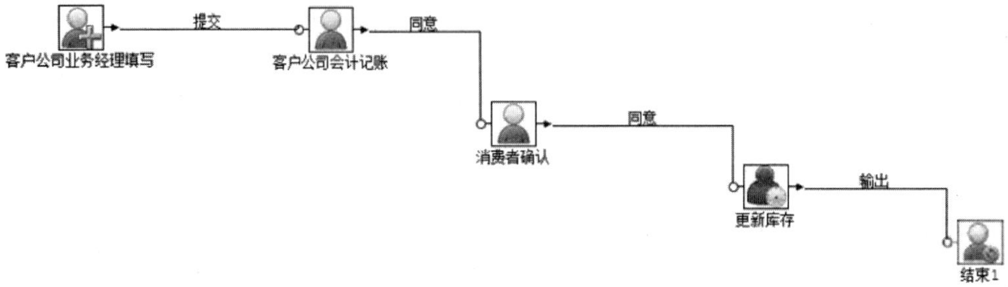

4. 问题与思考

（1）召开产品订货会的作用体现在哪些方面？

（2）签订商品购销合同的注意事项有哪些？

（3）学员在融入业务自发发起业务的过程中，遇到什么样的困难，如何克服？

8.2.5 客户公司期末阶段主要任务

1. 实训任务

客户公司工作计划执行情况讨论与总结。

2. 知识技能描述

通过本任务，能让学生在模拟经营期末阶段了解机构所需要办理的业务，通过实践让学生熟悉相关业务的流程。通过实践让学生能够对仿真经营年度的工作有更为全面的认识，并在此基础上总结经验教训，有利于下一年度工作更好的展开。

3. 内容与步骤

业务一：客户公司工作总结

团队实践报告内容详见书后附录《其他经营性组织团队实践报告主要内容》。

4. 问题与思考

（1）实训中，分析本年度机构经营的成功之处和不足之处？

（2）结合本实训说明年度工作经营总结应包括的主要内容和撰写时应注意的问题？

8.3 供　应　商

8.3.1 供应商职能及简介

供应商是仿真市场中向生产制造公司出售原材料和设备的经营单位。供应商是自主经营、独立核算、自负盈亏的法人单位，具有自主决定原材料供应品种、数量和价格的权力。供应商只与生产制造公司进行原材料和设备的购销，不进行半成品交易。供应商之间不存在交易关系，不允许互相买卖原材料和设备。每个供应商的供应品种、供应量是有一定限度的，不保证生产制造公司生产所需的原材料和设备及时、足够的供应；供应商的原材料和设备的供给量和销售报价受本地区经济发展水平、固定资产投资规模及供求关系的影响。

供应商的经营范围是 M1、M2、M31、M32、M41、M42 等原材料并可在此范围内按相关贵族决定供应品种、数量和价格；除此以外还包括各种生产线、动力设备和运输工具，可按相关规则决定供应的数量和价格。供应商经营的各种设备，只出售，不租赁；供应商与生产制造公司达成的原材料与设备交易一律以书面购销合同为准，不执行其他形式的协议、合同。供应商可以自行，也可以委托信息中心进行市场调研预测，以提高决策的科学性；供应商有义务向信息中心提供行业公共信息，有权获得信息中心提供的各种公共信息。

8.3.2 供应商准备阶段主要任务

1．实训任务

（1）团队构建与组织结构设计

（2）制定管理制度

（3）供应商工商登记

（4）供应商税务登记

（5）供应商银行开户

2．知识技能描述

通过本任务，能让学生在模拟经营准备阶段了解机构所需要办理的业务，通过实践让学生熟悉相关业务的流程。通过实践使学生了解供应商公司所承担的主要职能，熟悉办理规章制度及措施办法，提高知识的运用能力及处理有关事务的能力。

3．内容与步骤

业务一：建立组织架构与职位分工

首先要搭建单位的组织架构。每家的组织结构和职位设置等由仿真单位的新一届管理者（即实训小组成员）自行商定。

人员分工的要领：

（1）明确工作任务与目标。

（2）熟悉下级的专长、不足与个性。只有知人才能善任。

（3）实现人与事的最佳匹配。

（4）明确地向任务承担者交代所要完成的任务与条件。

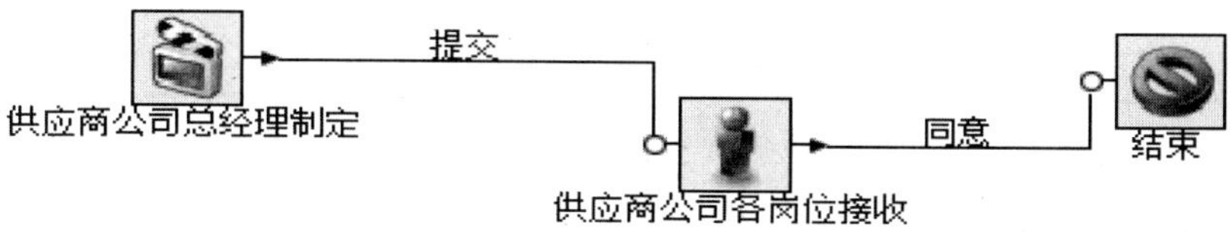

工作流程涉及岗位操作内容表

序号	岗位	节点	状态	类型	明细
1	总经理	录入岗位分工表	线上	操作	供应商总经理登录系统，录入组织成员岗位分工表
2	各岗位	接收岗位分工表	线上	操作	供应商各岗位登录系统，接收制定的成员岗位分工表

业务二：主要岗位职责说明书

职位分工业务操作完毕后，各岗位对岗位职责说明书进行制作提交。职位说明书主要包括两个部分：一是职位描述，主要对职位的工作内容进行概括，包括职位设置的目的、基本职责、组织图、业绩标准、工作权限等内容；二是职位的任职资格要求，主要对任职人员的标准和规范进行概括，包括该职位的行为标准，胜任职位所需的知识、技能、能力、个性特征以及对人员的培训需求等内容。

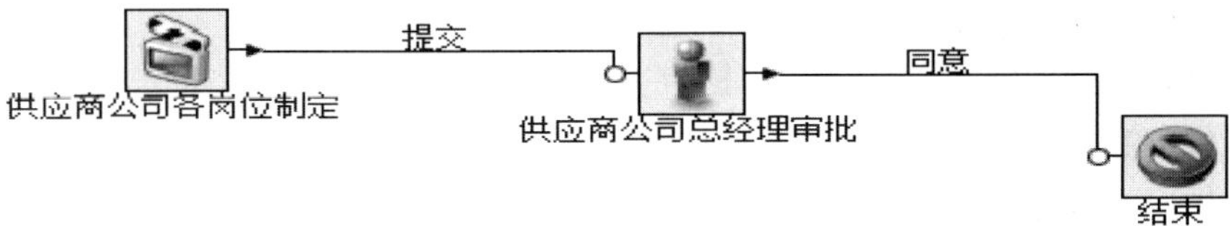

工作流程涉及岗位操作内容表

序号	岗位	节点	状态	类型	明细
1	各岗位	录入岗位职责说明书	线上	操作	供应商各岗位登录系统，录入岗位职责说明书提交
2	总经理	审阅岗位职责说明书	线上	操作	供应商总经理登录系统，审阅岗位职责说明书

业务三：制定管理制度

无方不成圆，无规不成矩。管理制度是为了规范自身的建设，维护工作秩序、提高工作效率、增加影响力，通过一定的程序所制定出的相关制度，是单位管理的依据和准则。

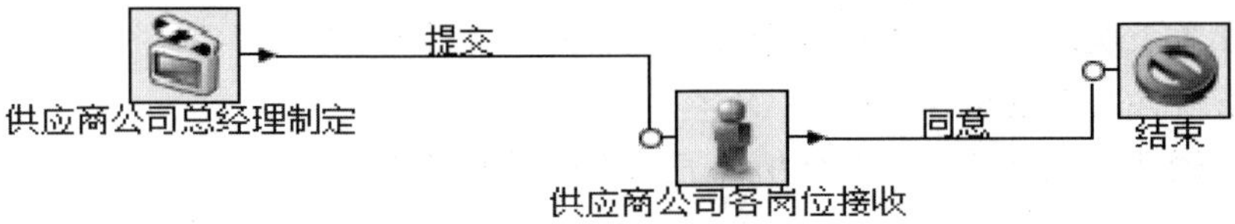

工作流程涉及岗位操作内容表

序号	岗位	节点	状态	类型	明细
1	总经理	制定管理制度	线上	操作	供应商总经理登录系统，录入管理制度并提交
2	各岗位	接收管理制度	线上	操作	供应商各岗位登录系统，接收制定的管理制度

4．问题与思考

（1）供应商如何开展日常准备工作？

（2）实训学员在融入团队的过程中，遇到什么样的困难，如何克服？

8.3.3 供应商期初阶段主要任务

1．实训任务

制订年度原材料、设备供货计划。

2．知识技能描述

通过本任务，能让学生在模拟经营期初阶段了解机构所需要办理的业务，通过实践让学生熟悉相关业务的流程。通过实践使学生了解供应商公司所承担的主要职能，加强学生对计划工作的理解，掌握计划制订的过程和方法，灵活运用所学知识。

3．内容与步骤

业务一：制订年度工作计划

工作计划是行政活动中使用范围很广的重要公文，也是应用写作的一个重头戏。机关、团体、企事业单位的各级机构，对一定时期的工作预先作出安排和打算时，都要制订工作计划，用到“工作计划”这种公文。工作计划实际上有许多不同种类，它们不仅有时间长短之分，而且有范围大小之别。从计划的具体分类来讲，比较长远、宏大的为“规划”，比较切近、具体的为“安排”，比较繁杂、全面的为“方案”，比较简明、概括的为“要点”，比较深入、细致的为“计划”，比较粗略、雏形的为“设想”，无论何种称谓，这些都是计划文种的范畴。

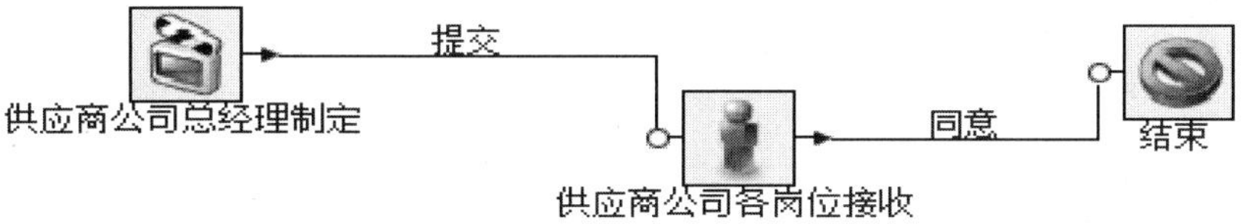

工作流程涉及岗位操作内容表

序号	岗位	节点	状态	类型	明细
1	总经理	录入工作计划	线上	操作	供应商总经理登录系统，制订组织年度工作计划
2	各岗位	接收工作计划	线上	操作	供应商各岗位登录系统，接收制订的年度工作计划

4．问题与思考

（1）供应商制订工作计划应该考虑哪些因素？

（2）工作计划对于第二年工作的展开有怎样的意义？

8.3.4 供应商运营阶段主要任务

1．实训任务

（1）接洽制造公司订货

（2）执行销售合同

（3）供应商开具增值税专用发票

2．知识技能描述

通过本任务，能让学生在模拟经营运营阶段了解机构所需要办理的业务，通过实践让学生熟悉相关业务的流程。通过实践使学生了解供应商公司所承担的主要职能，提高知识的运用能力及处理有关事务的能力。

3．内容与步骤

业务一：签订材料合同

供应商根据商务意向拟制材料合同，发往采购方采购经理确认签订合同。

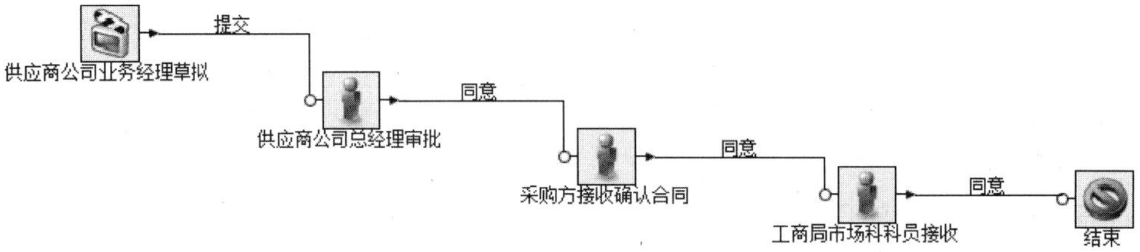

工作流程涉及岗位操作内容表

序号	岗位	节点	状态	类型	明细
1	供应商业务经理	草拟材料合同	线上	操作	供应商业务经理根据商务意向，填写材料合同提交给领导审批
2	供应商总经理	审批材料合同	线上	操作	供应商总经理审核提交的材料合同是否有误
3	采购方	确认签订材料合同	线上	操作	采购方采购经理登录平台，接收确认签订材料合同
4	工商市场科员	接收材料合同	线上	操作	工商市场科员登录平台，接收双方签约的材料合同，进行市场监管

业务二：签订设备采购合同

供应商根据商务意向拟制设备采购合同，发往采购方采购经理确认签订合同。

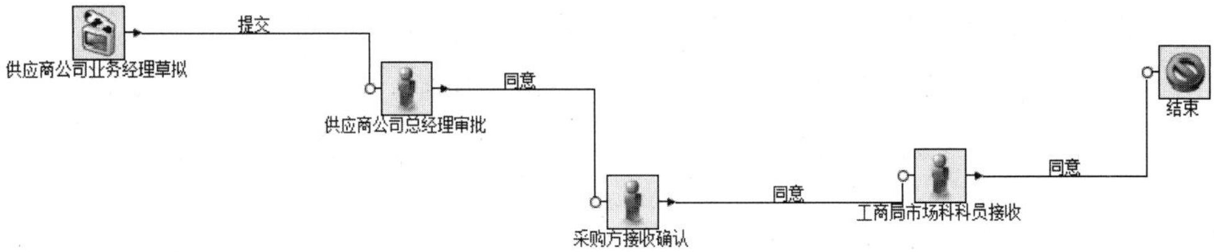

工作流程涉及岗位操作内容表

序号	岗位	节点	状态	类型	明细
1	供应商业务经理	草拟设备合同	线上	操作	供应商业务经理根据商务意向，填写设备采购合同提交给领导审批
2	供应商总经理	审批设备合同	线上	操作	供应商总经理审核提交的设备合同是否有误

（续表）

序号	岗位	节点	状态	类型	明细
3	采购方	确认签订设备合同	线上	操作	采购方采购经理登录平台，接收确认签订设备合同
4	工商市场科员	接收设备合同	线上	操作	工商市场科员登录平台，接收双方签约的设备合同，进行市场监管

业务三：供应商原材料发货

供应商公司根据双方签订的材料合同或订单，填写原材料发货单，通知采购方接收材料。

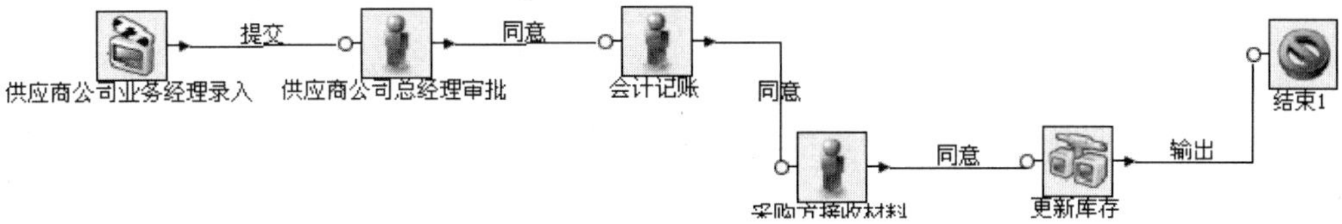

工作流程涉及岗位操作内容表

序号	岗位	节点	状态	类型	明细
1	供应商业务经理	填写原材料发货单	线上	操作	供应商业务经理登录平台，根据双方签订的材料合同或订单填写原材料发货单
2	供应商总经理	审批原材料发货单	线上	操作	供应商总经理审核提交的原材料发货单是否有误
3	供应商会计	查阅记账	线上	操作	供应商会计查看原材料发货单，以便进行登账工作
4	采购方	接收材料	线上	操作	制造业接收原材料发货单，系统更新供应商库存

业务四：供应商设备发货

供应商公司根据双方签订的设备采购合同或订单，填写设备发货单，通知采购方接收设备。

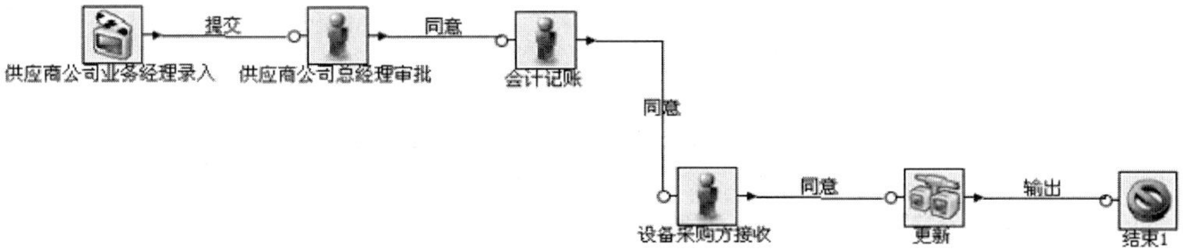

工作流程涉及岗位操作内容表

序号	岗位	节点	状态	类型	明细
1	供应商业务经理	填写设备发货单	线上	操作	供应商业务经理登录平台，根据双方签订的设备采购合同或订单填写设备发货单
2	供应商总经理	审批设备发货单	线上	操作	供应商总经理审核提交的设备发货单是否有误
3	供应商会计	查阅记账	线上	操作	供应商会计查看设备发货单，以便进行登账工作
4	采购方	接收设备	线上	操作	制造业接收设备发货单，系统更新供应商资产库存

业务五：签订货物或设备运输合同

物流公司根据商务意向拟制货物或设备运输合同，发往托运方供应商业务经理确认签订合同。

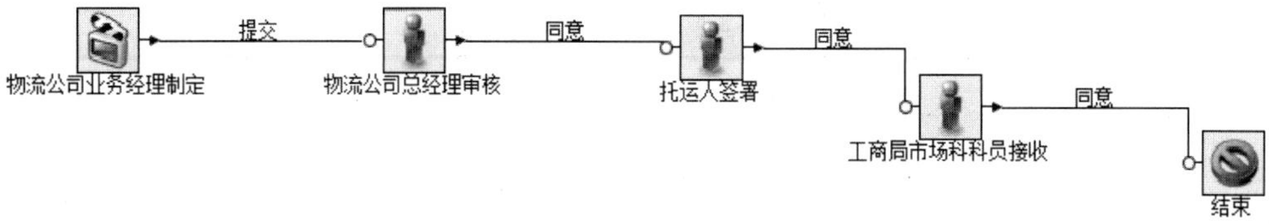

工作流程涉及岗位操作内容表

序号	岗位	节点	状态	类型	明细
1	物流公司业务经理	拟定货物或设备运输合同	线上	操作	物流公司业务经理根据商务意向，填写货物或设备运输合同提交给领导审批
2	物流公司总经理	审批货物或设备运输合同	线上	操作	物流公司总经理审核提交的货物或设备运输合同是否有误
3	业务经理	签订货物或设备运输合同	线上	操作	供应商业务经理登录平台，接收确认签订货物或设备运输合同
4	工商市场科员	接收货物或设备运输合同	线上	操作	工商市场科员登录平台，接收双方签约的货物或设备运输合同，进行市场监管

业务六：供应商开具增值税专用发票

供应商公司会计按采购供货项目开具增值税专用发票，交予对方，完成开票及回款工作。

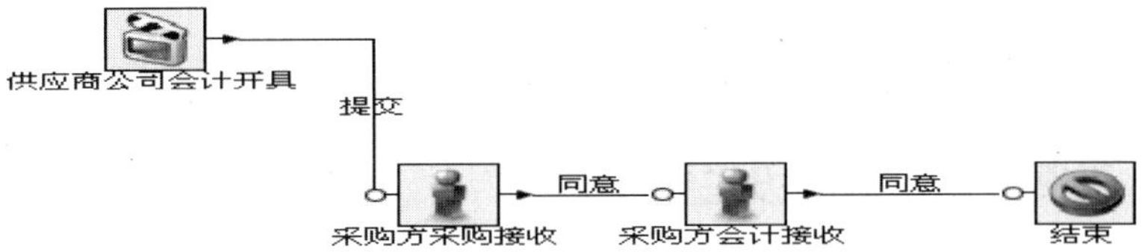

工作流程涉及岗位操作内容表

序号	岗位	节点	状态	类型	明细
1	供应商会计	开具发票	线上	操作	供应商会计开具增值税专用发票并提交给对方采购经理
2	采购方采购	接收发票	线上	操作	采购方采购经理接收提交的增值税专用发票，确认是否完备
3	采购方会计	接收发票	线上	操作	采购方会计登录平台，接收增值税专用发票，以便进行税务及记账工作

4．问题与思考

（1）签订材料或设备购销合同的注意事项有哪些？

（2）学员在融入业务自发发起业务的过程中，遇到什么样的困难，如何克服？

8.3.5 供应商期末阶段主要任务

1．实训任务

供应商工作计划执行情况讨论与总结。

2．知识技能描述

通过本任务，能让学生在模拟经营期末阶段了解机构所需要办理的业务，通过实践让学生熟悉相关业务的流程。通过实践让学生能够对仿真经营年度的工作有更为全面的认识，并在此基础上总结经验教训，有利于下一年度工作更好的展开。

3．内容与步骤

业务一：供应商工作总结

团队实践报告内容详见书后附录“其他经营性组织团队实践报告主要内容”。

4．问题与思考

（1）实训中，分析本年度机构经营的成功之处和不足之处？

（2）结合本实训说明年度工作经营总结应包括的主要内容和撰写时应注意的问题？

8.4 租 赁 公 司

8.4.1 租赁公司职能及简介

租赁公司是企业方针综合实习环境中唯一以出租业务为主的经营单位，其宗旨是为仿真市场所有公司提供租赁服务；本公司是自主经营、独立河段、自负盈亏的法人单位，具有自主定价权；本公司出租的固定资产的能力是有限的，能够提供租赁的固定资产数量受本地区宏观经济发展的影响和固定资产投资规模的影响；租赁接个既受本地区经济发展水平的影响，又受固定资产供求关系的影响。

8.4.2 租赁公司准备阶段主要任务

1．实训任务

（1）团队构建与组织结构设计

（2）制定管理制度

（3）租赁公司工商登记

（4）租赁公司税务登记

（5）租赁公司银行开户

2．知识技能描述

通过本任务，能让学生在模拟经营准备阶段了解机构所需要办理的业务，通过实践让学生熟悉相关业务的流程。通过实践使学生了解租赁公司在租赁服务方面所承担的主要职能，熟悉办理规章制度及措施办法，提高知识的运用能力及处理有关事务的能力。

3．内容与步骤

业务一：建立组织架构与职位分工

首先要搭建单位的组织架构。每家的组织结构和职位设置等由仿真单位的新一届管理者（即实训小组成员）自行商定。

人员分工的要领：

（1）明确工作任务与目标。

（2）熟悉下级的专长、不足与个性。只有知人才能善任。

（3）实现人与事的最佳匹配。

（4）明确地向任务承担者交代所要完成的任务与条件。

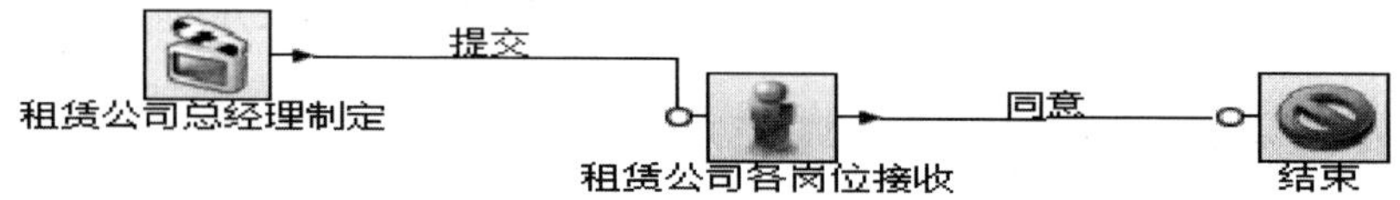

工作流程涉及岗位操作内容表

序号	岗位	节点	状态	类型	明细
1	总经理	录入成员岗位	线上	操作	租赁公司总经理登录系统，录入组织成员岗位分工
2	各岗位	接收岗位分工表	线上	操作	租赁公司各岗位登录系统，接收制定的成员岗位分工表

业务二：主要岗位职责说明书

职位分工业务操作完毕后，各岗位对岗位职责说明书进行制作提交。职位说明书主要包括两个部分：一是职位描述，主要对职位的工作内容进行概括，包括职位设置的目的、基本职责、组织图、业绩标准、工作权限等内容；二是职位的任职资格要求，主要对任职人员的标准和规范进行概括，包括该职位的行为标准，胜任职位所需的知识、技能、能力、个性特征以及对人员的培训需求等内容。

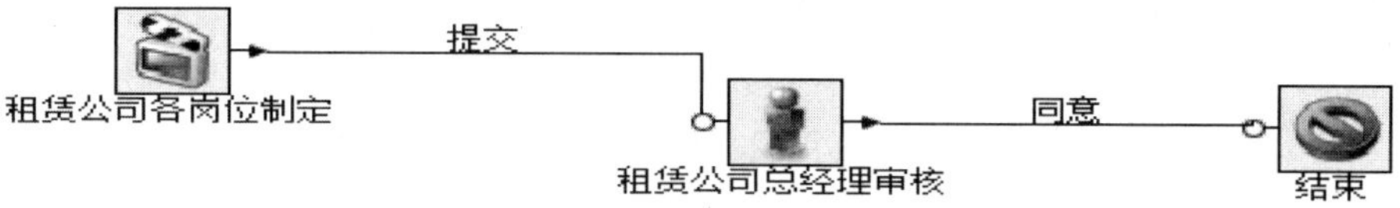

工作流程涉及岗位操作内容表

序号	岗位	节点	状态	类型	明细
1	各岗位	录入岗位职责说明书	线上	操作	租赁公司各岗位登录系统，录入岗位职责说明书提交
2	总经理	审阅岗位职责说明书	线上	操作	租赁公司总经理登录系统，审阅岗位职责说明书

业务三：制定管理制度

无方不成圆，无规不成矩。管理制度是为了规范自身的建设，维护工作秩序、提高工作效率、增加影响力，通过一定的程序所制定出的相关制度，是单位管理的依据和准则。

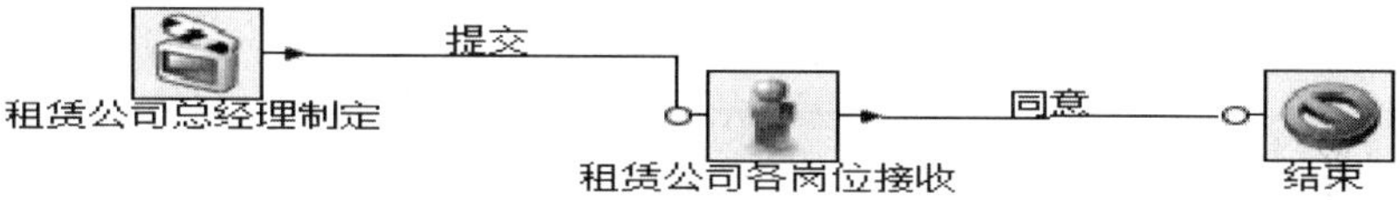

工作流程涉及岗位操作内容表

序号	岗位	节点	状态	类型	明细
1	总经理	制定管理制度	线上	操作	租赁公司总经理登录系统，录入管理制度并提交
2	各岗位	接收管理制度	线上	操作	租赁公司各岗位登录系统，接收制定的管理制度

4．问题与思考

（1）租赁公司如何开展日常准备工作？

（2）实训学员在融入团队的过程中，遇到什么样的困难，如何克服？

8.4.3 租赁公司期初阶段主要任务

1．实训任务

（1）可租赁资产的期初数据

（2）制订年度工作计划

2．知识技能描述

通过本任务，能让学生在模拟经营期初阶段了解机构所需要办理的业务，通过实践让学生熟悉相关业务的流程。通过实践使学生了解租赁公司在租赁服务方面所承担的主要职能，加强学生对计划工作的理解，掌握计划制订的过程和方法，灵活运用所学知识。

3．内容与步骤

业务一：出租信息表

工作流程涉及岗位操作内容表

序号	岗位	节点	状态	类型	明细
1	业务经理	填制出租信息表	线上	操作	租赁公司业务经理登录系统，录入可租赁资产出租信息表提交
2	对方单位	查阅出租信息表	线上	操作	对方单位采购或业务经理登录系统，查阅制定的出租信息表

业务二：制订年度工作计划

工作计划是行政活动中使用范围很广的重要公文，也是应用写作的一个重头戏。机关、团体、企事业单位的各级机构，对一定时期的工作预先作出安排和打算时，都要制订工作计划，用到“工作计划”这种公文。工作计划实际上有许多不同种类，它们不仅有时间长短之分，而且有范围大小之别。从计划的具体分类来讲，比较长远、宏大的为“规划”，比较切近、具体的为“安排”，比较繁杂、全面的为“方案”，比较简明、概括的为“要点”，比较深入、细致的为“计划”，比较粗略、雏形的为“设想”，无论何种称谓，这些都是计划文种的范畴。

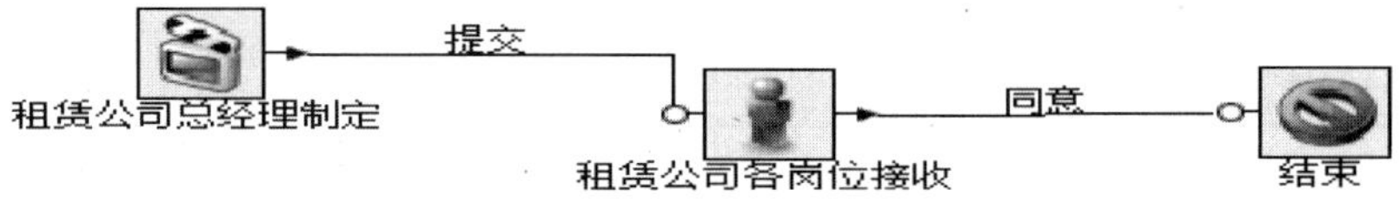

工作流程涉及岗位操作内容表

序号	岗位	节点	状态	类型	明细
1	总经理	录入工作计划	线上	操作	租赁公司总经理登录系统，制订组织年度工作计划
2	各岗位	接收工作计划	线上	操作	租赁公司各岗位登录系统，接收制订的年度工作计划

4．问题与思考

（1）租赁公司制订工作计划应该考虑哪些因素？

（2）工作计划对于第二年工作的展开有怎样的意义？

8.4.4 租赁公司运营阶段主要任务

1．实训任务

（1）签订租赁合同

（2）资产交付

（3）资产回收

（4）租赁服务发票

2．知识技能描述

通过本任务，能让学生在模拟经营运营阶段了解机构所需要办理的业务，通过实践让学生熟悉相关业务的流程。通过实践使学生了解租赁公司在租赁服务方面所承担的主要职能，提高知识的运用能力及处理有关事务的能力。

内容与步骤

业务一：签订租赁合同

租赁公司根据商务意向拟制租赁合同，发往承租方采购经理或业务经理确认签订合同。

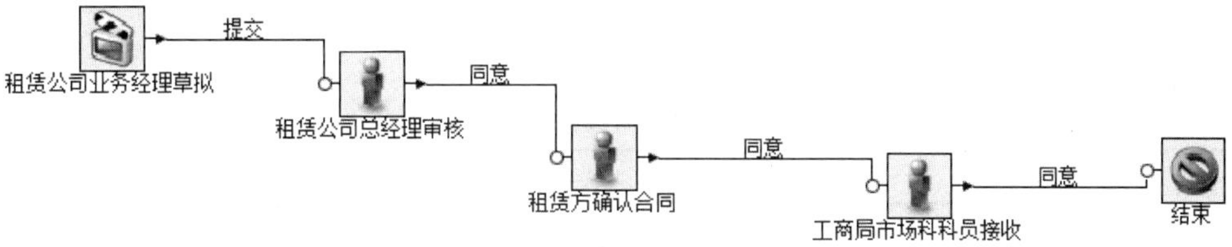

工作流程涉及岗位操作内容表

序号	岗位	节点	状态	类型	明细
1	租赁公司业务经理	草拟租赁合同	线上	操作	租赁公司业务经理根据商务意向，填写租赁合同提交给领导审批
2	租赁公司总经理	审批租赁合同	线上	操作	租赁公司总经理审核提交的租赁合同是否有误
3	承租方	确认签订租赁合同	线上	操作	承租方采购经理或业务经理登录平台，接收确认签订租赁合同
4	工商市场科员	接收租赁合同	线上	操作	工商市场科员登录平台，接收双方签约的租赁合同，进行市场监管

业务二：资产交付

租赁公司根据双方签订的租赁合同，填写租赁资产交付单，通知承租方接收资产设备。

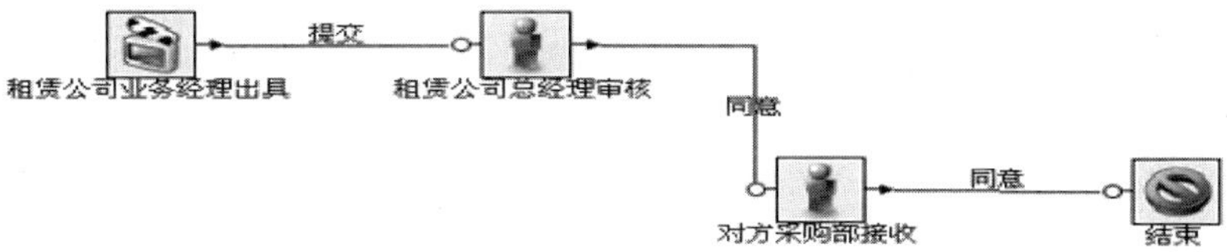

工作流程涉及岗位操作内容表

序号	岗位	节点	状态	类型	明细
1	租赁公司业务经理	填写资产交付单	线上	操作	租赁公司业务经理登录平台，根据双方签订的租赁合同填写资产交付单
2	租赁公司总经理	审批资产交付单	线上	操作	租赁公司总经理审核提交的资产交付单是否有误
3	承租方	接收设备	线上	操作	承租方采购经理或业务经理接收资产交付单，完成确认资产交付工作

业务三：资产回收

租赁公司根据租赁资产合同时效填写租赁资产回收单，通知承租方返回资产设备。

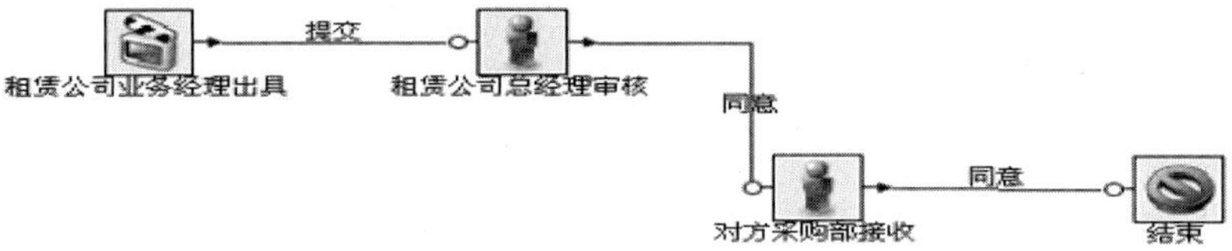

工作流程涉及岗位操作内容表

序号	岗位	节点	状态	类型	明细
1	租赁公司业务经理	填写资产回收单	线上	操作	租赁公司业务经理登录平台，根据双方签订的租赁合同填写资产回收单
2	租赁公司总经理	审批资产回收单	线上	操作	租赁公司总经理审核提交的资产回收单是否有误
3	承租方	返回设备	线上	操作	承租方采购经理或业务经理接收资产回收单，完成确认资产回收工作

业务四：租赁服务发票

租赁公司会计按租赁项目开具服务发票，交予对方，完成开票及回款工作。

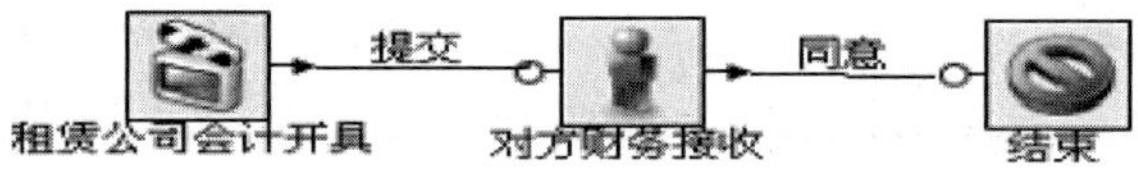

工作流程涉及岗位操作内容表

序号	岗位	节点	状态	类型	明细
1	租赁公司会计	开具发票	线上	操作	租赁公司会计开具服务发票并提交给对方财务
2	对方财务	接收发票	线上	操作	对方公司类会计登录平台，接收服务发票，确认是否完备，以便进行付款等工作

4．问题与思考

（1）租赁公司的业务量受哪些因素的影响？供求关系是否是唯一决定因素？为什么？

（2）各类资产的出租价格是如何确定的？受哪些因素的影响？

（3）签订经营性租赁合同的注意事项有哪些？

8.4.5 租赁公司期末阶段主要任务

1．实训任务

（1）租赁公司业务统计

（2）租赁公司工作计划执行情况讨论与总结

2．知识技能描述

通过本任务，能让学生在模拟经营期末阶段了解机构所需要办理的业务，通过实践让学生熟悉相关业务的流程。通过实践让学生能够对仿真经营年度的工作有更为全面的认识，并在此基础上总结经验教训，有利于下一年度工作更好地展开。

3．内容与步骤

业务一：租赁出租汇总表

租赁公司期末对业务经营现象及其成果进行统计分析，对公司出租厂房、仓库或设备汇总登记。

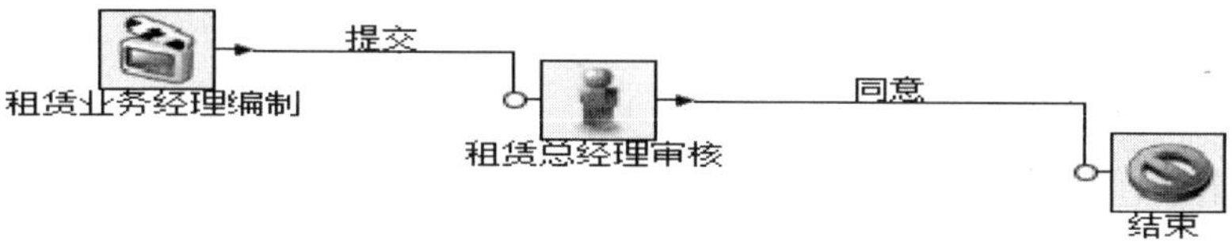

工作流程涉及岗位操作内容表

序号	岗位	节点	状态	类型	明细
1	业务经理	填制出租汇总表	线上	操作	租赁公司业务经理登录系统，录入出租汇总表提交
2	总经理	审阅出租汇总表	线上	操作	租赁公司总经理登录系统，审阅编制的出租汇总表

业务二：租赁公司工作总结

团队实践报告内容详见书后附录“其他经营性组织团队实践报告主要内容”。

4．问题与思考

（1）实训中，分析本年度机构经营的成功之处和不足之处？

（2）结合本实训说明年度工作经营总结应包括的主要内容和撰写时应注意的问题？

8.5 第三方物流公司

8.5.1 第三方物流公司职能及简介

第三方物流公司是仿真市场中唯一的营利性物流服务提供商，其宗旨是为仿真市场所有单位和组织提供有偿性的物流服务，并要严格执行国家流通政策和有关法律法规的规定坚守行业自律，不得随意泄漏客户信息。第三方物流公司受仿真实习环境工商行政管理部门的监管。

第三方物流公司在本地市场、国内市场和国际市场提供三种物流相关服务：仓储、运输和代理报关。第三方物流公司面向仿真市场的所有企业提供仓储服务；第三方物流公司在规定办理业务的时间内，随时受理供应商、生产制造公司、客户公司委托的物流相关服务，交易次数不限；物流服务的交易双方应在平等协商的基础上达成协议，每一次交易必须签订合同（协议），合同（协议）为确认交易的唯一有效证明。未写入合同的口头、文字协议无效；如有争议，以合同（协议）为执行标准；无法解决争议时，可提请工商行政管理部门仲裁。第三方物流公司要及时、如实、完整记录和分析物流执行情况；有义务向政府信息中心提供行业公共信息。

8.5.2 第三方物流公司准备阶段主要任务

1．实训任务

（1）团队构建与组织结构设计

（2）制定管理制度

（3）第三方物流公司工商登记

（4）第三方物流公司税务登记

（5）第三方物流公司银行开户

2．知识技能描述

通过本任务，能让学生在模拟经营准备阶段了解机构所需要办理的业务，通过实践让学生熟悉相关业务的流程。通过实践使学生了解第三方物流公司所承担的主要职能，熟悉办理规章制度及措施办法，提高知识的运用能力及处理有关事务的能力。

3．内容与步骤

业务一：建立组织架构与职位分工

首先要搭建单位的组织架构。每家的组织结构和职位设置等由仿真单位的新一届管理者（即实训小组成员）自行商定。

人员分工的要领：

（1）明确工作任务与目标。

（2）熟悉下级的专长、不足与个性。只有知人才能善任。

（3）实现人与事的最佳匹配。

（4）明确地向任务承担者交代所要完成的任务与条件。

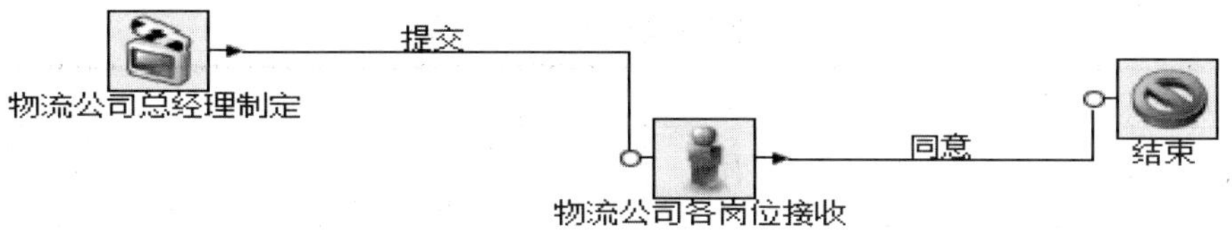

工作流程涉及岗位操作内容表

序号	岗位	节点	状态	类型	明细
1	总经理	录入岗位分工表	线上	操作	物流公司总经理登录系统，录入组织成员岗位分工表
2	各岗位	接收岗位分工表	线上	操作	物流公司各岗位登录系统，接收制定的成员岗位分工表

业务二：主要岗位职责说明书

职位分工业务操作完毕后，各岗位对岗位职责说明书进行制作提交。职位说明书主要包括两个部分：一是职位描述，主要对职位的工作内容进行概括，包括职位设置的目的、基本职责、组织图、业绩标准、工作权限等内容；二是职位的任职资格要求，主要对任职人员的标准和规范进行概括，包括该职位的行为标准，胜任职位所需的知识、技能、能力、个性特征以及对人员的培训需求等内容。

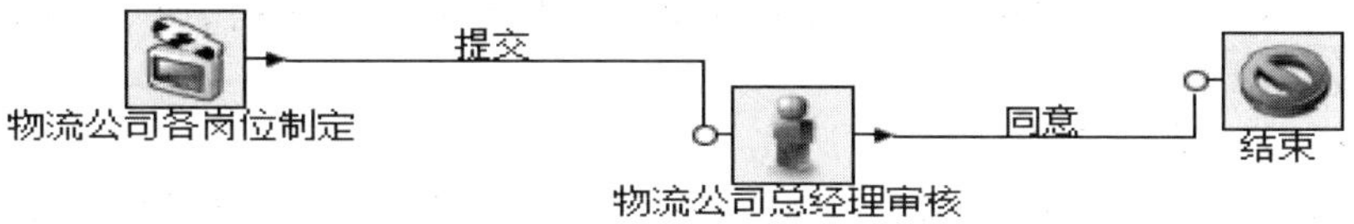

工作流程涉及岗位操作内容表

序号	岗位	节点	状态	类型	明细
1	各岗位	录入岗位职责说明书	线上	操作	物流公司各岗位登录系统，录入岗位职责说明书提交
2	总经理	审阅岗位职责说明书	线上	操作	物流公司总经理登录系统，审阅岗位职责说明书

业务三：制定管理制度

无方不成圆，无规不成矩。管理制度是为了规范自身的建设，维护工作秩序、提高工作效率、增加影响力，通过一定的程序所制定出的相关制度，是单位管理的依据和准则。

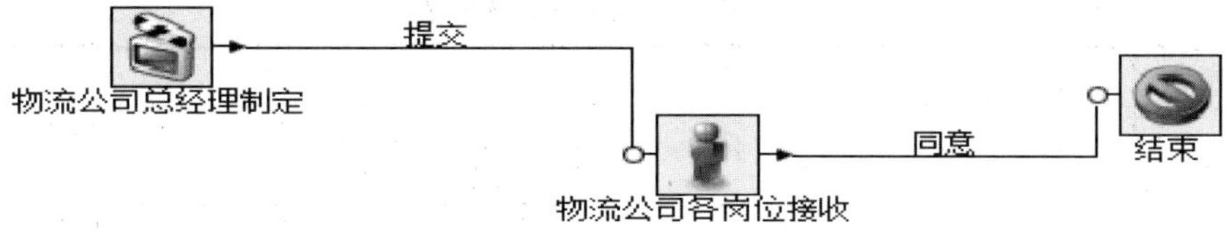

工作流程涉及岗位操作内容表

序号	岗位	节点	状态	类型	明细
1	总经理	制定管理制度	线上	操作	物流公司总经理登录系统，录入管理制度并提交
2	各岗位	接收管理制度	线上	操作	物流公司各岗位登录系统，接收制定的管理制度

4．问题与思考

（1）第三方物流公司如何开展日常准备工作？

（2）实训学员在融入团队的过程中，遇到什么样的困难，如何克服？

8.5.3 第三方物流公司期初阶段主要任务

1．实训任务

（1）制订年度工作计划

（2）制定和发布物流业务服务标准和报价

2．知识技能描述

通过本任务，能让学生在模拟经营期初阶段了解机构所需要办理的业务，通过实践让学生熟悉相关业务的流程。通过实践使学生了解第三方物流公司所承担的主要职能，加强学生对计划工作的理解，掌握计划制定的过程和方法，灵活运用所学知识。

3．内容与步骤

业务一：制订年度工作计划

工作计划是行政活动中使用范围很广的重要公文，也是应用写作的一个重头戏。机关、团体、企事业单位的各级机构，对一定时期的工作预先做出安排和打算时，都要制订工作计划，用到“工作计划”这种公文。工作计划实际上有许多不同种类，它们不仅有时间长短之分，而且有范围大小之别。从计划的具体分类来讲，比较长远、宏大的为“规划”，比较切近、具体的为“安排”，比较繁杂、全面的为“方案”，比较简明、概括的为“要点”，比较深入、细致的为“计划”，比较粗略、雏形的为“设想”，无论何种称谓，这些都是计划文种的范畴。

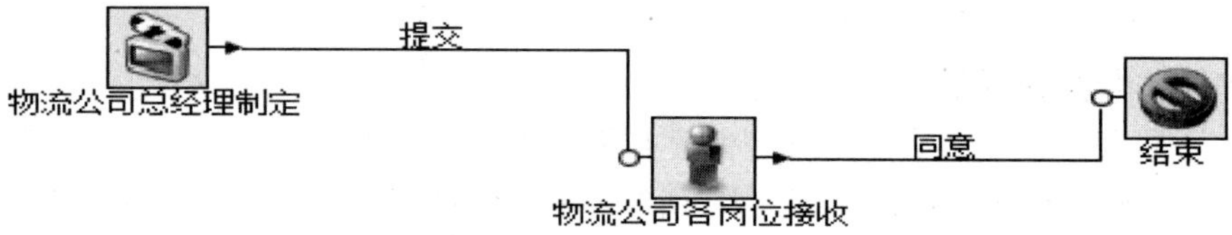

工作流程涉及岗位操作内容表

序号	岗位	节点	状态	类型	明细
1	总经理	录入工作计划	线上	操作	物流公司总经理登录系统，制订组织年度工作计划
2	各岗位	接收工作计划	线上	操作	物流公司各岗位登录系统，接收制订的年度工作计划

业务二：物流公司服务收费标准

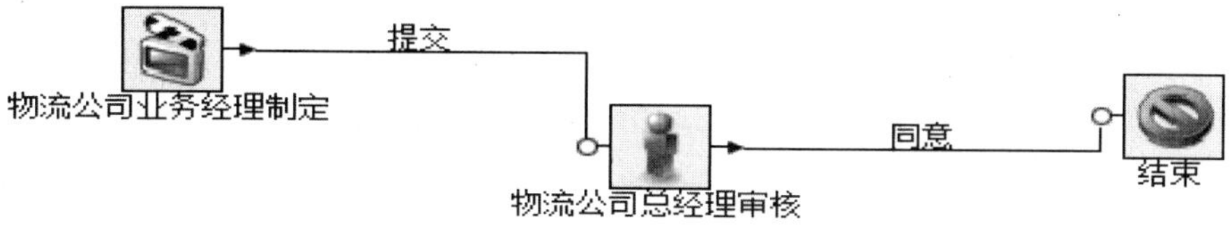

工作流程涉及岗位操作内容表

序号	岗位	节点	状态	类型	明细
1	业务经理	制定服务收费标准	线上	操作	物流公司业务经理登录系统，录入物流服务收费标准提交
2	总经理	审阅服务收费标准	线上	操作	物流公司总经理登录系统，审阅物流服务收费标准

4．问题与思考

（1）制订仓储、运输业务计划要考虑的主要因素是什么？

（2）工作计划对于第二年工作的展开有怎样的意义？

8.5.4　第三方物流公司运营阶段主要任务

1．实训任务

（1）接洽物流委托运输

（2）执行物流服务合同

（3）物流公司开具发票

2．知识技能描述

通过本任务，能让学生在模拟经营运营阶段了解机构所需要办理的业务，通过实践让学生熟悉相关业务的流程。通过实践使学生了解第三方物流公司所承担的主要职能，提高知识的运用能力及处理有关事务的能力。

3．内容与步骤

业务一：签订货物或设备运输合同

物流公司根据商务意向拟制货物或设备运输合同，发往托运方确认签订运输合同。

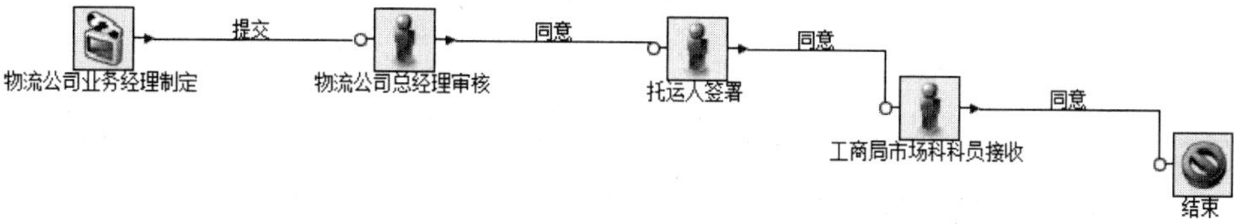

工作流程涉及岗位操作内容表

序号	岗位	节点	状态	类型	明细
1	物流公司业务经理	拟定货物或设备运输合同	线上	操作	物流公司业务经理根据商务意向，填写货物或设备运输合同提交给领导审批
2	物流公司总经理	审批货物或设备运输合同	线上	操作	物流公司总经理审核提交的货物或设备运输合同是否有误
3	托运方	签订货物或设备运输合同	线上	操作	托运方物流经理或业务经理登录平台，接收确认签订货物或设备运输合同
4	工商市场科员	接收货物或设备运输合同	线上	操作	工商市场科员登录平台，接收双方签约的货物或设备运输合同，进行市场监管

业务二：货物或设备托运单

托运方根据运输合同填写货物或设备托运单，交予物流公司业务经理办理物流运输。

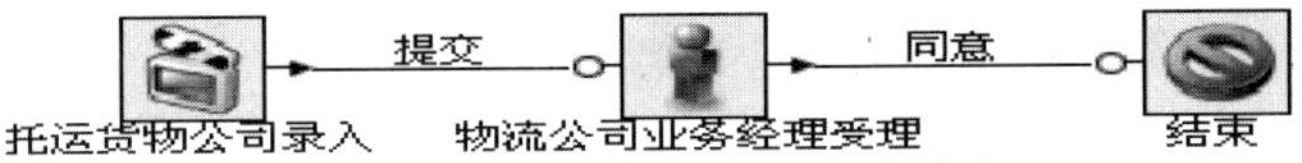

工作流程涉及岗位操作内容表

序号	岗位	节点	状态	类型	明细
1	托运方	填写货物或设备托运单	线上	操作	托运方物流经理或业务经理登录系统，填写货物或设备托运单提交
2	物流公司业务经理	受理货物或设备托运单	线上	操作	物流公司业务经理登录系统，接收货物或设备托运单，以便后面安排运输工作

业务三：物流公司安排运输

物流公司业务经理接到货物或设备托运单及款项后，填写运输安排单进行物流运输工作。

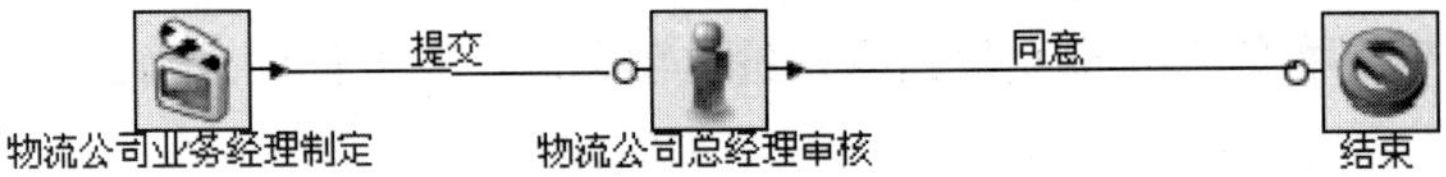

工作流程涉及岗位操作内容表

序号	岗位	节点	状态	类型	明细
1	物流公司业务经理	填写运输安排单	线上	操作	物流公司业务经理登录系统，填写运输安排单提交，办理运输工作
2	物流总经理	审核运输安排单	线上	操作	物流总经理登录系统，审核运输安排单合理性

业务四：货物或设备提货单

物流公司业务经理完成货物或设备运输安排工作后，开具货物或设备提货单给对方提货。

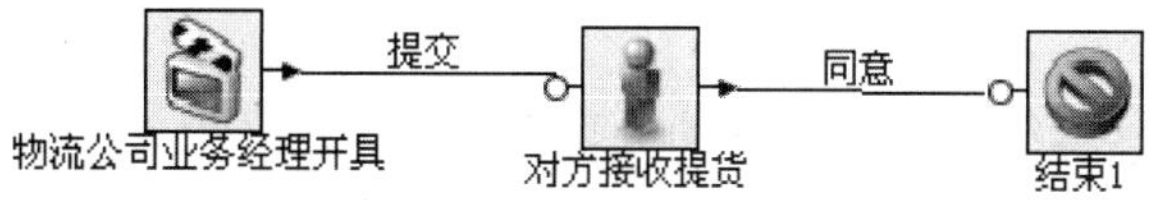

工作流程涉及岗位操作内容表

序号	岗位	节点	状态	类型	明细
1	物流公司业务经理	开具货物或设备提货单	线上	操作	物流公司业务经理登录系统，开具货物或设备提货单提交对方
2	对方	接收货物提货单	线上	操作	对方业务经理登录系统，接收货物提货单确认提货

业务五：物流公司开具发票

物流公司会计按收费项目开具服务发票，交予对方确认，完成开票及回款工作。

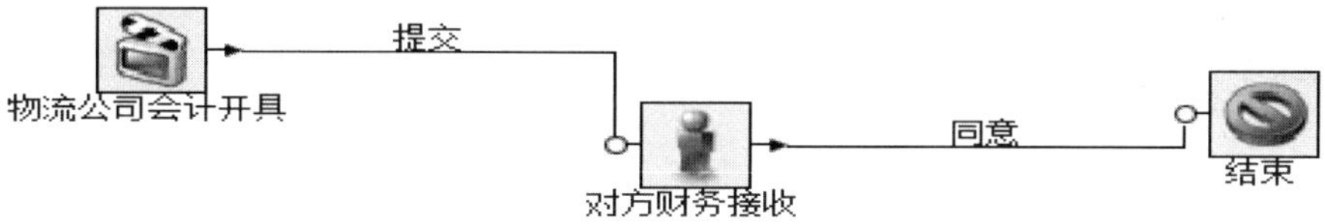

工作流程涉及岗位操作内容表

序号	岗位	节点	状态	类型	明细
1	物流公司会计	开具发票	线上	操作	物流公司会计开具发票并提交给对方
2	对方	接收发票	线上	操作	对方单位会计登录平台，接收核对发票

4．问题与思考

（1）签订物流运输合同的注意事项有哪些？

（2）学员在融入业务自发发起业务的过程中，遇到什么样的困难，如何克服？

8.5.5 第三方物流公司期末阶段主要任务

1．实训任务

第三方物流公司工作计划执行情况讨论与总结。

2．知识技能描述

通过本任务，能让学生在模拟经营期末阶段了解机构所需要办理的业务，通过实践让学生熟悉相关业务的流程。通过实践让学生能够对仿真经营年度的工作有更为全面的认识，并在此基础上总结经验教训，有利于下一年度工作更好地开展。

3．内容与步骤

业务一：物流公司工作总结

团队实践报告内容详见书后附录《其他经营性组织团队实践报告主要内容》。

4．问题与思考

（1）实训中，分析本年度机构经营的成功之处和不足之处？

（2）结合本实训说明年度工作经营总结应包括的主要内容和撰写时应注意的问题。

第九章　现代服务区组织实践任务与流程

9.1　现代服务区各组织实践任务

现代服务区各组织实践任务表

单位	阶段	实践项目	实践业务
商业银行	准备阶段	组织架构设计	岗位人员分工表
			岗位职责说明书
		管理制度制定	制定管理制度
		银行开户	开立单位银行结算账户
	期初阶段	年度工作计划	年度工作计划
	运营阶段	贷款业务	贷款申请书
			借款合同
			借款借据
			贷款发放
			偿还贷款
		结算业务	支票购买申请单
			银行电汇
			银行进账单
			存贷款利息单
			结算收费凭证
			现金取款单
			现金缴款单
			余额对账回单
		银行特殊业务	签定委托银行划款协议
			银行询证函
	期末阶段	制作财务报表	存贷款资金账
		工作总结	工作总结
保险公司	准备阶段	团队构建与组织结构设计	建立组织架构与职位分工
			主要岗位职责说明书
		制定管理制度	制定管理制度
	期初阶段	制订年度工作计划	制订年度工作计划
	运营阶段	明确保险合同条款	明确保险合同条款
		签订投保合同	签订投保合同
		出险接报案	出险接报案
		保险理赔及赔款通知	保险理赔及赔款通知
	期末阶段	保险公司工作计划执行情况讨论与总结	保险公司工作总结

（续表）

单位	阶段	实践项目	实践业务
证券公司	准备阶段	团队构建与组织结构设计	建立组织架构与职位分工
			主要岗位职责说明书
		制定管理制度	制定管理制度
	期初阶段	制订年度工作计划	制订年度工作计划
	运营阶段	建立客户档案信息	建立客户档案信息
		开盘播报	开盘播报
		证券投资培训及个股分析	证券投资培训及个股分析
		佣金提取登记	佣金提取登记
	期末阶段	证券公司工作计划执行情况讨论与总结	证券公司工作总结
人才交流中心	准备阶段	组织架构设计	岗位人员分工表
			岗位职责说明书
		管理制度与业务管理办法制定	制定管理制度
			制定业务管理办法
			制定管理制度
		公司成立	企业名称预先核准
			公司设立登记
			公章申请
			印章领取通知
			颁发组织代码证
			组织机构代码证申领
			税务设立登记
			开立单位银行结算账户
	期初阶段	工作计划	工作计划
	运营阶段	人才信息发布	人才信息发布
		人力资源业务	签订招聘协议
			人才招聘会通知
			劳务派遣单
			签订培训协议
			员工培训表
			开具服务业发票
		财务业务	开具支票
			收款单
			收款收据
			付款单
			银行电汇
		登记财务账簿	银行存款日记账
	期末阶段	工作总结	工作总结

（续表）

<table>
<tr><th>单位</th><th>阶段</th><th>实践项目</th><th>实践业务</th></tr>
<tr><td rowspan="27">会计师事务所</td><td rowspan="15">准备阶段</td><td rowspan="2">组织架构设计</td><td>岗位人员分工表</td></tr>
<tr><td>岗位职责说明书</td></tr>
<tr><td rowspan="3">管理制度与业务管理办法制定</td><td>制定管理制度</td></tr>
<tr><td>制定业务管理办法</td></tr>
<tr><td>制定管理制度</td></tr>
<tr><td rowspan="8">公司成立</td><td>企业名称预先核准</td></tr>
<tr><td>公司设立登记</td></tr>
<tr><td>公章申请</td></tr>
<tr><td>印章领取通知</td></tr>
<tr><td>颁发组织代码证</td></tr>
<tr><td>组织机构代码证申领</td></tr>
<tr><td>税务设立登记</td></tr>
<tr><td>开立单位银行结算账户</td></tr>
<tr><td rowspan="2">公司验资办理</td><td>验资协议</td></tr>
<tr><td>验资报告</td></tr>
<tr><td>期初阶段</td><td>工作计划</td><td>工作计划</td></tr>
<tr><td rowspan="12">运用阶段</td><td rowspan="6">会计师事务所日常业务</td><td>签订验资协议书</td></tr>
<tr><td>出具验资报告</td></tr>
<tr><td>签订审计协议</td></tr>
<tr><td>出具审计报告</td></tr>
<tr><td>开具服务业发票</td></tr>
<tr><td>会计师事务所催款通知</td></tr>
<tr><td rowspan="5">财务业务</td><td>开具支票</td></tr>
<tr><td>收款单</td></tr>
<tr><td>收款收据</td></tr>
<tr><td>付款单</td></tr>
<tr><td>银行电汇</td></tr>
<tr><td>登记财务账簿</td><td>银行存款日记账</td></tr>
<tr><td>期末阶段</td><td>工作总结</td><td>工作总结</td></tr>
</table>

9.2 商业银行

9.2.1 银行职能及简介

银行是仿真实习环境中唯一合法的虚拟银行金融机构，其宗旨是为仿真实习环境中所有单位、团体和个人提供优质服务，为公司提供资金支持。仿真环境使用的货币为虚拟政府委托虚拟银行发行的仿真现金券，仿真现金券只限于仿真实习环境使用。凡是在本行开立账户的客户，都要遵守本行的规定，接受本行的监督，本行有权监督贷款单位对所贷款项的使用情况。

9.2.2 银行准备阶段主要任务

1．实训任务

（1）团队构建与组织结构设计

（2）制定管理制度

（3）开户管理

2．知识技能描述

通过本任务，能让学生在模拟经营准备阶段了解机构所需要办理的业务，通过实践让学生熟悉相关业务的流程。通过实践使学生了解商业银行所承担的主要职能，熟悉办理规章制度及措施办法，提高知识的运用能力及处理有关事务的能力。

3．内容与步骤

业务一：建立组织架构与职位分工

首先要搭建单位的组织架构。每家的组织结构和职位设置等由仿真单位的新一届管理者（即实训小组成员）自行商定。

人员分工的要领：

（1）明确工作任务与目标。

（2）熟悉下级的专长、不足与个性。只有知人才能善任。

（3）实现人与事的最佳匹配。

（4）明确地向任务承担者交代所要完成的任务与条件。

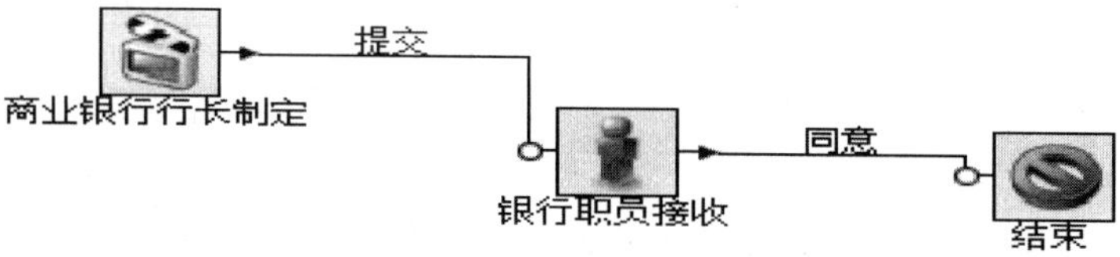

工作流程涉及岗位操作内容表

序号	岗位	节点	状态	类型	明细
1	银行行长	录入成员岗位	线上	操作	银行行长登录系统，录入组织成员岗位分工
2	银行各职员	接收岗位分工表	线上	操作	银行各岗位登录系统，接收制定的成员岗位分工表

业务二：主要岗位职责说明书

职位分工业务操作完毕后，各岗位对岗位职责说明书进行制作提交。职位说明书主要包括两个部分：一是职位描述，主要对职位的工作内容进行概括，包括职位设置的目的、基本职责、组织图、业绩标准、工作权限等内容；二是职位的任职资格要求，主要对任职人员的标准和规范进行概括，包括该职位的行为标准，胜任职位所需的知识、技能、能力、个性特征以及对人员的培训需求等内容。

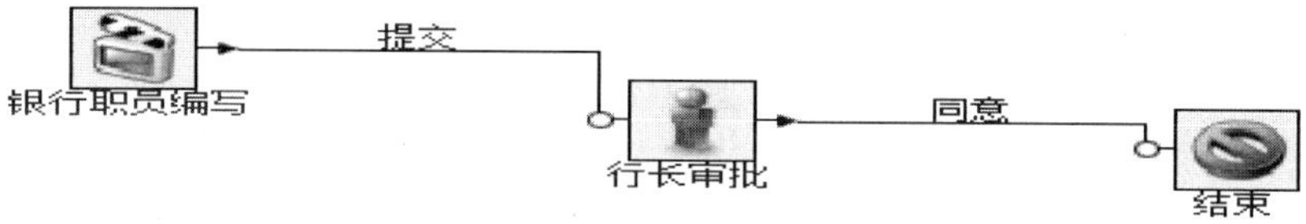

工作流程涉及岗位操作内容表

序号	岗位	节点	状态	类型	明细
1	银行各岗位	录入岗位职责说明书	线上	操作	银行各岗位登录系统，录入岗位职责说明书提交
2	银行行长	审阅岗位职责说明书	线上	操作	银行行长登录系统，审阅岗位职责说明书

业务三：制定管理制度

无方不成圆，无规不成矩。管理制度是为了规范自身的建设，维护工作秩序、提高工作效率、增加影响力，通过一定的程序所制定出的相关制度，是单位管理的依据和准则。

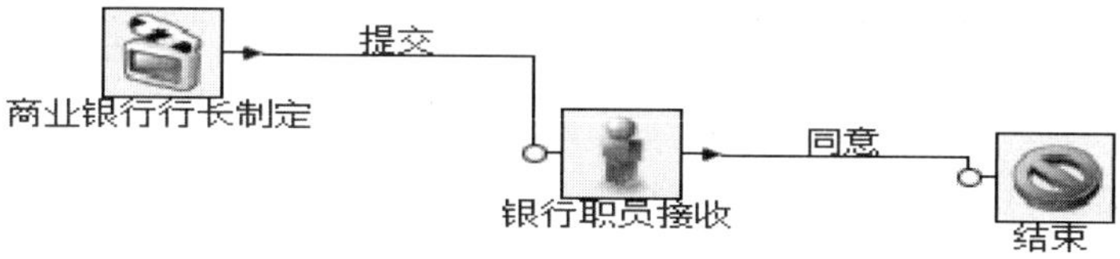

工作流程涉及岗位操作内容表

序号	岗位	节点	状态	类型	明细
1	银行行长	制定管理制度	线上	操作	银行行长登录系统，录入管理制度并提交
2	银行各岗位	接收管理制度	线上	操作	银行各岗位登录系统，接收制定的管理制度

业务四：银行开户

银行账户类型：（1）基本户，用于企业现金存取，以及银行收付款，一个公司只能有一个基本户，开立基本存款账户是开立其他银行结算账户的前提；（2）一般户，只能用于银行存款收付，不能支取现金。一个公司可以多个一般户；（3）临时户，主要就是验资户，验资是开立，验资完成后转款到基本户之后销户；（4）专用户，比如企业要在股票市场上买卖股票投资开立的账户，比如公积金账户等。

平台银行账号编码规则由任课教师统一安排。

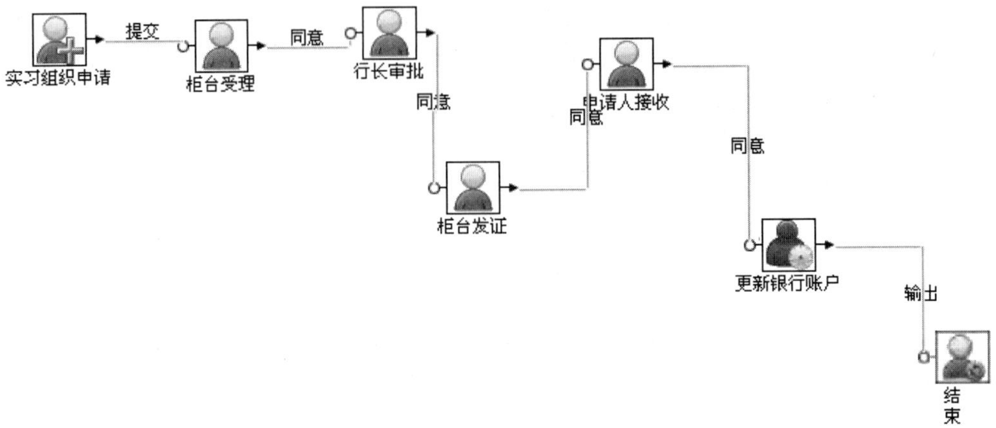

工作流程涉及岗位操作内容表

序号	岗位	节点	状态	类型	明细
1	申请人	填写开户申请	线上	操作	申请人登录系统，准备营业执照、国地税登记证、组织机构代码证等资料，填写并提交开立单位银行结算账户申请书
2	银行柜员	受理开户申请	线上	操作	银行柜员登录系统，根据申请人提交的相关资料，为单位办理开立基本存款账户
3	银行行长	核准开户申请	线上	操作	银行行长根据银行柜员提交的资料审核单位开立基本账户资格
4	银行柜员	颁发证照	线上	操作	银行行长核准通过后，为单位颁发开户许可证印鉴卡
5	申请人	接受证照	线上	操作	申请人登录系统接收银行开户证照

4．问题与思考

（1）商业银行如何开展日常准备工作？

（2）实训学员在融入团队的过程中，遇到什么样的困难，如何克服？

9.2.3 银行期初阶段主要任务

1．实训任务

制订年度工作计划。

2．知识技能描述

通过本任务，能让学生在模拟经营期初阶段了解机构所需要办理的业务，通过实践让学生熟悉相关业务的流程。通过实践使学生了解商业银行所承担的主要职能，加强学生对计划工作的理解，掌握计划制定的过程和方法，灵活运用所学知识。

3．内容与步骤

业务一：制订年度工作计划

工作计划是行政活动中使用范围很广的重要公文，也是应用写作的一个重头戏。机关、团体、企事业单位的各级机构，对一定时期的工作预先作出安排和打算时，都要制订工作计划，用到“工作计划”这种公文。工作计划实际上有许多不同种类，它们不仅有时间长短之分，而且有范围大小之别。从计划的具体分类来讲，比较长远、宏大的为“规划”，比较切近、具体的为“安排”，比较繁杂、全面的为“方案”，比较简明、概括的为“要点”，比较深入、细致的为“计划”，比较粗略、雏形的为“设想”，无论何种称谓，这些都是计划文种的范畴。

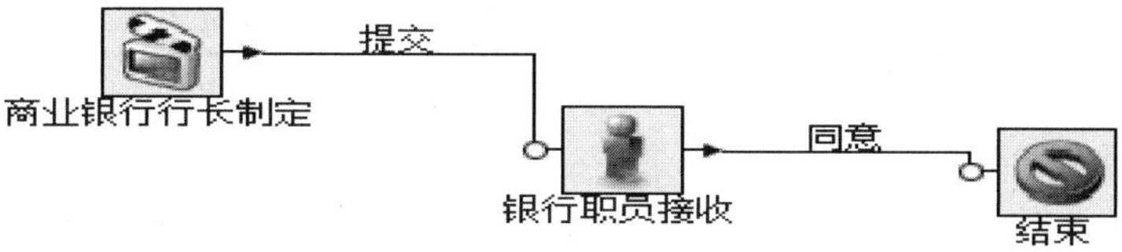

工作流程涉及岗位操作内容表

序号	岗位	节点	状态	类型	明细
1	银行行长	录入工作计划	线上	操作	银行行长登录系统，制订组织年度工作计划
2	银行各职员	接收工作计划	线上	操作	银行各岗位职员登录系统，接收制订的年度工作计划

4．问题与思考

（1）商业银行制订工作计划应该考虑哪些因素？

（2）工作计划对于第二年工作的展开有怎样的意义？

9.2.4 银行运营阶段主要任务

1．实训任务

（1）银行结算业务

（2）银行信贷业务

（3）收费核算业务

（4）银行对账业务

2．知识技能描述

通过本任务，能让学生在模拟经营运营阶段了解机构所需要办理的业务，通过实践让学生熟悉相关业务的流程。通过实践使学生了解商业银行所承担的主要职能，提高知识的运用能力及处理有关事务的能力。

内容与步骤

业务一：银行电汇

付款方出纳依据付款项目填写银行电汇单，提交给银行柜员，办理资金转账工作。

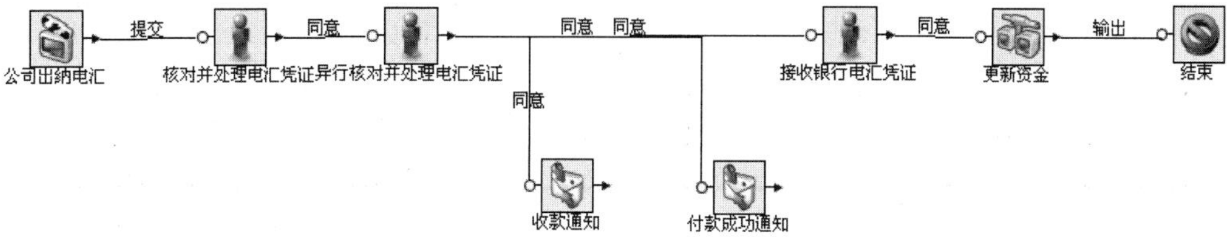

工作流程涉及岗位操作内容表

序号	岗位	节点	状态	类型	明细
1	付款方	填写银行电汇单	线上	操作	付款方出纳登录系统，填写银行电汇单提交
2	银行柜员	受理银行电汇单	线上	操作	银行柜员登录系统，受理提交的银行电汇单，是否有误并办理资金划转工作
3	收款方	接收银行电汇单	线上	操作	收款方出纳登录系统，接收提交的银行电汇单，以便进行记账工作；系统更新资金台账

业务二：现金缴款

制造业出纳依据现金缴款数目填写现金缴款单，提交给银行柜员，办理现金缴款工作。

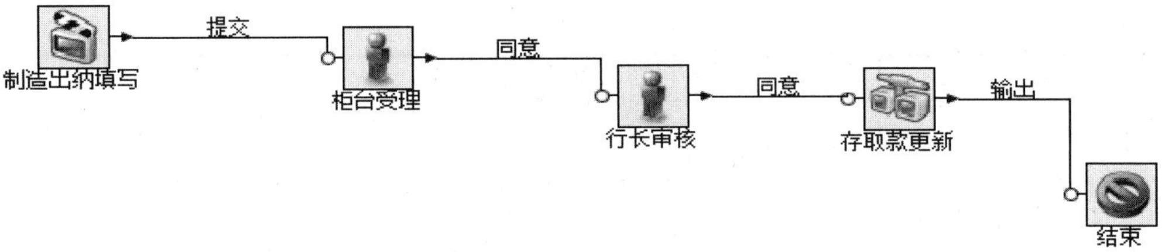

工作流程涉及岗位操作内容表

序号	岗位	节点	状态	类型	明细
1	出纳	填写现金缴款单	线上	操作	制造业出纳登录系统，填写现金缴款单提交
2	银行柜员	受理现金缴款单	线上	操作	银行柜员登录系统，受理提交的现金缴款单，是否有误
3	行长	审核现金缴款单	线上	操作	银行行长登录系统，审核提交的现金缴款单；系统更新资金台账

业务三：现金取款

制造业出纳依据现金取款数目填写现金取款单，提交给银行柜员，办理现金取款工作。

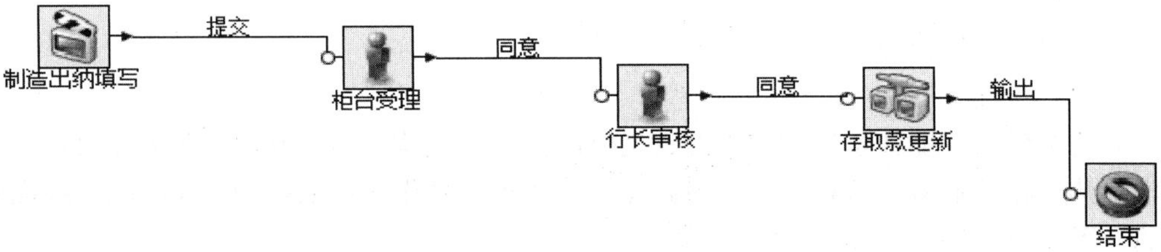

工作流程涉及岗位操作内容表

序号	岗位	节点	状态	类型	明细
1	出纳	填写现金取款单	线上	操作	制造业出纳登录系统，填写现金取款单提交
2	银行柜员	受理现金取款单	线上	操作	银行柜员登录系统，受理提交的现金取款单，是否有误
3	行长	审核现金取款单	线上	操作	银行行长登录系统，审核提交的现金取款单；系统更新资金台账

业务四：信用证申请

信用证（Letter of Credit，L/C），是指开证银行应申请人（买方）的要求并按其指示向受益人开立的载有一定金额的、在一定的期限内凭符合规定的单据付款的书面保证文件。信用证是国际贸易中最主要、最常用的支付方式。

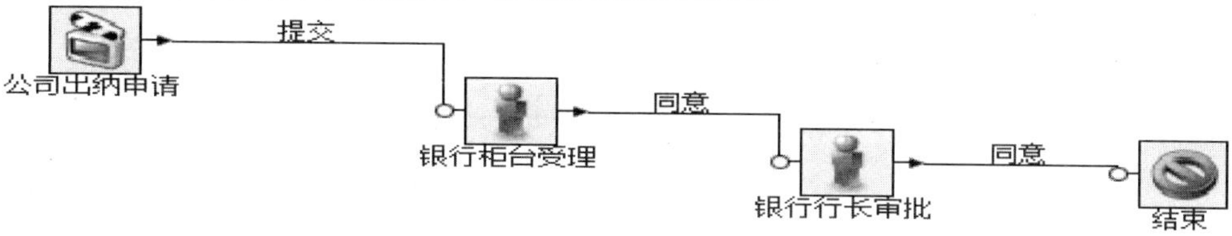

工作流程涉及岗位操作内容表

序号	岗位	节点	状态	类型	明细
1	出纳	填写信用证申请书	线上	操作	公司类出纳登录系统，填写信用证申请书准备资料提交
2	银行柜员	受理信用证申请资料	线上	操作	银行柜员登录系统，受理提交的信用证申请资料，是否有误
3	行长	审核信用证申请资料	线上	操作	银行行长登录系统，审核提交的信用证申请资料确认是否通过

业务五：开立信用证

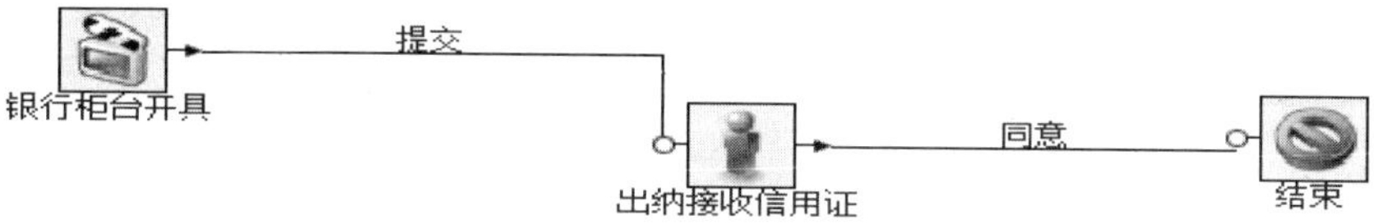

工作流程涉及岗位操作内容表

序号	岗位	节点	状态	类型	明细
1	银行柜员	开立信用证	线上	操作	银行柜员登录系统，开立信用证提交受益方
2	出纳	接收信用证	线上	操作	公司出纳登录系统，接收开立的信用证确认是否有误

业务六：贷款申请

银行贷款是指个人或企业向银行根据该银行所在国家政策以一定的利率将资金贷放给资金需求的个人或企业，并约定期限归还的一种经济行为。根据不同的划分标准，银行贷款具有各种不同的类型。如：

1. 按偿还期不同，可分为短期贷款、中期贷款和长期贷款；

2. 按偿还方式不同，可分为活期贷款、定期贷款和透支；

3. 按贷款用途或对象不同，可分为工商业贷款、农业贷款、消费者贷款、有价证券经纪人贷款等；

4. 按贷款担保条件不同，可分为票据贴现贷款、票据抵押贷款、商品抵押贷款、信用贷款等；

5．按贷款金额大小不同，可分为批发贷款和零售贷款；

6．按利率约定方式不同，可分为固定利率贷款和浮动利率贷款，等等。

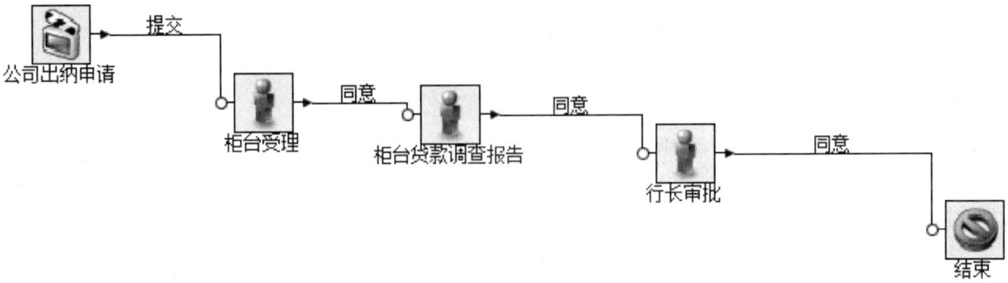

工作流程涉及岗位操作内容表

序号	岗位	节点	状态	类型	明细
1	出纳	填写贷款申请书	线上	操作	公司类出纳登录系统，填写贷款申请书准备资料提交
2	银行柜员	受理贷款申请资料	线上	操作	银行柜员登录系统，受理提交的贷款申请资料，是否有误
3	银行柜员	贷款调查	线上	操作	银行柜员登录系统，根据贷款申请资料进行调查，填写贷款调查报告提交
4	行长	审批贷款申请资料	线上	操作	银行行长登录系统，审批提交的贷款申请资料确认是否通过

业务七：签订借款合同

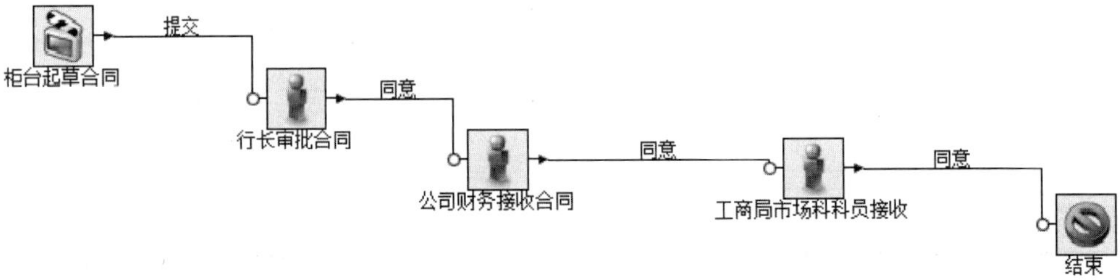

工作流程涉及岗位操作内容表

序号	岗位	节点	状态	类型	明细
1	银行柜员	草拟借款合同	线上	操作	银行柜员根据贷款申请填写借款合同提交给领导审批
2	行长	审批借款合同	线上	操作	银行行长审核提交的借款合同是否有误
3	出纳	确认签订借款合同	线上	操作	公司类出纳登录平台，接收确认签订借款合同
4	工商市场科员	接收借款合同	线上	操作	工商市场科员登录平台，接收双方签约的借款合同，进行市场监管

业务八：开具借款借据

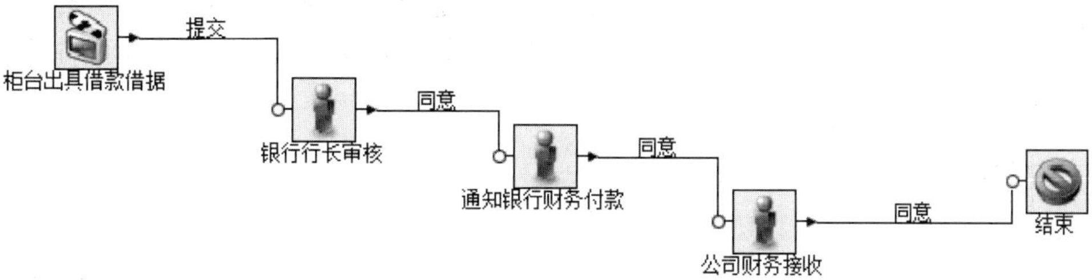

工作流程涉及岗位操作内容表

序号	岗位	节点	状态	类型	明细
1	银行柜员	出具借款借据	线上	操作	银行柜员根据贷款填写借款借据提交给领导审批
2	银行行长	审批借款借据	线上	操作	银行行长审核提交的借款借据是否有误
3	银行出纳	付款转账	线上	操作	银行出纳登录平台，接收借款借据转账
4	公司会计	接收借款借据	线上	操作	公司类会计登录平台，接收借款借据，以便进行记账工作

业务九：银行机打收费发票

银行柜员依据平台商业银行收费核算规则和存贷款情况填写银行机打收费发票，提交领导审批后，交于客户完成银行收费核算工作。

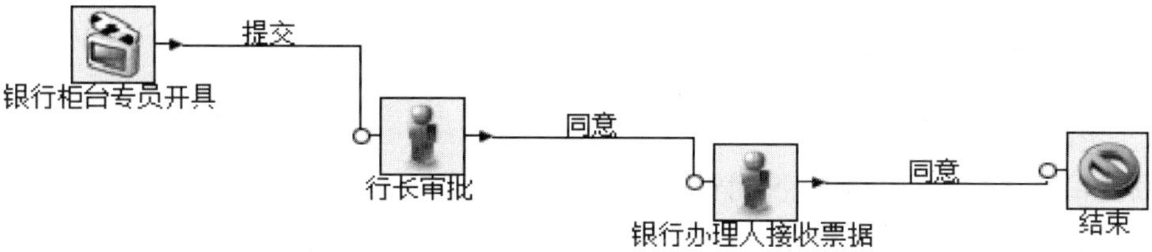

工作流程涉及岗位操作内容表

序号	岗位	节点	状态	类型	明细
1	银行柜员	填写机打收费发票	线上	操作	银行柜员根据平台收费核算规则填写机打收费发票提交给领导审批
2	行长	审批机打收费发票	线上	操作	银行行长审核提交的机打收费发票是否有误
3	出纳	接收机打收费发票	线上	操作	公司类出纳登录平台，接收机打收费发票

业务十：银行对账

银行对账单是指银行客观记录企业资金流转情况的记录单。就银行对账单的概念来说，银行对账单反映的主体是银行和企业，反映的内容是企业的资金，反映的形式是对企业资金流转的记录。就其用途来说，银行对账单是银行和企业之间对资金流转情况进行核对和确认的凭单。就其特征来说，银行对账单具有客观性、真实性、全面性等基本特征。

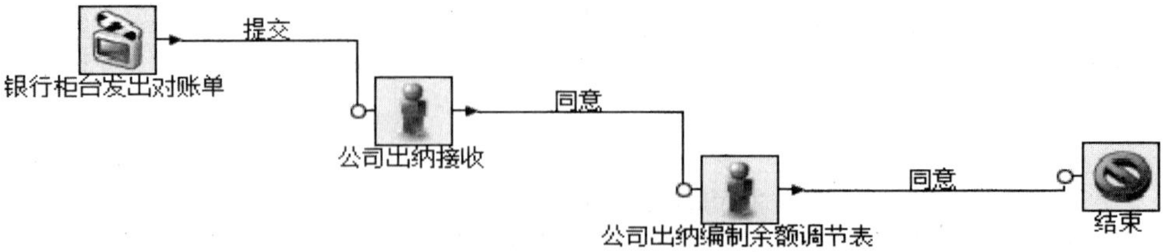

工作流程涉及岗位操作内容表

序号	岗位	节点	状态	类型	明细
1	银行柜员	填写银行对账单	线上	操作	银行柜员根据账户信息填写银行对账单提交
2	出纳	接收银行对账单	线上	操作	公司类出纳登录平台，接收核对银行对账单是否一致
3	出纳	编制余额调节表	线上	操作	公司类出纳登录平台，核对不符编制余额调节表

4．问题与思考

（1）各项结算凭证或票据的流转及处理过程？

（2）各项凭证或票据的填制？

9.2.5 银行期末阶段主要任务

1．实训任务

商业银行工作计划执行情况讨论与总结。

2．知识技能描述

通过本任务，能让学生在模拟经营期末阶段了解机构所需要办理的业务，通过实践让学生熟悉相关业务的流程。通过实践让学生能够对仿真经营年度的工作有更为全面的认识，并在此基础上总结经验教训，有利于下一年度工作更好地展开。

3．内容与步骤

业务一：商业银行工作总结

团队实践报告内容详见书后附录《其他经营性组织团队实践报告主要内容》。

4．问题与思考

（1）实训中，分析本年度机构经营的成功之处和不足之处？

（2）结合本实训说明年度工作经营总结应包括的主要内容和撰写时应注意的问题？

9.3 保 险 公 司

9.3.1 保险公司职能及简介

商业保险是指通过订立保险合同运营，以营利为目的的保险形式，由专门的保险企业经营。商业保险的基本类型有：

（1）财产保险——企业财产险，家庭财产险，机动车辆保险，国内货物运输保险，责任保险，信用保险和保证保险，农业保险；

（2）人身保险——人寿保险，人身意外伤害保险，健康保险；

（3）人寿保险——普通型人寿保险，年金保险，简易人寿保险，团体人寿保险，分红保险，投资连结保险，万能保险；

（4）人身意外伤害保险——自愿意外伤害保险，强制意外伤害保险，普通意外伤害保险，特定意外伤害保险；

（5）健康保险——医疗保险，疾病保险，失能收入损失保险，护理保险；

（6）医疗保险——普通医疗保险，住院保险，手术保险，综合医疗保险。

在本实训中，主要是面向机构客户的财产保险，包括企业财产保险、货物运输保险和机动车保险。其中，企业财产保险包括基本险、综合险、一切险以及附加地震保险；货运运输保险包括公路货物运输保险和海运保险。实训中根据每个季度的情况设置了随机事故，以随机转盘的方式确定风险事故是否发生及发生在哪些组织，而保险公司则给予发生事故的客户相应赔付。

9.3.2 保险公司准备阶段主要任务

1．实训任务

（1）团队构建与组织结构设计

（2）制定管理制度

2．知识技能描述

通过本任务，能让学生在模拟经营准备阶段了解机构所需要办理的业务，通过实践让学生熟悉相关业务的流程。通过实践使学生了解保险公司所承担的主要职能，熟悉办理规章制度及措施办法，提高知识的运用能力及处理有关事务的能力。

3．内容与步骤

业务一：建立组织架构与职位分工

首先要搭建单位的组织架构。每家的组织结构和职位设置等由仿真单位的新一届管理者（即实训小组成员）自行商定。

人员分工的要领：

（1）明确工作任务与目标。

（2）熟悉下级的专长、不足与个性。只有知人才能善任。

（3）实现人与事的最佳匹配。

（4）明确地向任务承担者交代所要完成的任务与条件。

业务二：主要岗位职责说明书

职位分工业务操作完毕后，各岗位对岗位职责说明书进行制作提交。职位说明书主要包括两个部分：一是职位描述，主要对职位的工作内容进行概括，包括职位设置的目的、基本职责、组织图、业绩标准、工作权限等内容；二是职位的任职资格要求，主要对任职人员的标准和规范进行概括，包括该职位的行为标准，胜任职位所需的知识、技能、能力、个性特征以及对人员的培训需求等内容。

业务三：制定管理制度

无方不成圆，无规不成矩。管理制度是为了规范自身的建设，维护工作秩序、提高工作效率、增加影响力，通过一定的程序所制定出的相关制度，是单位管理的依据和准则。

4．问题与思考

（1）商业银行如何开展日常准备工作？

（2）实训学员在融入团队的过程中，遇到什么样的困难，如何克服？

9.3.3 保险公司期初阶段主要任务

1．实训任务

制订年度工作计划。

2．知识技能描述

通过本任务，能让学生在模拟经营期初阶段了解机构所需要办理的业务，通过实践让学生熟悉相关业务的流程。通过实践使学生了解保险公司所承担的主要职能，加强学生对计划工作的理解，掌握计划制订的过程和方法，灵活运用所学知识。

3．内容与步骤

业务一：制订年度工作计划

工作计划是行政活动中使用范围很广的重要公文，也是应用写作的一个重头戏。机关、团体、企事业单位的各级机构，对一定时期的工作预先作出安排和打算时，都要制订工作计划，用到“工作计划”这种公文。工作计划实际上有许多不同种类，它们不仅有时间长短之分，而且有范围大小之别。从计划的具体分类来讲，比较长远、宏大的为“规划”，比较切近、具体的为“安排”，比较繁杂、全面的为“方案”，比较简明、概括的为“要点”，比较深入、细致的为“计划”，比较粗略、雏形的为“设想”，无论何种称谓，这些都是计划文种的范畴。

4．问题与思考

（1）保险公司制订工作计划应该考虑哪些因素？

（2）工作计划对于第二年工作的展开有怎样的意义？

9.3.4 保险公司运营阶段主要任务

1．实训任务

（1）明确保险合同条款

（2）签订投保合同

（3）出险接报案

（4）保险理赔及赔款通知

2. 知识技能描述

通过本任务，能让学生在模拟经营运营阶段了解机构所需要办理的业务，通过实践让学生熟悉相关业务的流程。通过实践使学生了解保险公司所承担的主要职能，提高知识的运用能力及处理有关事务的能力。

3. 内容与步骤

业务一：明确保险合同条款

保险公司需要制定财产保险基本险、综合险、一切险合同条款；货物运输保险条款；机动车保险条款。明确保险标的、保险责任、责任免除、保险价值、保险金额、免赔额（率）、保险期间、保险人义务、投保人及被保险人义务、赔偿处理、争议处理和法律适用等内容。

业务二：签订投保合同

各保险公司需设计好财产保险基本险保险单、财产保险综合险保险单、财产保险一切险保险单、公路货物运输保险保险单、海运货物运输保险单、机动车保险单，明确投保人、投保标的、投保金额、保险时间等一些基本的信息。

保单号可以按类似以下规则编号：A-20161-001。A 表示保险公司 A，20161 表示 2016 年第一季度，001 为序号，表示该季度第一单保险。

业务三：出险接报案

各保险公司应事先设计好出险接报案单，以方便在接到报案出险时做好投保人、投保标的、投保金额、报损金额、出险时间、出险地点等基本信息的登记与确认。

业务四：保险理赔及赔款通知

各保险公司设计好保险理赔单，包括但不限于保单号、被保险人信息、保险金额、保险标的、出险时间及地点、损失原因、损失项目、有无第三方责任等基本信息。

通过实训平台银行电汇功能将理赔金额支付给投保公司。

理赔完成后，向投保人发出赔款通知。各公司需自行设计赔款通知模板。

9.3.5 保险公司期末阶段主要任务

1. 实训任务

保险公司工作计划执行情况讨论与总结。

2. 知识技能描述

通过本任务，能让学生在模拟经营期末阶段了解机构所需要办理的业务，通过实践让学生熟悉相关业务的流程。通过实践让学生能够对仿真经营年度的工作有更为全面的认识，并在此基础上总结经验教训，有利于下一年度工作更好的展开。

3. 内容与步骤

业务一：保险公司工作总结

团队实践报告内容详见书后附录“其他经营性组织团队实践报告主要内容”。

4. 问题与思考

(1) 实训中，分析本年度机构经营的成功之处和不足之处?

(2) 结合本实训说明年度工作经营总结应包括的主要内容和撰写时应注意的问题?

9.4 证 券 公 司

9.4.1 证券公司职能及简介

证券公司（Securities Company）是专门从事有价证券买卖的法人企业。分为证券经营公司和证券登记公司。狭义的证券公司是指证券经营公司，是经主管机关批准并到有关工商行政管理局领取营业执照后专门经营证券业务的机构。它具有证券交易所的会员资格，可以承销发行、自营买卖或自营兼代理买卖证券。普通投资人的证券投资都要通过证券商来进行。

从证券经营公司的功能分，可分为证券经纪商、证券自营商和证券承销商。证券经纪商即证券经纪公司。代理买卖证券的证券机构，接受投资人委托、代为买卖证券，并收取一定手续费即佣金。证券自营商即综合型证券公司，除了证券经纪公司的权限外，还可以自行买卖证券的证券机构，它们资金雄厚，可直接进入交易所为自己买卖股票。证券承销商是以包销或代销形式帮助发行人发售证券的机构。实际上，许多证券公司是兼营这 3 种业务的。按照各国现行的做法，证券交易所的会员公司均可在交易市场进行自营买卖，但专门以自营买卖为主的证券公司为数极少。

证券公司在企业改制上市中的主要职责是设计筹划改制企业的股票上市，主要工作包括：参与企业改制方案设计和制订，对拟发股票的改制企业进行上市辅导，草拟、汇总和报送发行上市的所有申报材料，组织承销上市企业的股票，承担发行上市的组织协调工作。

9.4.2 证券公司准备阶段主要任务

1. 实训任务

(1) 团队构建与组织结构设计

(2) 制定管理制度

2. 知识技能描述

通过本任务，能让学生在模拟经营准备阶段了解机构所需要办理的业务，通过实践让学生熟悉相关业务的流程。通过实践使学生了解证券公司所承担的主要职能，熟悉办理规章制度及措施办法，提高知识的运用能力及处理有关事务的能力。

3. 内容与步骤

业务一：建立组织架构与职位分工

首先要搭建单位的组织架构。每家的组织结构和职位设置等由仿真单位的新一届管理者（即实训小组成员）自行商定。

人员分工的要领：

（1）明确工作任务与目标。

（2）熟悉下级的专长、不足与个性。只有知人才能善任。

（3）实现人与事的最佳匹配。

（4）明确地向任务承担者交代所要完成的任务与条件。

业务二：主要岗位职责说明书

职位分工业务操作完毕后，各岗位对岗位职责说明书进行制作提交。职位说明书主要包括两个部分：一是职位描述，主要对职位的工作内容进行概括，包括职位设置的目的、基本职责、组织图、业绩标准、工作权限等内容；二是职位的任职资格要求，主要对任职人员的标准和规范进行概括，包括该职位的行为标准，胜任职位所需的知识、技能、能力、个性特征以及对人员的培训需求等内容。

业务三：制定管理制度

无方不成圆，无规不成矩。管理制度是为了规范自身的建设，维护工作秩序、提高工作效率、增加影响力，通过一定的程序所制定出的相关制度，是单位管理的依据和准则。

4．问题与思考

（1）证券公司如何开展日常准备工作？

（2）实训学员在融入团队的过程中，遇到什么样的困难，如何克服？

9.4.3　证券公司期初阶段主要任务

1．实训任务

（1）制订年度工作计划

（2）熟悉模拟炒股实训平台

2．知识技能描述

通过本任务，能让学生在模拟经营期初阶段了解机构所需要办理的业务，通过实践让学生熟悉相关业务的流程。通过实践使学生了解证券公司所承担的主要职能，加强学生对计划工作的理解，掌握计划制订的过程和方法，灵活运用所学知识。

3．内容与步骤

业务一：制订年度工作计划

工作计划是行政活动中使用范围很广的重要公文，也是应用写作的一个重头戏。机关、团体、企事业单位的各级机构，对一定时期的工作预先作出安排和打算时，都要制订工作计划，用到“工作计划”这种公文。工作计划实际上有许多不同种类，它们不仅有时间长短之分，而且有范围大小之别。从计划的具体分类来讲，比较长远、宏大的为“规划”，比较切近、具体的为“安排”，比较繁杂、全面的为“方案”，比较简明、概括的为“要点”，比较深入、细致的为“计划”，比较粗略、雏形的为“设想”，无论何种称谓，这些都是计划文种的范畴。

业务二：熟悉模拟炒股实训平台

本实训采用同花顺模拟炒股平台作为实训平台，因此各证券经纪人应熟悉该平台的基本操作，制作平台操作培训的 PPT，做好宣讲准备，通过面向客户的宣讲、讲座获得客户信任，争取更多的开户数、开户资金。

4. 问题与思考

（1）证券公司制订工作计划应该考虑哪些因素？

（2）工作计划对于第二年工作的展开有怎样的意义？

（3）当前中国证券市场的总体行情趋势如何？

（4）证券投资应了解哪些基本常识？

9.4.4 证券公司运营阶段主要任务

1. 实训任务

（1）建立客户档案信息

（2）开盘播报

（3）证券投资培训及个股分析

（4）佣金提取登记

2. 知识技能描述

通过本任务，能让学生在模拟经营运营阶段了解机构所需要办理的业务，通过实践让学生熟悉相关业务的流程。通过实践使学生了解证券公司所承担的主要职能，提高知识的运用能力及处理有关事务的能力。

3. 内容与步骤

业务一：建立客户档案信息

证券公司在运营阶段需对每一个客户建立档案，记录客户姓名、学历、收入状况、开户银行、投入资金、职业等基本信息，确定佣金提成比例，并对客户进行风险承受能力测试。

业务二：开盘播报

开市期间的每天早上 9：30 之前，证券公司经纪人都应收集一天以来的重要消息，分析这些消息对于市场的影响。具体至少应包括外围市场（如美国、英国、日本等股市）状况分析、国内行情分析、重点板块分析、重要时政新闻分析、大盘走势预测。

业务三：证券投资培训及个股分析

（1）证券投资培训

证券投资培训的内容应包括但不限于：中国证券市场的总体架构；开户及交易的基本流程与规则；股票、债券、证券投资基金等资本市场基础工具的定义、性质、特征、分类；金融期权、金融期货和可转换证券等金融衍生工具的定义、特征、组成要素、分类；证券市场的产生、发展、结构、运行；证券经营机构的设立、主要业务、内部控制和风险控制指标管理；中国证券市场的法规体系、监管架构以及从业人员的道德规范和资格管理；融资融券基础知识与业务流程。

（2）个股分析

证券经纪人应面向客户提供个股分析报告，个股分析内容应包括但不限于：公司所处行业发展现状与趋势分析；公司简介、股本状况、经营状况分析；公司财务分析包括财务指标分析、盈利能力分析、投资收益能力分析；公司技术分析包括 K 线理论分析、切线理论分析及形态理论分析；给出投资建议。

业务四：佣金提取登记

各证券经纪人设计好佣金提取记录表，记录好每个客户的交易记录，提取佣金作为公司收入。

9.4.5 证券公司期末阶段主要任务

1．实训任务

证券公司工作计划执行情况讨论与总结。

2．知识技能描述

通过本任务，能让学生在模拟经营期末阶段了解机构所需要办理的业务，通过实践让学生熟悉相关业务的流程。通过实践让学生能够对仿真经营年度的工作有更为全面的认识，并在此基础上总结经验教训，有利于下一年度工作更好地展开。

3．内容与步骤

业务一：证券公司工作总结

团队实践报告内容详见书后附录《其他经营性组织团队实践报告主要内容》。

4．问题与思考

（1）实训中，分析本年度机构经营的成功之处和不足之处？

（2）结合本实训说明年度工作经营总结应包括的主要内容和撰写时应注意的问题？

9.5 人才交流中心

9.5.1 人才交流中心职能及简介

人才交流服务中心是经仿真实习环境中工商行政管理部门注册登记并持有营业执照的人才交流服务机构，是仿真实习环境中唯一合法的人才中介组织。本中心的服务对象是生产制造公司及其可能流动的各类人才并可为各生产制造公司建立人才档案和人员流动档案；本中心直接监管所有生产制造公司的人员流动，生产制造公司的人员流动和交流必须通过本中心进行，各生产制造公司之间不允许人员私自流动；本中心负责登记仿真市场所有公司和机构的实习人员分布状况及其人员变动情况，并将人员变动资料及时上报主管部门。

鉴于仿真市场的实际情况，本中心有权利要求每个经营年度各生产制造公司人力资源部提供本公司职员变动统计表。本中心对用人单位的人才需求信息和求职者个人资料严格保密；本中心通过市场综合信息中心公开发布人才交流公共信息，并有义务向市场综合信息中心提供人才市场公共信息和人才交流统计资料。本中心有义务协助工商行政管理部门检查仿真市场生产制造公司职员变动统计工作；本中心具体工作受仿真实习环境中工商行政管理部门的监督和指导。

9.5.2 人才交流中心准备阶段主要任务

1．实训任务

（1）团队构建与组织结构设计

（2）制定管理制度

（3）人才交流中心工商登记

（4）人才交流中心税务登记

（5）人才交流中心银行开户

2．知识技能描述

通过本任务，能让学生在模拟经营准备阶段了解机构所需要办理的业务，通过实践让学生熟悉相关业务的流程。通过实践使学生了解人才交流中心所承担的主要职能，熟悉办理规章制度及措施办法，提高知识的运用能力及处理有关事务的能力。

3．内容与步骤

业务一：建立组织架构与职位分工

首先要搭建单位的组织架构。每家的组织结构和职位设置等由仿真单位的新一届管理者（即实训小组成员）自行商定。

人员分工的要领：

（1）明确工作任务与目标。

（2）熟悉下级的专长、不足与个性。只有知人才能善任。

（3）实现人与事的最佳匹配。

（4）明确地向任务承担者交代所要完成的任务与条件。

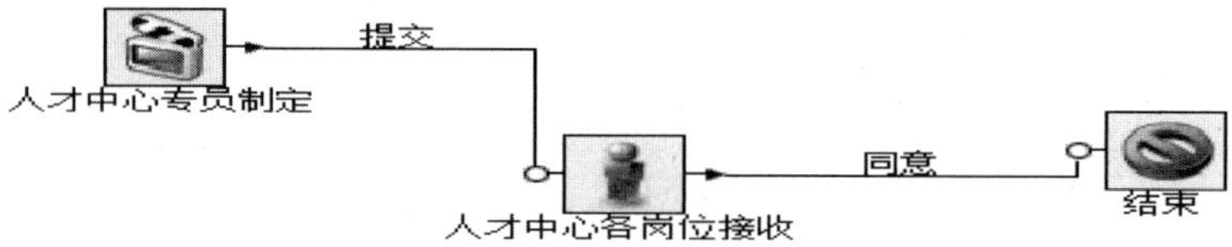

工作流程涉及岗位操作内容表

序号	岗位	节点	状态	类型	明细
1	人才专员	录入岗位分工表	线上	操作	人才中心专员登录系统，录入组织成员岗位分工表
2	各岗位	接收岗位分工表	线上	操作	人才中心各岗位登录系统，接收制定的成员岗位分工表

业务二：主要岗位职责说明书

职位分工业务操作完毕后，各岗位对岗位职责说明书进行制作提交。职位说明书主要包括两个部分：一是职位描述，主要对职位的工作内容进行概括，包括职位设置的目的、基本职责、组织图、业绩标准、工作权限等内容；二是职位的任职资格要求，主要对任职人员的标准和规范进行概括，包括该职位的行为标准，胜任职位所需的知识、技能、能力、个性特征以及对人员的培训需求等内容。

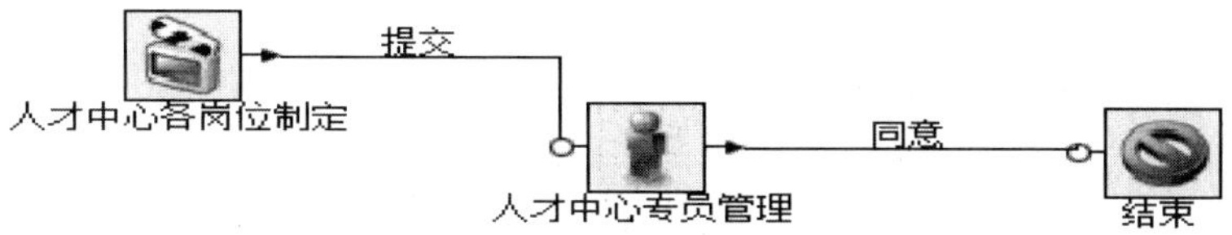

工作流程涉及岗位操作内容表

序号	岗位	节点	状态	类型	明细
1	各岗位	录入岗位职责说明书	线上	操作	人才中心各岗位登录系统，录入岗位职责说明书提交
2	人才专员	查阅岗位职责说明书	线上	操作	人才中心专员登录系统，查阅岗位职责说明书

业务三：制定管理制度

无方不成圆，无规不成矩。管理制度是为了规范自身的建设，维护工作秩序、提高工作效率、增加影响力，通过一定的程序所制定出的相关制度，是单位管理的依据和准则。

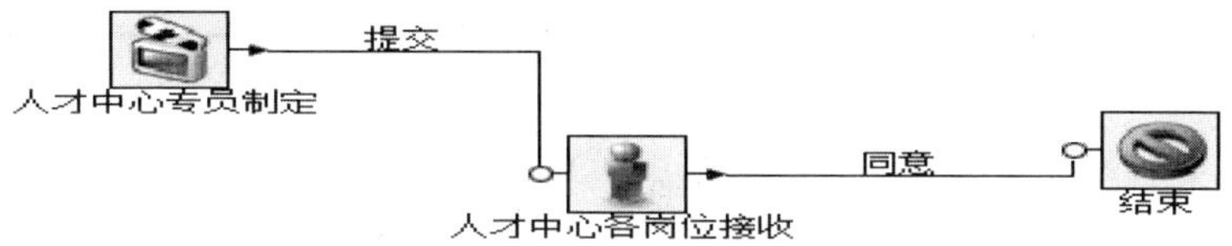

工作流程涉及岗位操作内容表

序号	岗位	节点	状态	类型	明细
1	人才专员	制定管理制度	线上	操作	人才中心专员登录系统，录入管理制度并提交
2	各岗位	接收管理制度	线上	操作	人才中心各岗位登录系统，接收制定的管理制度

4．问题与思考

（1）人才交流中心如何开展日常准备工作？

（2）实训学员在融入团队的过程中，遇到什么样的困难，如何克服？

9.5.3 人才交流中心期初阶段主要任务

1．实训任务

制订年度工作计划。

2．知识技能描述

通过本任务，能让学生在模拟经营期初阶段了解机构所需要办理的业务，通过实践让学生熟悉相关业务的流程。通过实践使学生了解人才交流中心所承担的主要职能，加强学生对计划工作的理解，掌握计划制订的过程和方法，灵活运用所学知识。

3. 内容与步骤

业务一：制订年度工作计划

工作计划是行政活动中使用范围很广的重要公文，也是应用写作的一个重头戏。机关、团体、企事业单位的各级机构，对一定时期的工作预先做出安排和打算时，都要制订工作计划，用到“工作计划”这种公文。工作计划实际上有许多不同种类，它们不仅有时间长短之分，而且有范围大小之别。从计划的具体分类来讲，比较长远、宏大的为“规划”，比较切近、具体的为“安排”，比较繁杂、全面的为“方案”，比较简明、概括的为“要点”，比较深入、细致的为“计划”，比较粗略、雏形的为“设想”，无论何种称谓，这些都是计划文种的范畴。

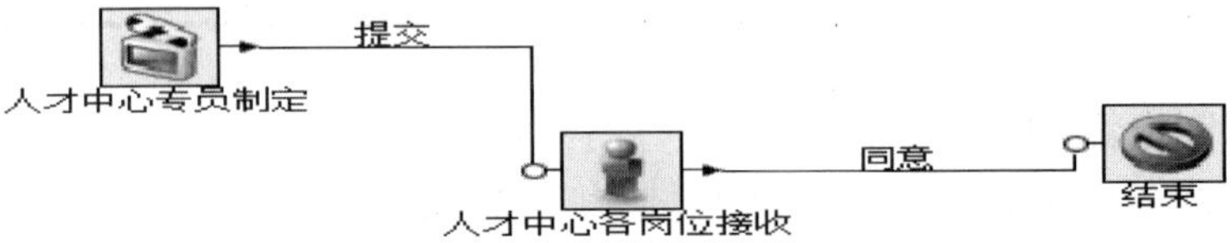

工作流程涉及岗位操作内容表

序号	岗位	节点	状态	类型	明细
1	人才专员	录入工作计划	线上	操作	人才中心专员登录系统，制订组织年度工作计划
2	各岗位	接收工作计划	线上	操作	人才中心各岗位登录系统，接收制订的年度工作计划

4. 问题与思考

（1）人才交流中心制订工作计划应该考虑哪些因素？

（2）工作计划对于第二年工作的展开有怎样的意义？

9.5.4 人才交流中心运营阶段主要任务

1. 实训任务

（1）人才招聘、培训与辞退

（2）人才交流中心服务发票

2. 知识技能描述

通过本任务，能让学生在模拟经营运营阶段了解机构所需要办理的业务，通过实践让学生熟悉相关业务的流程。通过实践使学生了解人才交流中心所承担的主要职能，提高知识的运用能力及处理有关事务的能力。

内容与步骤

业务一：招聘清单

制造企业人事经理根据生产状况人力所需填写招聘清单，提交人才交流中心，进行招聘工作。

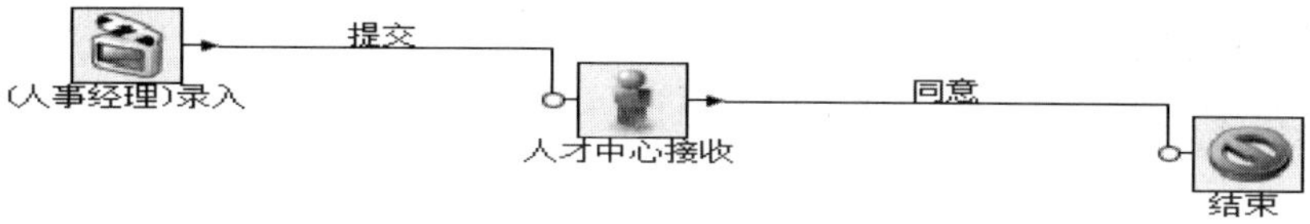

工作流程涉及岗位操作内容表

序号	岗位	节点	状态	类型	明细
1	人事经理	填写招聘清单	线上	操作	制造企业人事经理登录系统，填写招聘清单提交人才中心
2	人才中心专员	接收招聘清单	线上	操作	人才中心专员登录系统，接收提交的招聘清单

业务二：签订招聘协议

人才交流中心专员基于招聘清单意向拟定招聘协议，发往对方确认，制造企业人事经理签订协议。

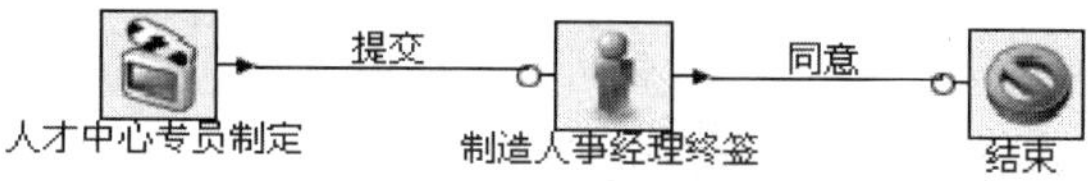

工作流程涉及岗位操作内容表

序号	岗位	节点	状态	类型	明细
1	人才中心专员	草拟招聘协议	线上	操作	人才中心专员基于招聘清单意向，填写招聘协议提交对方确认
2	人事经理	确认签订招聘协议	线上	操作	制造企业人事经理登录平台，接收确认签订招聘协议

业务三：劳务派遣

制造企业签订招聘协议及付款后，人才中心专员填写劳务派遣单，通知对方接收人员。

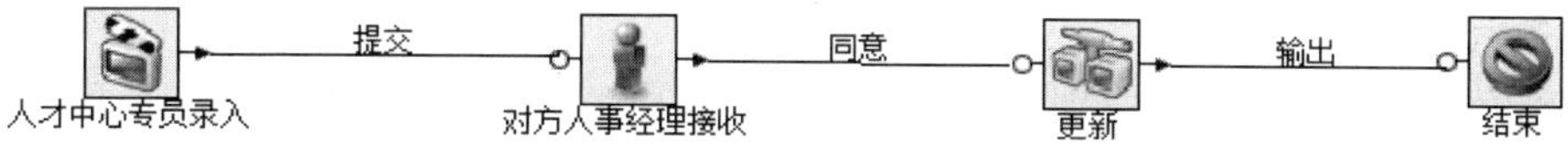

工作流程涉及岗位操作内容表

序号	岗位	节点	状态	类型	明细
1	人才中心专员	填写劳务派遣单	线上	操作	人才中心专员登录平台，填写劳务派遣单提交对方确认
2	对方人事	接收劳务派遣单	线上	操作	制造企业人事经理接收劳务派遣单，完成确认人员接收工作，系统更新人力环境数据

业务四：签订培训协议

人才交流中心基于对方培训要求拟定培训协议，发往对方确认，制造企业人事经理签订协议。

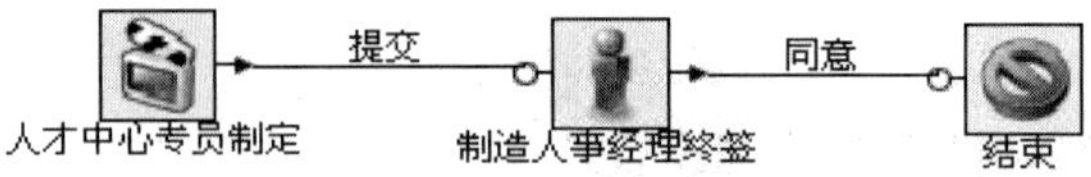

工作流程涉及岗位操作内容表

序号	岗位	节点	状态	类型	明细
1	人才中心专员	草拟培训协议	线上	操作	人才中心专员填写培训协议提交对方确认
2	人事经理	确认签订培训协议	线上	操作	制造企业人事经理登录平台，接收确认签订培训协议

业务五：员工培训

制造企业签订培训协议及付款后，人才中心专员组织培训填写员工培训表，通知对方接收确认培训完成工作。

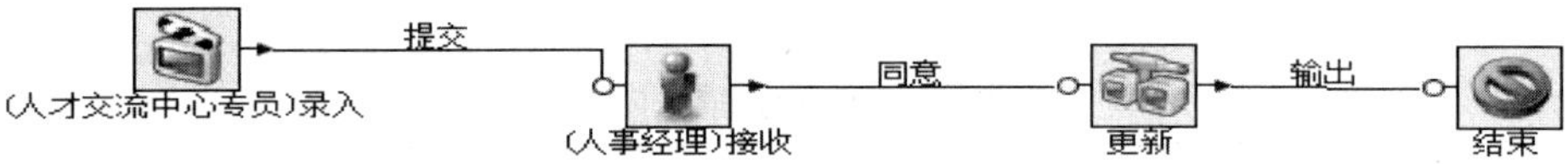

工作流程涉及岗位操作内容表

序号	岗位	节点	状态	类型	明细
1	人才中心专员	填写员工培训表	线上	操作	人才中心专员登录平台，填写员工培训表提交对方确认
2	对方人事	接收员工培训表	线上	操作	制造企业人事经理接收员工培训表，完成确认员工培训工作，系统更新人力环境数据

业务六：员工辞退

制造企业人事经理根据辞退情况填写员工辞退表，提交人才中心完成人员辞退工作。

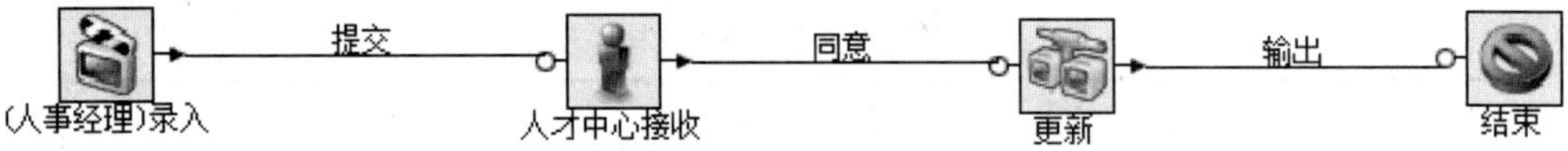

工作流程涉及岗位操作内容表

序号	岗位	节点	状态	类型	明细
1	人事经理	填写员工辞退表	线上	操作	制造企业人事经理登录系统，填写员工辞退表提交人才中心
2	人才中心专员	接收员工辞退表	线上	操作	人才中心专员登录系统，接收提交的员工辞退表，系统更新人力环境数据

业务五：人才中心服务发票

人才交流中心会计按收费项目开具服务发票，交予对方确认，完成开票及回款工作。

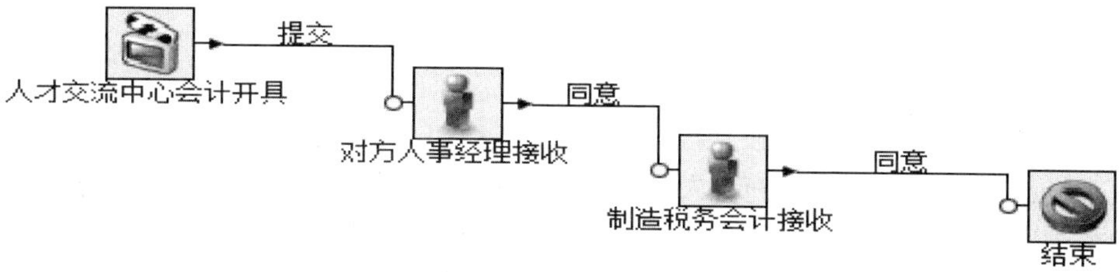

工作流程涉及岗位操作内容表

序号	岗位	节点	状态	类型	明细
1	人才中心会计	开具发票	线上	操作	人才中心会计开具服务发票并提交给对方
2	对方人事经理	接收发票	线上	操作	制造公司人事经理登录平台，接收核对服务发票
3	对方税务会计	接收发票	线上	操作	制造公司税务会计登录平台，接收确认发票

4．问题与思考

（1）外部有哪些因素会影响企业的招聘？

（2）你认为合同执行对企业的影响体现在哪些方面？

（3）实验中，导致合同不能正常履行的因素有哪些？

（4）企业会因为哪些因素中止与员工间的雇佣关系？

9.5.5 人才交流中心期末阶段主要任务

1．实训任务

人才交流中心工作计划执行情况讨论与总结。

2．知识技能描述

通过本任务，能让学生在模拟经营期末阶段了解机构所需要办理的业务，通过实践让学生熟悉相关业务的流程。通过实践让学生能够对仿真经营年度的工作有更为全面的认识，并在此基础上总结经验教训，有利于下一年度工作更好的展开。

3．内容与步骤

业务一：人才中心工作总结

团队实践报告内容详见书后附录《非营利组织团队实践报告主要内容》。

4．问题与思考

（1）实训中，分析本年度机构经营的成功之处和不足之处？

（2）结合本实训说明年度工作经营总结应包括的主要内容和撰写时应注意的问题？

9.6 会计师事务所

9.6.1 会计师事务所职能及简介

会计师事务所是依法实行独立核算、自主经营、自负盈亏；其宗旨是：事务所以适应仿真市场经济发展的需要，充分发挥注册会计师等各类专业资格人员在经济活动和社会活动中的鉴证和服务作用，恪守独立、客观、公正的原则，维护社会公共利益为宗旨。事务所对外承接业务，一律以事务所的名义接受委托，任何人不得以个人名义从事业务活动。

事务所的主要工作职责是接受仿真市场生产制造公司的委托，对委托单位的生产经营过程、财务状况和经营成果等进行审计，是否按照仿真市场生产制造公司业务规则和相关部门（公司）业务规则的相关规定组织生产经营活动，进行会计核算。事务所接受委托公司委托进行审计，需要收取审计费用；制定各项经营业务的服务细则，按照服务细则规定提供优质服务；事务所必须在约定时间内完成审计任务，逾期完成视为违约；事务所违约按照本次审计项目收费的 10%支付违约金。

9.6.2 会计师事务所准备阶段主要任务

1．实训任务

（1）团队构建与组织结构设计

（2）制定管理制度

（3）会计师事务所工商登记

（4）会计师事务所税务登记

（5）会计师事务所银行开户

2．知识技能描述

通过本任务，能让学生在模拟经营准备阶段了解机构所需要办理的业务，通过实践让学生熟悉相关业务的流程。通过实践使学生了解会计师事务所承担的主要职能，熟悉办理规章制度及措施办法，提高知识的运用能力及处理有关事务的能力。

3．内容与步骤

业务一：建立组织架构与职位分工

首先要搭建单位的组织架构。每家的组织结构和职位设置等由仿真单位的新一届管理者（即实训小组成员）自行商定。

人员分工的要领：

（1）明确工作任务与目标。

（2）熟悉下级的专长、不足与个性。只有知人才能善任。

（3）实现人与事的最佳匹配。

（4）明确地向任务承担者交代所要完成的任务与条件。

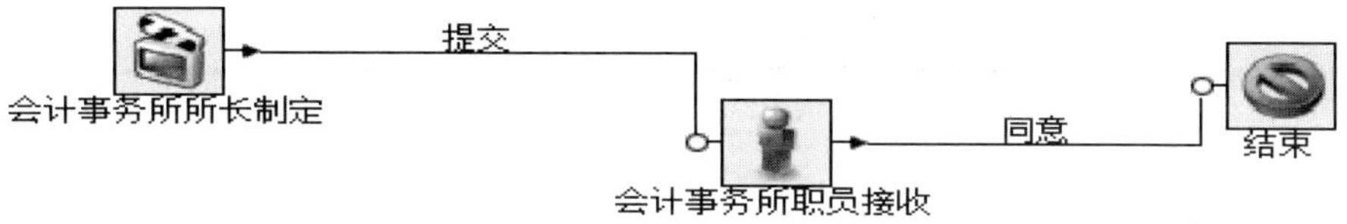

工作流程涉及岗位操作内容表

序号	岗位	节点	状态	类型	明细
1	所长	录入岗位分工表	线上	操作	会计师事务所所长登录系统，录入组织成员岗位分工表
2	各岗位	接收岗位分工表	线上	操作	会计师事务所各岗位登录系统，接收制定的成员岗位分工表

业务二：主要岗位职责说明书

职位分工业务操作完毕后，各岗位对岗位职责说明书进行制作提交。职位说明书主要包括两个部分：一是职位描述，主要对职位的工作内容进行概括，包括职位设置的目的、基本职责、组织图、业绩标准、工作权限等内容；二是职位的任职资格要求，主要对任职人员的标准和规范进行概括，包括该职位的行为标准，胜任职位所需的知识、技能、能力、个性特征以及对人员的培训需求等内容。

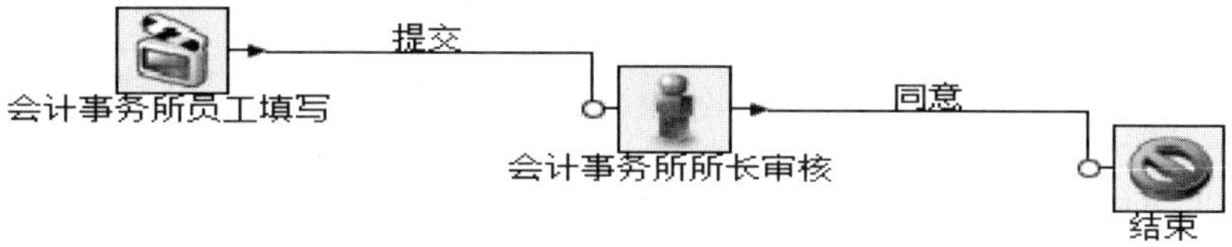

工作流程涉及岗位操作内容表

序号	岗位	节点	状态	类型	明细
1	各岗位	录入岗位职责说明书	线上	操作	会计师事务所各岗位登录系统，录入岗位职责说明书提交
2	所长	审阅岗位职责说明书	线上	操作	会计师事务所所长登录系统，审阅岗位职责说明书

业务三：制定管理制度

无方不成圆，无规不成矩。管理制度是为了规范自身的建设，维护工作秩序、提高工作效率、增加影响力，通过一定的程序所制定出的相关制度，是单位管理的依据和准则。

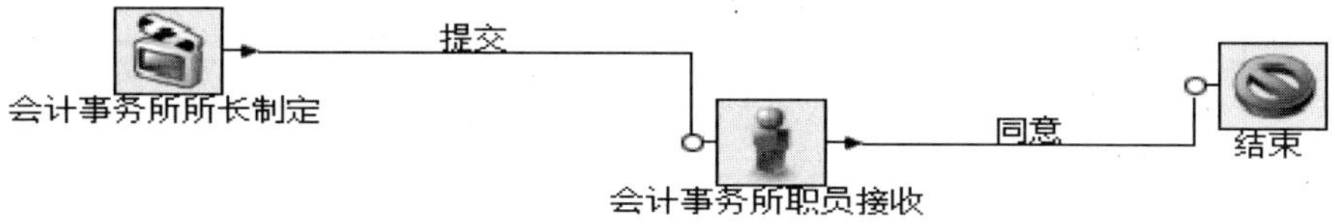

工作流程涉及岗位操作内容表

序号	岗位	节点	状态	类型	明细
1	所长	制定管理制度	线上	操作	会计师事务所所长登录系统，录入管理制度并提交
2	各岗位	接收管理制度	线上	操作	会计师事务所各岗位登录系统，接收制定的管理制度

4．问题与思考

（1）会计师事务所如何开展日常准备工作？

（2）实训学员在融入团队的过程中，遇到什么样的困难，如何克服？

9.6.3　会计师事务所期初阶段主要任务

1．实训任务

制订年度工作计划。

2．知识技能描述

通过本任务，能让学生在模拟经营期初阶段了解机构所需要办理的业务，通过实践让学生熟悉相关业务的流程。通过实践使学生了解会计师事务所承担的主要职能，加强学生对计划工作的理解，掌握计划制订的过程和方法，灵活运用所学知识。

3．内容与步骤

业务一：制订年度工作计划

工作计划是行政活动中使用范围很广的重要公文，也是应用写作的一个重头戏。机关、团体、企事业单位的各级机构，对一定时期的工作预先作出安排和打算时，都要制订工作计划，用到“工作计划”这种公文。工作计划实际上有许多不同种类，它们不仅有时间长短之分，而且有范围大小之别。从计划的具体分类来讲，比较长远、宏大的为“规划”，比较切近、具体的为“安排”，比较繁杂、全面的为“方案”，比较简明、概括的为“要点”，比较深入、细致的为“计划”，比较粗略、雏形的为“设想”，无论何种称谓，这些都是计划文种的范畴。

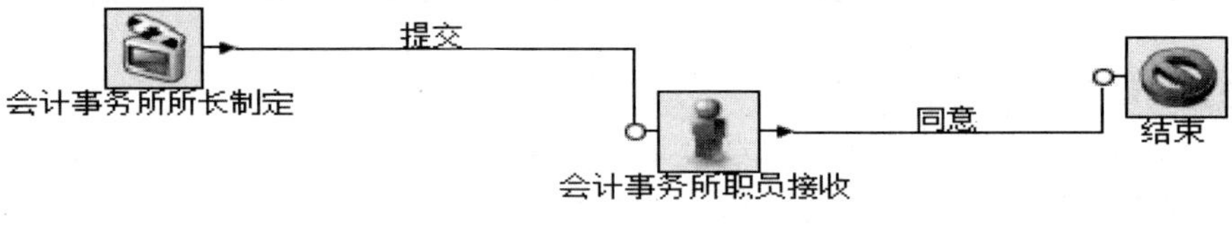

工作流程涉及岗位操作内容表

序号	岗位	节点	状态	类型	明细
1	所长	录入工作计划	线上	操作	会计师事务所所长登录系统，制订组织年度工作计划
2	各岗位	接收工作计划	线上	操作	会计师事务所各岗位登录系统，接收制订的年度工作计划

4. 问题与思考

（1）会计师事务所制订工作计划应该考虑哪些因素？

（2）工作计划对于第二年工作的展开有怎样的意义？

9.6.4 会计师事务所运营阶段主要任务

1. 实训任务

（1）接洽委托验资或审计服务

（2）执行服务出具报告

（3）会计师事务所开具发票

2. 知识技能描述

通过本任务，能让学生在模拟经营运营阶段了解机构所需要办理的业务，通过实践让学生熟悉相关业务的流程。通过实践使学生了解会计师事务所承担的主要职能，提高知识的运用能力及处理有关事务的能力。

3. 内容与步骤

业务一：验资业务

验资报告，Capital（Contribution）Verification Report，是指注册会计师根据《中国注册会计师审计准则第 1602 号－验资》的规定，在实施审验工作的基础上对被审验单位的股东（投资者、合伙人、主管部门等）出资情况发表审验意见的书面文件。

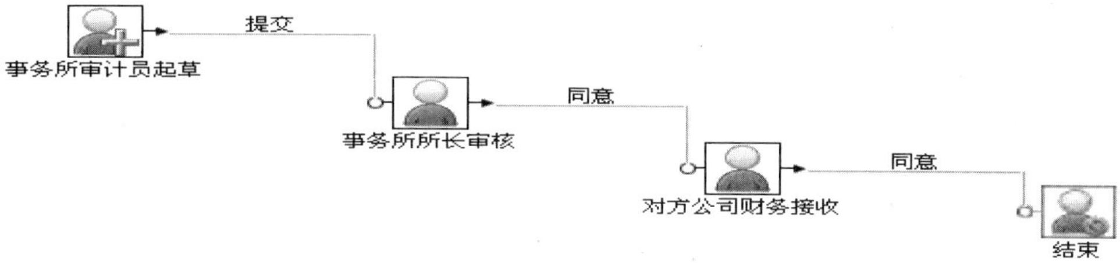

工作流程涉及岗位操作内容表

序号	岗位	节点	状态	类型	明细
1	事务所审计员	起草验资业务协议或报告	线上	操作	事务所审计员登录系统，制作验资业务协议书或报告，并递交会计师事务所所长
2	所长	审核验资业务协议或报告	线上	操作	事务所所长登录系统，审核确认递交的验资业务协议书或报告
3	对方单位	接收资料	线上	操作	对方接收验资业务协议或报告

业务二：审计业务

审计报告是注册会计师根据独立审计准则的要求，在实施了必要的审计程序后出具的，用于被审计单位年度财务报表发表审计意见的书面文件。审计报告是审计工作的最终成果，具有法定证明效力。由会计师事务所注册会计师签发的审计报告，具有鉴证作用、保护作用和证明作用。

在仿真实训中，制造企业委托会计师事务所对其进行审计。由会计师事务所人员前往制造企业单位实地对其账务进行查看，并根据调查内容出具报告。

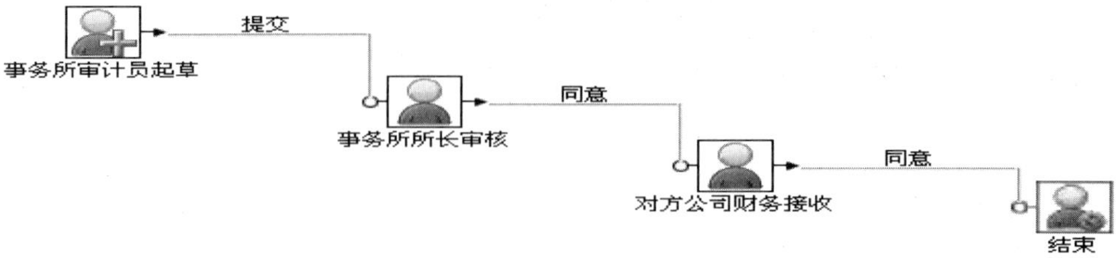

工作流程涉及岗位操作内容表

序号	岗位	节点	状态	类型	明细
1	事务所审计员	起草审计业务协议或报告	线上	操作	事务所审计员登录系统，制作审计业务协议书或报告，并递交会计师事务所所长
2	所长	审核审计业务协议或报告	线上	操作	事务所所长登录系统，审核确认递交的审计业务协议书或报告
3	对方单位	接收资料	线上	操作	对方接收审计业务协议或报告

业务三：会计师事务所开具发票

会计师事务所会计按收费项目开具服务发票，交予对方确认，完成开票及回款工作。

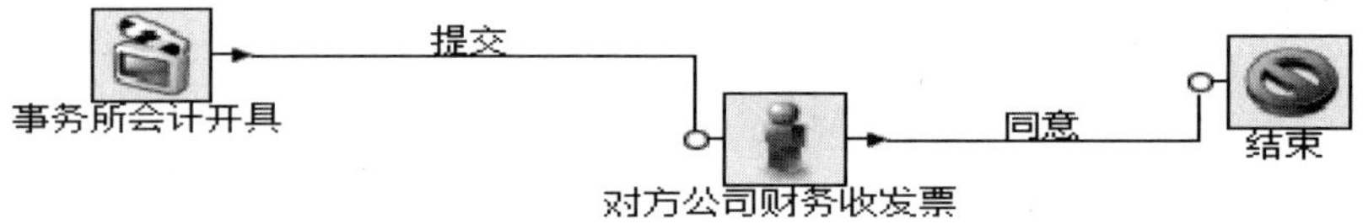

工作流程涉及岗位操作内容表

序号	岗位	节点	状态	类型	明细
1	事务所会计	开具发票	线上	操作	会计师事务所会计开具发票并提交给对方
2	对方	接收发票	线上	操作	对方单位会计登录平台，接收核对发票

4．问题与思考

（1）签订验资或审计协议的注意事项有哪些？

（2）学员在融入业务自发发起业务的过程中，遇到什么样的困难，如何克服？

9.6.5 会计师事务所期末阶段主要任务

1．实训任务

会计师事务所工作计划执行情况讨论与总结。

2．知识技能描述

通过本任务，能让学生在模拟经营期末阶段了解机构所需要办理的业务，通过实践让学生熟悉相关业务的流程。通过实践让学生能够对仿真经营年度的工作有更为全面的认识，并在此基础上总结经验教训，有利于下一年度工作更好地展开。

3．内容与步骤

业务一：会计师事务所工作总结

团队实践报告内容详见书后附录《其他经营性组织团队实践报告主要内容》。

4．问题与思考

（1）实训中，分析本年度机构经营的成功之处和不足之处？

（2）结合本实训说明年度工作经营总结应包括的主要内容和撰写时应注意的问题？

第十章 行政服务区各组织实践项目与流程

10.1 行政服务区各组织实践项目

行政服务区各组织实践项目表

单位	阶段	实践项目	实践业务
政府综合服务局	准备阶段	团队构建与组织结构设计	建立组织架构与职位分工
			主要岗位职责说明书
		制定管理制度	制定管理制度
		公章	公章
	期初阶段	制订年度工作计划	制订年度工作计划
	运营阶段	发布季度消费者需求与上游供应信息	发布季度消费者需求信息
			发布供应信息
		召开年度订货会及入场券	订货会通知
			申请订货会入场券
		评选市场推广优秀公司	市场优秀推广奖
		回购客户公司产品	客户公司发货单
	期末阶段	政府综合局工作计划执行情况讨论与总结	政府综合局工作总结
工商局	准备阶段	组织架构设计	岗位人员分工表
			岗位职责说明书
		管理制度制定	制定管理制度
			制定业务管理办法
		工商登记	企业名称预核准
			企业设立登记
			公司变更登记申请书
	期初阶段	年度工作计划	年度工作计划
	运营阶段	召开年度订货会	订货会通知
			发放订货会入场券
			评选市场优秀推广公司
		市场开发	市场开发备案申请
			市场准入资产验收申请
		市场监督	合同仲裁申请
			合同调解仲裁书
			工商投诉申请
			投诉处理结果书
			工商行政收据

（续表）

单位	阶段	实践项目	实践业务
工商局	运营阶段	工商检查	工商检查通知
			工商检查结果书
	期末阶段	公司年检	企业年检
		诚信合法评选	评选通知
			评选申报
			诚信合法评选
			颁证书
		工作总结	年度工作总结
认证中心	准备阶段	组织架构设计	岗位人员分工表
			岗位职责说明书
		管理制度与业务管理办法制定	制定管理制度
			制定业务管理办法
			制定管理制度
		公司成立	企业名称预先核准
			公司设立登记
			公章申请
			印章领取通知
			颁发组织代码证
			组织机构代码证申领
			税务设立登记
			开立单位银行结算账户
	期初阶段	工作计划	工作计划
	运营阶段	新产品研发	新产品研发申请
			新产品研发考核
			开具服务业发票
		ISO 认证	ISO 认证申请
			ISO9001 认证考核
			ISO14000 认证考核
			开具服务业发票
		财务业务	开具支票
			收款单
			收款收据
			付款单
			银行电汇
		登记财务账簿	银行存款日记账
	期末阶段	工作总结	工作总结

（续表）

单位	阶段	实践项目	实践业务
税务局	准备阶段	组织架构设计	岗位人员分工表
			岗位职责说明书
		管理制度制定	制定管理制度
			制定业务管理办法
	期初阶段	年度工作计划	年度工作计划
	运营阶段	纳税检查	纳税人纳税检查报告
			税务行政文书通知
			税务行政收据
		发票业务	购买增值税发票
		纳税征收	税收转账通用缴款书
			社保缴纳明细表
			增值税纳税申报
			地税纳税申报
			个人所得税申报
			企业所得税纳税申报
	期末阶段	工作总结	年度工作总结

10.2 政府综合局

10.2.1 政府综合局准备阶段主要任务

1．实训任务

（1）团队构建与组织结构设计

（2）制定管理制度

（3）公章

2．知识技能描述

通过本任务，能让学生在模拟经营准备阶段了解机构所需要办理的业务，通过实践让学生熟悉相关业务的流程。通过实践使学生了解政府综合局在行政服务方面所承担的主要职能，熟悉办理规章制度及措施办法，提高知识的运用能力及处理有关事务的能力。

3．内容与步骤

业务一：建立组织架构与职位分工

首先要搭建单位的组织架构。每家的组织结构和职位设置等由仿真单位的新一届管理者（即实训小组成员）自行商定。

人员分工的要领：

（1）明确工作任务与目标。

（2）熟悉下级的专长、不足与个性。只有知人才能善任。

（3）实现人与事的最佳匹配。
（4）明确地向任务承担者交代所要完成的任务与条件。

工作流程涉及岗位操作内容表

序号	岗位	节点	状态	类型	明细
1	综合局长	录入成员岗位	线上	操作	综合局长登录系统，录入组织成员岗位分工
2	综合局各科员	接收岗位分工表	线上	操作	各岗位科员登录系统，接收制定的成员岗位分工表

业务二：主要岗位职责说明书

职位分工业务操作完毕后，各岗位对岗位职责说明书进行制作提交。职位说明书主要包括两个部分：一是职位描述，主要对职位的工作内容进行概括，包括职位设置的目的、基本职责、组织图、业绩标准、工作权限等内容；二是职位的任职资格要求，主要对任职人员的标准和规范进行概括，包括该职位的行为标准，胜任职位所需的知识、技能、能力、个性特征以及对人员的培训需求等内容。

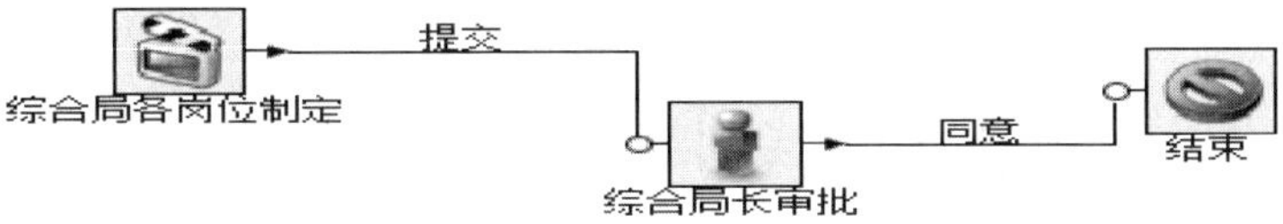

工作流程涉及岗位操作内容表

序号	岗位	节点	状态	类型	明细
1	各岗位	录入岗位职责说明书	线上	操作	综合局各岗位登录系统，录入岗位职责说明书提交
2	综合局长	审阅岗位职责说明书	线上	操作	综合局长登录系统，审阅岗位职责说明书

业务三：制定管理制度

无方不成圆，无规不成矩。管理制度是为了规范自身的建设，维护工作秩序、提高工作效率、增加影响力，通过一定的程序所制定出的相关制度，是单位管理的依据和准则。

工作流程涉及岗位操作内容表

序号	岗位	节点	状态	类型	明细
1	综合局长	制定管理制度	线上	操作	综合局长登录系统，录入管理制度并提交
2	各岗位	接收管理制度	线上	操作	综合局各岗位登录系统，接收制定的管理制度

业务四：公章申请

公章是指机关、团体、企事业单位使用的印章。任何单位公章的使用，必须严格遵守领导批准制度。即每次使用单位公章都必须由单位法定代表人批准同意，若单位法定代表人外出或因其他重要任务不能批准使用，也必须由单位法定代表人授权副职等合适人员批准使用。具体经管人员不得擅自使用单位公章办理任何事情。

单位公章若因管理不善，造成损坏、遗失或被盗，除按有关法律、制度追究责任人责任外，须尽快向上级及相关部门报告，一面采取相应措施挽救损失；一面尽快补办手续，尽快补刻启用新印章，以免贻误正常工作。

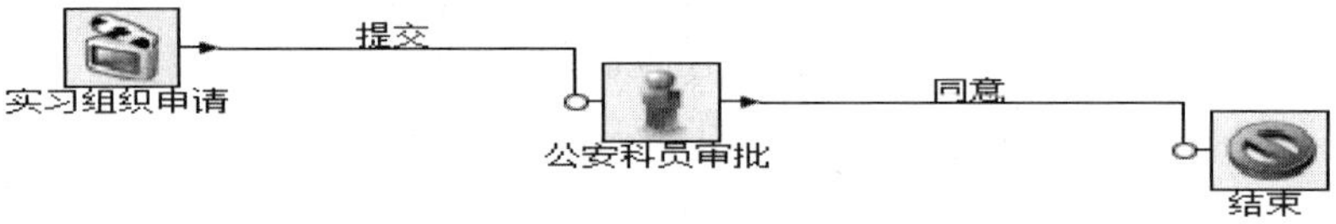

工作流程涉及岗位操作内容表

序号	岗位	节点	状态	类型	明细
1	申请人	填写申请	线上	操作	申填人填写印章申请书，提交政府综合局及要求准备的资料
2	公安科员	受理申请	线上	操作	公安科员检查申请书的填写有否问题，检查准备资料的完整性核准通过

4．问题与思考

（1）政府综合局如何开展日常准备工作？

（2）实训学员在融入团队的过程中，遇到什么样的困难，如何克服？

10.2.2 政府综合局期初阶段主要任务

1．实训任务

制订年度工作计划。

2．知识技能描述

通过本任务，能让学生在模拟经营期初阶段了解机构所需要办理的业务，通过实践让学生熟悉相关业务的流程。通过实践使学生了解政府综合局在行政服务方面所承担的主要职能，加强学生对计划工作的理解，掌握计划制订的过程和方法，灵活运用所学知识。

3．内容与步骤

业务一：制订年度工作计划

工作计划是行政活动中使用范围很广的重要公文，也是应用写作的一个重头戏。机关、团体、企事业单位的各级机构，对一定时期的工作预先做出安排和打算时，都要制订工作计划，用到“工作计划”这种公文。工作计划实际上有许多不同种类，它们不仅有时间长短之分，而且有范围大小之别。从计划的具体分类来讲，比较长远、宏大的为“规划”，比较切近、具体的为“安排”，比较繁杂、全面的为“方案”，比较简明、概括的为“要点”，比较深入、细致的为“计划”，比较粗略、雏形的为“设想”，无论何种称谓，这些都是计划文种的范畴。

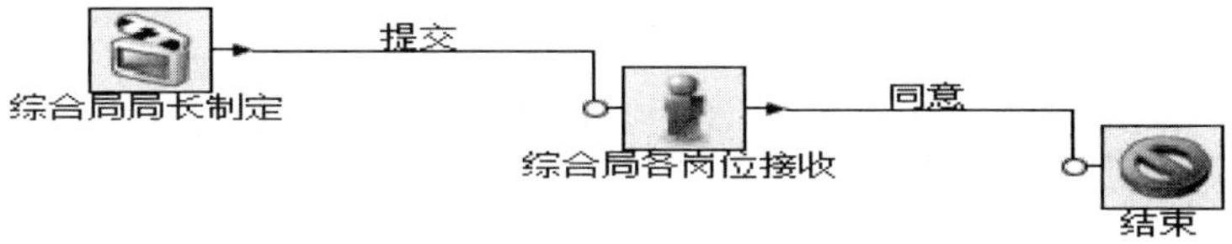

工作流程涉及岗位操作内容表

序号	岗位	节点	状态	类型	明细
1	政府综合局长	录入工作计划	线上	操作	政府综合局长登录系统，制订组织年度工作计划
2	综合局各科员	接收工作计划	线上	操作	政府综合局各岗位科员登录系统，接收制订的年度工作计划

4．问题与思考

（1）政府综合局制订工作计划应该考虑哪些因素？

（2）工作计划对于第二年工作的展开有怎样的意义？

10.2.3 政府综合局运营阶段主要任务

1．实训任务

（1）发布季度消费者需求与上游供应信息

（2）召开年度订货会及入场券

（3）评选市场推广优秀公司

（4）回购客户公司产品

2．知识技能描述

通过本任务，能让学生在模拟经营运营阶段了解机构所需要办理的业务，通过实践让学生熟悉相关业务的流程。通过实践使学生了解政府综合局在行政服务方面所承担的主要职能，提高知识的运用能力及处理有关事务的能力。

3．内容与步骤

业务一：发布季度消费者需求与上游供应信息

每季度初，消费者代表需要根据需求曲线及宏观环境状况测算当季度各产品各区域市场的消费者需求信息，并在公共信息平台发布出来。供应代表需根据消费者需求信息，确定各原材料及设备、厂房、车辆合适的供给量及供应价格，也在公共信息平台发布。

业务二：订货会通知

订货会的营销战术可以缓解企业推销员不足的困难，可以在短时间内使大量的顾客云集在一起，有巨大的广告宣传和销售的效应。而且，订货会也容易造成一种友好的合作的氛围，对双方的沟通也提供了便利的条件。细致扎实的会前准备是订货会成功的关键，仿真市场订货会的准备工作主要包括以下几个方面：获取订货会入场资格，评选“市场推广优秀公司”最后订货会商务商谈获取商业合作意向。

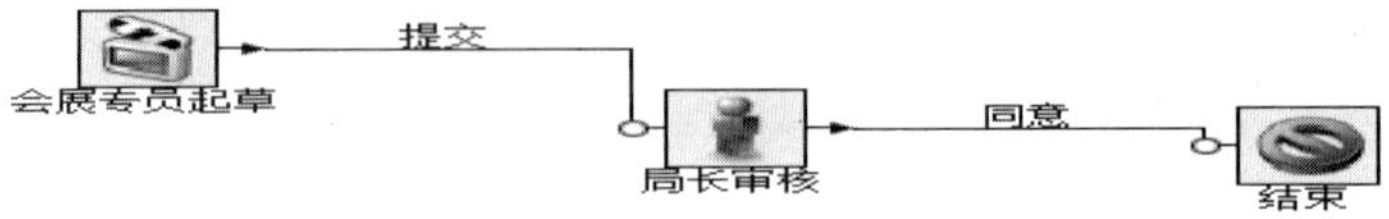

工作流程涉及岗位操作内容表

序号	岗位	节点	状态	类型	明细
1	会展专员	起草订货会通知	线上	操作	会展专员登录系统，编制订货会通知提交
2	综合局长	审阅订货会通知	线上	操作	政府综合局长登录系统，审阅编制的订货会通知

业务三：申请订货会入场券

制造企业销售主管在对订货会销售费用投入申请付款后，可以进行申请订货会入场券，获取订货会入场资格。

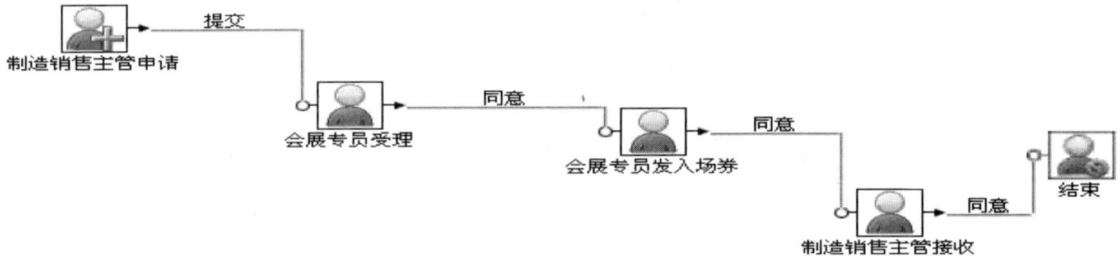

工作流程涉及岗位操作内容表

序号	岗位	节点	状态	类型	明细
1	销售主管	填写订货会入场券申请	线上	操作	制造企业销售主管登录系统，填写订货会入场券申请提交
2	会展专员	受理申请	线上	操作	会展专员登录系统，受理审核提交的订货会入场券申请
3	会展专员	发放入场券	线上	操作	会展专员登录系统，录入发放入场券
4	销售主管	接收入场券	线上	操作	销售主管登录系统，接收入场券

业务四：市场优秀推广奖

工商行政管理局根据制造企业的销售费用投放情况，统计评选出市场推广优秀公司。

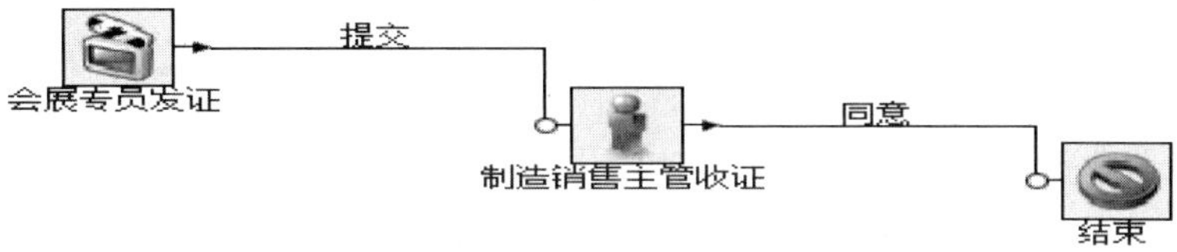

工作流程涉及岗位操作内容表

序号	岗位	节点	状态	类型	明细
1	会展专员	制作市场推广奖状	线上	操作	会展专员登录系统，发放市场优秀推广奖
2	销售主管	接收市场推广奖	线上	操作	销售主管登录系统，接收颁发的市场优秀推广奖

业务五：客户公司发货单

每季度末客户公司业务经理发起“客户公司发货单”流程，客户公司会计记账，政府综合局消费者代表确认后客户公司库存自动更新，消费者代表发起银行电汇流程，向相应客户公司汇货款。

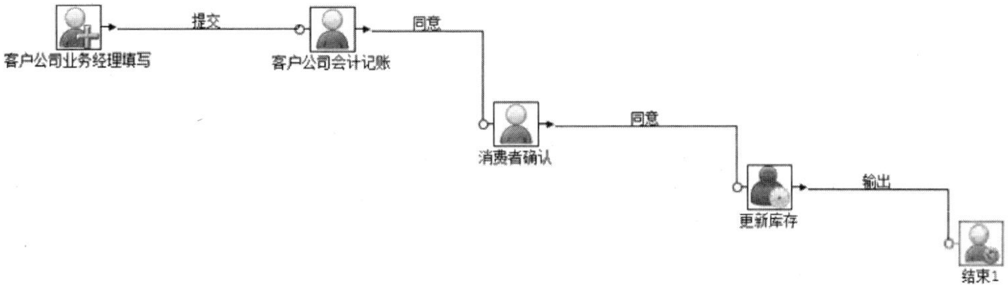

工作流程涉及岗位操作内容表

序号	岗位	节点	状态	类型	明细
1	客户公司业务经理	填写表单	线上	操作	客户公司业务经理登录系统，填写“客户公司发货单”表单
2	客户公司会计	记账	线上	操作	客户公司会计登录系统，审核发货单并记账
3	消费者代表	确认	线上	操作	消费者代表登录系统，确认，库存自动更新

4. 问题与思考

(1) 召开产品订货会的作用体现在哪些方面?

(2) 产品订货会的召开对仿真实训企业有哪些影响?

10.2.4 政府综合局期末阶段主要任务

1. 实训任务

政府综合局工作计划执行情况讨论与总结。

2．知识技能描述

通过本任务，能让学生在模拟经营期末阶段了解机构所需要办理的业务，通过实践让学生熟悉相关业务的流程。通过实践让学生能够对仿真经营年度的工作有更为全面的认识，并在此基础上总结经验教训，有利于下一年度工作更好地展开。

3．内容与步骤

业务一：政府综合局工作总结

团队实践报告内容详见书后附录《非营利组织团队实践报告主要内容》。

4．问题与思考

（1）实训中，分析本年度机构经营的成功之处和不足之处？

（2）结合本实训说明年度工作经营总结应包括的主要内容和撰写时应注意的问题？

10.3 工商行政管理局

10.3.1 工商局职能及简介

工商行政管理部门是仿真市场虚拟的管理机构，受虚拟政府的委托，监督仿真市场的运行，维护仿真市场的经济秩序，促进仿真市场经济的健康发展。仿真市场工商行政管理部门是虚拟政府的职能机构，主管市场监督管理和行政执法。

工商行政管理部门的基本任务是：确认市场主体资格，规范市场主体行为，维护市场经济秩序，保护商品生产经营者和消费者的合法权益；参与市场体系的规划、培育；负责商标的同意注册和管理；实施对广告活动的监督管理；监督管理仿真市场的正常有序运行。

工商行政管理部门对违反工商行政管理规章的经营者，依法实施行政处罚。对未经核准登记，擅自从事经营活动，或者从事其他违反经营登记管理规定行为的，给予警告处罚；对未经登记擅自市场，或在未开发完成的市场从事产品交易活动的生产制造公司，工商行政管理部门依照有关规定予以处罚；

工商行政管理部门在实行执法监督制度，其执法行为必须接受仿真实习环境公众的监督，仿真实习环境中的任何组织和个人对工商管理部门工作人员的违法、违纪行为，有权向上一级工商行政管理部门（指导老师）举报、控告；在仿真实习环境中的任何单位和个人对工商行政管理部门处罚不服的，可以在收到处罚通知书后的一个月（仿真实习时间可能为1—2小时，具体时间由实习组织单位安排）内，向上一级工商行政管理部门（指导老师）提出行政复议。

10.3.2 工商局准备阶段主要任务

1．实训任务

（1）团队构建与组织结构设计

（2）制定管理制度

（3）企业登记管理

2．知识技能描述

通过本任务，能让学生在模拟经营准备阶段了解机构所需要办理的业务，通过实践让学生熟悉相关业务的流程。通过实践使学生了解工商行政管理局在行政服务方面所承担的主要职能，熟悉办理规章制度及措施办法，提高知识的运用能力及处理有关事务的能力。

3．内容与步骤

业务一：建立组织架构与职位分工

首先要搭建单位的组织架构。每家的组织结构和职位设置等由仿真单位的新一届管理者（即实训小组成员）自行商定。

人员分工的要领：

（1）明确工作任务与目标。

（2）熟悉下级的专长、不足与个性。只有知人才能善任。

（3）实现人与事的最佳匹配。

（4）明确地向任务承担者交代所要完成的任务与条件。

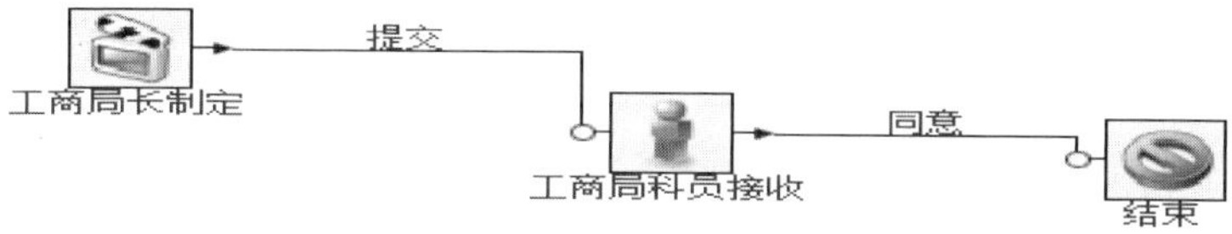

工作流程涉及岗位操作内容表

序号	岗位	节点	状态	类型	明细
1	工商局长	录入成员岗位	线上	操作	工商局长登录系统，录入组织成员岗位分工
2	工商各科员	接收岗位分工表	线上	操作	各岗位科员登录系统，接收制定的成员岗位分工表

业务二：主要岗位职责说明书

职位分工业务操作完毕后，各岗位对岗位职责说明书进行制作提交。职位说明书主要包括两个部分：一是职位描述，主要对职位的工作内容进行概括，包括职位设置的目的、基本职责、组织图、业绩标准、工作权限等内容；二是职位的任职资格要求，主要对任职人员的标准和规范进行概括，包括该职位的行为标准，胜任职位所需的知识、技能、能力、个性特征以及对人员的培训需求等内容。

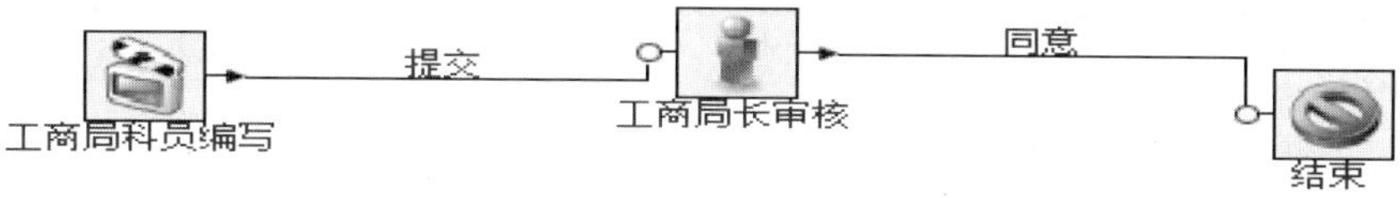

工作流程涉及岗位操作内容表

序号	岗位	节点	状态	类型	明细
1	各岗位	录入岗位职责说明书	线上	操作	工商局各岗位登录系统，录入岗位职责说明书提交
2	工商局长	审阅岗位职责说明书	线上	操作	工商局长登录系统，审阅岗位职责说明书

业务三：制定管理制度

无方不成圆，无规不成矩。管理制度是为了规范自身的建设，维护工作秩序、提高工作效率、增加影响力，通过一定的程序所制定出的相关制度，是单位管理的依据和准则。

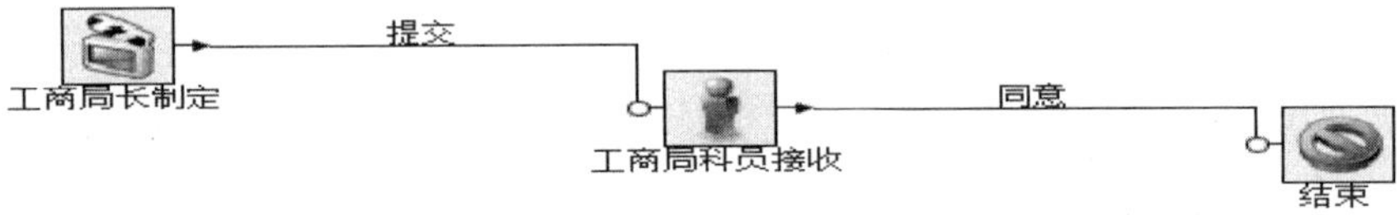

工作流程涉及岗位操作内容表

序号	岗位	节点	状态	类型	明细
1	工商局长	制定管理制度	线上	操作	工商局长登录系统，录入管理制度并提交
2	各岗位	接收管理制度	线上	操作	工商局各岗位登录系统，接收制定的管理制度

业务四：企业名称预先核准登记

在工商登记或变更前，企业需要进行名称预先核准登记。企业名称预先核准登记程序是企业名称登记的特殊程序。在工商登记前，企业必须先办理名称预先核准登记。企业名称有四个基本要素构成：即行政区划、字号、行业特征、组织形式，如中山市京通资讯科技有限公司。

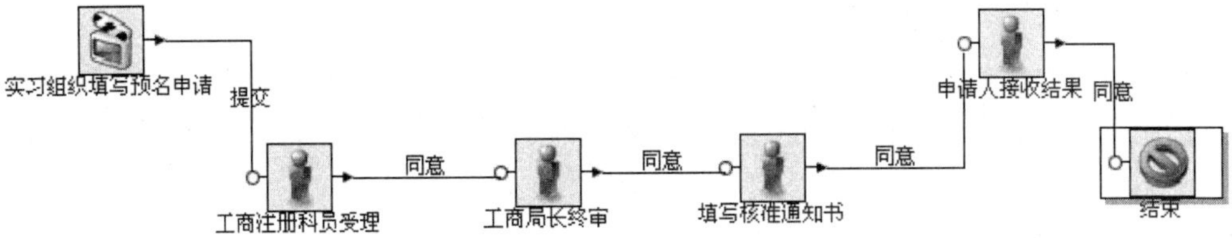

工作流程涉及岗位操作内容表

序号	岗位	节点	状态	类型	明细
1	申请人	填写申请表	线上	操作	填写企业名称预先核准申请书，提交准备资料
2	登记注册科科员	受理申请	线上	操作	工商登记注册科员审核申请书、准备资料的完整性、合理性

（续表）

序号	岗位	节点	状态	类型	明细
3	工商局局长	审核申请	线上	操作	工商局长进一步审核资料的合法性，检查不合法的，退回登记注册科
4	登记注册科科员	填写受理/驳回通知	线上	操作	填写企业名称预先核准通知书或企业名称驳回通知书
5	申请人	接收通知书	线上	操作	申请人接收领取工商局通知书

业务五：工商登记及变更工商登记

根据《公司法》的规定，公司营业执照记载的事项发生变更的，公司应当依法办理变更登记，由公司登记机关换发营业执照。公司营业执照载明了公司的名称、住所、注册资本、实收资本、经营范围、法定代表人姓名等事项，因此，上述事项变更都被视为“企业变更”。

因仿真制造企业已经营七年，所以新一届管理层需进行工商变更。配套单位则完成名称预先核准登记后办理工商登记即可。

平台营业执照号码模拟规则由任课老师统一安排。

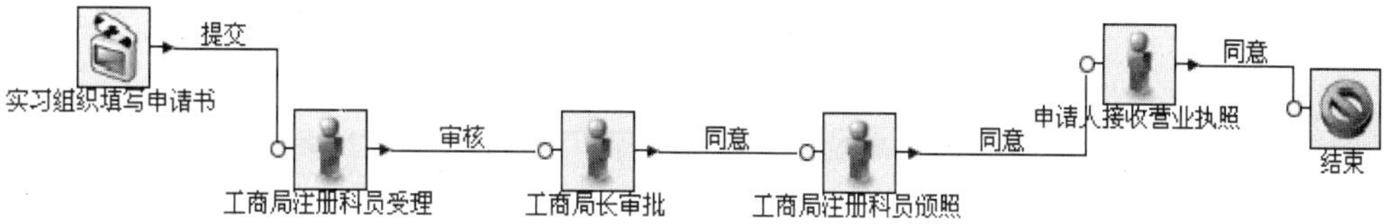

工作流程涉及岗位操作内容表

序号	岗位	节点	状态	类型	明细
1	申请人	填写申请	线上	操作	填写企业变更登记申请书，提交工商局要求准备的资料（公司章程、名称预先核准通知书、验资报告等）
2	登记注册科科员	受理申请书	线上	操作	检查申请书的填写有否问题，检查准备资料的完整性
3	登记注册科科员	开具受理通知书或不予受理通知书	线上	操作	检查资料是否完整、合理，资料完整、合理的，开具受理通知书，通知经办人在固定工作日内前往工商局，凭受理通知书领取营业执照；发现准备资料不充分或者不合理的，开具通知书，说明不予受理的原因
4	工商局局长	审核企业登记申请	线上	操作	审核企业登记申请资料的合法性，检查无误后审批申请
5	登记注册科科员	制作营业执照	线上	操作	根据企业登记申请资料，制作营业执照，通知经办人凭受理通知书前来领取执照
6	申请人	领取营业执照	线上	操作	递交受理通知书，领取营业执照

4．问题与思考

（1）工商行政管理局如何开展日常准备工作？

（2）实训学员在融入团队的过程中，遇到什么样的困难，如何克服？

10.3.3 工商局期初阶段主要任务

1．实训任务

制订年度工作计划。

2．知识技能描述

通过本任务，能让学生在模拟经营期初阶段了解机构所需要办理的业务，通过实践让学生熟悉相关业务的流程。通过实践使学生了解工商行政管理局在行政服务方面所承担的主要职能，加强学生对计划工作的理解，掌握计划制订的过程和方法，灵活运用所学知识。

3．内容与步骤

业务一：制订年度工作计划

工作计划是行政活动中使用范围很广的重要公文，也是应用写作的一个重头戏。机关、团体、企事业单位的各级机构，对一定时期的工作预先作出安排和打算时，都要制订工作计划，用到"工作计划"这种公文。工作计划实际上有许多不同种类，它们不仅有时间长短之分，而且有范围大小之别。从计划的具体分类来讲，比较长远、宏大的为"规划"，比较切近、具体的为"安排"，比较繁杂、全面的为"方案"，比较简明、概括的为"要点"，比较深入、细致的为"计划"，比较粗略、雏形的为"设想"，无论何种称谓，这些都是计划文种的范畴。

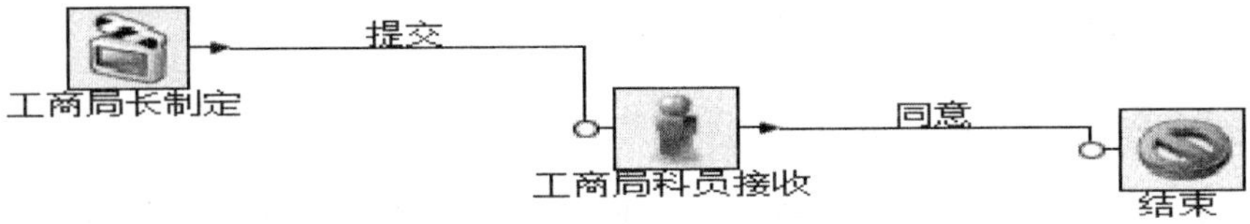

工作流程涉及岗位操作内容表

序号	岗位	节点	状态	类型	明细
1	工商局长	录入工作计划	线上	操作	工商局长登录系统，制订组织年度工作计划
2	工商各科员	接收工作计划	线上	操作	各岗位科员登录系统，接收制订的年度工作计划

4．问题与思考

（1）工商行政管理部门制订工作计划应该考虑哪些因素？

（2）工作计划对于第二年工作的展开有怎样的意义？

10.3.4 工商局运营阶段主要任务

1．实训任务

（1）市场开发登记与审核

（2）市场监管

（3）“诚实守信，合法经营”评选活动

（4）工商检查与工商年检

2．知识技能描述

通过本任务，能让学生在模拟经营运营阶段了解机构所需要办理的业务，通过实践让学生熟悉相关业务的流程。通过实践使学生了解工商行政管理局在行政服务方面所承担的主要职能，提高知识的运用能力及处理有关事务的能力。

3．内容与步骤

业务一：市场开发备案申请

市场开发（Market Development）可以应用人口统计市场、地理市场等方法开发新的区隔市场，突破进入现有市场。

制造企业与客户公司签订合同前，制造企业必须对合同所对应的市场进行开发，获取准入资格后才有资格进行签约。客户公司有权利要求制造企业在签约前出示市场准入的资格证。

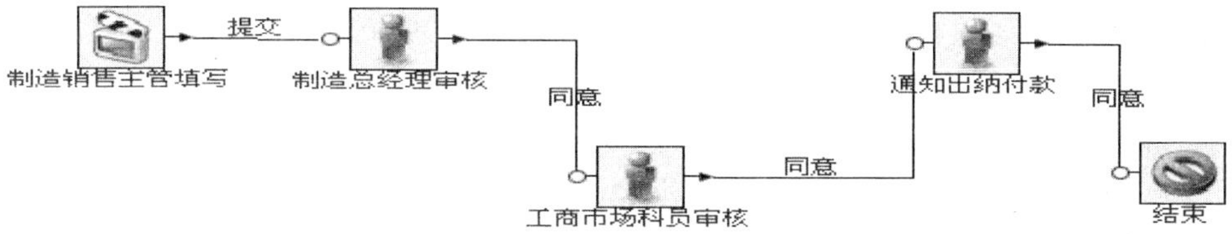

工作流程涉及岗位操作内容表

序号	岗位	节点	状态	类型	明细
1	销售主管	开展市场开发申请	线上	操作	制造企业销售主管根根据平台规则要求，填写市场开发申请书提交
2	总经理	审核市场开发申请	线上	操作	总经理根据平台规则要求，审核提交的市场开发申请
3	工商市场科员	受理市场开发申请	线上	操作	工商市场科员登录平台，检查制造企业提交的市场开发申请，确定无误后受理
4	出纳	接收执行付款	线上	操作	制造企业出纳登录平台，接收市场开发申请，并执行付款，可选用银行电汇方式

业务二：市场准入资格申请

制造企业销售主管在完成市场开发备案申请及付款后，可对市场开发事项向工商局申请准入资格，获取工商局颁发的市场准入资格证。

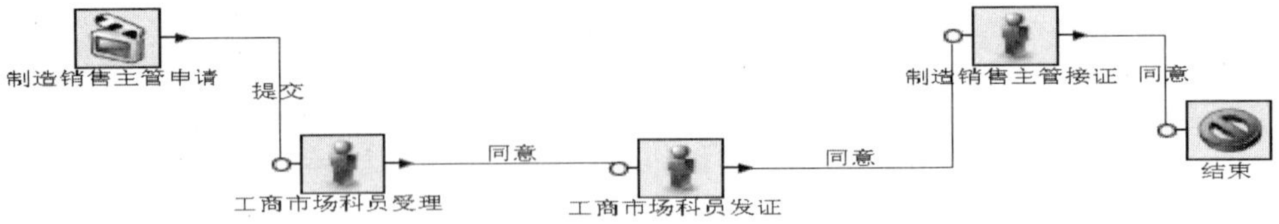

工作流程涉及岗位操作内容表

序号	岗位	节点	状态	类型	明细
1	销售主管	填写市场准入资格申请	线上	操作	制造企业销售主管登录平台，填写市场准入资格申请表，提交所在货币区工商局
2	工商市场科员	受理考核申请	线上	操作	工商市场科员登录平台，检查制造企业提交的市场准入资格申请表，是否发放市场准入资格证
3	工商市场科员	发放证书	线上	操作	工商市场科员发放市场准入资格证
4	销售主管	接收证书	线上	操作	制造企业销售主管接收工商局颁发的市场准入资格证

业务三：工商投诉

根据《中华人民共和国反不正当竞争法》《中华人民共和国合同法》等知识，创造性开展工作，处理解决实训过程中市场发生的不规范经营行为，起到市场监管的作用，履行工商行政管理部门的职责。

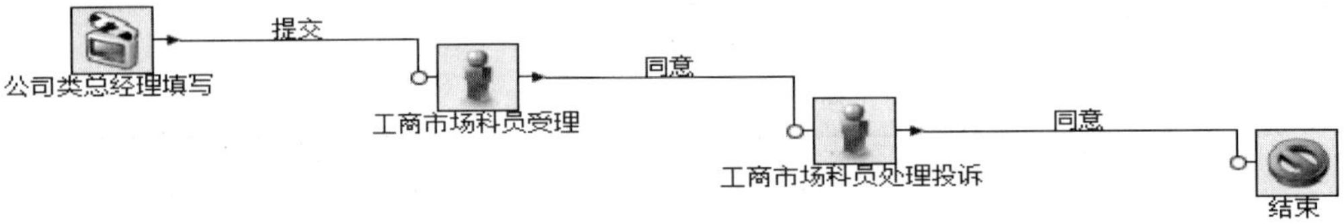

工作流程涉及岗位操作内容表

序号	岗位	节点	状态	类型	明细
1	总经理	填写工商投诉书	线上	操作	公司类总经理填写工商投诉书提交
2	工商市场科员	受理工商投诉书	线上	操作	工商市场科员受理提交的工商投诉书
3	工商市场科员	处理工商投诉	线上	操作	工商市场科员登录平台，对提交的工商投诉书确认处理结果

业务四：合同调解

根据合同的执行情况，对未能执行的情况采取协商方案处理，不能协商的，提交工商部门调解处理，以便双方对问题处理方案协议一致，继续保持良好的合作关系。

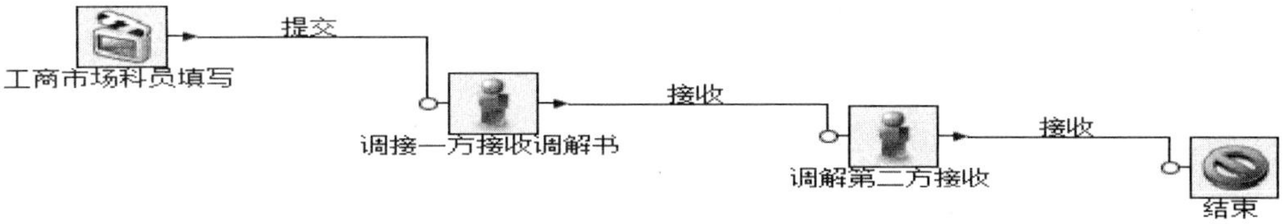

工作流程涉及岗位操作内容表

序号	岗位	节点	状态	类型	明细
1	工商市场科员	填写合同调解书	线上	操作	工商市场科员根据调解方案填写合同调解书提交
2	调解第一方	接收合同调解书	线上	操作	调解第一方接收提交的合同调解书
3	调解第二方	接收合同调解书	线上	操作	调解第二方接收提交的合同调解书

业务五：合同仲裁

根据合同的执行情况，了解未能执行的情况产生原因，合同双方不能协商处理的，仲裁申请方提交工商部门仲裁处理。

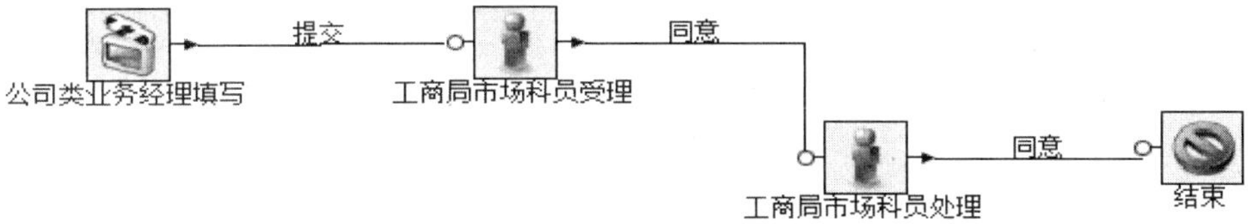

工作流程涉及岗位操作内容表

序号	岗位	节点	状态	类型	明细
1	总经理	填写合同仲裁申请书	线上	操作	公司类总经理填写合同仲裁申请书提交
2	工商市场科员	受理合同仲裁申请	线上	操作	工商市场科员受理提交的合同仲裁申请书
3	工商市场科员	处理合同仲裁申请	线上	操作	工商市场科员登录平台，对提交的合同仲裁申请书确认处理结果

业务六：“诚实守信，合法经营”评选

工商行政管理部门根据实训环境制订“诚实守信，合法经营”评选活动的办法及实施程序、要求，评出本年度仿真实训系统“诚实守信，合法经营”企业。

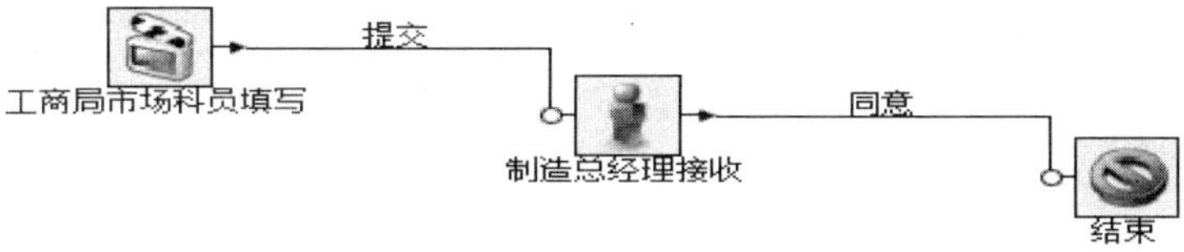

工作流程涉及岗位操作内容表

序号	岗位	节点	状态	类型	明细
1	工商市场科员	填写评比荣誉证书	线上	操作	工商市场科员对评比结果制作评比荣誉证书提交
2	公司总经理	接收评比荣誉证书	线上	操作	公司总经理接收提交的评比荣誉证书

业务七：工商检查

工商行政管理部门管理人员根据国家有关法律、法规及公司章程的规定并结合仿真实训要求，进行经常性检查。

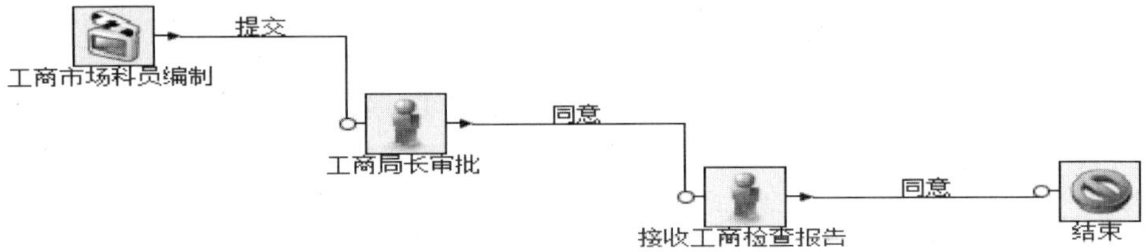

工作流程涉及岗位操作内容表

序号	岗位	节点	状态	类型	明细
1	工商市场科员	填写工商检查报告	线上	操作	工商市场科员根据工商检查结果填写工商检查报告提交
2	工商局长	审阅工商检查报告	线上	操作	工商局长审阅提交的工商检查报告
3	公司类总经理	接收工商检查报告	线上	操作	公司类总经理接收提交的工商检查报告

业务八：工商年检

国家工商总局2014年2月19日发出通知，自2014年3月1日起正式停止企业年度检验制度，要求各级工商机关抓紧做好企业年度报告公示制度等一系列新制度的实施准备工作。企业按年度在规定的期限内，通过商事主体登记及信用信息公示平台，向登记机关提交年度报告并向社会公示，由企业自己对年度报告的真实性、合法性负责。年度报告包括公司股东（发起人）缴纳出资情况、资产状况等，企业须对年度报告的真实性、合法性负责，工商部门可以对企业年度报告公示内容进行抽查。经检查发现企业年度报告隐瞒真实情况、弄虚作假的，工商部门依法予以处罚，并将企业法定代表人、负责人等信息通报公安、财政、海关、税务等有关部门。企业三年不进行年报，将被永久列入“黑名单”。

在仿真实训中，制造企业依照平台工商管理规则向所在区域工商局办理工商年检工作。

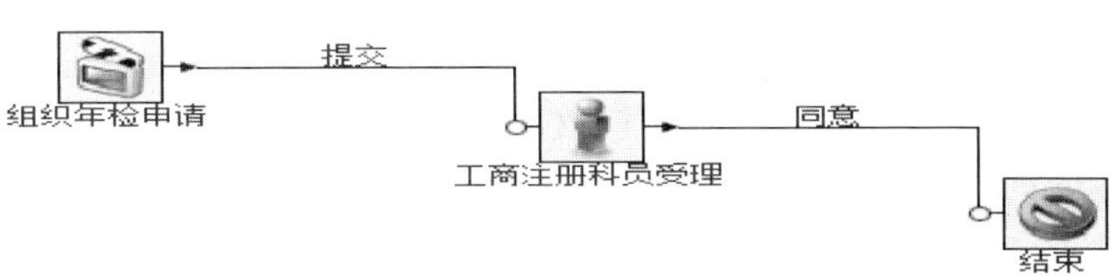

工作流程涉及岗位操作内容表

序号	岗位	节点	状态	类型	明细
1	申请人	填写年检资料	线上	操作	申请人填写年检资料和准备资料提交
2	工商注册科员	受理年检资料	线上	操作	工商注册科员受理提交的年检资料办理年检

4. 问题与思考

（1）市场监管对来年工作计划的制订与实施有何影响？

（2）市场开发的登记与审核的作用是什么？它对市场环境和市场管理有什么益处？

（3）评选“诚实守信，合法经营”的作用和意义体现在哪些方面？

（4）工商行政管理部门经常性检查和年检的必要性与重要性体现在哪些方面？

10.3.5 工商局期末阶段主要任务

1. 实训任务

工商行政管理局工作计划执行情况讨论与总结。

2. 知识技能描述

通过本任务，能让学生在模拟经营期末阶段了解机构所需要办理的业务，通过实践让学生熟悉相关业务的流程。通过实践让学生能够对仿真经营年度的工作有更为全面的认识，并在此基础上总结经验教训，有利于下一年度工作更好地展开。

3. 内容与步骤

业务一：工商局工作总结

团队实践报告主要内容详见书后附录《非营利组织团队实践报告主要内容》。

4. 问题与思考

（1）实训中，分析本年度机构经营的成功之处和不足之处？

（2）结合本实训说明年度工作经营总结应包括的主要内容和撰写时应注意的问题？

10.4 认 证 中 心

10.4.1 认证中心职能及简介

认证中心是仿真市场唯一合法的认证机关，其认证具有合法性和权威性。本中心主要业务包括ISO认证和新产品研发认证；ISO认证包括质量认证体系和环境保护认证体系。

本中心在办公时间受理生产制造公司提出的ISO认证和新产品研发认证申请，不得以任何理由拒绝公司申请；本中心严格公正记录生产制造公司开始认证时间和新产品研发时间，作为审核依据。本中心严格按照 ISO 认证标准和新产品研发认证规则，审核生产制造公司的 ISO 认证和新产品研发的有关工作程序和资料，并对达标公司颁发证书（证明）；本中心有义务对生产制造公司申请认证和新产品研发工作予以指导，并对申请认证单位提交的资料，在未颁发证书前严格保密。本中心不得强制要求生产制造公司参加 ISO 认证和新产品研发，并有义务向信息中心提供 ISO 认证和新产品研发统计资料。

10.4.2 认证中心准备阶段主要任务

1．实训任务

（1）团队构建与组织结构设计

（2）制定管理制度

（3）认证中心工商登记

（4）认证中心税务登记

（5）认证中心银行开户

2．知识技能描述

通过本任务，能让学生在模拟经营准备阶段了解机构所需要办理的业务，通过实践让学生熟悉相关业务的流程。通过实践使学生了解认证中心所承担的主要职能，熟悉办理规章制度及措施办法，提高知识的运用能力及处理有关事务的能力。

3．内容与步骤

业务一：建立组织架构与职位分工

首先要搭建单位的组织架构。每家的组织结构和职位设置等由仿真单位的新一届管理者（即实训小组成员）自行商定。

人员分工的要领：

（1）明确工作任务与目标。

（2）熟悉下级的专长、不足与个性。只有知人才能善任。

（3）实现人与事的最佳匹配。

（4）明确地向任务承担者交代所要完成的任务与条件。

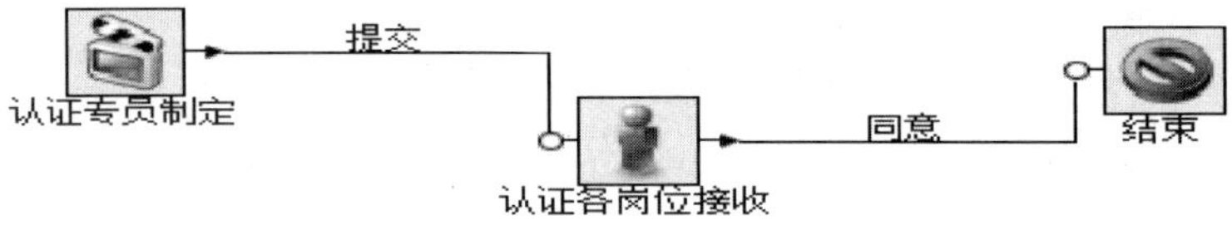

工作流程涉及岗位操作内容表

序号	岗位	节点	状态	类型	明细
1	认证专员	录入岗位分工表	线上	操作	认证中心专员登录系统，录入组织成员岗位分工表
2	各岗位	接收岗位分工表	线上	操作	认证中心各岗位登录系统，接收制定的成员岗位分工表

业务二：主要岗位职责说明书

职位分工业务操作完毕后，各岗位对岗位职责说明书进行制作提交。职位说明书主要包括两个部分：一是职位描述，主要对职位的工作内容进行概括，包括职位设置的目的、基本职责、组织图、业绩标准、工作权限等内容；二是职位的任职资格要求，主要对任职人员的标准和规范进行概括，包括该职位的行为标准，胜任职位所需的知识、技能、能力、个性特征以及对人员的培训需求等内容。

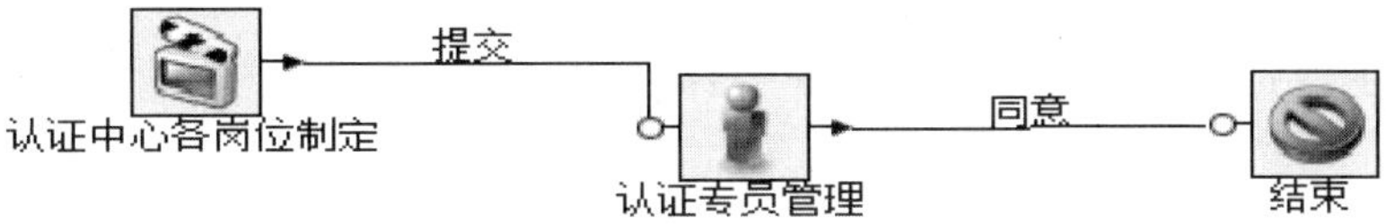

工作流程涉及岗位操作内容表

序号	岗位	节点	状态	类型	明细
1	各岗位	录入岗位职责说明书	线上	操作	认证中心各岗位登录系统，录入岗位职责说明书提交
2	认证专员	查阅岗位职责说明书	线上	操作	认证中心专员登录系统，查阅岗位职责说明书

业务三：制定管理制度

无方不成圆，无规不成矩。管理制度是为了规范自身的建设，维护工作秩序、提高工作效率、增加影响力，通过一定的程序所制定出的相关制度，是单位管理的依据和准则。

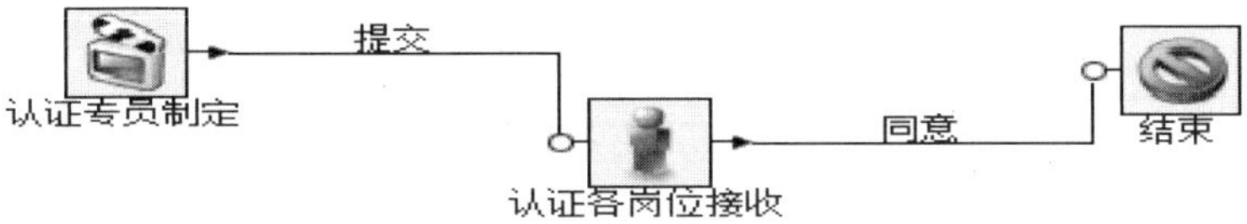

工作流程涉及岗位操作内容表

序号	岗位	节点	状态	类型	明细
1	认证专员	制定管理制度	线上	操作	认证中心专员登录系统，录入管理制度并提交
2	各岗位	接收管理制度	线上	操作	认证中心各岗位登录系统，接收制定的管理制度

4．问题与思考

（1）认证中心如何开展日常准备工作？

（2）实训学员在融入团队的过程中，遇到什么样的困难，如何克服？

10.4.3 认证中心期初阶段主要任务

1．实训任务

制订年度工作计划。

2．知识技能描述

通过本任务，能让学生在模拟经营期初阶段了解机构所需要办理的业务，通过实践让学生熟悉相关业务的流程。通过实践使学生了解认证中心所承担的主要职能，加强学生对计划工作的理解，掌握计划制订的过程和方法，灵活运用所学知识。

3．内容与步骤

业务一：制订年度工作计划

工作计划是行政活动中使用范围很广的重要公文，也是应用写作的一个重头戏。机关、团体、企事业单位的各级机构，对一定时期的工作预先做出安排和打算时，都要制订工作计划，用到“工作计划”这种公文。工作计划实际上有许多不同种类，它们不仅有时间长短之分，而且有范围大小之别。从计划的具体分类来讲，比较长远、宏大的为“规划”，比较切近、具体的为“安排”，比较繁杂、全面的为“方案”，比较简明、概括的为“要点”，比较深入、细致的为“计划”，比较粗略、雏形的为“设想”，无论何种称谓，这些都是计划文种的范畴。

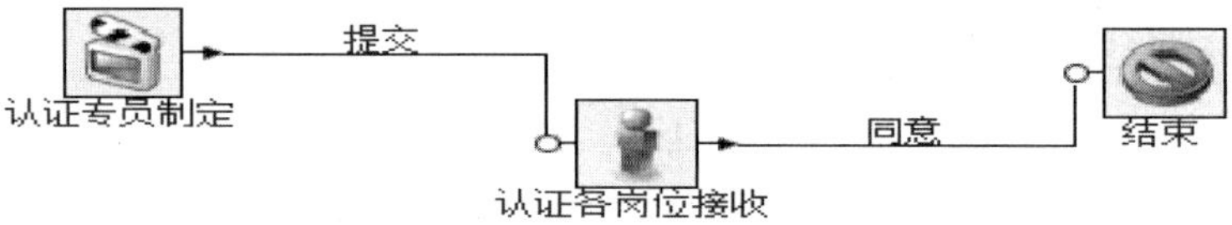

工作流程涉及岗位操作内容表

序号	岗位	节点	状态	类型	明细
1	认证专员	录入工作计划	线上	操作	认证中心专员登录系统，制订组织年度工作计划
2	各岗位	接收工作计划	线上	操作	认证中心各岗位登录系统，接收制订的年度工作计划

4．问题与思考

（1）认证中心制订工作计划应该考虑哪些因素？

（2）工作计划对于第二年工作的展开有怎样的意义？

10.4.4　认证中心运营阶段主要任务

1．实训任务

（1）新产品及 ISO 认证

（2）认证中心服务发票

2．知识技能描述

通过本任务，能让学生在模拟经营运营阶段了解机构所需要办理的业务，通过实践让学生熟悉相关业务的流程。通过实践使学生了解认证中心所承担的主要职能，提高知识的运用能力及处理有关事务的能力。

3．内容与步骤

业务一：新产品研发申请

新产品开发是指从研究选择适应市场需要的产品开始到产品设计、工艺制造设计，直到投入正常生产的一系列决策过程。从广义而言，新产品开发既包括新产品的研制也包括原有的老产品改进与换代。新产品开发是企业研究与开发的重点内容，也是企业生存和发展的战略核心之一。企业根据新产品计划进行新产品研发申请。

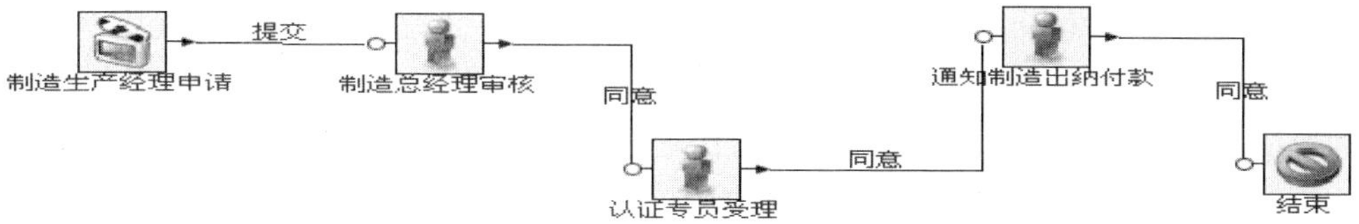

工作流程涉及岗位操作内容表

序号	岗位	节点	状态	类型	明细
1	生产经理	开展新产品研发申请	线上	操作	制造公司生产经理根据平台规则要求，填写产品研发申请表提交
2	总经理	审核新产品研发申请	线上	操作	制造公司总经理根据平台规则要求，审核提交的新产品研发申请
3	认证中心专员	受理产品研发申请	线上	操作	认证中心专员登录平台，检查制造企业提交的产品研发申请表，确定无误后受理
4	出纳	接收执行付款	线上	操作	制造公司出纳登录平台，接收新产品研发申请，并执行付款，可选用银行电汇方式

业务二：新产品研发考核

制造企业生产经理在完成新产品研发申请及付款后，可对新产品研发进行申请准入考核，获取认证中心颁发的产品生产许可证。

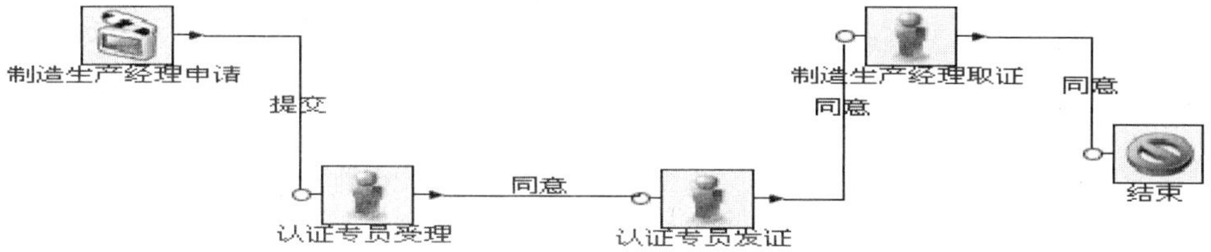

工作流程涉及岗位操作内容表

序号	岗位	节点	状态	类型	明细
1	生产经理	填写新产品研发考核申请	线上	操作	制造公司生产经理登录平台，填写新产品研发费用投入考核申请表，提交所在货币区认证中心
2	认证中心专员	受理考核申请	线上	操作	认证中心专员登录平台，检查制造企业提交的产品研发考核申请表，是否发放生产许可证
3	认证中心专员	发放证书	线上	操作	认证中心专员发放新产品生产许可证
4	生产经理	接收证书	线上	操作	制造公司生产经理接收认证中心颁发的生产许可证

业务三：ISO 认证申请

ISO 是一个组织的英语简称。其全称是 International Organization for Standardization，翻译成中文就是“国际标准化组织”。

ISO9000 族标准是世界上许多经济发达国家质量管理实践经验的科学总结，且适用于各种类型，不同规模和提供不同产品的组织。实施 ISO9000 族标准，可以促进组织质量管理体系的改进和完善，对提高组织的管理水平能够起到良好的作用。

ISO 14000 系列标准归根结底是一套管理性质的标准。它是工业发达国家环境管理经验的结晶，在制定国家标准时又考虑了不同国家的情况，尽量使标准能普通适用。规范及使用指南是国际标准化组织（ISO）于 1996 年正式颁布的可用于认证目的的国际标准，是 ISO14000 系列标准的核心，它要求组织通过建立环境管理体系来达到支持环境保护、预防污染和持续改进的目标，并可通过取得第三方认证机构认证的形式，向外界证明其环境管理体系的符合性和环境管理水平。由于 ISO14001 环境管理体系可以带来节能降耗、增强企业竞争力、赢得客户、取信于政府和公众等诸多好处。

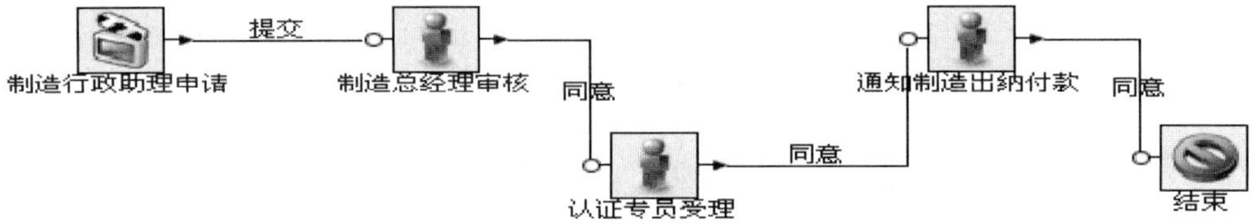

工作流程涉及岗位操作内容表

序号	岗位	节点	状态	类型	明细
1	行政助理	开展 ISO 认证申请	线上	操作	制造公司行政助理根据平台规则要求，填写 ISO 认证申请表提交
2	总经理	审核 ISO 认证申请	线上	操作	制造公司总经理根据平台规则要求，审核提交的 ISO 认证申请
3	认证中心专员	受理 ISO 认证申请	线上	操作	认证中心专员登录平台，检查制造企业提交的 ISO 认证申请表，确定无误后受理
4	出纳	接收执行付款	线上	操作	制造公司出纳登录平台，接收 ISO 认证申请，并执行付款，可选用银行电汇方式

业务四：ISO9001/ISO14000 认证考核

制造企业行政助理在完成 ISO 认证申请及付款后，可对 ISO 认证进行申请准入考核，获取认证中心颁发的相应 ISO 许可证。

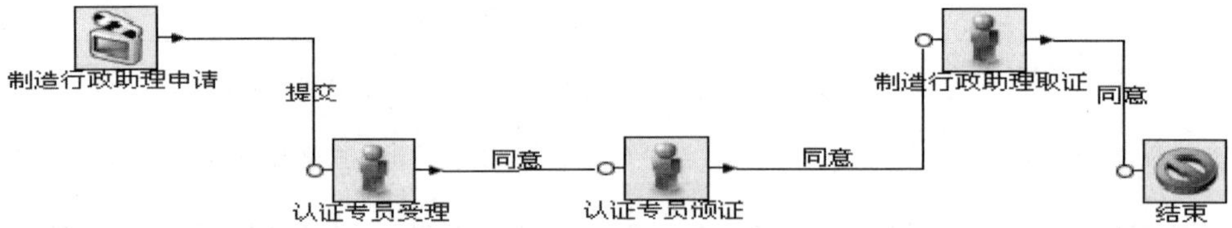

工作流程涉及岗位操作内容表

序号	岗位	节点	状态	类型	明细
1	行政助理	填写 ISO 认证考核申请	线上	操作	制造公司行政助理登录平台，填写 ISO 认证考核申请表，提交所在货币区认证中心
2	认证中心专员	受理考核申请	线上	操作	认证中心专员登录平台，检查制造企业提交的 ISO 认证考核申请表，是否发放相应 ISO 许可证
3	认证中心专员	发放证书	线上	操作	认证中心专员发放 ISO 许可证
4	生产经理	接收证书	线上	操作	制造公司生产经理接收认证中心颁发的 ISO 许可证

业务五：认证中心服务发票

认证中心会计按认证收费项目开具服务发票，交予对方，完成开票及回款工作。

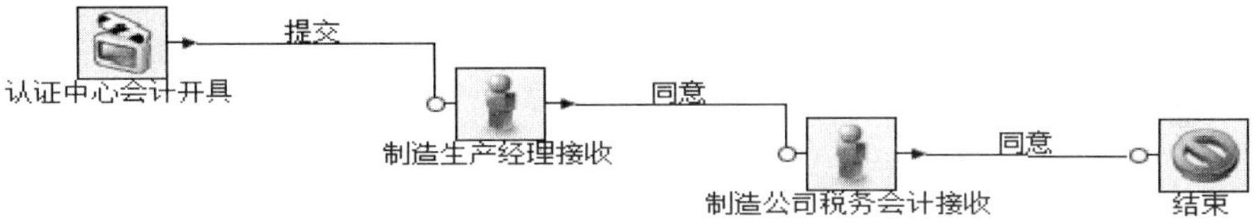

工作流程涉及岗位操作内容表

序号	岗位	节点	状态	类型	明细
1	认证中心会计	开具发票	线上	操作	认证中心会计开具服务发票并提交给对方
2	对方生产经理	接收发票	线上	操作	制造公司生产经理登录平台，接收核对服务发票
3	对方税务会计	接收发票	线上	操作	制造公司税务会计登录平台，接收确认发票

4．问题与思考

（1）本实验中，ISO9001、ISO14000 认证标准是什么？

（2）在真实的企业认证中，企业应该如何申请 ISO 认证？

（3）在本实训中，成功研发新产品和 ISO 认证的标志是什么？

10.4.5 认证中心期末阶段主要任务

1．实训任务

认证中心工作计划执行情况讨论与总结。

2．知识技能描述

通过本任务，能让学生在模拟经营期末阶段了解机构所需要办理的业务，通过实践让学生熟悉相关业务的流程。通过实践让学生能够对仿真经营年度的工作有更为全面的认识，并在此基础上总结经验教训，有利于下一年度工作更好的展开。

3．内容与步骤

业务一：认证中心工作总结

认证中心团队实践报告要求详见书后《非营利性组织团队实践报告主要内容》。

4．问题与思考

（1）实训中，分析本年度机构经营的成功之处和不足之处？

（2）结合本实训说明年度工作经营总结应包括的主要内容和撰写时应注意的问题？

10.5 税 务 局

10.5.1 税务局职能及简介

税务部门是仿真实习环境中办理各项税务业务的虚拟机构，是执行国家、地方有关实收政策的唯一合法组织。税务部门不分设国家税务局和地方税务局，仿真实习环境所有公司各项涉税业务均由税务部门办理。本规则中税务部门的内部机构设置及工作流程只要参考当前实际税务机关的做法，并结合仿真实习的具体情况而制定，因此一些具体流程及规则与实际不一定完全相符。税务部门是仿真实习环境中的管理与服务机构，一方面要行使税收管理职责，完成税收任务；另一方面要体现服务社会的职能，积极为各个仿真公司（即纳税人）服务。

仿真实习环境中的所有经营者，都是纳税义务人，是税务部门的征税对象，所有纳税义务人都要到税务部门办理税务登记，并依法纳税。在日常税收工作中，税务部门要严格按照流程及制度的规定，并参照当前国家税收制度的相关规定，充分体现“依法治税”的精神，做到“应收尽收”。鉴于仿真实习环境和仿真市场的特点，税务部门如无特殊规定，税款的征收一律采取查账征收方式去征税。

10.5.2 税务局准备阶段主要任务

1．实训任务

（1）团队构建与组织结构设计

（2）制定管理制度

（3）税务登记管理

2．知识技能描述

通过本任务，能让学生在模拟经营准备阶段了解机构所需要办理的业务，通过实践让学生熟悉相关业务的流程。通过实践使学生了解税务局在行政服务方面所承担的主要职能，熟悉办理规章制度及措施办法，提高知识的运用能力及处理有关事务的能力。

3．内容与步骤

业务一：建立组织架构与职位分工

首先要搭建单位的组织架构。每家的组织结构和职位设置等由仿真单位的新一届管理者（即实训小组成员）自行商定。

人员分工的要领：

（1）明确工作任务与目标。

（2）熟悉下级的专长、不足与个性。只有知人才能善任。

（3）实现人与事的最佳匹配。

（4）明确地向任务承担者交代所要完成的任务与条件。

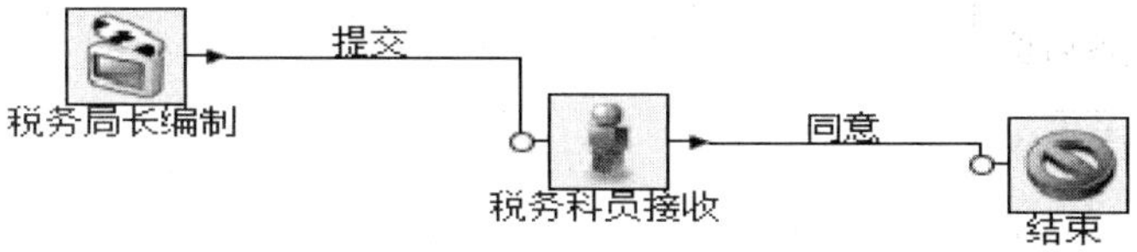

工作流程涉及岗位操作内容表

序号	岗位	节点	状态	类型	明细
1	税务局长	录入成员岗位	线上	操作	税务局长登录系统，录入组织成员岗位分工
2	税务局各科员	接收岗位分工表	线上	操作	税务局各岗位科员登录系统，接收制定的成员岗位分工表

业务二：主要岗位职责说明书

职位分工业务操作完毕后，各岗位对岗位职责说明书进行制作提交。职位说明书主要包括两个部分：一是职位描述，主要对职位的工作内容进行概括，包括职位设置的目的、基本职责、组织图、业绩标准、工作权限等内容；二是职位的任职资格要求，主要对任职人员的标准和规范进行概括，包括该职位的行为标准，胜任职位所需的知识、技能、能力、个性特征以及对人员的培训需求等内容。

工作流程涉及岗位操作内容表

序号	岗位	节点	状态	类型	明细
1	税务局各岗位	录入岗位职责说明书	线上	操作	税务局各岗位登录系统，录入岗位职责说明书提交
2	税务局长	审阅岗位职责说明书	线上	操作	税务局长登录系统，审阅岗位职责说明书

业务三：制定管理制度

无方不成圆，无规不成矩。管理制度是为了规范自身的建设，维护工作秩序、提高工作效率、增加影响力，通过一定的程序所制定出的相关制度，是单位管理的依据和准则。

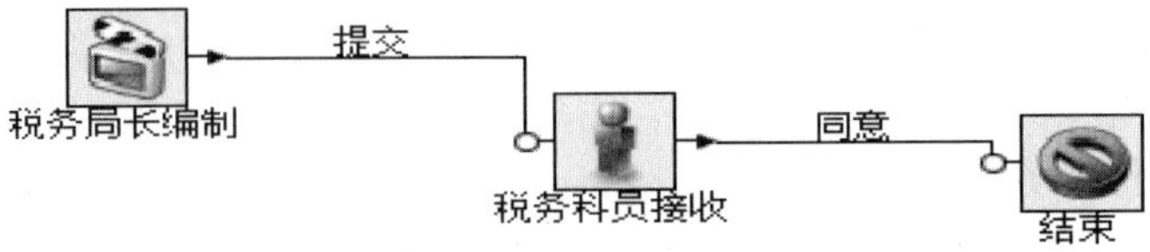

工作流程涉及岗位操作内容表

序号	岗位	节点	状态	类型	明细
1	税务局长	制定管理制度	线上	操作	税务局长登录系统，录入管理制度并提交
2	税务局各岗位	接收管理制度	线上	操作	税务局各岗位登录系统，接收制定的管理制度

4．问题与思考

（1）税务局如何开展日常准备工作？

（2）实训学员在融入团队的过程中，遇到什么样的困难，如何克服？

10.5.3 税务局期初阶段主要任务

1．实训任务

制订年度工作计划。

2．知识技能描述

通过本任务，能让学生在模拟经营期初阶段了解机构所需要办理的业务，通过实践让学生熟悉相关业务的流程。通过实践使学生了解税务局在行政服务方面所承担的主要职能，加强学生对计划工作的理解，掌握计划制订的过程和方法，灵活运用所学知识。

3．内容与步骤

业务一：制订年度工作计划

工作计划是行政活动中使用范围很广的重要公文，也是应用写作的一个重头戏。机关、团体、企事业单位的各级机构，对一定时期的工作预先作出安排和打算时，都要制订工作计划，用到“工作计划”这种公文。工作计划实际上有许多不同种类，它们不仅有时间长短之分，而且有范围大小之别。从计划的具体分类来讲，比较长远、宏大的为“规划”，比较切近、具体的为“安排”，比较繁杂、全面的为“方案”，比较简明、概括的为“要点”，比较深入、细致的为“计划”，比较粗略、雏形的为“设想”，无论何种称谓，这些都是计划文种的范畴。

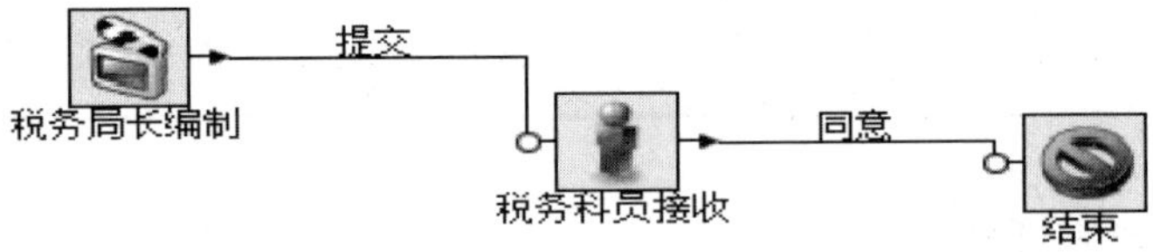

工作流程涉及岗位操作内容表

序号	岗位	节点	状态	类型	明细
1	税务局长	录入工作计划	线上	操作	税务局长登录系统，制订组织年度工作计划
2	税务局各科员	接收工作计划	线上	操作	税务局各岗位科员登录系统，接收制订的年度工作计划

4．问题与思考

（1）税务部门制订工作计划应该考虑哪些因素？

（2）工作计划对于第二年工作的展开有怎样的意义？

10.5.4　税务局运营阶段主要任务

1．实训任务

（1）发票管理

（2）纳税申报

（3）税款缴纳

（4）出口退税

（5）税务检查

2．知识技能描述

通过本任务，能让学生在模拟经营运营阶段了解机构所需要办理的业务，通过实践让学生熟悉相关业务的流程。通过实践使学生了解税务局在行政服务方面所承担的主要职能，提高知识的运用能力及处理有关事务的能力。

3．内容与步骤

业务一：领购税务发票

公司类税务会计填写发票领购申请表，前往税务局办理领购发票业务。

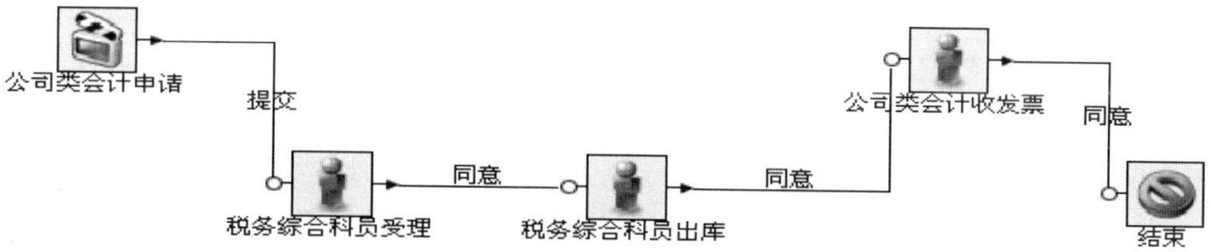

工作流程涉及岗位操作内容表

序号	岗位	节点	状态	类型	明细
1	申请人	填写发票领购申请	线上	操作	申请人填写发票领购申请表提交给税务局综合科员
2	税局综合科员	受理发票领购申请	线上	操作	税局综合科员受理提交的发票领购申请，决定是否发放发票
3	税局综合科员	办理发票出库	线上	操作	税局综合科员登录平台，办理发票出库
4	申请人	接收发票	线上	操作	申请人登录平台，接收税局发放的发票

业务二：增值税纳税申报

增值税是以商品（含应税劳务）在流转过程中产生的增值额作为计税依据而征收的一种流转税。从计税原理上说，增值税是对商品生产、流通、劳务服务中多个环节的新增价值或商品的附加值征收的一种流转税。实行价外税，也就是由消费者负担，有增值才征税没增值不征税。

增值税是对销售货物或者提供加工、修理修配劳务以及进口货物的单位和个人就其实现的增值额征收的一个税种。增值税已经成为中国最主要的税种之一，增值税的收入占中国全部税收的 60%以上，是最大的税种。增值税由国家税务局负责征收，税收收入中 75%为中央财政收入，25%为地方收入。进口环节的增值税由海关负责征收，税收收入全部为中央财政收入。

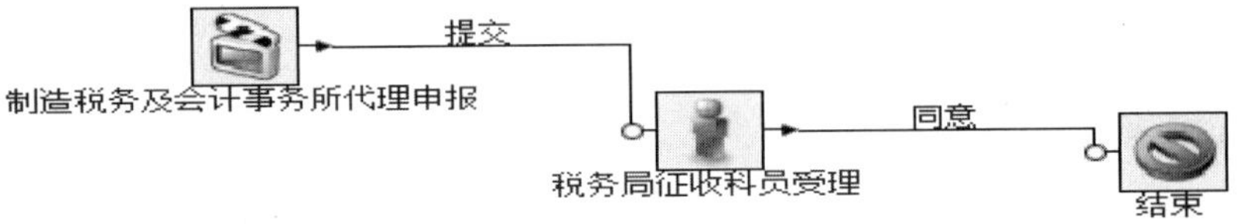

工作流程涉及岗位操作内容表

序号	岗位	节点	状态	类型	明细
1	申请人	填写纳税申报表	线上	操作	申请人在增值税抄税认证后按征期填写增值税纳税申报表提交给税务局征收科员
2	税局征收科员	受理纳税申报表	线上	操作	税局征收科员受理提交的增值税纳税申报表做好税款征缴工作

业务三：企业所得税纳税申报

企业所得税是指对中华人民共和国境内的企业（居民企业及非居民企业）和其他取得收入的组织以其生产经营所得为课税对象所征收的一种所得税。作为企业所得税纳税人，应依照《中华人民共和国企业所得税法》缴纳企业所得税。但个人独资企业及合伙企业除外。企业所得税的征税对象是纳税人取得的所得。包括销售货物所得、提供劳务所得、转让财产所得、股息红利所得、利息所得、租金所得、特许权使用费所得、接受捐赠所得和其他所得。

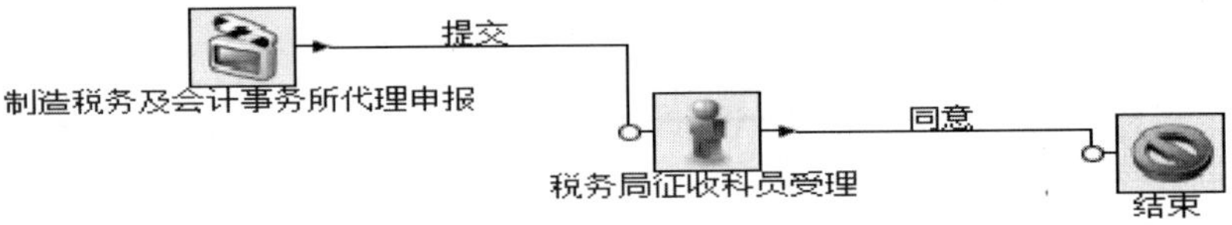

工作流程涉及岗位操作内容表

序号	岗位	节点	状态	类型	明细
1	申请人	填写纳税申报表	线上	操作	申请人按征期填写企业所得税纳税申报表提交给税务局征收科员
2	税局征收科员	受理纳税申报表	线上	操作	税局征收科员受理提交的企业所得税纳税申报表做好税款征缴工作

业务四：地方综合税收纳税申报

目前，国税部门征收的主要税种包括增值税、消费税、企业所得税、个人所得税（利息税）、车辆购置税等；地税部门征收的主要税种（含部分基金）包括营业税、企业所得税、个人所得税（其他个人所得税）、资源税、城市维护建设税、房产税、印花税、城镇土地使用税、车船税以及教育费附加、地方教育附加收入、地方水利建设基金等。

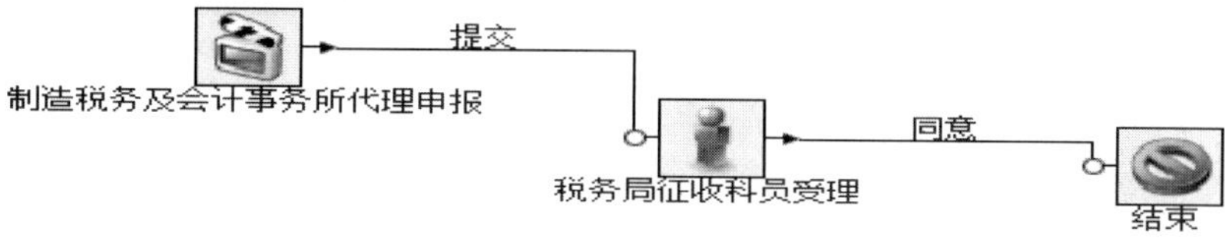

工作流程涉及岗位操作内容表

序号	岗位	节点	状态	类型	明细
1	申请人	填写纳税申报表	线上	操作	申请人按征期填写地方综合纳税申报表提交给税务局征收科员
2	税局征收科员	受理纳税申报表	线上	操作	税局征收科员受理提交的地方综合纳税申报表做好税款征缴工作

业务五：个人所得税纳税申报

个人所得税（personal income tax）是调整征税机关与自然人（居民、非居民人）之间在个人所得税的征纳与管理过程中所发生的社会关系的法律规范的总称。

个人所得税的纳税义务人，既包括居民纳税义务人，也包括非居民纳税义务人。居民纳税义务人负有完全纳税的义务，必须就其来源于中国境内、境外的全部所得缴纳个人所得税；而非居民纳税义务人仅就其来源于中国境内的所得，缴纳个人所得税。

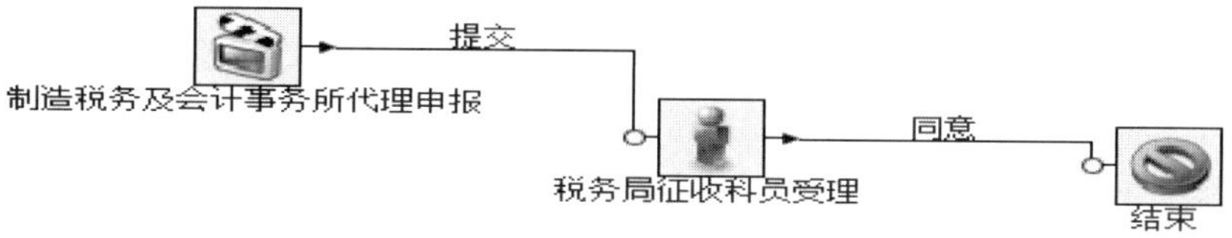

工作流程涉及岗位操作内容表

序号	岗位	节点	状态	类型	明细
1	申请人	填写纳税申报表	线上	操作	申请人按征期填写个人所得税纳税申报表提交给税务局征收科员
2	税局征收科员	受理纳税申报表	线上	操作	税局征收科员受理提交的个人所得税纳税申报表做好税款征缴工作

业务六：社保缴纳申报

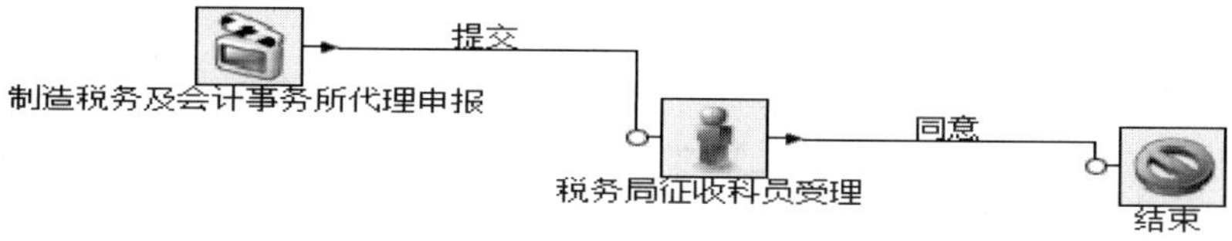

工作流程涉及岗位操作内容表

序号	岗位	节点	状态	类型	明细
1	申请人	填写社保申报表	线上	操作	申请人按征期填写社保缴纳申报表提交给税务局征收科员
2	税局征收科员	受理社保申报表	线上	操作	税局征收科员受理提交的社保缴纳申报表做好社保征缴工作

业务七：开具税收缴款书

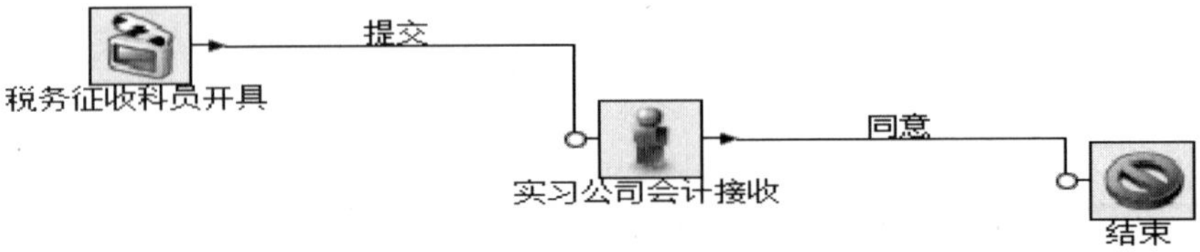

工作流程涉及岗位操作内容表

序号	岗位	节点	状态	类型	明细
1	税局征收科员	填写税收缴款书	线上	操作	税局征收科员填写税收缴款书提交通知公司类会计
2	纳税人	接收税收缴款书	线上	操作	公司类会计接收提交的税收缴款书做好税费缴纳工作

业务八：出口退免税资格认定

出口货物退（免，Export Rebates）税，简称出口退税，其基本含义是指对出口货物退还其在国内生产和流通环节实际缴纳的产品税、增值税、营业税和特别消费税。出口货物退税制度，是一个国家税收的重要组成部分。出口退税主要是通过退还出口货物的国内已纳税款来平衡国内产品的税收负担，使本国产品以不含税成本进入国际市场，与国外产品在同等条件下进行竞争，从而增强竞争能力，扩大出口创汇。

工作流程涉及岗位操作内容表

序号	岗位	节点	状态	类型	明细
1	申请人	出口退免税资格认定申请	线上	操作	填写出口退免税资格认定申请表，准备资料提交
2	税收征管科员	受理申请	线上	操作	检查资料的完整性、合法性，资料完整的，接收申请
3	税收综合科员	发证	线上	操作	根据审核后的内容，制作出口退税登记证
6	申请人	收证	线上	操作	接税务局通知领取出口退税登记证

业务九：出口退税

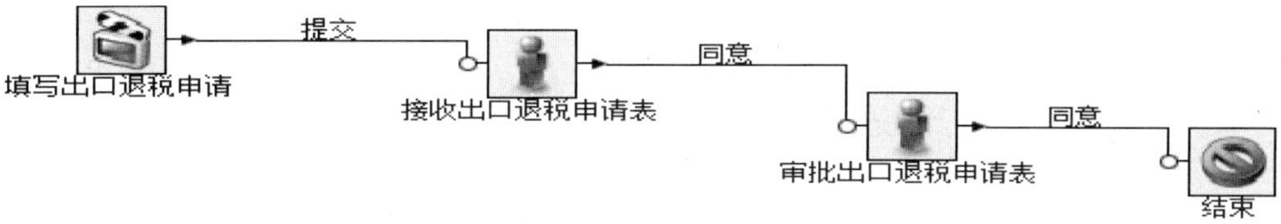

工作流程涉及岗位操作内容表

序号	岗位	节点	状态	类型	明细
1	申请人	出口退税申请	线上	操作	申请人填写出口退税申请表准备资料提交
2	税收征管科员	受理申请	线上	操作	检查资料的完整性、合法性，资料完整的，接收受理申请
3	税务局长	审批申请	线上	操作	审批提交的出口退税申请资料，做好出口退税工作

业务十：税务检查

税务检查是税收征收管理的一个重要环节。它是指税务机关依法对纳税人履行缴纳税款义务和扣缴义务人履行代扣、代收税款义务的状况所进行的监督检查。纳税人、扣缴义务人必须接受税务机关依法进行的税务检查，如实反映情况，提供有关资料，不得拒绝、隐瞒。税务机关依法进行税务检查时，有关部门和单位应当支持、协助。

通过税务检查，既有利于全面贯彻国家的税收政策，严肃税收法纪，加强纳税监督，查处偷税、漏税和逃骗税等违法行为，确保税收收入足额入库，也有利于帮助纳税人端正经营方向，促使其加强经济核算，提高经济效益。

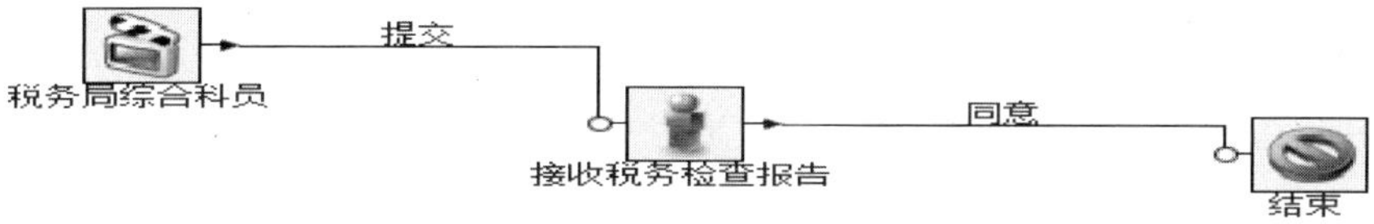

工作流程涉及岗位操作内容表

序号	岗位	节点	状态	类型	明细
1	税务综合科员	填写税务检查报告	线上	操作	税务综合科员根据税务检查结果填写税务检查报告提交
2	纳税人	接收税务检查报告	线上	操作	公司类会计接收提交的税务检查报告

4．问题与思考

（1）现行的纳税申报的方式主要有哪些？

（2）如何进行专用发票的稽核业务？之前要做好哪些必要的准备工作？

（3）税收检查的内容主要有哪些？

10.5.5 税务局期末阶段主要任务

1．实训任务

税务局工作计划执行情况讨论与总结。

2．知识技能描述

通过本任务，能让学生在模拟经营期末阶段了解机构所需要办理的业务，通过实践让学生熟悉相关业务的流程。通过实践让学生能够对仿真经营年度的工作有更为全面的认识，并在此基础上总结经验教训，有利于下一年度工作更好的展开。

3．内容与步骤

业务一：税务局工作总结

税务局团队实践报告详见书后附录《非营利性组织团队实践报告主要内容》。

4．问题与思考

（1）实训中，分析本年度机构经营的成功之处和不足之处？

（2）结合本实训说明年度工作经营总结应包括的主要内容和撰写时应注意的问题？

• • 1 • • • • • • • • • • • • 96 • • •

课时	日程事项	实践项目	状态	实践业务	教师工作	学生工作	发起岗位
4	（1）平台讲解 （2）平台操作讲	实习动员及规则学习	课堂	动员大会	动员讲解	听课	全体人员
			课堂	环境、规则、平台学习	仿真环境、软件操作	听课	
			活动	按组织进场，互相认识	分发资料		
			课堂	规则学习、及讨论组织和分析形势	指导学生	团队成员认识分析与学习	
1	战略理念讨论，构建团队及合理分工，期初准备	团队组建，期初准备	线下	公司名称、岗位分工、管理制度、岗位职责讨论	知识点讲解：团队架构与职责	组织讨论，形成制度职责文件	组织负责人
			功能	我的岗位分工		分配团队成员岗位	
			功能	组织基本信息注册		确认名称，选择AZ区域，名称后面请注明组织代号如“（制造企业A）”	
			功能	获取本组织操作权限		实践任务获取	
			功能	获取基础数据与期初		讨论分析环境、分析数据	
1	公司设立登记、换取相关证照及银行账户设置	制造公司设立登记	线上	名称预先核准登记	知识点讲解：企业设立\变更过程	按岗位发起各项任务，并跟进结果	行政助理
			线上	工商变更登记			
			线上	印章申请			
			功能	印章制作与上传（采用印章软件，注意要以字母命名印章文件）		制作公章、财务章、发票章、法人章等并上传，完成公司正式注册	
		银行账户设置	功能	我的资金参数设置	介绍账户信息修改规则	按统一规则修改银行账户信息	组织负责人
2	企业环境分析与经营计划	企业环境分析与经营计划	线下	企业经营环境分析	知识点讲解：企业经营环境与计划	讨论分析环境企业分析与计划	总经理
			线下	年度经营计划			总经理
			线下	年度营销计划			运营经理

（续表）

课时	日程事项	实践项目	状态	实践业务	教师工作	学生工作	发起岗位
4	（1）经营第8年度业务，通过各种方式获取市场信息与宏观信息 （2）企业开发类业务决策 （3）注意客户市场需求信息，提交竞投，获取订单，签订合同 （4）生产前期准备，制订各种生产计划与人员需求 （5）供应商洽谈，进行原材料采购 （6）根据合同及生产计划进行财务筹资	市场开发	线下	市场和客户开发决策（注意开发时间限制）	知识点讲解：市场开发	根据年度战略进行决策	销售主管
			线上	市场开发备案申请（工商）			销售主管
			线上	差旅费-付款申请			销售主管
			线上	银行电汇（市场开发费+差旅费）			出纳
			线上	市场准入资格验收申请			销售主管
			线下	工商局领取纸质证			销售主管
		客户开发维护	线上	客户开发与维护申请	知识点讲解：客户开发		销售主管
			线上	银行电汇（客户开发费）			出纳
			线上	客户开发与维护确认			销售主管
		新产品研发	线下	新产品研发决策	知识点讲解：产品开发与ISO认证	新产品研发决策 ISO认证决策 电汇付款	生产经理、运营经理、销售经理、总经理
			线上	新产品研发申请（认证中心）			生产经理
			线上	银行电汇			生产经理
			线上	新产品研发考核（认证中心）			行政助理
			线下	认证中心领取纸质生产许可证			行政助理
		ISO认证	线上	ISO认证申请（认证中心）			行政助理
			线上	付款申请-差旅费			行政助理
			线上	银行电汇（ISO9001认证费+差旅费）			出纳
			线上	ISO9001认证考核（认证中心）			行政助理
			线上	ISO14000认证申请与ISO9001流程相同			行政助理
			线下	认证中心领取纸质证			行政助理

（续表）

课时	日程事项	实践项目	状态	实践业务	教师工作	学生工作	发起岗位
4		制造销售项目	线上	发布客户公司需求（政府）	知识点讲解：订单分配机制	（1）接收通知；（2）发起竞投申请单，只填写竞投价格和竞投广告费用，并将广告费和差旅费电汇付款到政府；（3）填写付款申请单支付差旅费	政府消费代表
			线下	提交竞投申请单			销售主管
			线上	付款申请单（广告费、差旅费）			销售主管
			线上	银行电汇（广告费、差旅费）			出纳
			线上	获得本季最大订单量（政府）			政府消费代表
	（7）根据合同及生产计划进行设备采购与租赁 （8）进行人才需求汇总，招聘与培训人员 （9）根据原材料、设备、人员情况及时安排生产加工，掌握生产进度 （10）根据合同，安排发货并催收款项 （11）人员薪资计算与发放 （12）理财务成本核算 （13）财务会计核算 （14）财务款项收支处理 （15）密切关注租赁、物流、人才交流中心等各服务组织的公共信息和公告，掌握市场动态 （16）积极配合政府部门进行各项检查		线下	签订销售合同（注：只能以竞投价格签订合同，合同签定数量不能大于最大订单量）	知识点讲解：制造企业销售	洽谈业务，报销费用，签订合同跟进生产与发货	销售主管
			线上	销售订单			销售主管
			线下	销售人员需求单			
			线上	发货计划			
			线上	销售发货通知单			
			线上	购买税务发票（税务局）			税务会计
			线上	销售发票			税务会计
		生产计划项目	线上	主生产计划	知识点讲解：制造企业生产计划	企业生产计划及物料需求分解	计划主管
			线下	物料需求分解			
			线下	物料需求汇总			
			线下	设备需求计算表			
			线下	生产人员需求计算表			
		材料采购项目	线上	物料请购	知识点讲解：制造业采购	企业材料采购	计划主管
			线下	签订材料合同（供应商）			供应商公司
			线上	采购订单			采购经理
			线上	付款申请单（采购）			
		制造设备采购租赁	线上	资产采购申请单	知识点讲解：制造业固定资产	企业设备采购或租赁	生产经理、物流经理
			线上	资产租赁申请单			生产经理、物流经理
			线上	租赁合同（租赁公司）			租赁公司
			线上	设备合同（供应商）			供应商公司
			线上	资产采购订单			采购经理
			线上	付款申请单（采购租赁）			

（续表）

课时	日程事项	实践项目	状态	实践业务	教师工作	学生工作	发起岗位
4	（7）根据合同及生产计划进行设备采购与租赁 （8）进行人才需求汇总，招聘与培训人员 （9）根据原材料、设备、人员情况及时安排生产加工，掌握生产进度 （10）根据合同，安排发货并催收款项 （11）人员薪资计算与发放 （12）理财务成本核算 （13）财务会计核算 （14）财务款项收支处理 （15）密切关注租赁、物流、人才交流中心等各服务组织的公共信息和公告，掌握市场动态 （16）积极配合政府部门进行各项检查	制造人力项目	线上	招聘协议（人才中心）	知识点讲解：制造企业人力资源	人才招聘及培训，工资计算	人才中心专员
			线上	劳务派遣（人才中心）			
			线下	培训协议（人才中心）			
			线上	付款申请单（人才费用）			人事经理
			线上	新员工入职			
			线上	员工培训			
			线上	员工辞退			
			线下	行政管理人员工资计算			
			线下	生产工人工资计算			
			线上	薪资发放（电汇单）			出纳
		制造排班生产项目	线下	生产排班	知识点讲解：制造企业生产加工	企业生产加工	车间主管
			线上	车间领料			
			线上	车间退料			
			线上	付款申请（设备维护）			
		制造物料仓储项目	线上	资产入库单	知识点讲解：制造企业仓储	企业入库业务	仓储主管
			线上	采购入库			
			线上	产品入库			
			线上	材料领用出库单		企业出库及物流运输报关业务	仓储主管
			线上	产品出库			
			线上	资产出库			
			线下	盘点单			
			线上	付款申请（仓储费）			仓储主管
		制造物流项目	线上	运输安排表	知识点讲解：制造企业物流国际贸易		物流主管
			线下	签订货物运输合同			物流公司
			线上	货物托运单			物流主管
			线下	签订设备运输合同			
			线上	设备托运单			
			线上	付款申请单（物流报关费用）			
		制造委托审计项目	线上	委托审计申请	知识点讲解：制造企业审计		财务经理
			线上	签订审计协议			会计师事务所
			线上	出具审计报告			会计师事务所
			线上	付款申请			财务经理

（续表）

课时	日程事项	实践项目	状态	实践业务	教师工作	学生工作	发起岗位
4		制造财务核算	线上	付款申请	知识点讲解：制造企业财务核算	企业财务核算业务	各岗位
			线上	银行电汇（商业银行）			出纳
			线上	固定资产登记			总账会计
			功能	制作财务会计凭证			各会计
			线下	银行存款日记账			出纳
			线下	科目明细账、科目总账			各会计
			线下	固定资产折旧计算			总账会计 成本会计
			线下	材料费用核算			
			线下	人工费用核算			
			线下	制造费用分配			
			线下	生产成本核算			
			线上	社保缴纳申报表			税务会计
			线上	个人所得税申报表新			
			线下	银行对账			出纳
4	运营第八年第一季企业业务	同第二天		运营企业业务	现场指导	企业经营	
4	运营第八年第一季企业业务	同第二天		运营企业业务	现场指导	企业经营	
4	运营第一季企业业务	同第二天		运营企业业务	现场指导	企业经营	
4	运营第八年第二季企业业务	同第二天		运营企业业务	现场指导	企业经营	
4	运营第八年第二季企业业务	同第二天		运营企业业务	现场指导	企业经营	
4	运营第八年第二季企业业务	同第二天		运营企业业务	现场指导	企业经营	
4	运营第八年第三季企业业务	同第二天		运营企业业务	现场指导	企业经营	
4	运营第八年第三季企业业务	同第二天		运营企业业务	现场指导	企业经营	

（续表）

课时	日程事项	实践项目	状态	实践业务	教师工作	学生工作	发起岗位
4	运营第八年第四季企业业务	同第二天		运营企业业务	现场指导	企业经营	
4	运营第八年第四季企业业务	同第二天		运营企业业务	现场指导	企业经营	
4	编制第八年年度财务报表并开启第九年业务	编制第八年度报表并申报纳税	线上	销售成本计算表			销售会计
			功能	制作财务会计凭证			会计
			线下	科目总账			总账会计
			线下	编制资产负债表			
			线下	编制利润表			
			线上	增值税纳税申报表*			税务会计
			线上	地方税收纳税申报表			
			线上	企业所得税申报 A 类			
		CEO 沙龙	线下	召开第九年 CEO 战略沙龙			CEO
		签约	线下	竞投并签订第九年一季度合同			销售主管
4	运营第九年第一季企业业务	同第二天		运营企业业务	现场指导	企业经营	
4	运营第九年第一季企业业务	同第二天		运营企业业务	现场指导	企业经营	
2	第九年 CFO 论坛		线下	制造公司 CFO 从财务角度分析企业经营状况，找出存在问题并提出建议	现场指导并组织评比		
2	运营第九年第二季企业业务	同第二天		运营企业业务	现场指导	企业经营	
4	运营第九年第二季企业业务	同第二天		运营企业业务	现场指导	企业经营	
4	运营第九年第三季企业业务	同第二天		运营企业业务	现场指导	企业经营	
4	运营第九年第三季企业业务	同第二天		运营企业业务	现场指导	企业经营	

（续表）

课时	日程事项	实践项目	状态	实践业务	教师工作	学生工作	发起岗位
4	运营第九年第四季企业业务	同第二天		运营企业业务	现场指导	企业经营	
4	运营第九年第四季企业业务	同第二天		运营企业业务	现场指导	企业经营	
4	第九年期末核算与业务总结 公司综合分析总结	同第十天	线下	同第十天	现场指导	完成期末核算并编制财务报表及报税	
4	团队风采大赛 总结表彰大会		线下	1. 各团队进行风采竞赛 2. 提交个人实践报告 3. 一周内提交团队实践报告	教师出席	（1）各团队进行风采竞赛 （2）提交个人实践报告	实习结束

附录 2　外部组织详细进程控制表（96 课时）

课时	日程事项	实践项目	状态	实践业务	教师工作	学生工作	发起岗位
4	（1）平台讲解 （2）规则学习	实习动员及规则学习	课堂	动员大会	动员讲解	听课	统一上课
			课堂	环境、规则、平台学习	仿真环境、软件操作	听课	
			活动	按组织进场，并相认识	分发资料		
			课堂	规则学习	指导学生	互相认识组员 获取资料并学习	
1	组织理念讨论，构建团队及合理分工	团队组建	课堂	组织名称、岗位分工、管理制度、岗位职责讨论	知识点讲解：团队架构与职责	组织讨论，形成文件	组织负责人
			功能	我的岗位分工		分配岗位	
			功能	组织基本信息注册，名称后面请注明组织代号如“（客户公司A）”	客户公司、物流公司、供应商业务经理岗位权限建议也授给出纳、总经理	确认名称，选择AW区域，名称后面请注明组织代号如“（客户公司A）”	
			功能	获取本组织操作权限		实践任务获取	
			功能	获取基础数据与期初		期初数据获取	
1	组织登记、换取相关证照	公司设立变更	线上	名称预先核准登记	知识点讲解：企业设立变更过程	按岗位发起各项任务，并跟进结果 制作公章、财务章、发票章、法人章等并自行上传 完成组织正式注册 工商、税务、银行只需处理印章上传	各组织会计或业务经理
			线上	工商设立登记			
			线上	印章申请			
			功能	印章制作与上传（采用印章软件，注意要以字母命名印章文件）			
	期初建账	期初建账	功能	我的资金参数设置	按统一规则修改银行账户信息	进行资金参数设置	组织负责人

（续表）

课时	日程事项	实践项目	状态	实践业务	教师工作	学生工作	发起岗位
2	制度及办法	制度和业务办法	线下	制定管理制度	知识点讲解：制度建立与业务办法	（1）制定组织管理制度（2）制定外业务办法	各组织负责人
			线下	制定业务办法			
			线下	供应商设备采购计划			供应商业务经理
			线下	供应商原材料采购计划			供应商业务经理
			线下	客户公司年度采购计划			客户业务经理
4	工商局：进行市场开发备案工作、定期进行工商检查、维护市场公平交易、解决纠纷	工商局日常项目	线上	市场开发备案申请	知识点讲解：市场开发和工商检查	制造企业进行市场开发与验收申请，进行各项认证、监督、检查	制造销售主管
			线上	市场准入资格验收申请			制造销售主管
			线下	市场开发备案记录			工商市场科员
			线上	工商检查通知			工商市场科员
			线上	工商检查报告			工商市场科员
			线上	合同仲裁申请书			组织负责人
			线上	合同调解书			工商市场科员
			线上	开具行政收据			工商市场科员
			线下	市场开发情况统计表			工商市场科员
4	税务局：税法宣传、税收咨询、税收检查	税务申报检查项目	线上	购买税务发票	知识点讲解：发票及税收	制造企业纳税申报，进行各项税收征缴、监督、检查	制造税务会计
			线上	增值税纳税申报表			
			线上	地方税收纳税申报表			
			线上	社保缴纳申报表			
			线上	个人所得税申报表新			
			线上	企业所得税申报A类			
			线上	税务行政收据			税务综合科员
			线上	送达税务检查报告			
			线上	开具税收缴款书			
			线下	纳税情况统计表			

（续表）

课时	日程事项	实践项目	状态	实践业务	教师工作	学生工作	发起岗位
4	商业银行：发布贷款利率，进行业务结算	贷款结算项目	线上	贷款申请	知识点讲解：商业融资金融结算	进行各业结算业务和贷款业务	制造出纳
			线上	签订借款合同			银行柜员
			线上	开具借款借据			银行柜员
			线上	存贷款资金日记账			银行柜员
			线上	购买凭证委托书			各组织出纳
			线上	银行机打发票			银行柜员
			线上	银行电汇			各组织出纳
			线上	现金缴款			各组织出纳
			线上	现金取款单			各组织出纳
			线上	银行进账单			各组织出纳
			线下	银行贷款情况统计表			银行柜员
4	证券公司	证券投资代理业务	线下	为各组织开设证券账户	证券投资	各组织获得相等的一定额度的初始资金	各组织出纳
			线下	各理财经理接受投资者咨询与下单交易		理财经理建立投资者账户并每天更新资产信息	理财经理
			线下	交纳交易手续费		每一笔交易需向证券公司交纳手续费	各组织出纳
4	保险公司	企业财产保险业务	线下	企业财产保险展业	如何进行展业宣传和撰写客户建议书	重点向物流公司、制造公司、客户公司宣传，确定保险费率	保险经理
			线下	企业财产保险投保	投保单据填写	指导客户填写投保单据	保险经理、会计、总经理
			线上	银行电汇		投保公司交纳投保金	投保公司出纳
			线下	企业财产保险承保	承保、续保流程	查勘投保标的、核保、出单	保险经理、会计、总经理
			线下	企业财产保险理赔	理赔流程	受理、查勘、责任审核、损失核定、损余处理、赔款计算、结案等	理赔员、总经理、会计、出纳
			线上	银行电汇		向投保公司支付赔款	保险公司出纳

（续表）

课时	日程事项	实践项目	状态	实践业务	教师工作	学生工作	发起岗位
4	认证中心：接受认证申请，进行认证考核验收，收集认证考核相关信息	新产品研发及 ISO 认证	线上	新产品研发申请	知识点讲解：产品研发和 ISO 认证	制造企业进行申请与提出考核，进行各项认证、监督、检查	制造生产经理
			线上	新产品研发考核			
			线上	ISO 认证申请			制造行政助理
			线上	ISO9001 认证考核			
			线上	ISO14000 认证考核			
			线上	服务发票			认证中心会计
			线下	新产品开发与认证统计表			认证专员
4	人才交流中心：发布人才信息，接受招聘与培训	人才交流中心日常项目	线上	签订招聘协议	知识点讲解：人才中介服务	进行各项人才招聘与培训，通知进行公告	人才中心专员
			功能	人才招聘会通知			
			线上	劳务派遣单			
			线上	签订培训协议			
			线上	人才培训			
			线上	服务发票			人才中心会计
			线下	人才服务情况统计表			人才中心专员
			线下	开展模拟面试、人才测评		组织各学员进行模拟面试、开展人才测评	人才中心专员
4	政府综合服务局： ①每年初发布消费者需求信息、原料及设备供应信息、宏观经济参数； ②每季度初发布客户公司需求信息； ③每季度初组织制造公司-客户公司订货会 ④每季度初组织供应商原料及设备竞投； ⑤每季度末组织客户公司回购产成品	发布信息	功能	发布原料和设备供应预测信息和各区域市场消费者需求预测信息	知识点讲解：宏观经济参数	每一年发布一次	会展专员
			功能	发布客户公司需求信息		统计各客户公司提交的第 8 年第 1 季度采购需求量，借助公共信息平台发布	会展专员
		季度初：组织制造公司-客户公司订货会	线上	竞投申请单	知识点讲解：订货会	（1）会展专员发起通知 （2）制造公司提交竞投申请单并付款； （3）消费者代表统计各制造公司的竞投价格和广告费用，交给会展专员计算订单分配量； （4）会展专员组织订货会，签约顺序详见客户公司业务规则	制造公司销售主管
			线下、线上	统计各制造公司获得的最大订单分配量并发布			会展专员
			线下	组织订货会			会展专员

（续表）

课时	日程事项	实践项目	状态	实践业务	教师工作	学生工作	发起岗位
		季度末：组织供应商对下一季度原料及设备采购（第八年第一季度的采购在实训准备阶段组织）	线上	借助公共信息平台发布各季度原料、厂房、设备供应量及价格信息	知识点讲解：供应量分配规则，价格弹性		政府供应代表
			线下	组织各供应商采购			供应代表
		季度末：消费者代表回购客户公司产成品	线上	竞投申请单			客户公司销售主管
			线下	1. 会展专员发起通知 2. 客户公司提交竞投申请单并付款； 3. 消费者代表统计各客户公司的竞投价格和营销费用，计算各客户公司的市场潜能； 4. 结合租赁公司提供的各客户公司专卖店销售能力，回购客户公司产品			消费者代表
		政府海关项目	线上	出境货物报验单	知识点讲解：国际贸易		物流公司业务经理
			线上	出口货物报关单			物流公司业务经理
	客户公司：与消费者代表确认订单并发布本地需求信息，签订合同，接受制造公司产品，确认维护关系费用	客户采购项目	线下	销售合同（与制造公司）	知识点讲解：商贸企业购销	制造厂商签订合同，及时发布市场订单信息，以签约过程综合考虑各制造公司的广告、调研费等相关信息，注意客户关系是否建立	制造销售主管
			线上	客户关系维护与确认（制造公司发起）			制造销售主管
			线上	客户公司采购订单			业务经理
			线上	客户公司商品验收入库			
			线上	银行电汇单（银行）			出纳
		客户销售项目	线下	专卖店开设决策并签订协议			业务经理
			线下	竞投申请单（政府）			业务经理
			线上	客户公司销售订单			业务经理
			线上	客户公司发货单			业务经理

（续表）

课时	日程事项	实践项目	状态	实践业务	教师工作	学生工作	发起岗位
		客户统计项目	线下	存货及资金统计表		EXCEL 制作统计表	会计
		客户公司竞赛项目	线下	广告创意大赛			客户公司团队
			线下	网店设计与推广大赛			客户公司团队
			线下	微信营销大赛			客户公司团队
	供应商公司：向政府采购原料、设备及厂房，将其销售给各制造公司和租赁公司	供应商采购项目（原材料、设备、厂房采购均采用“供应商采购订单”和“供应商入库单”）	线上	供应商采购订单	知识点讲解：商贸企业购销	每季度末采购下一季度材料保障供货，季度中采购会产生紧急采购费用	业务经理
			线上	银行电汇			
			线上	供应商入库单			
		供应商销售项目（原材料、设备、厂房销售均采用“供应商销售订单”和“供应商发货单”）	线下	购销合同	知识点讲解：商贸企业购销	做好设备与材料供应商，并与综合信息做好市场价格信息控制	业务经理
			线上	供应商销售订单			
			线上	供应商发货单			
			线上	开具增值税发票			
		供应商物流项目	线下	签订货物运输合同	知识点讲解：商贸企业物流	做好供应商货物运输工作	物流公司经理
			线下	签订设备运输合同			物流公司经理
			线上	货物托运单			业务经理
			线上	设备托运单			业务经理
			线上	银行电汇			供应商会计
		供应商项目	线下	存货及资金统计表		EXCEL 制作统计表	会计

（续表）

课时	日程事项	实践项目	状态	实践业务	教师工作	学生工作	发起岗位
	租赁公司：向供应商采购设备或厂房，同时向制造企业或物流公司、客户公司租赁设备和厂房	租赁公司设备、厂房采购项目	线下	采购合同	知识点讲解：中介企业购销	做好公司购销计划	供应商业务经理
			线上	银行电汇			出纳
			线上	租赁公司资产入库单			业务经理
		租赁公司租赁项目	线上	租赁合同	知识点讲解：租赁中介服务	做好公司租赁业务，商铺租赁全部采取线下合同	业务经理
			线上	租赁资产交付			业务经理
			线上	租赁服务发票			会计
		租赁公司物流项目	线上	签订设备运输合同	知识点讲解：物流中介服务	租赁的物流运输	物流业务经理
			线上	设备托运单			业务经理
			线上	银行电汇单			出纳
		资产回收项目	线上	资产回收	对于租赁期满的资产进行回收		业务经理
	物流公司：向供应商采购设备或向租赁公司租赁设备，对各公司代理运输业务，同时开展代理出口报关业务	物流公司采购项目	线上	设备合同	知识点讲解：中介企业购销	物流公司资产采购	供应商业务经理
			线上	银行电汇			出纳
			线上	物流资产设备入库单			业务经理
		物流公司租赁项目	线上	租赁合同			租赁业务经理
			线上	银行电汇			出纳
		货物运输项目	线下	货物运输合同	知识点讲解：物流中介服务	物流运输服务	业务经理
			线上	货物提货单			业务经理
			线下	运输调度安排表（Excel 表）			业务经理
			线上	物流增值税发票			会计
		设备运输项目	线下	设备运输合同			托运人
			线上	设备提货单			托运人
			线下	运输调度安排表（Excel 表）			业务经理
			线上	物流增值税发票			会计

（续表）

课时	日程事项	实践项目	状态	实践业务	教师工作	学生工作	发起岗位
		物流代理报关项目	线上	代理报关协议	知识点讲解：国际贸易	物流代理报关服务	业务经理
			线上	报关委托书			委托人
			线上	出境报检单			业务经理
			线上	出口报关单			业务经理
			线上	物流增值税发票			会计
	会计师事务所：进行制造或外部公司进行业务审计和年终审计，必要时开展代理报税与代理记账业务	会计师事务所审计项目	线上	签订审计协议	知识点讲解：会计中介服务	审计服务	审计师
			线上	出具审计报告			审计师
			线上	会计师事务所服务业发票			会计
8	各配套公司为制造公司提供人、财、物支持		线上 线下	同第二天	现场指导	按规则运营	各岗位
4	同第二天		线上 线下	同第二天	现场指导	按规则运营	各岗位
4	配套制造公司开展第八年第二季度业务		线上 线下	同第二天	现场指导	按规则运营	各岗位
4	配套制造公司开展第八年第二季度业务		线上 线下	同第二天	现场指导	按规则运营	各岗位
4	配套制造公司开展第八年第二季度业务		线上 线下	同第二天	现场指导	按规则运营	各岗位
	客户公司举行广告创意大赛		线下		现场指导		
4	配套制造公司开展第八年第二季度业务		线上 线下	同第二天	现场指导	按规则运营	各岗位
	证券公司举行第一期投资者大会与理财经理业务培训		线下		现场指导		商业银行
4	配套制造公司开展第八年第三季度业务		线上 线下	同第二天	现场指导	按规则运营	各岗位

（续表）

课时	日程事项	实践项目	状态	实践业务	教师工作	学生工作	发起岗位
4	配套制造公司开展第八年第三季度业务		线上线下	同第二天	现场指导	按规则运营	各岗位
4	配套制造公司开展第八年第四季度业务；		线上线下	同第二天	现场指导	按规则运营	各岗位 客户公司
4	配套制造公司运营完第八年四季度业务，业务流程同第二天		线上线下	同第二天	现场指导	按规则运营	各岗位 客户公司
	客户公司举行网店设计大赛		线下				客户公司
4	配套制造公司运营完第九年一季度业务，业务流程同第二天	同第二天	线上	同第二天	现场指导	按规则运营	各岗位
4	配套制造公司运营完第九年一季度业务，业务流程同第二天	同第二天	线上	同第二天	现场指导	按规则运营	各岗位
4	配套制造公司开展第九年第二季度业务		线上线下	同第二天	现场指导	按规则运营	各岗位
	证券公司举行第二期投资者大会与理财经理业务培训		线下		现场指导		商业银行
4	配套制造公司开展第九年第二季度业务		线上线下	同第二天	现场指导	按规则运营	各岗位
	客户公司举行微信营销大赛		线下		现场指导		
16	配套制造公司开展第九年剩余季度业务		线上线下	同第二天	现场指导	按规则运营	各岗位
4	第九年期末核算与业务总结公司综合分析总结	同第十天	线下	同第十天	现场指导	完成期末核算并编制财务报表及报税	
4	团队风采大赛总结表彰大会		线下	（1）各团队进行风采竞赛 （2）提交个人实践报告 （3）一周内提交团队实践报告	教师出席	（1）各团队进行风采竞赛 （2）提交个人实践报告	实习结束

附录 3　制造公司实践报告主要内容

一、公司简介
（一）公司基本信息
（二）公司主要产品
（三）部门架构、团队分工与岗位职责
（四）公司章程与规章制度
二、第八年公司运营情况分析
（一）公司基础业务数据分析
（二）公司经营环境分析与预测
（三）公司年度经营战略决策（总经理、行政助理等岗位）
（四）运营与销售部门总结（销售主管、运营经理等岗位）
（五）生产部门总结（生产、计划、车间主任等岗位）
（六）物流部门总结（采购、仓库、物流等岗位）
（七）人力资源部门总结
（八）财务部门总结
三、第九年公司运营情况分析
（一）公司上一年业务数据分析
（二）公司经营环境分析与预测
（三）公司年度经营战略决策（总经理、行政助理等岗位）
（四）运营与销售部门总结（销售主管、运营经理等岗位）
（五）生产部门总结（生产、计划、车间主任等岗位）
（六）物流部门总结（采购、仓库、物流等岗位）
（七）人力资源部门总结
（八）财务部门总结
四、总体总结
（一）公司最终财务状况分析
（二）经营得失分析
（三）收获与建议

附录 4　其他经营性组织团队实践报告主要内容

一、公司简介
（一）公司基本信息
（二）公司主要业务
（三）部门架构、团队分工与岗位职责
（四）公司章程与规章制度
二、第八年公司运营情况分析
（一）公司基础业务数据分析
（二）公司经营环境分析与预测
（三）公司年度经营战略决策
（四）各季度业务经营状况分析
（五）财务状况分析
三、第九年公司运营情况分析
（一）公司上一年业务数据分析
（二）公司经营环境分析与预测
（三）公司年度经营战略决策
（四）各季度业务经营状况分析
（五）财务状况分析
四、总体总结
（一）公司最终财务状况分析
（二）经营得失分析
（三）收获与建议

附录 5　非营利组织团队实践报告主要内容

注：非营利组织主要指政府综合局、工商局、税务局、认证中心、人才交流中心。

一、组织简介
（一）组织基本信息
（二）组织主要业务
（三）部门架构、团队分工与岗位职责
（四）管理制度与业务流程
二、第八年组织各岗位业务办理情况总结
（一）
（二）
……
三、第九年组织各岗位业务办理情况总结
（一）
（二）
……
四、总体总结
（一）实习收获
（二）实习建议